水利水电建筑工程高水平专业群新形态数字化教材
（职业本科适用）

港口航道建筑物

主　编　丁秀英　周志琦
主　审　焦爱萍

中国水利水电出版社
www.waterpub.com.cn
·北京·

内 容 提 要

本书依据《国家职业教育改革实施方案》（国发〔2019〕4 号）等文件精神，按照现代水利职业教育的要求，在总结高职院校学生成长规律和人才培养模式的基础上编写完成。全书共 8 个项目 25 项任务，分别为概述、重力式码头、高桩式码头、板桩式码头、斜坡码头与浮码头、码头附属设施、防波堤与护岸、通航建筑物。

本书为高等职业院校治河与航道工程技术专业、港口航道与治河工程专业和其他水利类专业教材，也可作为成人教育、中职学校相关专业的教学用书，还可供从事水运、水利行业的施工组织、建设管理、设计及运行管理等工作的专业技术人员学习参考。

图书在版编目（CIP）数据

港口航道建筑物 / 丁秀英，周志琦主编. -- 北京 ：中国水利水电出版社，2022.7
水利水电建筑工程高水平专业群新形态数字化教材
ISBN 978-7-5226-0547-0

Ⅰ. ①港… Ⅱ. ①丁… ②周… Ⅲ. ①港口建筑物－水工建筑物－高等职业教育－教材 Ⅳ. ①U656

中国版本图书馆CIP数据核字(2022)第040009号

书　　名	水利水电建筑工程高水平专业群新形态数字化教材 **港口航道建筑物** GANGKOU HANGDAO JIANZHUWU
作　　者	主编　丁秀英　周志琦 主审　焦爱萍
出版发行	中国水利水电出版社 （北京市海淀区玉渊潭南路 1 号 D 座　100038） 网址：www.waterpub.com.cn E-mail：sales@mwr.gov.cn 电话：(010) 68545888（营销中心）
经　　售	北京科水图书销售有限公司 电话：(010) 68545874、63202643 全国各地新华书店和相关出版物销售网点
排　　版	中国水利水电出版社微机排版中心
印　　刷	清淞永业（天津）印刷有限公司
规　　格	184mm×260mm　16 开本　22.75 印张　554 千字
版　　次	2022 年 7 月第 1 版　2022 年 7 月第 1 次印刷
印　　数	0001—1500 册
定　　价	**75.00** 元

前言

本书是河南省财政厅支持的打造“双高校”水利水电建筑工程专业群教材建设项目成果，是根据《国家职业教育改革实施方案》(国发〔2019〕4号）等文件精神，由学校一线教师和水利、水运行业企业专家、工程师联合编写。

为了适应现代水利企业生产经营活动的需求，本书的编写着力于学生的知识要点储备、职业技能训练和技术服务能力提升。在内容上尽可能反映港口工程结构中的新理论、新结构、新方法和新技术，并与现行国家规范和行业标准相一致。全书内容包括：概述、重力式码头、高桩式码头、板桩式码头、斜坡码头与浮码头、码头附属设施、防波堤与护岸、通航建筑物，共8个项目及附录。为了满足学生多样化需求、适应高职教育分层次教学的需要，在反映提高内容的章节后加“*”号，与基本内容加以区别。治河与航道工程技术专业、港口航道与海岸工程专业和其他水利类、土建类专业高职学生可以根据不同的教学要求，修读全部内容或基本内容。本书思政导引和知识拓展内容均引自“学习强国”。

本书由黄河水利职业技术学院丁秀英、周志琦主编，焦爱萍主审。黄河水利职业技术学院万柳明、张东锋、赵海滨和中国电建集团港航建设有限公司李朋云以及中国南水北调集团有限公司余晗硕参加了编写，赵海滨和开封市汴龙勘察设计中心曹帅参加了部分校核工作。具体分工如下：丁秀英编写项目一、项目二、项目三、项目四和项目五任务一；周志琦编写项目八和项目七任务一～任务四；张东锋编写项目五任务二；万柳明编写项目六任务一；李朋云编写项目六任务二和任务三；余晗硕编写项目七任务五；赵海滨编写附录。课程配套PPT课件项目六由万柳明制作，其他由丁秀英制作。河南省水利科学研究院教授级高级工程师袁群对部分章节提出了许多宝贵意见，特此致谢。同时也感谢书中所引用参考文献的各位作者。

由于编者水平有限，书中难免有不妥之处，敬请同行专家读者不吝赐教，以便纠正和改进。

扫码获取本书配套课件

编者

2021 年 4 月

“行水云课”数字教材使用说明

“行水云课”水利职业教育服务平台是中国水利水电出版社立足水电、整合行业优质资源全力打造的“内容”＋“平台”的一体化数字教学产品。平台包含高等教育、职业教育、职工教育、专题培训、行水讲堂五大版块，旨在提供一套与传统教学紧密衔接、可扩展、智能化的学习教育解决方案。

本套教材是整合传统纸质教材内容和富媒体数字资源的新型教材，它将大量图片、音频、视频、3D动画等教学素材与纸质教材内容相结合，用以辅助教学。读者可通过扫描纸质教材二维码查看与纸质内容相对应的知识点多媒体资源，完整数字教材及其配套数字资源可通过移动终端APP、“行水云课”微信公众号或中国水利水电出版社“行水云课”平台查看。

内页二维码具体标识如下：

· ▶为微课视频

· 3D为三维动画

· Ⓣ为试题及答案

· ⓘ为课件

· Ⓟ为文档

线上教学与配套数字资源获取途径如下：

· 手机端

关注“行水云课”公众号→搜索“图书名”→封底激活码激活→学习或下载

· PC端

登录“xingshuiyun. com”→搜索“图书名”→封底激活码激活→学习或下载

资 源 索 引

目录

项目一　概　述

水路运输是很多国家最重要的运输方式之一，也是我国综合运输体系中的重要组成部分，正在彰显着其巨大的作用。港口是海上丝绸之路的中转站，是“一带一路”战略的重要支撑工程，是水运生产的关键所在。港口中水工建筑物根据其不同的功能，可分为防护建筑物、码头建筑物、修造船建筑物和通航建筑物等。

【知识目标】

1. 了解水路运输的特点、组成和发展史。
2. 了解港口的不同分类方法。
3. 了解港口的组成。
4. 了解码头结构上的作用及组合。
5. 了解港口水工建筑物的种类及名称。

【能力目标】

1. 能表述水路运输的特点。
2. 知道港口按照用途、按照地理位置如何分类。
3. 能表述港口组成中的水域、陆域的概念，包括其内容及要求。
4. 能说出码头结构上的作用名称，并理解作用组合的含义。
5. 能表述出港口水工建筑物的概念、种类及名称。

【素养目标】

1. 有正确的学习观念，并能够表现出积极的学习态度和勇挑重担的气魄和能力。
2. 具备有效沟通、与团队合作的能力。
3. 具备一定的国际视野和服务国家的信念与态度。
4. 工作态度上具有敬业精神和严谨、科学精神。
5. 培养劳动光荣、精益求精的中国“工匠精神”。

【思政导引】

中国大运河是中国古代劳动人民创造的一项伟大的水利工程，是世界上开凿时间最早、流程最长、规模最大的人工运河。2014 年 6 月，大运河被列为世界文化遗产，它包括河南到江苏的隋唐大运河、北京到杭州的京杭大运河和杭州以东的浙东大运河三部分，全长达 2700km，距今已有 2400 多年的历史，不仅是古代中国连接南北的水路大动脉，更是一条流动的文化之河，凝结了中华先人适应自然、改造自然的智慧。它沟通中国南北五大水系，西连陆上丝绸之路，东连海上丝绸之路，是世界海陆交通中极为重要的一环。

水，是人类赖以生存的天然因素，运河，则是我们借水而建的人工通道。一条运河沉淀了过往岁月的诸多痕迹，也串联起古今中外的文化往来，曾经的运河是维系封建王朝漕运经济的命脉，今天的运河又承担着怎样的功能？汉代以来，丝绸之路一直是连接古老中国与欧亚大陆的重要交通纽带，隋唐年间，丝绸之路上的贸易往来达到了空前繁荣，长安城中曾引来数以万计的胡商在此定居，同样是在这个时候，中国内陆的地图上，悄悄延伸出一抹蜿蜒的蓝色，正是这条水路的出现给了很多外国人真正了解中国的机会。

【知识拓展】

1. 观看《大运河》1“千年水道”。
2. 观看《大运河》8“终点起点”。

任务一　水路运输系统

【课程导航】

问题 1. 水路运输的特点有哪些？

问题 2. 水路运输的主要技术设备包括哪些设施？

问题 3.《大运河》1“千年水道”中提到的中国大运河包括哪几部分？全长多少公里？

问题 4. 吴王夫差时期邗沟连通哪两大水系？

问题 5. 隋代大运河的源头是哪儿？鸿沟连通哪两大水系？永济渠连通哪两大水系？

问题 6. 京杭大运河穿越________、________、________、________、________，穿行在________湖、________湖、________湖、________湖之间。

问题 7. 大运河何以成为世界文化遗产？

问题 8. 你认为像京杭大运河这类文化遗产如何保护？

模块一　水路运输概述

水路运输是以船舶为主要运输工具、以港口或港站为运输基地、以水域（包括海洋河流和湖泊）为运输活动范围的一种运输方式。水运至今仍是世界上许多国家最重要的运输方式之一，也是我国综合运输体系的重要组成部分，并且正日益显示出它的巨大作用。

水路运输按其航行的区域，大体上可划分为远洋运输、沿海运输和内河运输三种形式。远洋运输通常是指除沿海运输以外所有的海上运输；沿海运输是指利用船舶在沿海区域各地之间的运输；内河运输是指利用船舶、排筏和其他浮运工具，在江、河、湖、泊、水库及人工水道上进行的运输。

水路运输与其他运输方式相比，具有以下特点。

（1）水路运输运载能力大、成本低、能耗少、投资省，是一些国家国内和国际运输的重要方式之一。在我国的货运总量中，水运所占的比例仅次于铁路和公路。

（2）受自然条件的限制与影响大。受海洋与河流的地理分布及其地质、地貌、水文与气象等条件和因素的明显制约与影响，水运航线无法在广大陆地上任意延伸，所以，水运要与铁路、公路和管道运输配合，并实行联运。

（3）开发利用涉及面较广。例如，天然河流涉及通航、灌溉、防洪排涝、水力发电、水产养殖以及生产与生活用水的来源等；海岸带与海湾涉及建港、农业围垦、海产养殖、临海工业和海洋捕捞等。

一般而言，水路运输的主要对象是旅客和货物，而为了运送他们就需要有船舶和港口。现代港口是水陆运输工具的汇集点，从统一的运输网来说，水运只是运输“大系统”中的一个“子系统”。

模块二　水路运输发展史

水路运输有着悠久的历史。在石器时代，人类就以木作舟在水上航行，利用天然水道从事运输。最早的运输工具是独木舟和排筏，以后出现了木船。帆船出现于公元前4000年左右，15—19世纪是帆船发展的盛时期。

中国是世界上水路运输发展较早的国家之一。据记载，中国在公元前2500年已经制造舟楫，从事水运，早在商代即已出现帆船运输。公元前214年，开挖长逾30km的灵渠，连接长江和珠江两大水系。灵渠上的斗门（又称陡门），堪称世界上最早的船闸。举世闻名的京杭大运河，始建于春秋时期，以后经历代特别是隋、元两代的大规模开凿，沟通了钱塘江、长江、淮河、黄河、海河五大水系，全长约1794km。8—9世纪，唐代对外运输丝绸及其他货物的船舶，直达波斯湾和红海之滨，其航线被誉为“海上丝绸之路”。北宋时为增加粮食载运量和提高结构强度而建造的对槽船，是当今航运发达国家所用分节驳船的雏形。12世纪初，中国首先将指南针应用于航海导航。15世纪初至30年代，明代航海家郑和率领巨大船队7次下西洋，经历亚洲、非洲30多个国家和地区。由此表明，在一个相当长的历史时期内，中国的水路运输事业不论是在对本国的经济文化发展方面，还是在开展对外贸易和国际交流方面，均起着十分重要的作用。明、清时期，实行海禁和闭关锁国政策，尤其自1840年鸦片战争开始的帝国主义入侵以后，中国水运事业的发展受到了阻碍。

自1949年中华人民共和国成立以来，中国水运事业获得了很大的发展。碧海蓝天间，黄金海岸风光无限，东方海港壮美亮丽，邮轮母港舒展双翼，更远处的岸桥鳞次栉比，一艘艘船舶向着大海扬帆起航，截至2018年，已有245条国际集装箱班轮航线通往100多个国家和地区的300多个港口。今日中国水路运输网，一座座码头连点成线，一条条航道纵横交错，融入立体互联的综合交通网，在滚滚浪潮中为中华民族实现从站起来、富起来到强起来的伟大飞跃积聚了磅礴力量。截至2018年年底，内河航道通航里程由7.4万km（其中等级航道仅2.4万km）上升至12.71万km（其中等级航道6.64万km）；港口生产用码头泊位由161个上升至23919个，是1949年的148.6倍；万吨级及以上泊位在1957年有38个，1978年有133个，2017年年底有2366个，到2018年年底上升至2444个（其中，亿吨级大港数量达34个），位居世界第一，形成了环渤海、长三角、东南沿海、珠三角和西南沿海5个港口群，90%以上的外贸货物通过港口进出。截至2018年年末，全国拥有水上运输船舶数量13.7万艘（是1950年的30.3倍），净载重量超过2.5万亿t，集装箱箱位196.78万标箱；全国水路完成客运量2.8亿人次，旅客周转量79.57亿人·km；全国水路完成货运量70.27亿t，货物周转量99052.82亿t·km（其中内河运输完成货运量37.43亿t、货物周转量15365.89亿t·km，沿海运输完成货运量25.14亿t、货物周转量31760.34亿t·km，远洋运输完成货运量7.7亿t、货物周转量51926.58亿t·km)；全国港口完成货物吞吐量143.51亿t（其中沿海港口完成94.63亿t、内河港口完成48.88亿t)，约为中华人民共和国成立初期的1430倍；全国港口集装箱吞吐量也由1979年的3.29万标箱飙升至2017年的2.38亿标箱，港口货物吞吐量及集装箱吞吐量均居世界第一。全球十大集装箱港口我国占据七席，排名世界第一的除了庞大的干散货、油轮船队，还有首屈一指的中国制造品牌——上海振华港机，他们制造的集装箱桥吊占据全球80%的市场份额。2017年完成水运建设投资1239亿元(其中内河建设完成投资569亿元、沿海建设完成投资670亿元)，2018年完成水运建设投资1191亿元（其中内河建设完成投资628亿元、沿海建设完成投资563亿元)。

【例1】目前世界上散杂货运输最繁忙的港口之一的秦皇岛港，港口吞吐量从1949年的23万t增长到2001年的1亿t，用了52年，而2006年港口吞吐量增至2亿t，从1亿t到2亿t，只用了5年。改革开放至今，秦皇岛港累计运输煤炭约44亿t，成为名副其实的“国民经济晴雨表”。秦皇岛港的繁荣仅仅是我国港口巨变的缩影之一。港口下放地方、支持货主单位自建专用码头、鼓励港口利用外资、提高装卸效率……在新中国历代党和国家领导人的关怀鼓舞下，一系列政策和措施调动了多层次、多方面的积极性，大大加快了港口建设速度，改变了全国港口设施破旧、技术落后的面貌。

【例2】作为长江龙头的上海港，自2010年起，连续9年保持世界港口集装箱吞吐量第一的位置。1978年，我国第一条国际集装箱班轮航线在这里首航，当年的集装箱吞吐量仅7951标箱。这个数字在2010年达到2906.9万，首次超越新加坡，跃居世界第一。洋山深水港区已经成为全球规模最大、技术最先进的自动化码头。吊车轻松地将集装箱从海轮上吊起，准确无误地放在导引车上，“乖巧”的自动导引车随即驶向堆场……滔滔东海畔，桥吊装卸高效有序，一举一动都来自操作控制中心里的调度人员轻点鼠标、微调摇杆。

【例3】长江航线全线发力，处处开花。下游，长江南京至长江出海口431km的12.5m深水航道于2018年5月8日全线贯通，黄金水道建设取得里程碑进展，长江口航道水深从原来的7m增深到12.5m，通航保障率大幅提高，5万t级海轮可直达南京港；中游，三峡升船机投用，船舶翻坝像走楼梯一样上上下下；上游，600余km江段航运条件显著改善，结束了“川江不夜航”的历史，九龙坡至朝天门河段等一批航道整治工程有序实施；长江支流和长江三角洲高等级航道网项目建设全面加快，通航条件明显改善。古往今来，长江处处是“鬼见愁”的险滩激流，曾让无数船舶折戟沉沙。现如今，长江已成为世界上最忙碌的内陆“水上高速公路”，宛如一条巨龙横贯东西，绵延2800多km。年货运吞吐量从中华人民共和国成立初期的191万t，增长到2018年26.9亿t。长江航运每年对沿江经济发展的直接贡献达2000亿元以上，间接贡献达4.3万亿元以上。

港兴通天下。我国港口货物和集装箱吞吐量已连续16年居世界第一，国际海运量占全球海运量的三分之一。在全球港口货物吞吐量和集装箱吞吐量排名前10名的港口中，我国港口占有7席。目前，我国签署的双边和区域海运协定总数达38个，覆盖47个国家，海运互联互通指数保持全球第一。我国港口已与世界200多个国家和地区的600多个主要港口建立了航线联系，成为经济往来的重要纽带，在“一带一路”建设中扮演着重要角色。

以沿海各省份港口资源整合为突破点，辽宁港口集团、渤海湾港口集团、安徽港口运营集团有限公司、山东省港口集团有限公司等相继成立。一座座世界级大港正在转型升级中绽放新的璀璨光芒。

70年来，水运安全保障能力从基础设施极度落后起步，迅速实现大幅跃升、跨越式发展，我国初步建成了全面覆盖、保障及时的综合航海保障系统。截至2018年年底，我国沿海设置各类航标约1.6万座，船舶自动识别系统骨干网络基本覆盖沿海及内河主要水域。2015年10月9日，华阳灯塔和赤瓜灯塔竣工发光，填补了我国南沙水域民用导助航设施的空白。全国海事系统建成了水上遇险安全通信系统，甚高频安全通信系统基本实现了沿海25海里全程覆盖，海事现代化监管系统建成VTS中心40多个，监管水域达7.4万km^2，我国成为世界上VTS数量最多、监控水域面积最大的国家。导助航设施布局完善的同时，深远海抢险打捞多项关键技术取得重大突破。1.4万kW救助船畅行无限航区，313.5m饱和潜水海上作业深度保持世界纪录，水下500m高精度扫测，50000t重吨级别自航半潜船，4000t起重船……一批专业救助装备相继投用，一项项科研成果鼓舞人心，水运前沿科技创新富有活力，水运安全感日益增强。救捞系统自1951年成立以来至2018年共救助遇险人员77903名，救助遇险船舶5227艘，打捞沉船1803艘，被沿海群众誉为“当代妈祖”。今日的中国海事、中国救捞，已成为活跃在国际舞台上的一支重要力量，分享中国经验，贡献中国智慧。我国连续15届当选国际海事组织A类理事国，加入了数十个国际海事组织公约。在2019年《财富》世界500强排行榜中，我国有中国船舶重工集团公司、招商局集团、中国远洋海运集团3家航运领域企业上榜。70年筚路蓝缕，中国水运天翻地覆慨而慷，我国船队规模跃升至世界第二。

【大事记】1958年7月，交通部成立远洋运输局，开始着手组建远洋船队。1970年，我国开始利用中国银行贷款，平均每年购买近100万t船舶。同年，葛洲坝水利枢纽工程开工。1973年，中国恢复国际海事组织成员国地位。1983年，交通部提出“有河大家走船”的开放思路，水运市场从此形成了个体、集体、国有多种经济主体形式并存的格局。同年，对长江航运管理体制进行改革，按照政企分开、港航分管的原则，撤销了长江航运管理局，分别组建了长江航务管理局和长江轮船总公司。1986年，开征港口建设费。1989年，在国际海事组织第16届大会上，中国首次当选A类理事国，并连任至今。1990年，《内河通航标准》正式颁布执行。1993年7月1日，被称为海上运输法律“母法”的《中华人民共和国海商法》开始施行。1996年11月28日，上海航交所成立，它是经国务院批准、由交通部和上海市政府共同组建的我国唯一一家国家级航运交易所。2001年12月11日，我国正式加入WTO。为满足WTO的要求，国务院公布《中华人民共和国国际海运条例》并自2002年1月1日起实施。2007年7月，交通部发布《全国内河航道与港口布局规划》。2007年9月，《中华人民共和国船员条例》正式施行。2008年11月4日，海协会和海基会签署《海峡两岸海运协议》，宣告两岸客货运输海上直航的到来。2011年，交通运输部出台了《关于促进沿海港口健康持续发展的意见》。2014 年 9 月 3 日，国务院印发《关于促进海运业健康发展的若干意见》。2014 年 9 月 12 日，国务院印发《关于依托黄金水道推动长江经济带发展的指导意见》（以下简称《意见》），随《意见》一并印发了《长江经济带综合立体交通走廊规划（2014—2020 年）》。2015 年 3 月 1 日起，《中华人民共和国航道法》施行。2015 年 8 月 20 日，经第十二届全国人大常委会第十六次会议审议通过，我国正式批准加入《2006 年海事劳工条约》。2016 年 1 月，习近平总书记在重庆召开推动长江经济带发展座谈会。同年 9 月，《长江经济带发展规划纲要》正式印发，成为推动长江经济带发展重大国家战略的纲领性文件。2016 年 4 月，交通运输部出台《关于深化长江航运行政管理体制改革的意见》，对深入贯彻落实党中央、国务院关于依托黄金水道推动长江经济带发展的重大战略部署，促进交通运输在长江经济带发展中当好先行引领起到重要作用。2018 年 4 月 26 日，习近平总书记在武汉主持召开深入推动长江经济带发展座谈会并发表重要讲话。

模块三　水路运输系统的组成

水路运输的主要对象是旅客和货物，而为了运送他们就需要有船舶和港口，现代港口是水陆运输工具的汇集点，是交通运输的枢纽，它所担负的工作就更为繁杂。一般情况下，港口所在地的规划建设部门要统一研究附近海、河岸线的充分与合理使用，由航务工程部门负责港区码头的勘测设计和施工，而港口机械制造部门则对码头泊位进行“武装”，配备上各种先进的装卸机械，使来港车船能在最短时间内将货物卸下或装上，以加速运输工具的周转。

为保证水上运输工作的顺利进行，还要有许多部门密切协同，相互支援，如船舶的燃料及淡水和生活物资的供应部门、通信导航部门、业务代理与理货公司、救援打捞机构等。所有上述各系统汇合起来才能组成完整的水运系统；而笼统地讲，可以认为水路运输系统的组成主要是船和港。

水路运输的主要技术设施包括船舶、航道、港口及通信、导航等。船舶是水路运输的主要工具，运输船舶按运输种类可分为客船（包括客货船）、杂货船、液货船（包括油船、液化气船等）、散货船、兼用船、集装箱船、滚装船、载驳船、冷藏船、多用途船、自卸船、重件运输船等；按有无自航能力可分为机动船（货船、拖船、推船等）和非机动船（驳船）；按动力装置可分为蒸汽机船、内燃机船、汽轮机船和核动力船等；按推进装置可分为螺旋桨船、喷水船、水翼船和气垫船等。

航道是水路运输的基础。随着运输生产与科学技术的发展、船舶尺度的增大、船舶运行密度的增加和纵横水运网的逐步形成，现代水上航道已不仅是天然航道，还是包括人工运河、进出港航道，以及保证航行安全的航行标志系统和现代通信导航设备系统在内的工程综合体。对海上航道而言，以自然水道为主，人工水道、运河等作为自然水道的补充或改进。

港口是综合运输系统中水陆联运的重要枢纽，是货物和旅客集散并变换运输方式的场地，它有一定面积的水域和陆域供船舶出入和停泊，可以为船舶提供安全停靠、作业的设施，以及提供补给、修理等技术服务和生活服务。

【学后思考】

1. 水路运输有哪些特点？

2. 水路运输的主要技术设备包括哪些设施？

3. 大运河为什么能成为世界文化遗产？

任务二　港　口　概　述

【课程导航】

问题 1. 港口按照用途分为哪几类？按照地理位置分为哪几类？

问题 2. 港口由哪两大部分组成？水域、陆域分别指的是？

问题 3. 对港口的水域有哪些要求？

问题 4. 码头结构上的作用如何分类？

模块一　港口的分类

港口是水运生产的一个重要环节。船舶的装卸、补给、修理工作和船员的休整等都要在港口进行。因此，可以说港口是水运工作的关键所在。不论是河港还是海港，其最基本的功能就是为船舶进行装卸搬运工作。

一、按照用途分类

（1）商港，主要供旅客上下和货物装卸转运的港口。它又可分为一般商港和专业商港。一般商港用于旅客运输和装卸转运各种货物，如上海港、天津港等；专业港是指专门进行某种货物的装卸，或以某种货物为主的商港，如秦皇岛港以煤炭和石油装卸为主等。

（2）渔港，专为渔船服务的港口。渔船在渔港停靠，并卸下捕获物，同时进行水、冰块、燃料及其他物资的补给。

（3）工业港，固定为某一工业企业服务的港口。它专门负责该企业生产原料、产品及所需物资的装卸转运工作。

（4）军港，专供海军舰船用的港口。

（5）避风港，供大风情况下船舶临时避风的港口。避风港一般很少有完善的停靠设施，通常仅有一些简单的系泊设备。

二、按照地理位置分类

（1）海港，在自然地理条件和水文气象方面具有海洋性质，而且是为海船服务的港口，它又可细分为海湾港、海峡港和河口港。海湾港是指位于海湾内，常有岛屿等天然屏障作保护，不需要或只需较少的人工防护即可防御风浪的侵袭；海峡港是指处于大陆和岛屿或岛屿和岛屿之间的海峡地段的港口；河口港是指位于入海河流的河口段，或河流下游潮区界内的港口。

（2）河港，位于沿河两岸，并且具有河流水文特性的港口。

（3）湖港与水库港，位于湖泊和水库岸边的港口。

另外，还有按照潮汐的影响划分的开敞港、闭合港，以及按其在水路运输中的地位划分的世界性港、国际性港和地区港等不同类型。

模块二　港口的组成

港口由水域和陆域两大部分组成，如图1-2-1所示。水域是供船舶进出港以及在港内运转、锚泊和装卸作业使用的，因此要求它有足够的水深和面积、水面基本平静、流速和缓，以便船舶的安全操作；陆域是供旅客上下船，以及货物的装卸、堆存和转运使用的，因此陆域必须有适当的高程、岸线长度和纵深，以便在这里安置装卸设备、仓库和堆场、铁路、公路以及各种必要的生产、生活设施等。

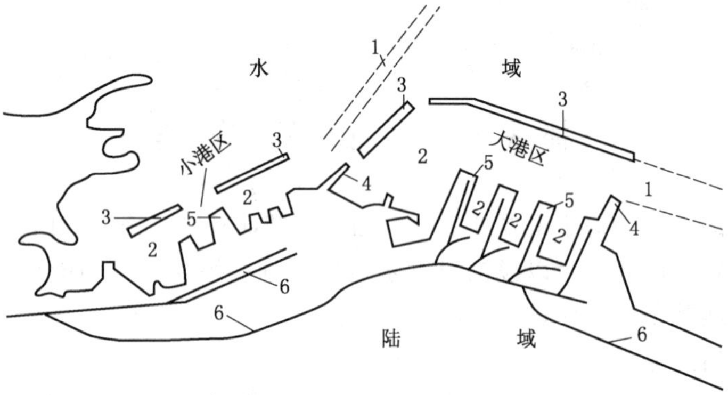

图1-2-1　港口组成示例

1—进港航道；2—港池；3—岛式防波堤；4—突堤式防波堤；5—码头；6—铁路

一、港口水域

水域是港口最主要的组成部分，如图1-2-2所示，它又可分为位于港池之外的港外水域和位于港池之内的港内水域。

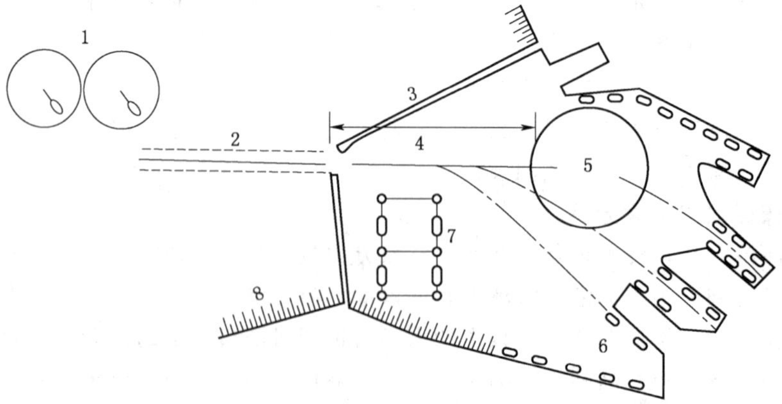

图1-2-2　港口水域组成示意

1—港外锚地；2—进港航道；3—防波堤；4—制动水域；5—回旋水域；6—港池；7—港内锚地；8—护岸

1. 港外水域

港外水域主要是指进港航道和港外锚地。多数海港及河口港都有天然进出港的航道，但其水深不一定满足船舶要求，在河口段可能还有部分浅滩，往往需要疏浚和整治。

内河港口的航道常常就在主航道靠近码头的一侧，一般要求有适当的宽度，既不影响主航道上船舶的航行，又与码头、锚地留有足够的间隔距离。

港外锚地是供进出港船舶抛锚停泊使用的，船舶在这里需办理边防检查、卫生检疫等手续，引航员也在这里上下（海港）；有时也供编、解大型船队之用（河港）。

进出港航道和港外锚地均需用航标加以标识。

2. 港内水域

港内水域包括港内航道、船舶制动水域、回旋水域、码头前沿停泊水域及港内锚地等，如图1-2-3所示。船舶在港内航道行驶时要适当减速，以确保安全。港内航道与码头之间一般要有供船舶进行回转的调头区，这段水域要有足够的宽度。大型海轮在港内靠离码头时常有拖轮协助，而内河船靠泊时，为便于控制常常需要将船首面对着水流的方向，调头区正是供其使用的。

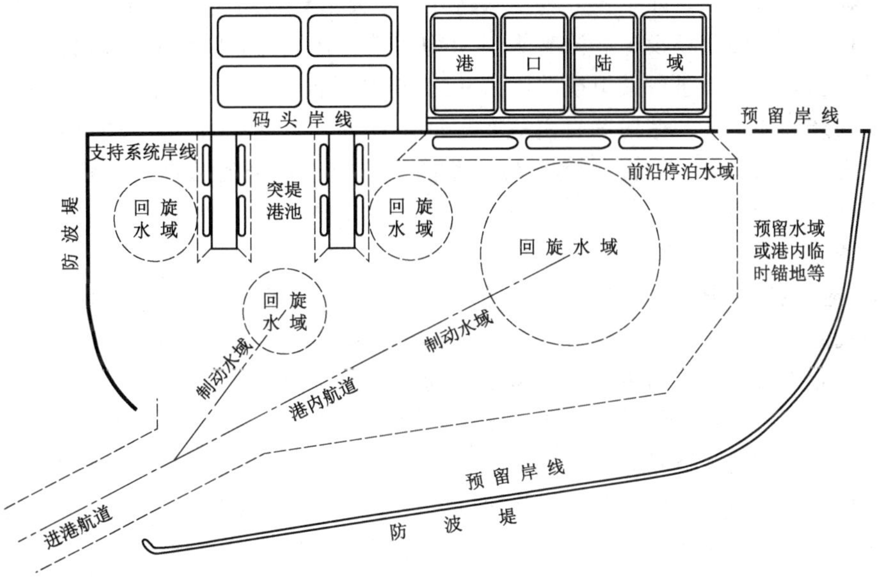

图1-2-3 港内水域示意

码头前沿水域必须有足够的深度和宽度，以使船舶能方便地靠离。它不仅要保证船舶靠码头的一侧能进行装卸作业，有时还要考虑其另一侧同时进行水上（船过船）装卸作业的需要，因此，码头前沿水域宽度应适当大些，以免影响附近的航道。

海港的港内锚地主要供船舶等待泊位，或是进行水上装卸用。在气候恶劣情况下，还可供船舶避风停泊。而河港锚地主要用于编解船队和进行水上作业，水上装卸作业是内河港、河口港的主要作业方式之一，并设置有“水上作业平台”，配备有浮式起重机等。

各水域应根据具体情况组合设置，必要时可单独设置。水域平面布置及尺度应综合考虑地形、风、浪、流、泥沙等自然环境要素和到港船舶的性能，满足船舶安全方便航行、制动、回旋和靠离泊的需要。

二、港口陆域

凡是在港口范围的陆地面积，统称为陆域，有以下几个部分。

1. 码头与泊位

供船舶停靠，以便旅客上下、货物装卸的水工建筑物称为码头。码头前沿线通常既是港口的生产线，也是港口水域和陆域的交接线。

码头前沿的水深一定要满足船舶吃水，并应考虑到船舶装卸和潮汐变化的影响，留有足够富余的水深。

2. 港口仓库和堆场

仓库和堆场是供货物装船前和卸船后短期存放使用的，多数较贵重的杂货都在仓库内堆放保管；只有不怕风吹雨淋的货物（如矿石、建材等）方可放入露天堆场或货棚内，这种散堆装货物的堆场常常远离市区和其他码头，以免对环境造成污染。

3. 铁路及公路

货物在港口的集散除了充分利用水路外，主要依靠陆路交通，因此铁路和公路系统是港口陆域上的重要设施。当有大量货物用铁路运输时，需设置专门的港口车站。在这里货物列车可以进行编组或解体，并配有专门的机车，将车辆直接送往码头前沿或库场的装卸线；装卸完毕后再由机车取回送往港口车站编组。在没有内河的海港，铁路是主要的输运方式，港口生产与铁路部门有密不可分的关系，如我国的秦皇岛港、大连港、青岛港等。

4. 起重运输机械

港口机械通常分为起重机械、输送机械、装卸搬运机械、专用机械四大类。

现代港口装卸工作基本是由各式各样的机械来完成的。有的机械主要用来起吊货物，称为起重机械；有的主要用于搬运货物，称为运输机械，统称为起重运输机械。它们在港口可用于：对船舶实行装卸作业；对火车和汽车进行装卸作业；在船舱内进行各种搬运、堆码和拆垛等工作；在库场上进行起重、搬运、堆码、拆垛等工作。对于专业化的码头通常都设有专门的装卸机械，如煤炭装船码头设有装船机，散粮卸船码头设有吸粮机；集装箱码头前方设有集装箱装卸桥，后方设置有跨运车、重型叉车。

5. 港口辅助生产设施

为维护港口的正常生产秩序，保证各项工作得以顺利进行，港口还需要在陆域上配备一些辅助设施。港口的辅助设施非常庞大，如给排水系统、输配电系统、燃料供应站、工作船基地、各种办公用房、维修工程队、船舶修理站等。然而就生产作业而言，大体上可归纳为船舶航行作业、装卸作业、货物存储及集输运四大部分。船舶航行作业部分包括港内外航道、锚地、港池和船舶回转水域，还有为保障航行安全的通信、导航设施；装卸作业部分包括码头、水上装卸锚地以及各种装卸设备；货物存储部分主要包括陆域上的仓库和堆场以及库场上的机械设备，还有旅客运输港口在陆域上专门建设的客运站等设施；集疏运部分除了水路外，还有铁路、公路。

模块三　码头结构上的作用及组合*

施加在结构上的集中力和分布力，以及引起结构外加变形和约束变形的原因，总称为结构上的作用。结构上的作用分为直接作用和间接作用两种，集中力和分布力是直接作用，工程上习惯将它们称为“荷载”；引起结构外加变形和约束变形的原因为间接作用，如地基沉降、混凝土收缩变形、温度变形等。本模块所述的作用为直接作用。

一、作用的分类

码头结构上的作用可按时间的变异、空间位置的变化和结构的反应进行分类，分类的目的主要是作用效应组合的需要。

时间因素是作用概率模型确定中最基本的因素，按时间的变异可将作用分为永久作用、可变作用和偶然作用三种。在设计基准期内，其量值随时间的变化与平均值相比可忽略不计的作用称为永久作用，如自重力、预加应力、土重力及由永久作用引起的土压力等。在设计基准期内，其量值随时间的变化与平均值相比不可忽路的作用称为可变作用，如堆货荷载、流动起重运输机械荷载、可变作用引起的土压力、船舶荷载、波浪力等。在设计基准期内不一定出现，而一旦出现其量值很大且持续时间很短的作用称为偶然作用，如地震作用。按结构预期使用寿命规定的时间参数为设计基准期，一般港口工程钢筋混凝土结构的设计基准期为 50 年。

按空间位置的变化可将作用分为固定作用和自由作用两种。在结构上固定分布的作用称为固定作用，如结构自重力、固定设备自重力等。在结构的一定范围内可以任意分布的作用称为自由作用，如堆货、流动起重运输机械荷载等。

按结构的反应可将作用分为静态作用和动态作用两种。加载过程中结构产生的加速度可以忽略不计的作用称为静态作用，如自重力、土压力等。加载过程中结构产生的加速度不可忽略的作用称为动态作用，如船舶撞击力、汽车荷载等。

二、作用组合和作用代表值的取值

为了使建筑物的设计经济合理，在设计基准期内有可能同时在码头建筑物上出现的作用分别按承载能力极限状态和正常使用极限状态考虑效应组合。对于承载能力极限状态可分为持久组合、短暂组合、偶然组合三种。持久组合是永久作用和持续时间较长的可变作用组成的作用效应组合；短暂组合是持续时间较短的可变作用所组成的作用效应组合；偶然组合是偶然作用所组成的作用效应组合。对于正常使用极限状态，分为持久状况和短暂状况，其中持久状况作用又分为短期效应（频遇）组合和长期效应（准水久）组合两种。

进行结构设计时，对于不同的极限状态和组合，在设计表达式中采用不同的作用代表值。

可变作用的代表值分为标准值、频遇值和准永久值三种。标准值是作用的主要代表值，频遇值是代表作用在结构上时出现的较大值，准永久值是代表作用在结构上经常出现的量值，它在设计基准期内具有较长的总持续期。

永久作用的代表值仅有标准值。偶然作用的代表值一般根据观测和试验资料或工程经验综合分析确定。在港口工程结构设计中，设计水位也是一个相当重要而又比较复杂的问题。而可变作用代表值的取值和设计水位的考虑都与作用效果组合情况有关，见表 1－2－1。

表 1－2－1　　　　　　　可变作用代表值的取值和设计水位

<table>
<tr><th rowspan="2">极限状态</th><th rowspan="2" colspan="2">组合情况</th><th rowspan="2">可变作用代表值的取值</th><th colspan="2">设计水位</th></tr>
<tr><th>海港</th><th>河港</th></tr>
<tr><td rowspan="3">承载能力极限状态</td><td colspan="2">持久组合</td><td>主导可变作用取标准值；非主导可变作用取组合值（标准值乘以组合系数 Ψ</td><td>对极端高、低水位，设计高、低水位及其间的某一不利水位分别进行计算</td><td>对设计高、低水位及与地下水位相组合的某一不利水位，分别进行计算</td></tr>
<tr><td colspan="2">短暂组合</td><td>对由环境条件引起的可变作用，按有关结构规范的规定确定，其他作用取可能出现的最大值为标准值</td><td colspan="2">对设计高、低水位分别进行计算</td></tr>
<tr><td colspan="2">偶然组合</td><td colspan="3">均按现行行业标准《水运工程抗震设计规范》（JTS 146—2012）中的有关规定执行</td></tr>
<tr><td rowspan="3">正常使用极限状态</td><td rowspan="2">持久状况</td><td>短期效应（频遇）组合</td><td>取可变作用的频遇值（标准值乘以频遇值系数 Ψ_1，Ψ_1 取 0.8）</td><td colspan="2" rowspan="3">与承载能力极限状态相比，可不考虑极端水位</td></tr>
<tr><td>长期效应（准永久）组合</td><td>取可变作用的准永久值（标准值乘以准永久值系数 Ψ_2，Ψ_2 取 0.6）</td></tr>
<tr><td colspan="2">短暂状况</td><td>取标准值</td></tr>
</table>

三、结构的设计状况和极限状态设计表达式

港口水工建筑物结构的设计状况分为持久状况、短暂状况和偶然状况。正常条件下，结构使用过程中的状况为持久状况，按承载能力极限状态的持久组合和正常使用极限状态的长期组合或短期组合分别进行设计；结构施工和安装等持续时间较短的状况为短暂状况，对此状况宜对承载能力极限状态的短暂组合进行设计，必要时可同时对正常使用极限状态的短暂状况进行设计；在结构承受防地震等持续时间很短的状况，应按承载能力极限状态的偶然组合进行设计。

1. 承载能力极限状态

承载能力极限状态的设计表达式为

$$S_d \leqslant R_d \qquad (1-2-1)$$

式中　S_d——作用效果设计值，如法向应力、剪力和弯矩等的设计值；

R_d——结构抗力设计值，如抗压、抗拉、抗剪和抗弯强度等的设计值。

S_d的表达式与作用效果组合有关。

（1）持久组合。

$$S_d = \gamma_0 \left[\gamma_G C_G G_K + \gamma_{Q1} C_{Q1} Q_{1K} + \psi \left(\sum_{i=2}^{n} \gamma_{Qi} C_{Qi} Q_{iK} \right) \right] \tag{1-2-2}$$

式中　G_K、Q_{1K}、Q_{iK}——永久作用、主导可变作用和第 i 非主导可变作用标准值；

C_G、C_{Q1}、C_{Qi}——永久作用、主导可变作用和第 i 个非主导可变作用的效应系数；

γ_G、γ_{Q1}、γ_{Qi}——永久作用、主导可变作用和第 i 个非主导可变作用分项系数，按表 1-2-2 取值；

γ_0——结构重要性系数，按表 1-2-3 取值。

（2）短暂组合。

$$S_d = \gamma_G C_G G_K + \sum_{i=1}^{n} \gamma_{Qi} C_{Qi} Q_{iK} \tag{1-2-3}$$

式中　γ_{Qi}——第 i 个可变作用分项系数，取值可按表 1-2-2 中所列数值减小 0.1；其他符号意义同前。

表 1-2-2　　作用分项系数

荷载名称	分项系数	荷载名称	分项系数	荷载名称	分项系数
永久荷载	1.2	起重机械荷载	1.5	船舶挤靠力	1.4
一般件杂货、集装箱荷载	1.4	运输机械荷载	1.4	船舶撞击力	1.5
五金钢铁荷载	1.5	铁路荷载	1.4	风荷载	1.4
散货荷载	1.5	汽车荷载	1.4	水流力	1.5
液力管道（含推力）荷载	1.4	缆车荷载	1.4	冰荷载	1.5
人群荷载	1.4	船舶系缆力	1.4		

注　1. 除有关规范另作规定外，作用分项系数均按本表采用。
2. 当两个可变作用完全相关时，其非主导可变作用应按主导可变作用考虑。
3. 当永久荷载产生的作用效应对结构有利时，分项系数的取值不大于 1.0。

表 1-2-3　　港口工程结构的安全等级和结构重要性系数 γ_0

结构安全等级	一级	二级	三级
破坏后果	很严重	严重	不严重
结构重要性系数 γ_0	1.1	1.0	0.9

注　一般港口的主要建筑物宜采用二级。

（3）偶然组合。按现行《水运工程抗震设计规范》（JTS 146—2012）有关规定执行。

2. 正常使用极限状态

正常使用极限状态的设计表达式为

$$S < R \tag{1-2-4}$$

式中　S——作用效应设计值，如变形、裂缝宽度和沉降量等的设计值；

R——限值，如规定的最大变形、裂缝宽度和沉降量等的设计值。

对正常使用极限状态，分别考虑以下可能的作用效应组合：

（1）持久状况的短期效应（频遇）组合，有

$$S_S = S_{GK} + \psi_1 \sum S_{QiK} \quad (1-2-5)$$

（2）持久状况的长期效应（准永久）组合，有

$$S_1 = S_{GK} + \psi_2 \sum S_{QiK} \quad (1-2-6)$$

（3）短暂状况当需要考虑正常使用极限状态时的组合，有

$$S = S_{GK} + \sum S_{QiK} \quad (1-2-7)$$

式中　S_S——作用的短期效应（频遇）组合；

S_1——作用的长期效应（准永久）组合；

S——短暂状况的效应组合；

ψ_1——频遇值系数，取 0.8；

ψ_2——准永久值系数，取 0.6；

S_{GK}——永久作用的作用效应；

S_{QiK}——可变作用的作用效应。

【学后思考】

1. 港口按照用途分为哪几类？按照地理位置分为哪几类？
2. 港口由哪两大部分组成？水域、陆域分别指的是？
3. 对港口的水域有哪些要求？
4. 《大运河》1“千年水道”中提到的中国大运河包括哪几部分？全长多少公里？
5. 吴王夫差时期邗沟连通哪两大水系？
6. 隋代大运河的源头是哪儿？鸿沟连通哪两大水系？永济渠连通哪两大水系？
7. 京杭大运河穿越________、________、________、________、________，穿行在________湖、________湖、________湖、________湖之间。
8. 你认为像京杭大运河这类文化遗产如何保护？

任务三　港口水工建筑物

【课程导航】

问题 1. 港口水工建筑物分为哪几大类?

问题 2. 码头建筑物由________和________两部分组成。

问题 3. 码头按照用途、平面布置轮廓、掩护条件、断面形状、结构形式和趸船与岸上的联系方式分别分为哪几类?

问题 4. 试简述防护建筑物的概念、分类。

问题 5. 修造船建筑物主要包括哪几部分?

问题 6. 常见的通航建筑物有哪些?

港口水工建筑物是指大部分处于水中，或经常与水接触的港口建筑物。这类建筑物要遭受水的侵蚀等有害作用，因此对其结构和材料有特殊的要求，应该异常坚固且经久耐用。根据各种不同的用途，港口水工建筑物可分为防护建筑物、码头建筑物、修造船建筑物和通航建筑物四大类。

模块一　防护建筑物

防护建筑物多数用在海港，以防止波浪对港内的冲击，也有的用来防止泥沙、流冰进入港内。建造在开放海岸、海湾或岛屿港口的防波堤，建造在河口或泻湖潮汐汊道口用以引导水流的导流堤，用于拦截沿岸漂沙的防沙堤，以及用于岸滩防护的离岸堤、潜堤、突堤（丁坝）等海岸堤坝，都属于防护建筑物。防护建筑物在水域外围的深海中，要经受巨大的波浪的冲击力，因此要建造得既稳定又坚固，规模往往很大，以便能阻抗深水海浪的作用。

防波堤的平面布置需要考虑波浪、水流、风、泥沙、冰、地形、地质等自然条件，以及船舶航行、泊稳和码头装卸等营运要求以及施工、投资等因素，可采取单突堤、双突堤、岛堤与突堤混合布置的方式，图 1－3－1 所示为我国港口典型防波堤的布置方式。

单突堤从海岸伸入海中，堤头到达深水处，主要应用于波浪频率集中在某一方位、泥沙运动方向单一或港区一侧有天然屏障时，如秦皇岛港东港区、青岛港老港区的防波堤布置。

双突堤自海岸两边适当地点，各筑一道突堤伸入海中达深水线，遥相对峙，两堤末端形成突出于深水的口门，围成较大水域，保持港内航道水深，如唐山港京唐港区、天津港的防波堤布置。

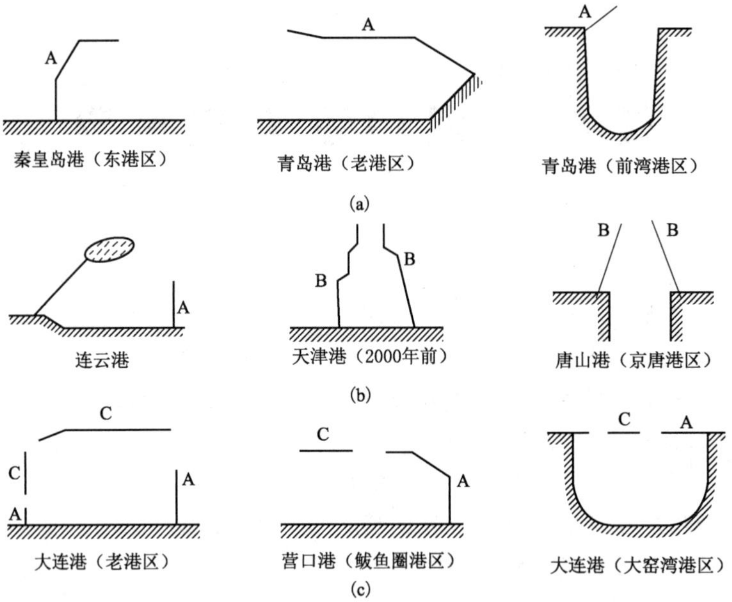

图 1-3-1 海港防波堤平面布置示意

（a）单突堤布置；（b）双突堤布置；（c）岛堤与突堤混合布置

A—突堤；B—双突堤；C—岛堤

岛堤两端不与海岸相连，形成海岛，可拦阻迎面袭来的波浪与漂沙。岛堤多与突堤混合布置，形成多个口门，便于船舶进出，并阻挡迎面的风浪，如大连港老港区、大窑湾港区的防波堤布置。

模块二 码 头 建 筑 物

码头位于港口水域与陆域的交界处，是提供船舶系靠、货物装卸、旅客上下及各种辅助作业的港口基本设施。为实现主要港口水工建筑物之停靠船舶卸船装船、连接水域陆域的基本功能，码头需具备以下工作条件：①码头前方与后方要有适度的高度差，以实现水域陆域的连接和陆域排水；②码头前沿水深应满足设计水深，顶部高程应保证高水位下码头不被淹没；③为了实现水域陆域连接，码头岸壁可采用直立岸壁或斜坡接岸，前者需要承受岸壁后方的侧向荷载作用，后者要求保证岸坡稳定；④码头上部结构应有足够的空间与强度，以布置前方装卸设备，承受装卸机械、货物和船舶作用的竖向和水平荷载。

一、码头建筑物组成

码头建筑物是供船舶停靠、货物装卸或旅客上下的水工建筑物，是港口的主要建筑物之一。

码头建筑物由主体结构和码头附属设施两部分组成，如图 1-3-2 所示。主体结构通常包括上部结构、下部结构和基础等（表 1-3-1）。

上部结构的功能是：直接承受船舶荷载和地面使用荷载，并将其传给下部结构；

将下部结构的构件连成整体。此外，上部结构还是系船柱、轨道、防冲设施等码头设备的基础。上部结构位于水位变动区，又直接承受波浪、冰凌、船舶的撞击，要求有足够的整体性和耐久性。

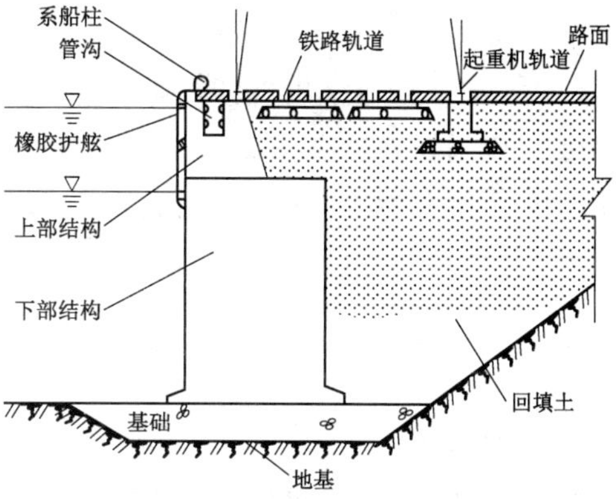

图 1－3－2　码头组成示意

下部结构的功能是：支承上部结构，形成一个直立岸壁，并将作用在上部结构和自身的作用力传递到基础。高桩式码头设置独立的挡土结构，板桩式码头设置拉杆、锚碇结构，其作用分别是挡土和保证结构的稳定。

基础是码头建筑物的底座，承受下部结构传过来的作用力，并将其传递给地基。

码头附属设施是指供船舶系靠和装卸作业在码头上设置的设备，包括系船设施（如系船柱、系船环）、防冲设施（如橡胶护舷）、安全设施（如系网环、护轮槛）、工艺设施（如工艺管沟、起重机轨道与铁路轨道）和路面等。

表 1－3－1　　码头组成部分

组成部分		结构形式		
		重力式码头	板桩式码头	高桩式码头
主体结构	上部结构	胸墙	帽梁或胸墙	承台或梁板及靠船构件
	下部结构	墙身	板桩墙	桩
	基础	抛石基床		
	其他	墙后回填料	拉杆、锚碇结构	挡土结构
码头附属设施		系船设施、防冲设施、工艺设施、安全设施、路面		

二、码头分类

码头可按用途、平面布置轮廓、掩护条件、断面形式和结构形式等进行分类。

1. 按用途分类

码头按用途分为货运码头、客运码头、工作船码头、渔码头、军用码头和修船码头等。

（1）货运码头。货运码头分为普通件杂货码头和专业码头。普通件杂货码头用于装卸各种件杂货，配备的装卸机械有较大的通用性。专业码头配备高效能的专业机械设备，用以装卸运量大、货物流量稳定的某种专门货物。专业码头按货种划分，又分为集装箱码头、油码头、煤码头、矿石码头、散粮码头等，常有装船码头和卸船码头之别。

（2）客运码头。客运码头主要供旅客上下船之用，设有旅客候船厅、行李房等。国际性客运码头还设有海关、防疫检查机构等。

2. 按平面布置轮廓分类

码头按平面布置轮廓可分为顺岸式码头、突堤式码头、墩式码头、岛式码头和系船浮筒。

(1) 顺岸式码头。前沿线与原岸线（陆域岸线）平行或基本平行的码头，如图1－3－3所示。顺岸式码头具有陆域宽广、船舶停靠方便、对水流和泥沙的影响较小等优点，应用较为普遍。根据码头与岸的连接方式又可分为满堂式和引桥式两种。满堂式码头与岸上场地沿着码头全长连成一片，具有前沿与后方联系方便、装卸能力较大的优点。引桥式码头用引桥将透空的顺岸码头与岸连接起来。

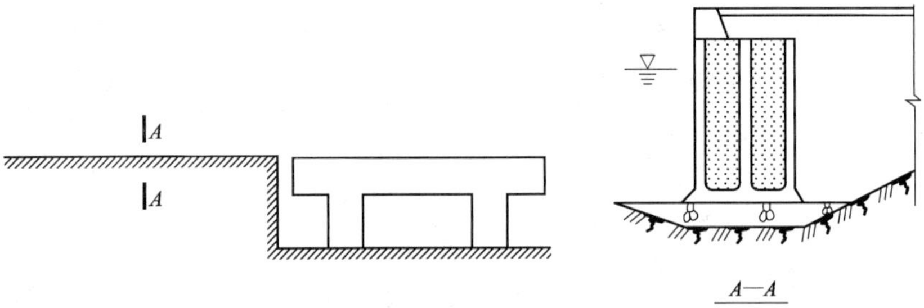

图1－3－3　顺岸式码头平面布置

(2) 突堤式码头。突堤式码头指由陆岸向水域中伸出的码头，如图1－3－4所示，突堤两侧和端部均可系靠船舶，具有布置紧凑、管理集中的优点。突堤式码头主要应用于海港，分为窄突堤码头和宽突堤码头两种。窄突堤码头沿着宽度方向是一个整体结构；宽突堤码头沿着宽度方向的两侧是码头结构，码头结构中通过填筑构成码头地面。

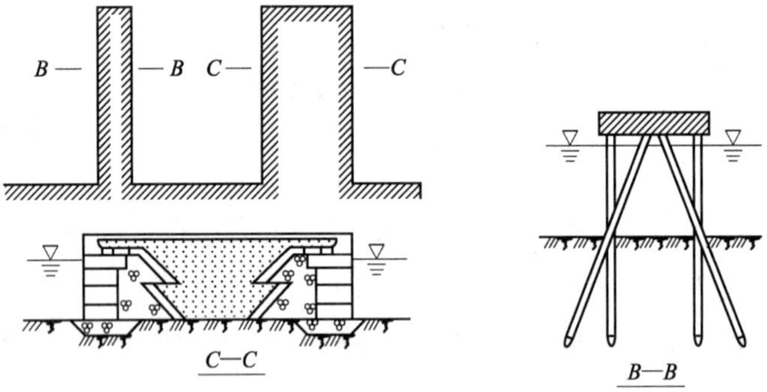

图1－3－4　突堤式码头平面布置

(3) 墩式码头。即在水域中建造若干个独立的墩台，作为船舶系靠之用，主要用来装卸石油、散装物、煤和矿石等。如图1－3－5所示，墩式码头为非连续结构，由靠船墩、系船墩、装卸平台、引桥、人行桥组成。墩台与岸用引桥连接，墩台之间用人行桥连接，船舶的系靠由靠船墩和系船墩承担，装卸作业在另设的工作平台上进行。墩式码头在开敞式码头的建设中应用较多。有的墩式码头不设工作平台，墩子既是系靠船设施，又在其上设置固定装煤机等装卸机械，进行装卸作业。

(4) 岛式码头。建在外海深水处，码头与岸不相连接，如图 1－3－6 所示，实际上是不设引桥的墩式码头。一般供大型油船停靠，通过海底管道或管架桥装卸石油。

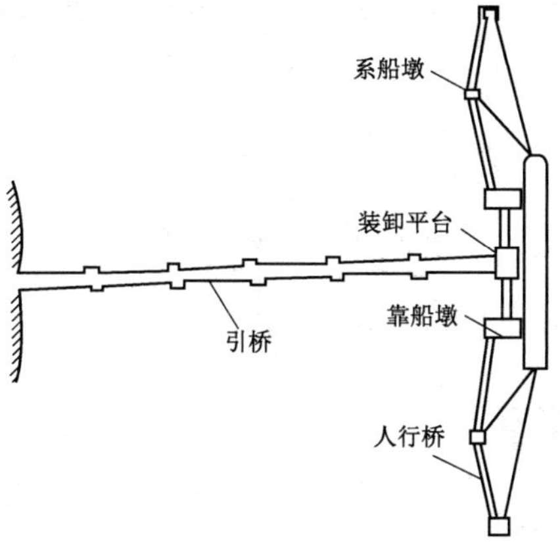

图 1－3－5　墩式码头平面布置
（有独立的工作平台）

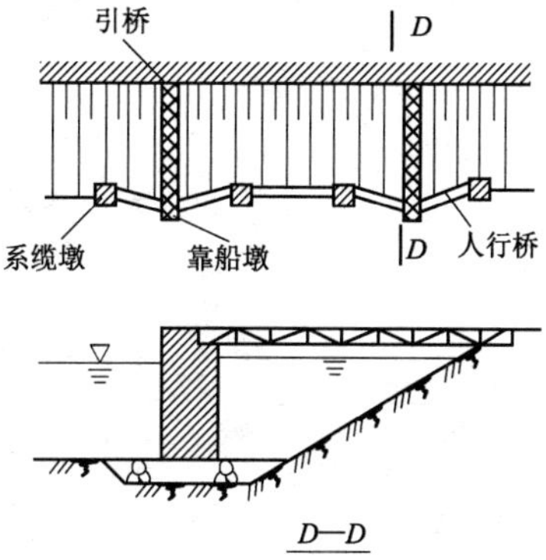

图 1－3－6　岛式码头平面布置
（无独立的工作平台）

(5) 系船浮筒。其系泊方式有单点系泊和多点系泊两种，主要供大型油船系泊和装卸石油，如图 1－3－7 所示。

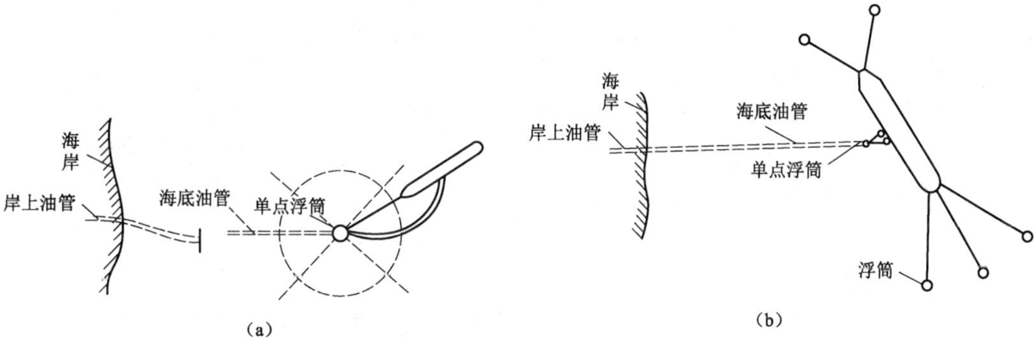

图 1－3－7　系船浮筒平面布置
(a) 单点系泊式；(b) 多点系泊式

3. 按掩护条件分类

码头按照掩护条件可分为有掩护码头与无掩护码头两类。

(1) 有掩护码头。建造在有掩护的港口水域内。

(2) 无掩护码头。又称开敞式码头，特点是码头前水深大，受波浪力、水流力、船舶作用力影响大，施工条件差，因此在设计施工中需要做特殊处理。在平面轮廓分类中的墩式码头、岛式码头和系船浮筒通常为开敞式码头。

4. 按断面形式分类

码头按照断面形式可分为直立式码头、斜坡式码头、半斜坡式码头、半直立式码头和多级式码头等，如图 1－3－8 所示。

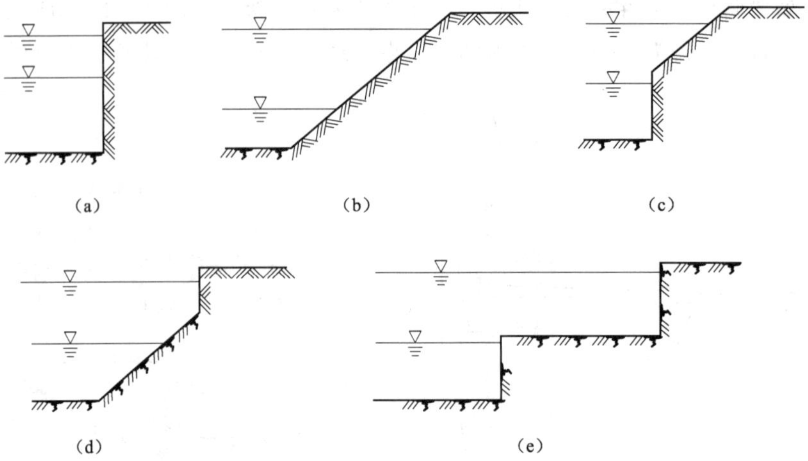

图 1-3-8 码头断面形式

(a) 直立式；(b) 斜坡式；(c) 半斜坡式；(d) 半直立式；(e) 多级式

(1) 直立式码头。直立式码头可分为岸壁式码头和透空式码头两大类，适用于水位变化不大的港口，便于船舶系靠、货物装卸和车辆运转，如海岸港和河口港，对于水位差较小的河港及运河港也很适用。直立式码头装卸效率高，其应用范围正逐步扩大。在水位差较大的中游河港，采用多层系缆或浮式系靠船设施的直立式码头日益增多。在河港中，对水位差 8m 以下的货运码头，宜采用直立式；对水位差 8～17m 的件杂货码头，主要采用直立式。

(2) 斜坡式码头。斜坡式码头岸坡较长，装卸效率低，适用于水位变化大的上、中游河港或水库港。散货码头主要采用斜坡式；在水位差 17m 以上时，以建斜坡式为主，也可因地制宜建一些其他形式的码头。

(3) 半斜坡式码头。半斜坡式码头适用于枯水位时间较长而洪水期高水位时间较短的山区河流情况。

(4) 半直立式码头。半直立式码头适用于高水位时间较长而低水位时间较短的水库港等。半斜坡式码头和半直立式码头多建在内河或水库的小港口，应用较少。

(5) 多级式直立码头。在水位差较大且洪水期不长的上游河港可采用多级式直立码头，上游码头在洪水期使用，下游码头在枯水期或一般水位时使用，在洪水期被淹没。各级码头可以在同一断面上，也可不在同一断面上。这种形式应用也较少。

5. 按结构形式分类

码头按照结构形式可分为重力式码头、板桩式码头、高桩式码头及混合式码头等，如图 1-3-9 所示。

(1) 重力式码头是依靠自重力（包括结构本身和填料的重力）来抵抗建筑物的滑移和倾覆而工作的码头，是码头建筑物中分布较广、使用较多的一种结构形式，其结构如图 1-3-10 所示。由于重力式码头自重较大，地基承受的压力大，因此适用于土质较好的地基。重力式码头墙体属实体结构，耐久性好，是对工艺及超载变化适应性最强的一种结构。

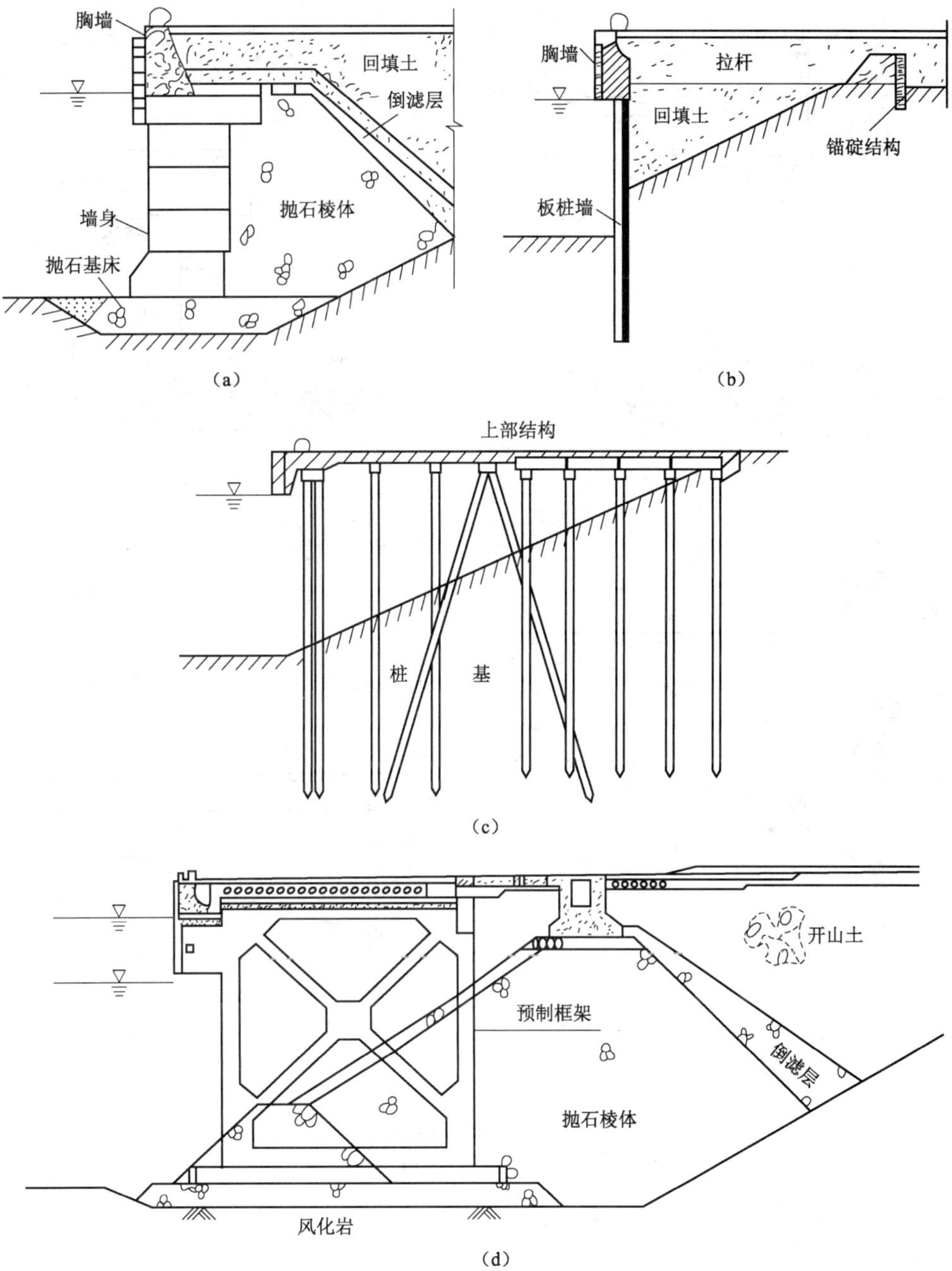

图 1-3-9　码头的结构形式

(a) 重力式；(b) 板桩式；(c) 高桩式；(d) 混合式

(2) 板桩式码头依靠打入地基中的一系列连续板桩形成板的桩墙体来挡土，其结构如图 1-3-11 所示。其工作特点是依靠板桩入土部分的侧向土抗力和安设在码头上部的锚碇结构来维持其整体稳定。除了特别坚硬或过于软弱的地基外，一般均可采用。

由于板桩式码头系薄壁构件，且承受土压力较大，因此主要适用于中、小型码头。

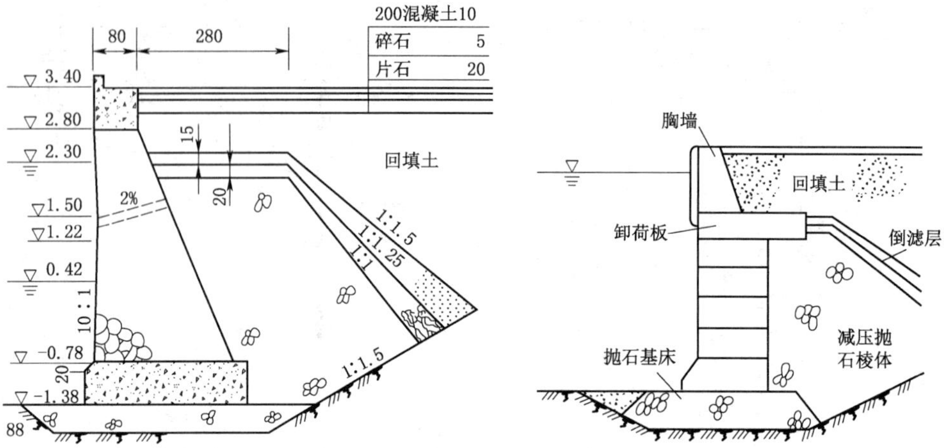

图 1-3-10　重力式码头结构示意（尺寸单位：mm；高程单位：m）
(a) 干地现场浇筑的结构；(b) 水下安装的预制结构

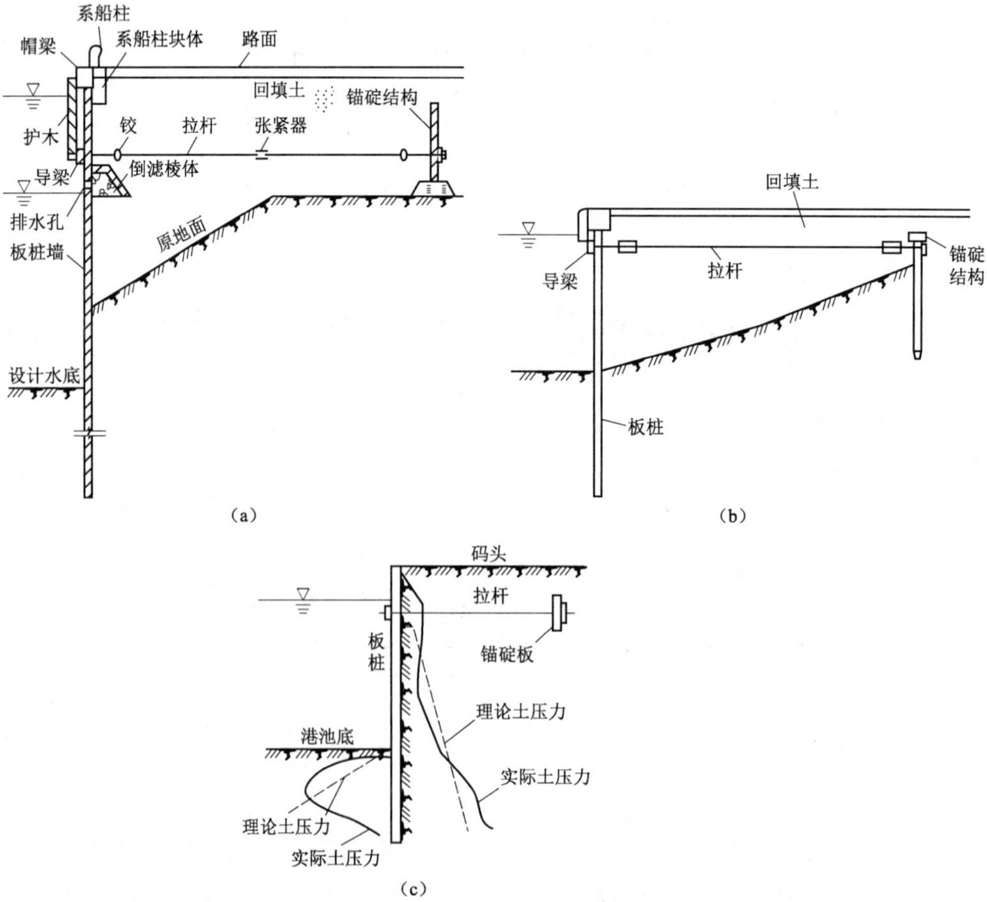

图 1-3-11　板桩式码头结构示意

（3）高桩式码头。主要由桩基和上部结构组成，通过桩台将作用在码头上的荷载经过打入地基中的桩体传递到地基深处，如图 1-3-12 和图 1-3-13 所示。高桩式码头是在软弱地基上修建的一种主要结构形式。

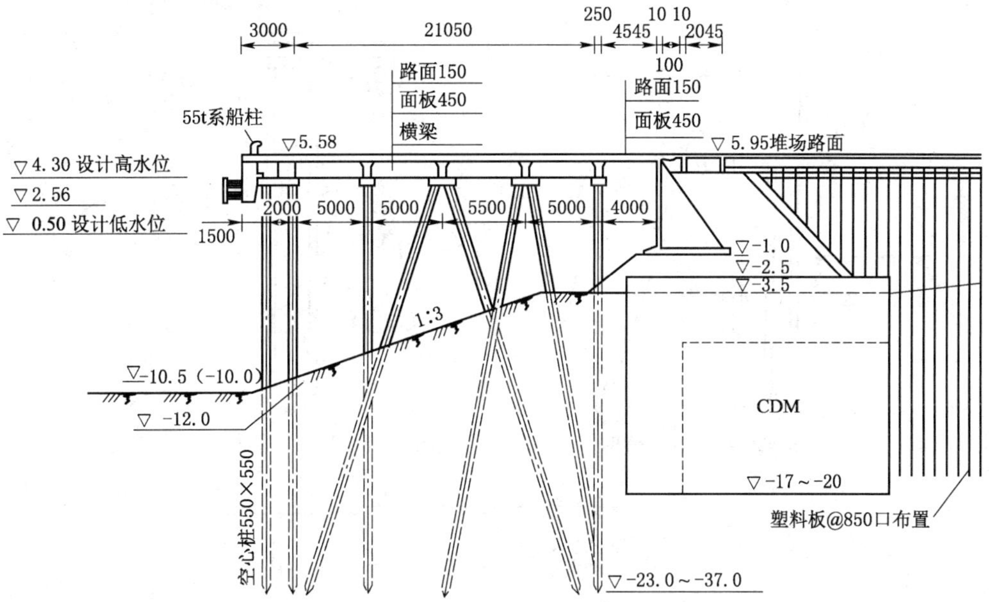

图 1-3-12　天津港东突堤南侧高桩式码头断面示意（尺寸单位：mm；高程单位：m）

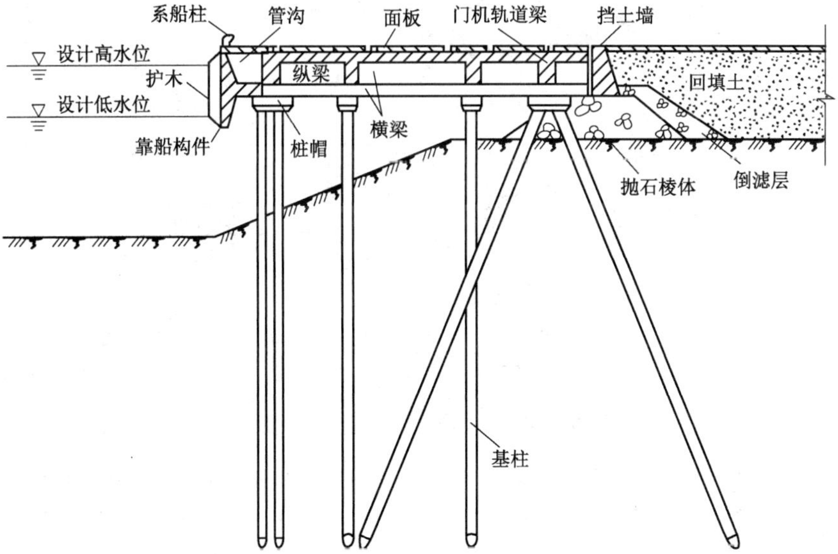

图 1-3-13　高桩式码头结构示意

（4）混合式码头。除了上述三种基本的结构形式外，根据当地的地基、水文、建筑材料、码头使用上的要求以及施工条件等情况，也可采用各种形式的混合结构，如

图 1－3－14～图 1－3－16 所示。例如，梁板高桩结构相结合的混合式码头，如图 1－3－14 所示；后排为板桩挡土墙的后板桩高桩式码头，如图 1－3－15 所示；兼有重力式码头和板桩式码头特点的混合式码头，如图 1－3－16 所示，等等。

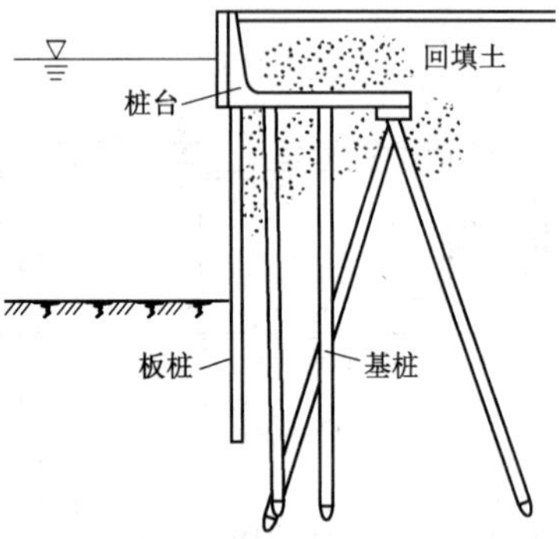

图 1－3－14　混合式码头（梁板高桩结构相结合）

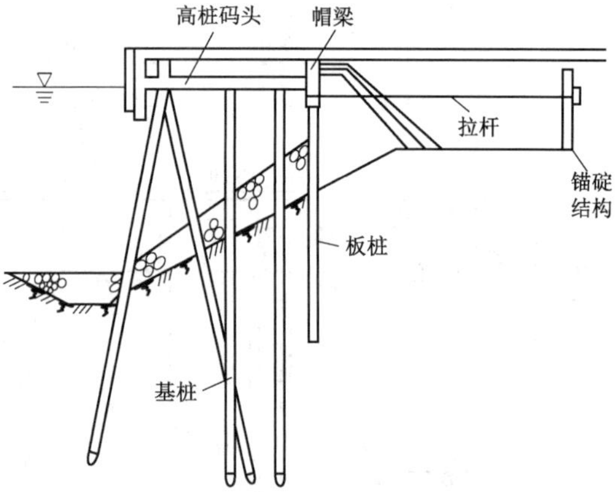

图 1－3－15　后板桩挡土墙混合式码头

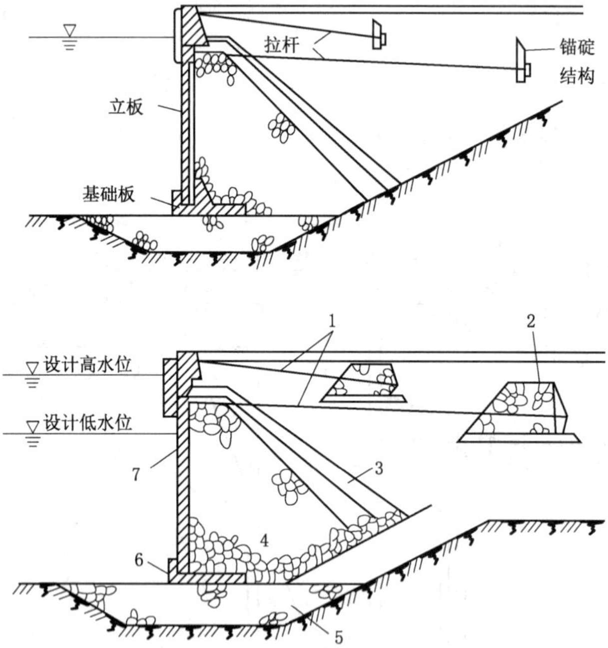

图 1－3－16　混合式码头（兼有重力式码头和板桩式码头特点）

1—拉杆；2—锚碇结构；3—倒滤层；4—抛石棱体；5—基床；6—底板；7—板桩墙

重力式码头、板桩式码头、高桩式码头是通常采用的码头结构，由主体结构和附属设备两部分组成。其中，主体结构的上部有胸墙、梁、靠船构件等，下部有墙身、基础或板桩、桩基等；附属设备主要是系船柱、护木、系网环、管沟、门扣和铁路轨道及路面等。重力式码头、板桩式码头和具有前板桩的高桩式码头，由于码头前沿有连续的挡土结构，又被称为实体式码头。它们能承受较大的船舶和冰凌的撞击力，耐久性好，但码头前波浪反射较严重，其基本的计算荷载是水平土压力。一般的高桩码头和墩式码头的下部不连续，为透空式码头，耐久性差，但码头前波浪反射较轻，土压力没有作用在建筑物上或数值不大，基本的计算荷载为使用荷载。

6. 按趸船与岸上的联系方式分类

码头按照趸船与岸上的联系方式分为斜坡码头和浮码头，在内河大水位差港口中常见。斜坡码头是指当水位变化时，趸船沿斜坡方向移动，即趸船的平面位置随水位变化沿岸坡前后移动的码头，如图 1-3-17 所示。

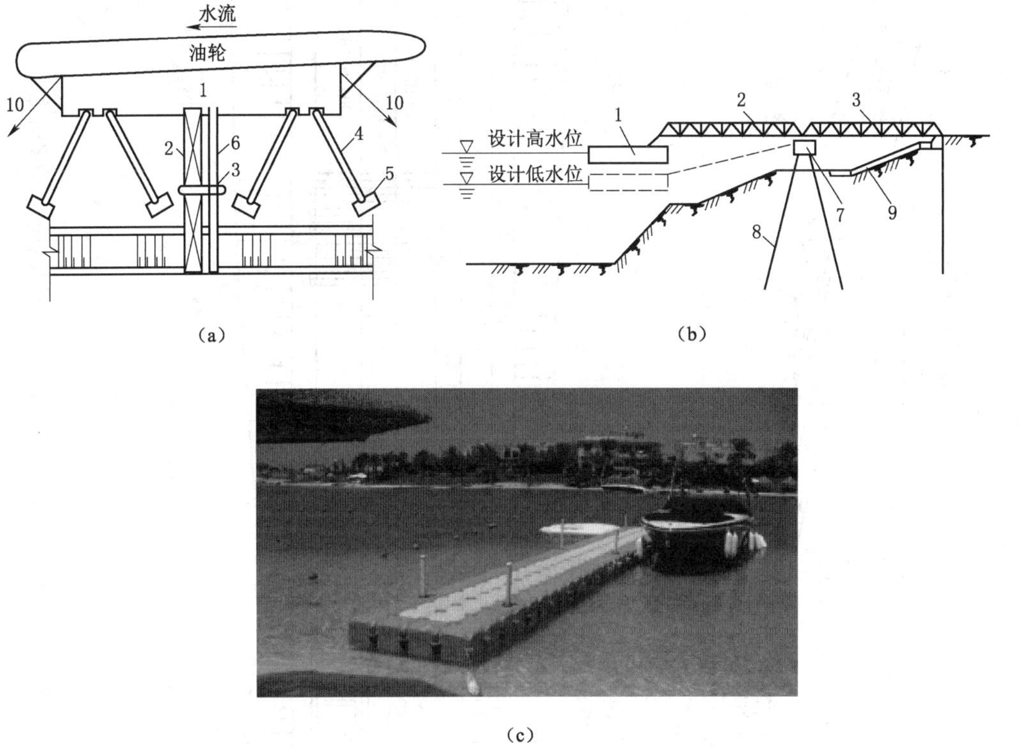

图 1-3-17　浮码头

(a) 平面布置示意图；(b) 纵向结构示意图；(c) 实际工程图

1—趸船；2—活动引桥；3—固定引桥；4—撑杆；5—撑墩；6—管道；7—桥墩；8—桩；9—护坡；10—锚链

若趸船与岸之间的联系是通过在活动引桥及固定引桥上的运输车辆或管道，且趸船只在原位置随水位变化而垂直升降，趸船的平面位置不变，这种码头称为浮码头。浮码头由趸船、活动引桥、撑杆及撑墩等组成（图 1-3-18），适用于地质条件复杂、河床不稳定、不宜建固定式码头的情况。另外，有的码头既有固定的斜坡又有可沿斜坡移动的引桥，这种码头可称为混合式斜坡码头，也可称为浮码头。浮码头是客运码头或以客运为主的客货码头中常用的一种码头结构形式。

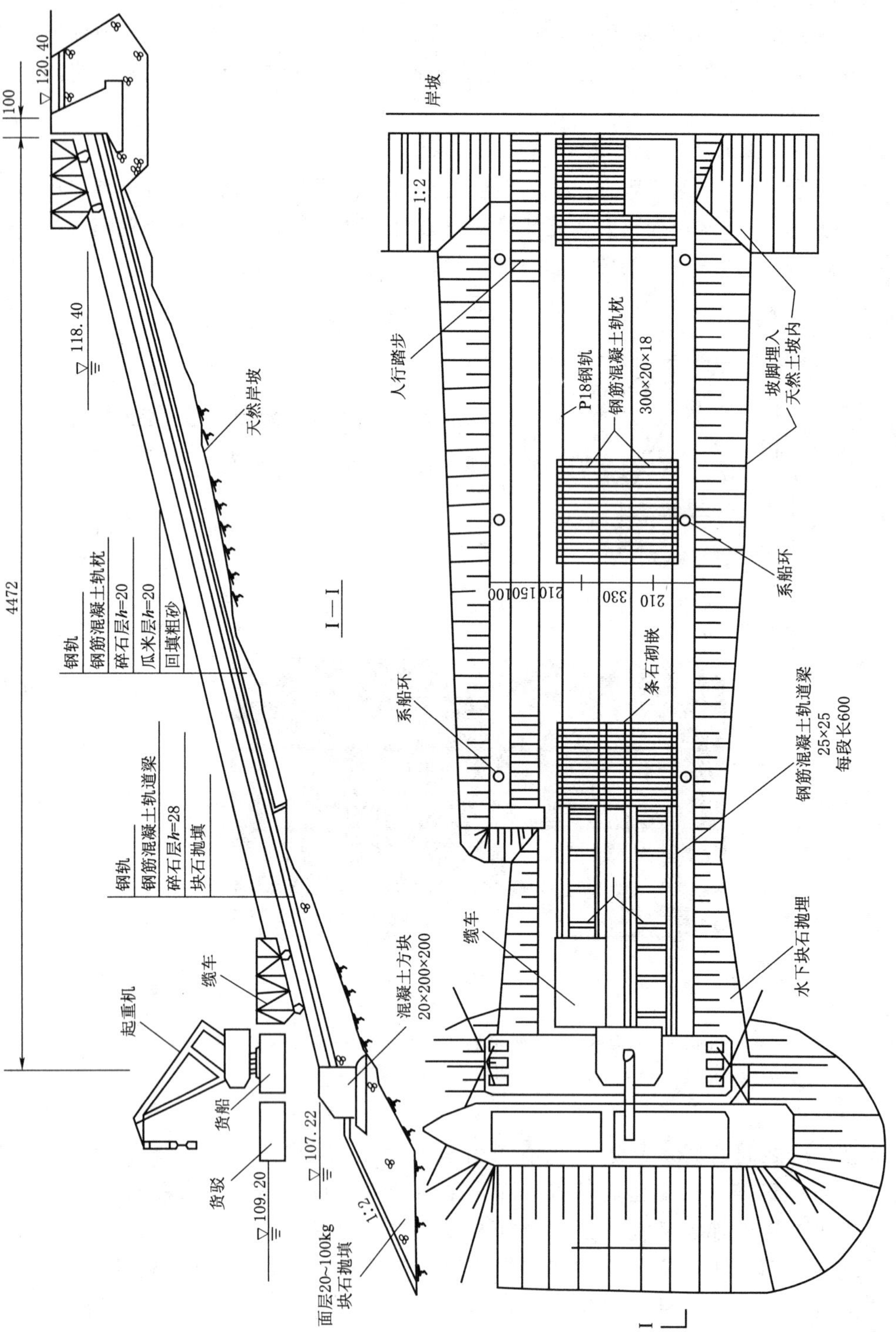

图 1-3-18　实体式斜坡码头示意图（尺寸单位：cm；高程单位：m）

模块三　修造船建筑物

船舶是水运行业的主要运输工具。船舶在营运中，有时会出现故障或损坏，或在规定时间内检修，或需要改装，所有这些均需进厂修理。修造船建筑物是供船舶建造和修理用的水工建筑物，它是修造船厂的重要组成部分。其主要包括船台滑道、船坞和升船机等。

一、船台滑道

船舶利用机械设备沿岸坡斜向上岸或下水，或靠船舶自重沿岸坡斜面滑行下水。斜面上供船舶上墩下水的专用轨道称为滑道，船舶在岸上修造的场地称为船台。在船舶上墩或下水时、船纵轴和移动方向与滑道中心线一致时，称为纵向滑道。若船舶纵轴与滑道中心线垂直，面移动方向与滑道中心线一致，这种滑道称为横向滑道。

纵向滑道又可分为纵向木质滑道、纵向油脂滑道、纵向钢珠滑道和纵向机械化滑道；横向滑道一般为横向机械化滑道。

纵向木质滑道是在天然地基上铺设纵向木梁作为滑道，并在其上放置滑板，船体支承在滑板上，利用电动绞盘或绞车拖拽船舶上墩或下水。木质滑道有纵向和横向两种，船的修造均在倾斜的滑道（船台）上进行。其优点是结构简单、造价低；缺点是修造不方便。用这种方式建造的一般是500t以下的小型船舶。

纵向油脂滑道是船台和滑道合一的单船位下水设施。这种滑道主要用于船舶建造后的下水，以油脂作为木质滑道与滑板之间的润滑剂，靠船舶自重沿滑道面的向下分力滑行下水，如图1－3－19所示。纵向油脂滑道的适用范围大，投资少，施工简便，维修工作量小；其缺点是要求有较宽广的水域，一条滑道只能满足单个船台的生产，船舶在船台上呈倾斜状，造船作业条件较差。这种滑道一般只能作为船舶下水设施使用，下水操作较复杂，劳动强度也较大。

纵向钢珠滑道与纵向油脂滑道基本相同，仅将下水时的润滑剂（油脂）改为特制的带有保距器的钢珠，将下水时滑板与滑道的滑动摩擦改为滚动摩擦，使摩擦阻力有所减小。其优点是船舶下水后容易启动，滑道坡度小，船舶下水费用低，节省油脂；其缺点是工程建造投资大，滑板笨重。

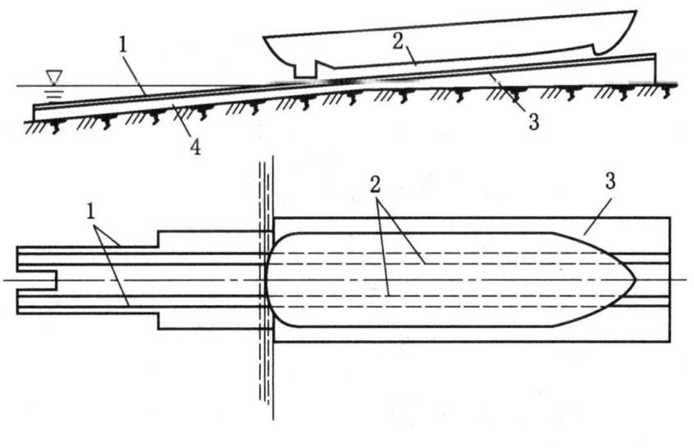

图1－3－19　纵向油脂滑道示意图
1—下水滑道；2—滑板；3—船台；4—滑道基础

机械化滑道是修造中、小型船舶时最常用的一种上墩或下水设施。移船用船排小车进行，省力、方便。同时，一条滑道可为多个船台服务，占用岸线短，工程量少，提高了滑道的使用率，且船台布置比较集中紧凑。

机械化滑道可分为纵向滑道和横向滑道两大类。两类滑道一般均由滑道区、横移区和船台区三部分组成。滑道区是船舶上墩或下水的通道，滑道是倾斜的；横移区是船舶从滑道区到船台区的过渡区，通过横移区将船舶过渡到各船位，船台区一般是水平的。

船台上墩过程一般为：拖拽船舶至滑道末端水域附近，进行水上定位，然后将修船舶落在滑道的小车上；用机械设备将载船的船排小车沿倾斜轨道上移至横移区，借助横移车将船舶沿横移区轨道移至指定的船台位置；移入船台、落墩。下水过程则与此相反。移船示意如图 1-3-20 所示。

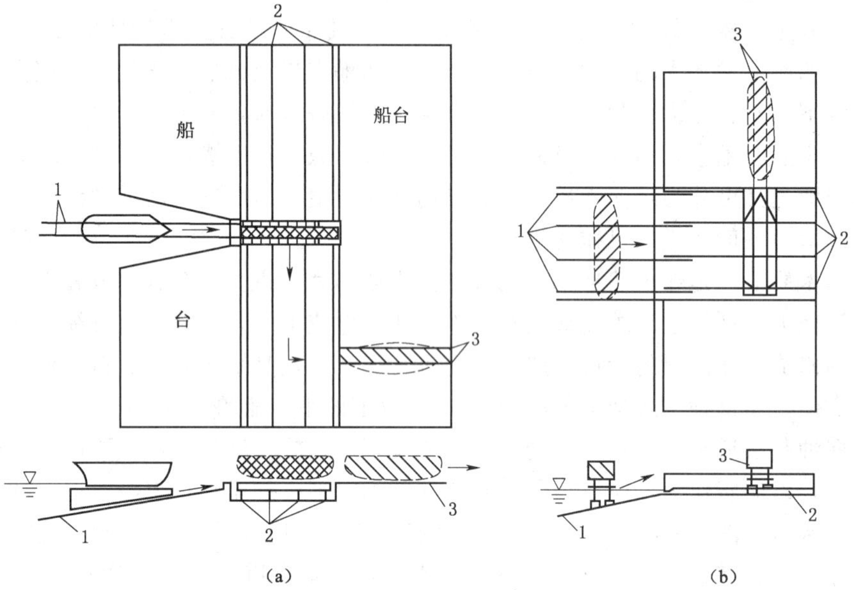

图 1-3-20　移船示意

(a) 纵向滑道；(b) 横向滑道

1—下水轨道；2—横移轨道；3—船台轨道

机械化滑道有各种不同的形式，其主要区别在于船舶从滑道上的倾斜状态过渡到横移区上水平状态的方式。纵向有船排滑道、两支点滑道、斜船架滑道；横向有高低轨滑道、高低腿滑道和梳式滑道。

二、船坞

船坞也是一种修造船的水工建筑物，主要分为干船坞、灌水船坞和浮船坞。

1. 干船坞

干船坞是低于地面的三面封闭的水工建筑物。在其迎水面的坞首处设置坞门，使用排灌水系统可将坞室水排干或向坞室灌水，修船时，打开坞门，将待修船舶定位后用坞室两侧的牵引小车将船舶拖进坞室，然后关闭坞门，抽干坞内水体，便于船舶坐落在龙骨墩上进行修理；修理完毕，再向坞内灌水，船舶浮起，待坞内外水位齐平后开启坞门，拖船出坞。造船时，关闭坞门，排干坞内水体，便可在坞内造船；建造完毕，向坞内灌水，船舶浮起，待坞内外水位齐平后，开启坞门，拖拽船舶出坞至舾装码头。干船坞不仅克服了滑道下水工艺复杂和滑道前沿水域条件不易满足的缺点，而且改善了船台倾斜面上建造工作的不利条件，并提高了机械化程度。所以，尽管干船坞的建造费用高、建设周期长，但它仍是目前用于建造和修理大、中型船舶较好的上墩或下水设施。

2. 灌水船坞

灌水船坞的结构与干船坞相类似，区别在于灌水船坞内一侧或两侧设有与厂区地坪高程相同的上坞台。为使船坞灌水水位能超过水域水位，坞墙顶应高出地面一定高度。灌水船坞布置如图 1－3－21 所示。为了提高船坞的利用率，有时在上坞台一侧布置船台，即将上坞台的上首靠岸一端的坞墙改为上首坞门，并在上坞台上铺设轨道，轨道上放置船台小车。当上坞台的水排除后，船舶就坐落在小车上，然后开启上首坞门，拖出载船的船台小车，通过横移车将待修船舶拖拽至船台上。

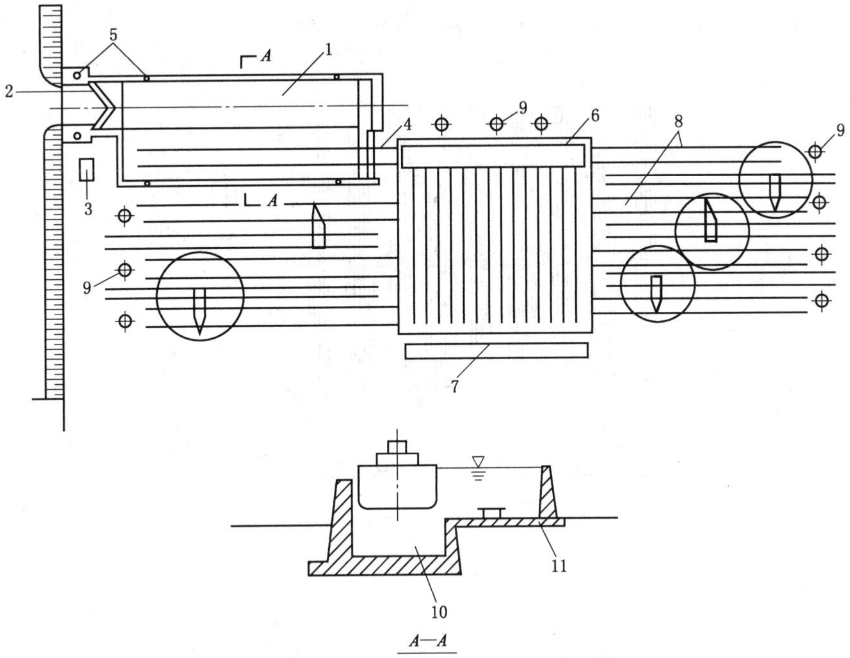

图 1－3－21　带有船台的灌水船坞示意图

1—灌水船坞；2—下首坞门；3—水泵站；4—上首坞门；5—电动绞盘；6—横移车；7 一绞车室；8—船台；9—地牛；10—坞室下台阶；11—坞室上台阶

3. 浮船坞

浮船坞是供船舶上墩或下水，并可在其坞底甲板上进行船舶修理的一种水上设备。实际上，浮船坞是由坞墙与坞底组成的两端开敞的槽形平底船。在坞墙和坞底中都设有若干封闭的舱格，以保证必要的浮性。船舶上墩前，先向浮船坞的舱内灌水，使浮船均下沉到一定水深后将待修船舶由浮船坞的一端拖拽至坞内就位，再泵出压舱水，浮船坞便托船上浮，待浮船坞坞底甲板露出水面，即可修船；船舶下水的操作过程与此相反。浮船坞的构造如图 1－3－22 所示。

三、升船机

升船机主要是利用机械设备垂直升降船舶，使之下水或露出水面进行修理。驱动升船机的方式主要有卷扬式、液压式和气动式三种。图 1－3－23 所示为卷扬式升船机。

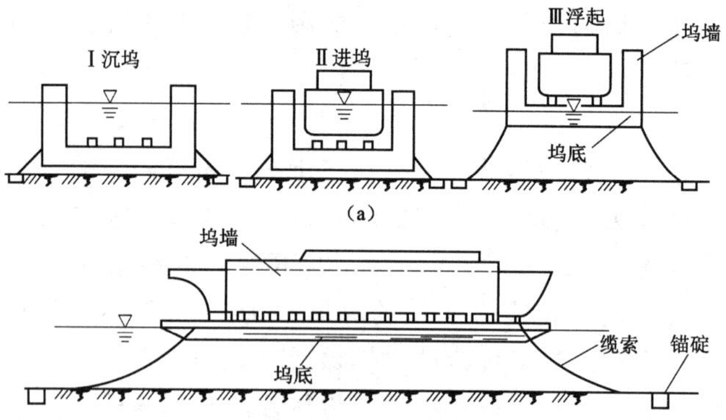

图 1-3-22　浮船坞构造

（a）上墩过程；（b）侧视图

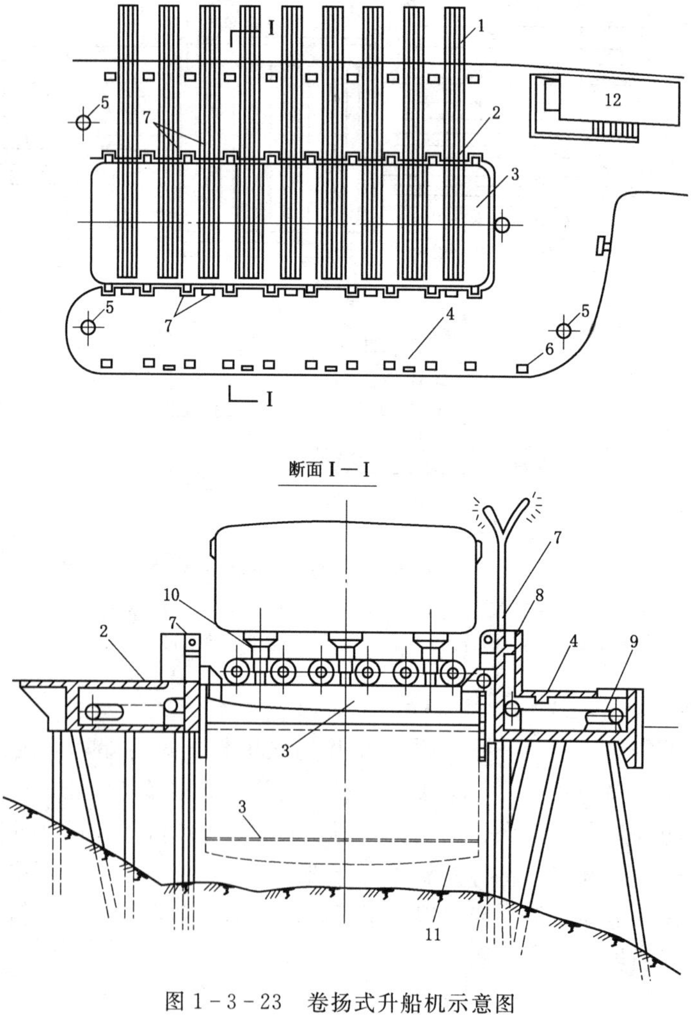

图 1-3-23　卷扬式升船机示意图

1—轨道；2—内码头；3—升降平台；4—外码头；5—绞盘；6—系船柱；7—吊点；8—导轮；9—绞车；10—船台车；11—升船池；12—操纵室

升船机的优点是：与机械化滑道相比，占用水域和陆域面积较小，操作简单，安全迅速，一台升降机可供多个船台使用。其缺点是：工程造价较高，升降机港池较深，易积水，难清理。升船机多用于较小船舶的修理。

模块四　通航建筑物

通航建筑物是指为使船舶通过航道上有集中水位差的区段而设置的水工建筑物，又称过船建筑物。常见的通航建筑物有船闸、升船机等。

一、船闸

船闸是由上下闸首、闸门和闸室组成的用水力方法直接提升船舶过坝的一种通航建筑物。船闸是应用最广泛的一种通航建筑物，为克服较大的上下游两侧水位差在河流和运河上或在入海的河口和海港港池口门处建设而成。

船闸有容纳船队的较大闸室，在中低水头下有较大的通过能力，可适应各种尺度的船队过闸，应用广泛。船闸技术成熟，运行稳定可靠，设计、施工经验相对较多，营运成本低；但船舶过闸需耗水，设计水头（上下游水位差）高时，水力学问题比较复杂，工程造价和投资较高。

二、升船机

升船机犹如人类的电梯，是利用机械设备升降承船厢或承船车的通航建筑物。这里的承船厢是指在升船机中，用以运载船舶的厢形设备；承船车是在斜面升船机中，用以运载船舶的专用车。修造船中升降船舶的设备也称为升船机，而通航建筑物中的升船机是将船舶自一水位河段提升或下降至另一水位河段的一种“建筑物”。

升船机一般在高水头情况下采用，在提升船舶、船队的过程中不耗水，一般情况下其提升速度较船闸快，但其机电设备重量大，制造与安装精度要求较高，适应枢纽上下游水位变幅能力较差。

【学后思考】

1. 港口水工建筑物分为哪几大类?

2. 码头建筑物由哪两部分组成?

3. 码头按照用途、平面布置轮廓、掩护条件、断面形状、结构形式和趸船与岸上的联系方式分别分为哪几类?

4. 试简述防护建筑物的概念、分类。

5. 修造船建筑物主要包括哪几部分?

6. 常见的通航建筑物有哪些?

项目二 重力式码头

重力式码头以其结构坚固耐用、施工相对简单等特点在各个国家分布较广、使用较多。影响码头布置的因素较多，不仅包括自然条件、工程条件，还包括社会因素、环境因素等，因此，码头布置需对多套方案进行综合比选，确定较合理方案。码头建造需严格按照现行规范进行计算、验算。

【知识目标】

1. 熟悉重力式码头的组成、基本结构形式及优点、缺点。

2. 掌握方块码头的断面形式及构造。

3. 了解扶壁式码头、大直径圆筒码头、格形钢板桩码头的构造。

4. 了解码头布置中几个高程的概念。

5. 掌握对码头基础、变形缝、墙身、胸墙、卸荷板以及码头端部处理和墙后回填的要求和增强结构耐久性的措施。

6*. 学习利用现行规范进行重力式码头的荷载计算、抗滑稳定性验算、抗倾稳定性验算和基床承载力验算。

【能力目标】

1. 能表述重力式码头的组成、基本结构形式及优点、缺点。

2. 能表述方块码头、扶壁式码头、大直径圆筒码头、格形钢板桩码头的构造。

3. 清楚码头布置中几个高程的概念，并会计算。

4. 能表述码头基础、变形缝、墙身、胸墙、卸荷板以及码头端部处理和墙后回填的要求和增强结构耐久性的措施。

5*. 能利用现行规范进行重力式码头的荷载计算，并会抗滑稳定性、抗倾稳定性、基床承载力验算。

【素养目标】

1. 有正确的学习观念和积极、认真、塌实的学习态度。

2. 具有钻研、独立思考的品质和探索、求知的科学精神。

3. 有良好的思想品德、道德意识和献身精神。

4. 具有环保意识。

5. 了解与码头有关的议题知识，了解本行业技术革新的信息。

【思政导引】

千年历史中，运河的沿岸衍生出了无数的码头，多少政要商贾、文人墨客来往于运河之上，泊舟歇息于码头之旁，或感概山河意趣赋诗咏景，或表达内心抱负撰文抒志，留下了字字珠玑的优美诗篇，留下了熠熠生辉的今古传奇。

【知识拓展】

观看《大运河》2“码头风云”。

任务一　重力式码头的结构形式及其分类

2-1
重力式码头结构与分类

【课程导航】

问题 1. 重力式码头按照墙身结构可分为哪几类？简述其优点、缺点。

问题 2. 方块码头按照其断面形式、墙身结构分别分为哪几种？各自的优点、缺点？

问题 3. 沉箱码头按照其平面形式分为哪几种？其优点、缺点？

问题 4. 扶壁式码头的优点、缺点？

问题 5. 大直径圆筒码头的结构形式和其构造是怎样的？

问题 6. 格形钢板桩码头的结构形式和其构造是怎样的？

问题 7.《大运河》2“码头风云”中提到的隋唐大运河以________为中心，北到________，南至______，分为______、______、______、______四段。

问题 8. 你认为像京杭大运河这类文化遗产如何保护？

模块一　概　　述

重力式码头是依靠结构本身和上面填料的重力来抵抗建筑物的滑移和倾覆，保持结构自身的稳定。其结构坚固耐用；抗冻性和抗冰性良好；能承受较大的地面载荷和船舶载荷，对较大的集中载荷以及码头地面超载和装卸工艺变化适应性强；施工简单、维修费用低。重力式码头是我国分布较广、使用较多的一种码头结构形式。

重力式码头由胸墙、墙身、抛石基床、墙后回填土等组成（图 2-1-1），靠建筑物自重和结构范围内的填料重量和地基强度保持稳定性。

重力式码头的结构形式主要决定于墙身结构，按墙身的施工方法，可分为干地现场浇筑（或砌筑）的结构（图 2-1-2）和水下安装的预制结构（图 2-1-3），后者应用较普遍。其施工工序一般包括：预制墙身构件；开挖基床，抛填块石基床；基床夯实和整平；在抛石基床上安装墙身预制件；浇筑胸墙；抛填墙后块石棱体；铺设墙后倒滤层；码头后回填；安装码头设备；铺设路面。

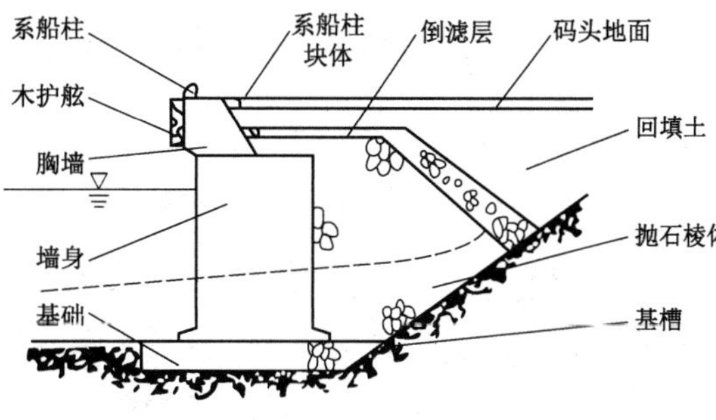

图 2-1-1　重力式码头的主要组成

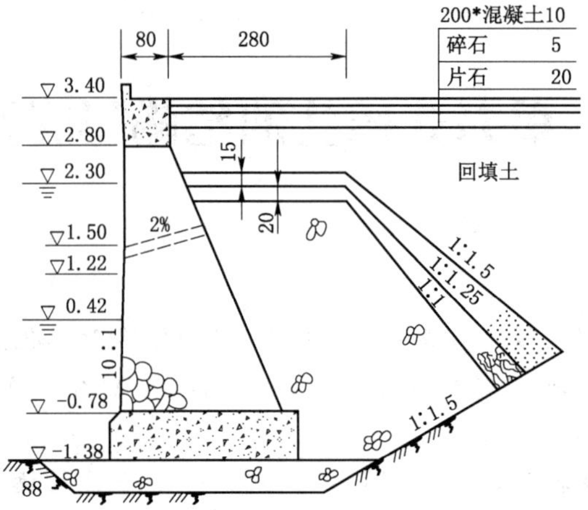

图 2-1-2　干地现场浇筑的结构（尺寸单位：cm；高程单位：m）

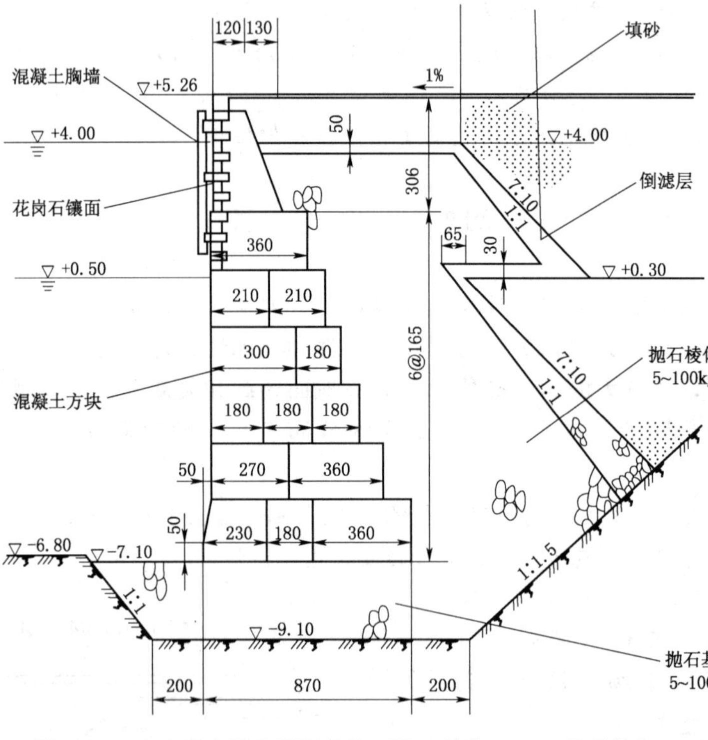

图 2-1-3　水下安装的预制结构（尺寸单位：cm；高程单位：m）

重力式码头按照墙身结构可分为方块码头、沉箱码头、扶壁码头、大圆筒码头、格形钢板桩码头、干地施工的现浇混凝土和浆砌石码头等。方块码头和沉箱码头是常用的结构形式，我国南方常采用扶壁码头，大圆筒码头和格形钢板桩码头是近年来采用的码头形式。

重力式码头是比较受港务部门和施工单位欢迎的码头结构形式，其优点表现为：①岸壁用混凝土建成，坚固耐用，一般不需要维修；②适用于岩石、砂质和坚硬黏土地基；③在砂石料易于取得的地区造价较低。但是抛石基床需分层夯实整平，预制件吊放及潜水作业工作量较大。

模块二　方　块　码　头

方块结构一般采用预制的混凝土实心方块，也可采用空心混凝土块体或异形块体。预制混凝土块体外形通常为直角平行六面体，方块重量根据起重设备能力确定，块体在预制场预制成形后，运输到码头施工现场，然后进行水下安装砌筑，如图 2-1-4 所示。为了节约混凝土，也可在方块内埋入大块石，做成块石混凝土。采用空心混凝土块体也是为达到节约混凝土用量和减小块体重量的目的。对于小码头也可采用浆砌石方块砌筑。

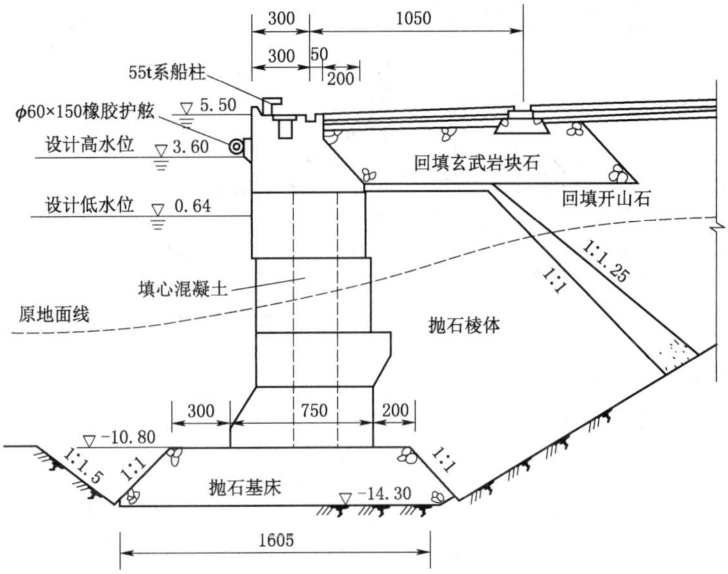

图 2-1-4　海南洋浦港第一期多用途泊位衡重式码头断面图（尺寸单位：cm；高程单位：m）

与其他形式码头相比，方块码头的优点是：坚固，耐久性好，基本不需要钢材，施工简单，维修简便，不需要复杂的施工机械。在没有大型起重船时，可把块体做得小些。缺点是：水下工作量大，结构的整体性弱，抗震性差，需要石料量大，需要起重设备。方块码头一般适用于地基承载力较好、当地石料供应充足、缺少钢材、冰冻严重的情况。

一、方块码头的断面形式

方块码头的断面形式一般分为阶梯式、衡重式和卸荷板式三种。

阶梯式断面是一种古老的重力式断面形式，20 世纪 50 年代前广泛应用。我国某港 1954 年修建的 4 号码头就是一个典型的阶梯式码头（图 2-1-3），其断面和底宽较大，方块数量、种类和层数均较多，横断面方向的整体性差，而且基底应力不均匀。20 世纪 50 年代开始逐渐被衡重式和卸荷板式代替。

衡重式（图 2－1－4）和卸荷板式（图 2－1－5）的共同特点是重心靠后和墙后土压力减小，但单纯衡重式的方块码头由于设计施工时都要考虑各方块构件的后倾稳定性，在我国码头建设中没有得到推广。我国 1958 年以后修建的方块码头大多采用卸荷板式。由于卸荷板的遮掩作用，减小了作用在墙背后的土压力，基底应力比较均匀，断面和底宽大大减小，使结构工程量节省，也使横断面中有可能每层只采用一个方块，结构的整体稳定性也较好。但衡重式和卸荷板式码头的断面因结构重心靠上，抗地震性能差，在地震区应慎用。

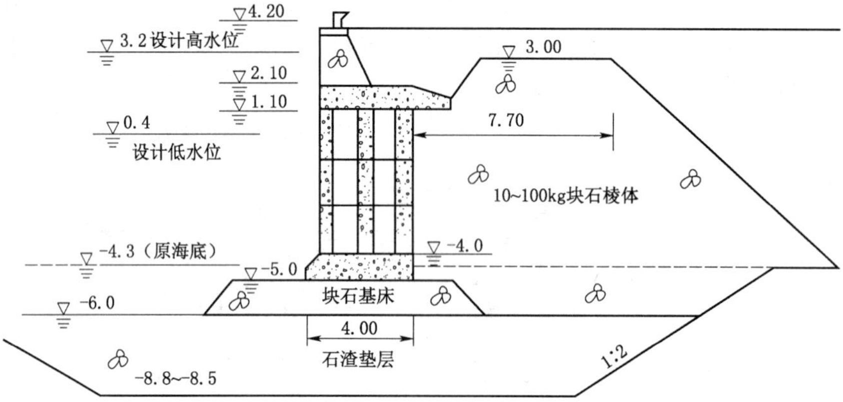

图 2－1－5　烟台海运基地码头断面图（卸荷板式）（单位：m）

二、方块码头的结构形式

方块码头按其墙身结构分为实心方块体、空心块体、异形块体三种形式。

实心方块体的墙身一般采用混凝土实心方块，其外形通常为直角平行四面体，方块重量根据起重设备能力确定。为了节约混凝土，也可在方块内埋入大块石，做成块石混凝土，对于小码头也可采用浆砌石方块砌筑。实心方块码头的坚固耐久性最好，施工维修简便，当起重设备能力足够、地基承载力好、水泥砂石供应无困难时，宜考虑选用这种码头结构形式。图 2－1－3 所示为实心方块码头。

20 世纪 60 年代初，由于起重船起重量的限制，为了减小方块的重量，采用了空心块体，在重量相同的情况下，空心块体的外形尺寸比实心方块大，可节约混凝土用量。空心块体码头分为有底板（图 2－1－5、图 2－1－6）和无底板（图 2－1－7）两种。无底板的空心块体码头与构件接触的基底局部压力大，且由于填料仅部分参加抗倾工作，抗倾能力小，故目前仅用于小码头，由于素混凝土空心块体码头在施工和使用中容易产生断裂，在工程界有不同意见。人们认识到，空心块体有搭接错位时，块体尺寸允许误差造成块体受力后应力集中而开裂的现象难以避免，对于受起重能力限制的地区需采用空心块体码头时，应争取块体不错缝，为增强码头的整体性，还可采取上下层“穿心”浇筑混凝土的办法。我国烟台港西港池 6 个泊位全部采用了此种空心块体，如图 2－1－8 所示，一层到顶，其中 1 号空心块体重 454.375t，用 500t 浮吊进行安放，其结构与沉箱基本相同，只是安装方法不同。目前国内已使用 2500t 起重船吊运 2300t 的钢筋混凝土空心块体下水。

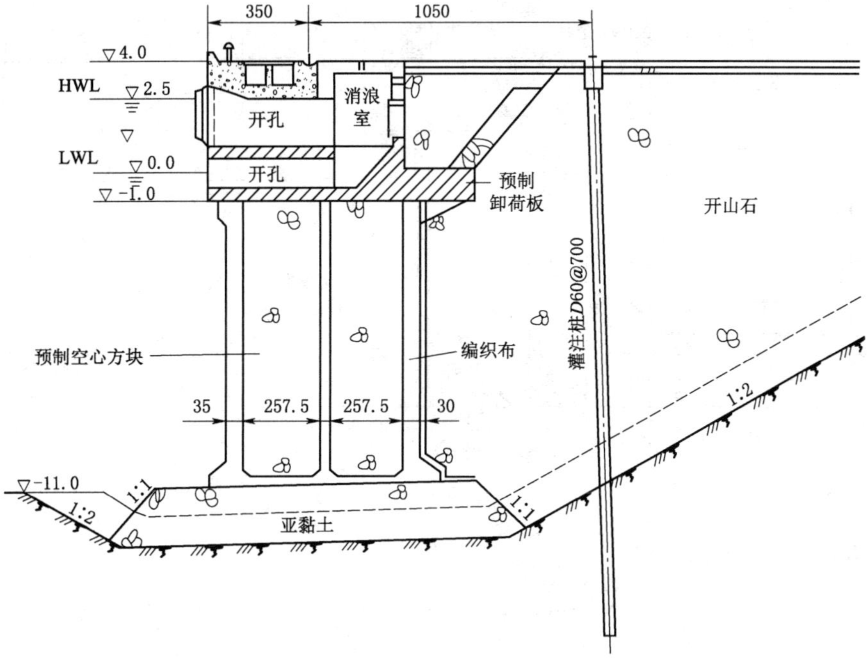

图 2-1-6　带有消浪室卸荷板的空心块体码头

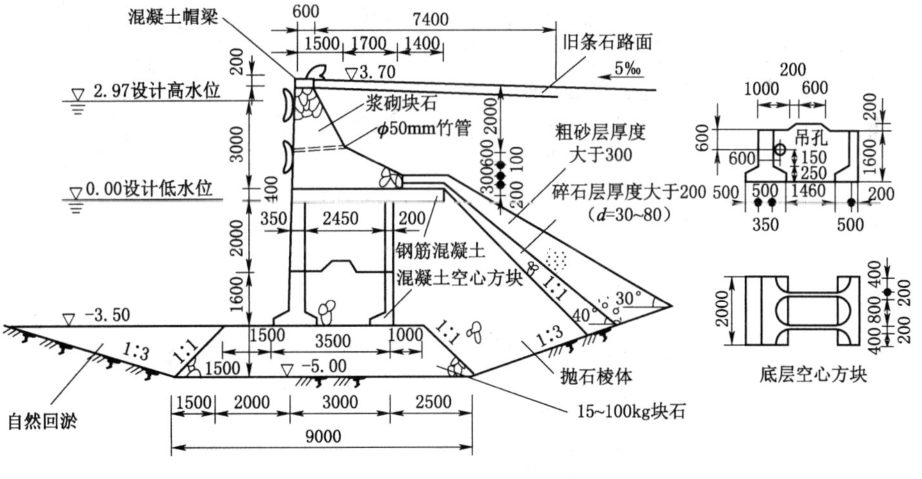

图 2-1-7　无底板空心块体码头

20 世纪 50 年代初，拉维尔工程师设计的空腔内不完全填满块石的异形块体码头，称为拉维尔式块体码头，苏联斯多斯克粮码头即是拉维尔式块体结构码头，如图 2-1-9 所示。它由 T 形和 I 形块体组成，在 T 形块腹板之间形成的空腔内部填满块石，以减小作用在墙上的土压力，从而使码头结构轻、材料省和造价低，在希腊和苏联都有成功的经验，但由于人们对这种码头减小土压力的工作机理还不明确，并担心施工时可能会出现稳定性问题，所以其能否推广还有待于进一步研究。

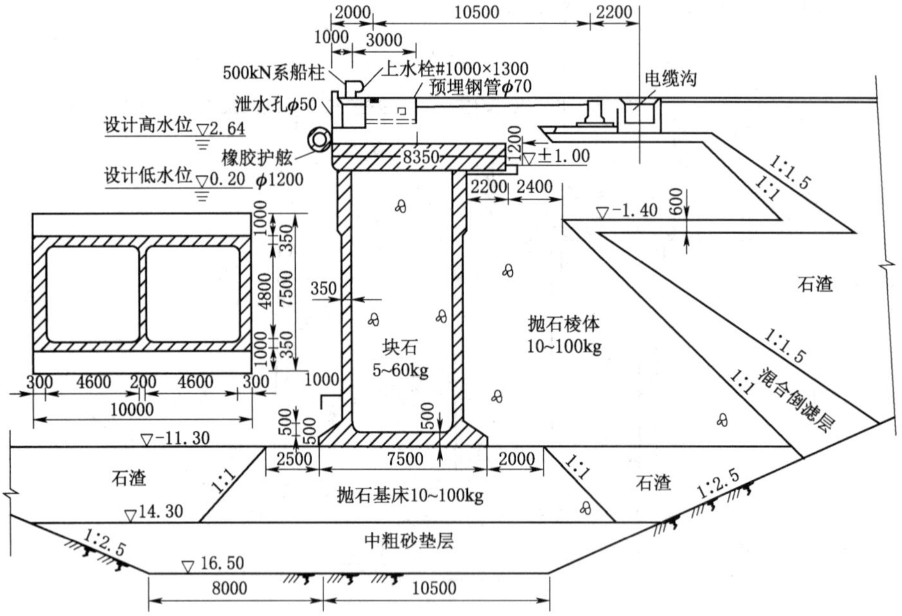

图 2-1-8 烟台港西港池的钢筋混凝土空心块体码头

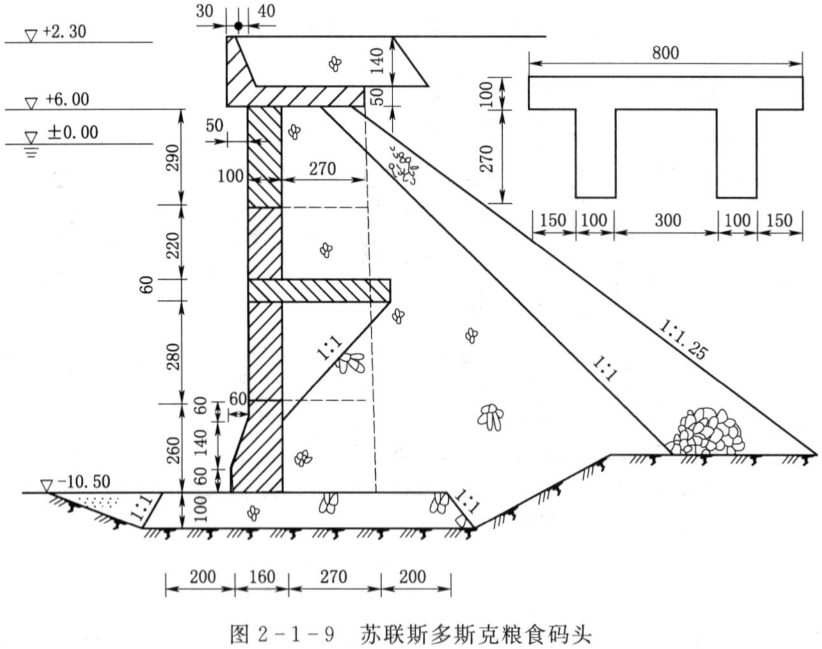

图 2-1-9 苏联斯多斯克粮食码头

三、方块码头的构造

实心方块码头宜采用混凝土方块结构。方块的大小决定于起重设备能力。从码头的整体性考虑，方块尺寸应尽量大些。为了防止方块受弯或受扭时断裂，方块的各向尺寸应符合下列规定：①长边尺寸与高度之比不大于 3；②短边尺寸与高度之比不小于1，对于个别方块不小于0.5，同时短边尺寸不小于0.8m。方块间垂直砌缝的设计宽度宜采用20～30mm。为了保证结构的整体性，上下两层相邻方块间垂直砌缝应互相错开，错缝间距应符合下列规定：①在横断面内不小于方块高度的1/2或0.8m；②在纵断面和平面内不小于方块高度的1/3或0.5m。

空心块体码头采用素混凝土空心块体。空心块体横截面形式可采用Ⅱ、工、口、T、日五种字形。空心块体码头宜采用一次出水的单层形式。单层空心块体长度应根据起重设备起重量确定，并不宜小于高度的1/3，块体间垂直缝设计宽度不应大于块体高度的4‰，且不应小于40mm。当采用多层空心块体时，宜采用通缝砌筑。空心块体码头的卸荷板不宜压缝设置。素混凝土空心块体的立壁厚度不应小于400mm。空心块体的前趾应采用钢筋混凝土结构。无底空心块体宜在顶部及底部布置钢筋混凝土圈梁，有底空心块体底板宜采用钢筋混凝土结构。

模块三　沉　箱　码　头

沉箱结构是一种巨型的钢筋混凝土空箱，箱内用横纵隔墙分隔成若干个舱格。沉箱一般在专门的预制场预制，然后在滑道上用台车溜放下水。若预制沉箱数量不多，也可利用修造船厂的船坞、滑道、船台或其他合适的天然岸滩预制下水。下水后的沉箱用驳船拖至现场，定位后用灌水压载法将其沉放在整平好的基床上，再用块石和砂填充在沉箱内部。当有条件时，也可采用吊运法安装沉箱。

沉箱码头的优点是水下工作量小，施工速度快，沉箱结构整体性好、抗震性能强；缺点是需要钢材多，耐久性不如方块码头，且需要专门的施工设备和合适的施工条件。一般在当地有可用于预制沉箱的设施或工程量大、工期短的大型码头选用沉箱结构。如图2-1-10所示码头，该码头建造在软基上，地基处理采用了水泥搅拌桩（CDM）技术。

一、结构形式

沉箱按平面形式分为矩形和圆形两种。

矩形沉箱制作比较简单，浮游稳定性好，施工经验成熟，一般适用于岸壁式码头。矩形沉箱的断面形式又分为对称式（图2-1-10）和非对称式（图2-1-11）两种。对称式构造简单，便于预制、浮运和安放，是主要采用的一种断面形式。非对称式虽能节约混凝土，但制作较麻烦，拖运时需密封舱盖，安放时易发生不均匀下沉，采用较少。

圆形沉箱受力情况较好，一般按构造配筋，用钢量少；箱内也可不设内隔壁，既省混凝土又大大减轻沉箱的重量；箱壁对水流的阻力小。其缺点是模板比较复杂，一般适用于墩式栈桥码头，特别是水流流速大、冰凌严重或波浪大的地区。

也有工程采用了椭圆形沉箱，取代传统的2个小直径沉箱或1个大直径沉箱，综合了圆形沉箱和矩形沉箱的优点。

岸壁式码头的最大缺点是码头前波浪反射严重，影响船舶泊稳。因此对波浪掩护不好的码头，可在码头结构中采用适当的消浪措施。在秦皇岛和深圳赤湾等港分别使

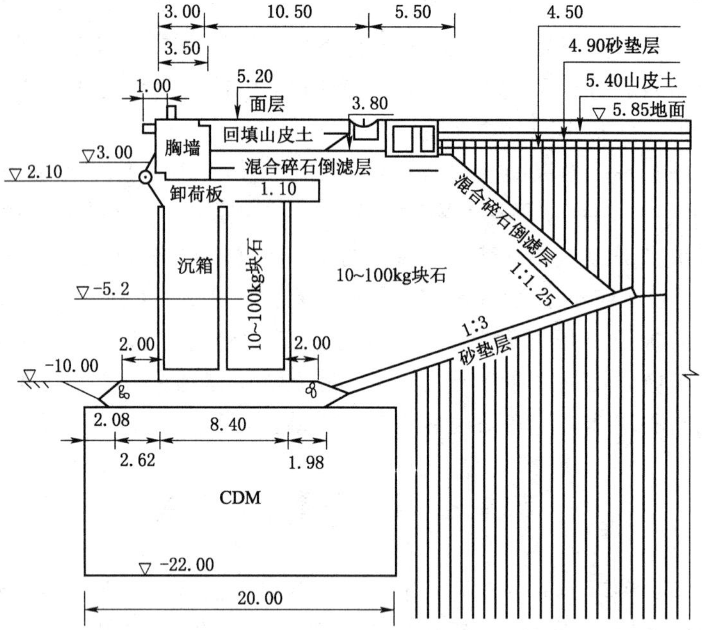

图 2-1-10　天津港东突堤南侧矿建码头（对称式）（单位：m）

用了开孔沉箱（图 2-1-12）和开孔的空心块体，在降低波高、改善港内泊稳条件上取得了良好的效果。试验研究表明：①结构物的开孔率（开孔部位的开孔面积占该部位全面积的百分比）大消波性能好，但开孔率不能无限度，开孔率宜采用 20%～40%；②消能室宽度关系到经消能室后壁反射回来波浪的相位，当消能室的宽度处于入射波长的 1/8～1/4 时，消波效果较好；③开孔形式对消波效果没有显著影响，主要考虑开孔面板的结构强度及便于施工，我国试验的结果认为矩形孔较好；④开孔的位置应在波能集中处，对直立墙壁即在设计水位附近，控制在设计高水位以上及设计低水位以下不小于 1 倍设计波的高处。

二、构造

沉箱的外形尺寸包括长度、宽度和高度。沉箱的底宽由建筑物的稳定性和地基承载力确定，并应满足浮运时的吃水、干舷高度和浮游稳定性的要求。当不满足浮游时的有关要求时，一般先考虑在施工上采取措施，必要时才增大沉箱的宽度。

为减小沉箱的箱体宽度，可在沉箱底部的一侧和两侧加设趾板，最好是两侧对称布置，以增大沉箱结构的抗滑与抗倾稳定性，改善箱底应力分布情况。沉箱的高度决定于码头前沿水深和胸墙的底部高程，沉箱顶部应嵌入胸墙内。

从结构耐久性考虑，沉箱顶面高程越低越好，但不得低于混凝土浇筑的施工水位。从沉箱沉放作业考虑，沉箱顶面高程高些可增加沉放作业的可用时间，因此设计时需综合考虑各种情况采用合适的沉箱顶面高程。沉箱的长度由施工设备能力（包括制造平台的尺度和承载力、下水能力和浇筑能力等）和施工要求的最小尺寸及码头变形缝间距确定。一般是在两相邻变形缝之间放一个沉箱。

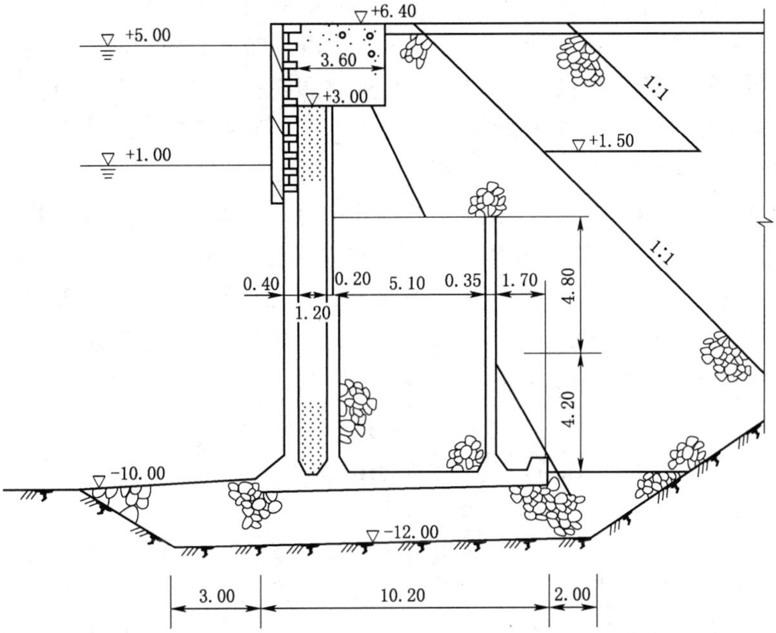

图 2-1-11　非对称式沉箱码头（单位：m）

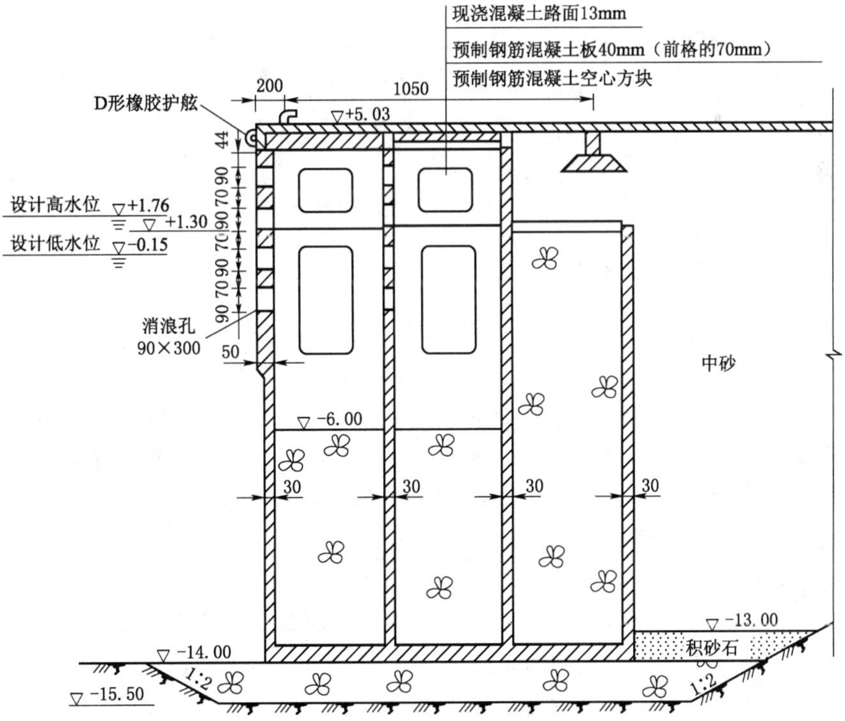

图 2-1-12　开孔矩形沉箱

沉箱码头的沉箱内设纵横隔墙，宜对称布置，间距可采用 3～5m；隔墙厚度可采用隔墙间距的 1/25～1/20 但不宜小于 200mm；内隔墙上部挖洞时，孔洞下边缘至箱底的距离不宜小于隔墙间距的 1.5 倍。沉箱外壁和底板的厚度应由计算确定，但壁厚不宜小于 250mm；对有抗冻要求的大、中型码头，沉箱潮差段的临水面，其厚度不宜小于 300mm。底板厚度不宜小于壁厚，墙趾长度不宜过大。对于开孔沉箱码头，由于开孔使沉箱整体刚度降低，以及波浪对开孔的冲刷作用，故应增加构件的厚度和开孔处的保护层厚度。沉箱在构造配筋时，架立和分布钢筋直径可采用 10～16mm。加强角应设置构造斜筋，其直径不宜小于 10mm。沉箱间垂直缝的宽度宜采用沉箱高度的 4‰，但不小于 50mm。沉箱内的填料宜采用砂和块石，当胸墙直接安放在箱顶部时，箱顶部宜嵌入胸墙内 300～500mm。

模块四　扶壁式码头

扶壁结构是由立板、底板和肋板相互连接而成整体的轻型钢筋混凝土结构，如图 2-1-13 所示。扶壁按其施工方法可分为预制安装结构和现浇连续结构，码头建筑物中的扶壁一般采用预制安装结构，在有干地施工条件时，也可采用现浇连续结构。

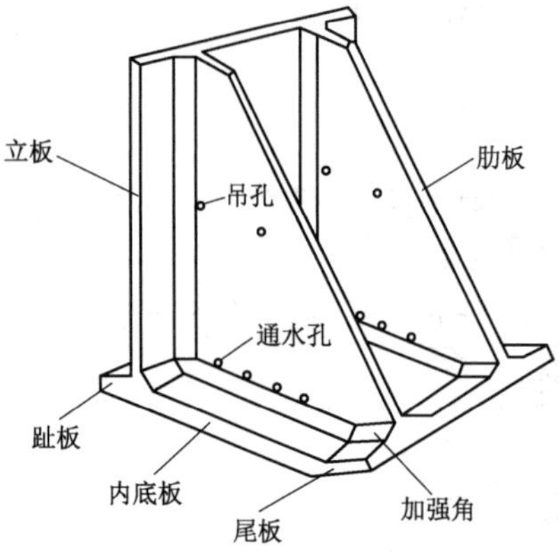

图 2-1-13　双肋预制扶壁结构立体图

扶壁结构还可按肋板数分为单肋、双肋和多肋三种。图 2-1-13 所示为双肋预制扶壁结构。肋板的材料用量在整个扶壁结构中占很大比重，因此肋板的合理布置对扶壁结构有很大的经济意义，应通过技术经济比较确定。当预制扶壁立板长度小于 4m 时，一般采用单肋；若大于 4m 时宜采用双肋和多肋。肋板的间距应根据使立板和底板的支座弯矩和跨中弯矩大致相等的原则确定。

1960 年我国在广州建成第一座预制安装的钢筋混凝土扶壁式码头，现在已在华南海域得到广泛应用。在工程实践中，扶壁结构也逐步得到了改进：①将底板尾部翘起（即成尾板），不仅减少了底板前趾后踵之间的反力差，使基底反力均匀，合力作用点位置不超过三分点；而且还可减小基床宽度，不仅减少了抛石基床的工程量，也减少了岸坡的填挖方量，如图 2-1-14 所示；②墙后采用当地量大价廉的砂回填，代替价格较高的抛石棱体，为防止砂从安装缝流失，在安装缝处设置倒滤井。

扶壁结构的外形尺寸包括高度、宽度和长度。预制扶壁结构的高度由码头水深和胸墙底高程确定，为了与现浇胸墙整体连接，扶壁顶面嵌入胸墙的深度可取 100mm。扶壁结构的宽度由建筑物的稳定性和地基承载力确定。为了增强倾覆稳定性和使基底反力分布比较均匀，底板分为趾板、内底板、尾板三部分（也可不设尾板）。趾板长度不宜大于 1m。尾板向上翘起，翘起的长度不宜大于底宽的 1/4，翘起的角度不宜

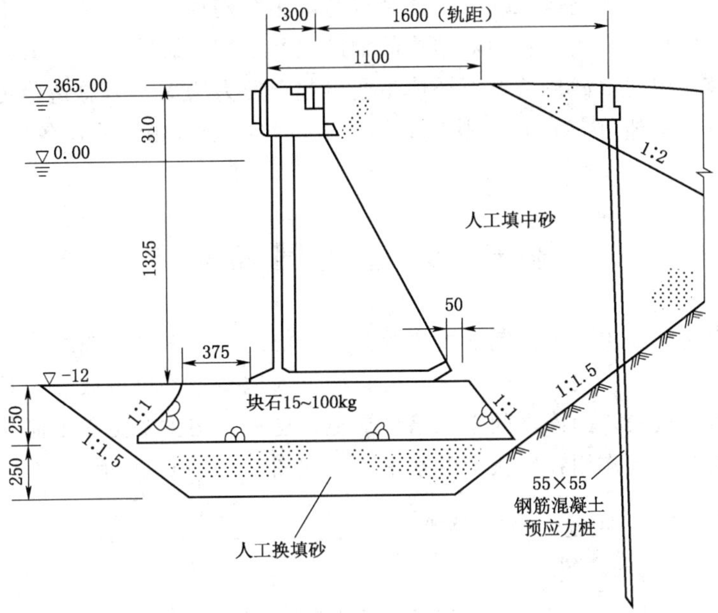

图 2-1-14　黄浦新港集装箱码头断面图（尺寸单位：cm；高程单位：m）

大于墙后回填料的内摩擦角。预制扶壁结构的长度由起重设备的起重量确定，一般不小于高度的 1/3；采用现浇结构时，其长度等于变形缝的间距。

扶壁各构件的尺寸应由计算确定，同时也要考虑结构的整体性和耐久性要求。立板和肋板的厚度一般不宜小于 200mm。底板因受力复杂，其厚度不宜小于 250mm，趾板前端的厚度不宜小于 150mm。为便于安装，扶壁底板两侧前后端可削减 20～40mm（图 2-1-15）。肋板的顶宽一般等于胸墙的底宽，但不宜小于 1m。各构件连接处应设加强角，并配置斜筋，加强角度尺寸一般采用 150mm×150mm 或 200mm×200mm。

预制扶壁安装缝的平均宽度一般采用 30～40mm。预制扶壁的肋板上还需设置吊孔。吊孔位置应设置在靠近预制扶壁重心的上方，吊孔直径应根据预制件重量确定，一般采用 120～150mm。吊孔应配置带吊筋的钢套筒，其壁厚不应小于 5mm。对于设有尾板的扶壁，宜在肋板根部设置 4～6 个通水孔，孔径为 100～150mm，以保证安装时入水平稳。

预制安装扶壁结构的优、缺点介于方块结构和沉箱结构两者之间。混凝土和钢材的用量比钢筋混凝土沉箱少，施工速度比混凝土方块结构快，耐久性和沉箱结构

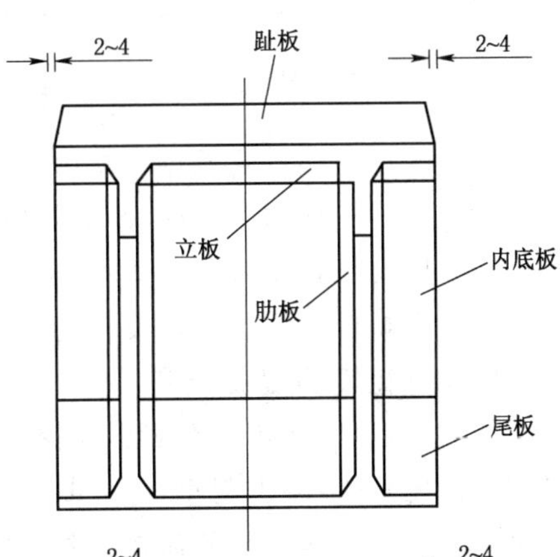

图 2-1-15　底板两侧削角处理（单位：cm）

相同。主要缺点是结构整体性差。扶壁结构与沉箱结构都是薄壁结构，土压力的大小对结构的外形尺寸影响较大，而对结构的钢筋混凝土用量影响不大。因此在砂料量大且价廉的地区，用回填砂代替抛石棱体虽会引起土压力增大，但总造价可能降低。一般估算，当码头水超过 12m 时，扶壁结构的造价将高于沉箱结构，各地的情况不同，须具体计算比选。

模块五　大直径圆筒码头

大直径圆筒码头主要由预制的大直径薄壁钢筋混凝土无底圆筒组成，它们一个挨一个地安放，圆筒内填块石、砂或土。可直接沉入地基中，也可放在抛石基床上，为了不使墙后填土流失，圆筒之间采取堵缝措施，这种结构主要是靠圆筒与其中填料整体形成的重力来抵抗作用在码头上的水平力，如图 2－1－16 所示。

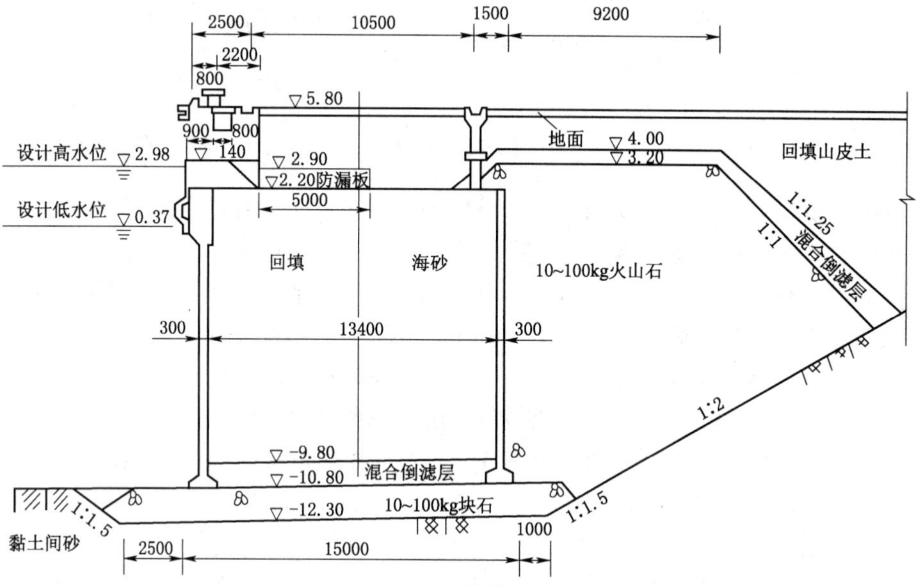

图 2－1－16　海南裕环水泥厂大直径圆筒码头断面图

大直径圆筒结构形式始创于法国，最初采用从底到顶整体浇筑的圆筒，需要特殊的工艺条件（如干地施工）或大型的施工设备（如大吨位起重船）。20 世纪 60 年代末，开始采用装配式后张预应力的圆筒结构。苏联从 1964 年开始采用大直径圆筒建造码头，并在缺少大吨位起重设备的内河中采用了由平板或弧形板装配而成的正多边形或圆形大直径钢筋混凝土圆筒。70 年代初，在英国、加拿大、日本逐渐采用大直径圆筒结构，近 20 多年来在我国也逐渐用于建造码头和防波堤。这种码头的结构简单（与沉箱比）；混凝土与钢材用量少；适应性强，可不做抛石基床；造价低，施工速度快。但大圆筒码头也还存在一些问题，例如抛石基床上的大圆筒产生的基底压力大、沉入地基的大圆筒码头施工较复杂、大圆筒与上部结构的连接以及护舷的布置不够方便等，这些问题还有待于进一步探索和解决。

一、结构形式

大直径圆筒是直径与高度之比（径高比）较大（通常大于0.5）、厚度与直径之比（厚径比）较小（一般小于0.03）的大直径薄壁结构，具有拱结构的受力特点。该结构按基础形式的不同可分为三类：当地基下面不深处有较硬土层，但直接放置圆筒其承载力又不足时，宜采用抛石基床扩散地基应力，将圆筒放在基床上，称为基床式（座床式），如图2-1-17（a）所示，当地表以下不深处有承载力足够的硬土层时，可开挖基槽将圆筒埋入或直接沉入硬土层，称为浅埋式，如图2-1-17（b）所示；当地表以下有较厚的软土层时，可以将圆筒穿过软土层插入下卧持力层，称为深埋式（插入式），如图2-1-17（c）所示。

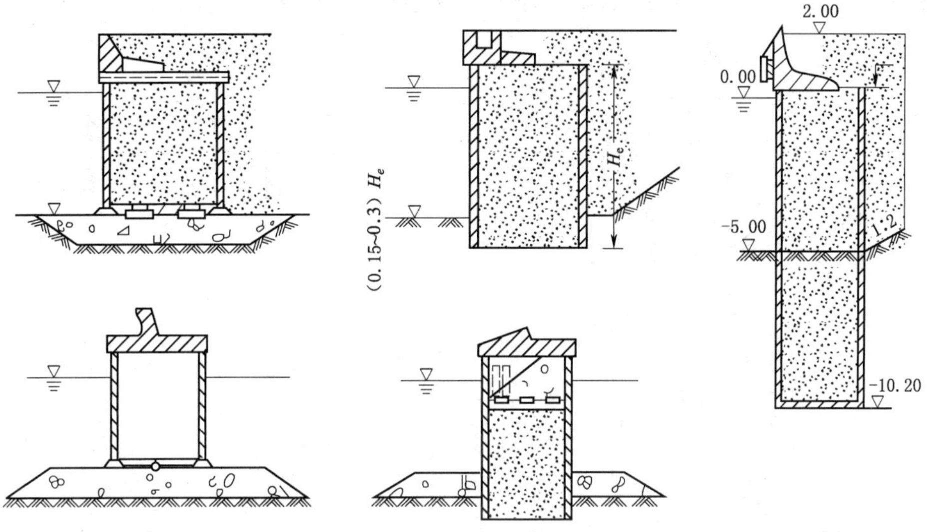

图2-1-17　大直径圆筒结构的基本类型（高程单位：m）
（a）基床式（座床式）；（b）浅埋式；（c）深埋式（插入式）

对于基床式或浅埋式大直径圆筒结构，其工作机理和适用条件与一般重力式结构类似；对于插入式大直径圆筒结构，由于地表下土体对圆筒具有嵌固作用，结构的稳定性依靠筒前土抗力、筒体自重、土体对筒壁的摩阻力以及下卧持力层地基反力共同维持，其工作机理更为复杂。但插入式大直径圆筒结构适用于软土地基，是在软基上建造重力式码头的一种经济可行的结构形式。

从圆筒的平面布置来看，大直径圆筒结构可分为单排式、双排式和多排式。一般采用单排圆筒方案，只有在码头面很高、单个圆筒重量很大、起重设备的能力不足或其他特殊情况下，才考虑采用双排或多排圆筒方案。

二、构造

1. 圆筒

圆筒是大直径圆筒结构的基本单元，一般由钢筋混凝土制成，其平面形状多为圆形。圆筒的直径一般根据建筑物的稳定性和地基承载力由计算确定，但也要考虑施工条件和构造要求。根据工程设计和施工经验，一般为5～20m。

圆筒的壁厚由强度和抗裂计算确定，并满足构造要求和施工条件，一般为300～400mm。圆筒直径较大时，壁厚也相应加大。

对于基床式大直径圆筒结构，为了减少筒壁底部的地基应力，可在筒底设置趾脚，内趾采用圆环形，外趾采用折线形，如图2-1-18所示。内外趾长度应考虑到筒壁底部的受力状态，使之不会由于过大的力矩而发生破坏，一般采用0.5～1.0m，且两者不宜相差过大。内外趾的设置也有利于建筑物的抗滑稳定性和抗倾稳定性。

设计低水位到圆筒顶端一段的筒壁，当承受船舶作用力或筒顶设置轨道梁时，可适当加厚，形成加强圈梁，其厚度不宜小于450mm，高度不宜小于500mm。在临水面安装护舷范围内的表面做成平面，其厚度不宜小于700mm，如图2-1-19所示。

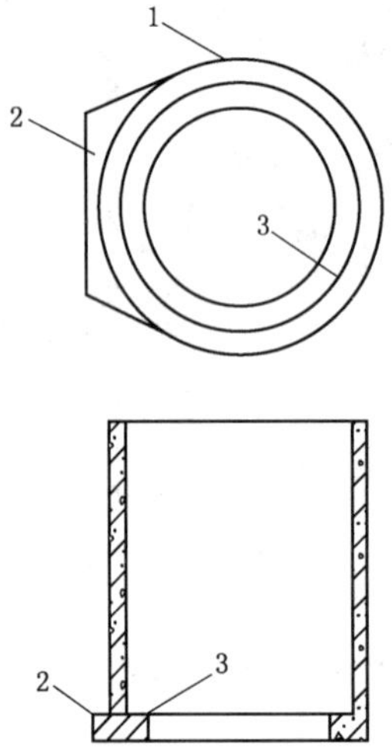

图2-1-18　内趾和外趾平面、剖面示意图

1—筒壁；2—外趾；3—内趾

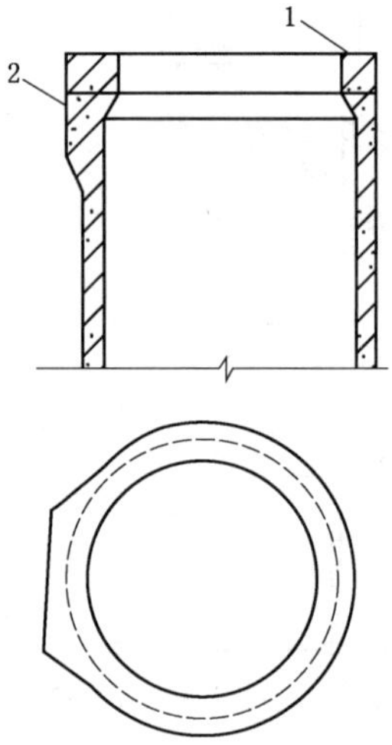

图2-1-19　加强圈梁和局部突出平面示意

1—圈梁；2—局部突出平面

圆筒的高度取决于筒顶和筒底高程。当圆筒重量较大、起重设备能力不足时，圆筒可沿高度分节预制和吊装。

2. 上部结构

圆筒码头的上部结构，除胸墙外，在圆筒的顶上宜设置胸墙垫板，可作为浇筑胸墙混凝土的底模，其宽度不应小于胸墙底宽；圆筒中心连线到胸墙垫板之间的空当应放置防漏板覆盖，可以将上部填料重量直接传于筒体，并对墙后土压力有一定卸荷效应。胸墙垫板和防漏板的厚度由承载力计算确定。

3. 圆筒内填料及防漏土设施

圆筒内的填料应选用当地价格低的材料，一般选用天然级配较好的砂和石料。采用砂料填充时，宜振冲密实；底部宜设混合石料倒滤层，厚度不宜小于0.6m。在相邻圆筒之间一般会有较大的缝隙，为防止墙后填料漏失，应采取堵缝措施。如墙后用块石回填，可在两筒缝隙的后面放置预制的梯形断面混凝土或钢筋混凝土堵缝条；如墙后回填细颗粒填料，一般采用水下浇筑混凝土堵缝。

模块六　格形钢板桩码头

格形钢板桩结构在防波堤中应用较早，近年逐渐在码头工程中得到应用。格形钢板桩结构是由直腹式钢板桩组成的格形结构，通过合适的格仓填料建成自身稳定的重力式墙。码头岸壁结构由格形墙体和上部的胸墙结构两部分组成。格形墙体由直腹式钢板桩在施工现场整体拼成后，运到指定位置，再用打桩设备依次打入地基中。最常用的格形仓有圆格仓和平格仓两种，如图 2-1-20 所示。

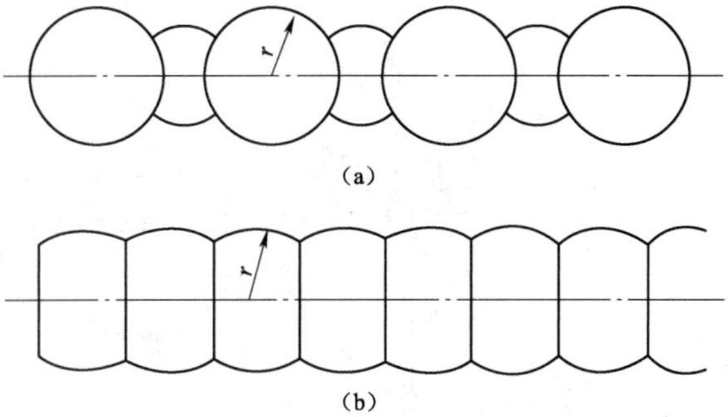

图 2-1-20　格形结构平面示意

(a) 圆格仓；(b) 平格仓

一、结构形式

根据其上部结构的支承条件可将格形钢板桩码头分为两类。一类是上部结构直接支承在填料上，其特点是将胸墙的自重力和它承受的荷载直接传至格仓内填料上，再传至地基，如图 2-1-21 所示为某港 5 个 3.5 万 t 级泊位的圆格形钢板桩码头。另一类是上部结构支承在桩基上，其特点是胸墙的自重力和它承受的荷载通过支承桩传至持力层，格形墙体只起挡土作用，如图 2-1-22 所示。

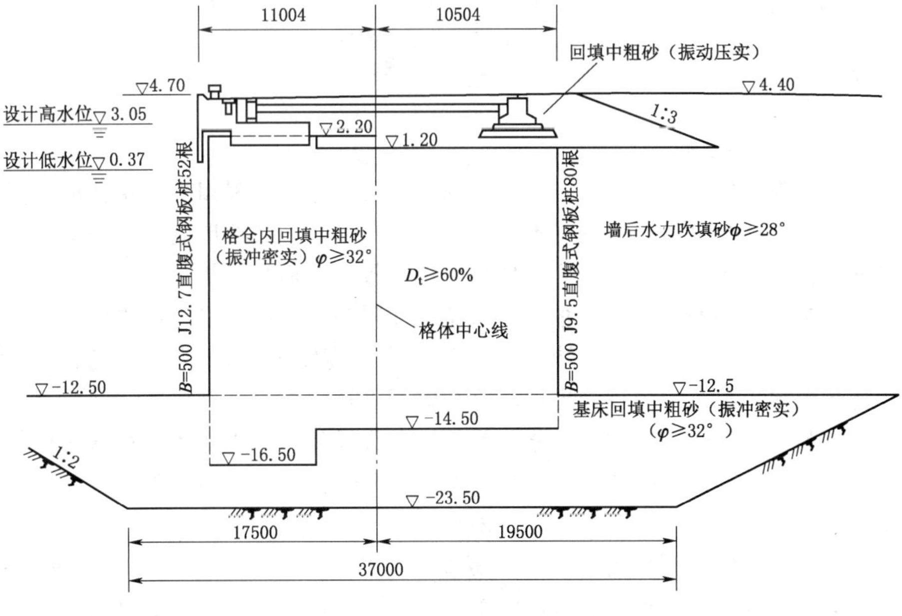

图 2-1-21　广州港新沙圆格形钢板桩码头

（尺寸单位：mm；高程单位：m）

经验表明，格形钢板桩结构施工筹备期短，施工速度快，占用场地小。在沙源丰富地区，对于水深大、挡土高度大和岸线较长的码头，是一种比较经济合理的结构形式。但此结构形式还处在发展阶段，如何振实格体内的砂和换砂基础，如何防止码头的沉降位移，在无起重船条件下如何施工等，这些问题有待进一步探索。

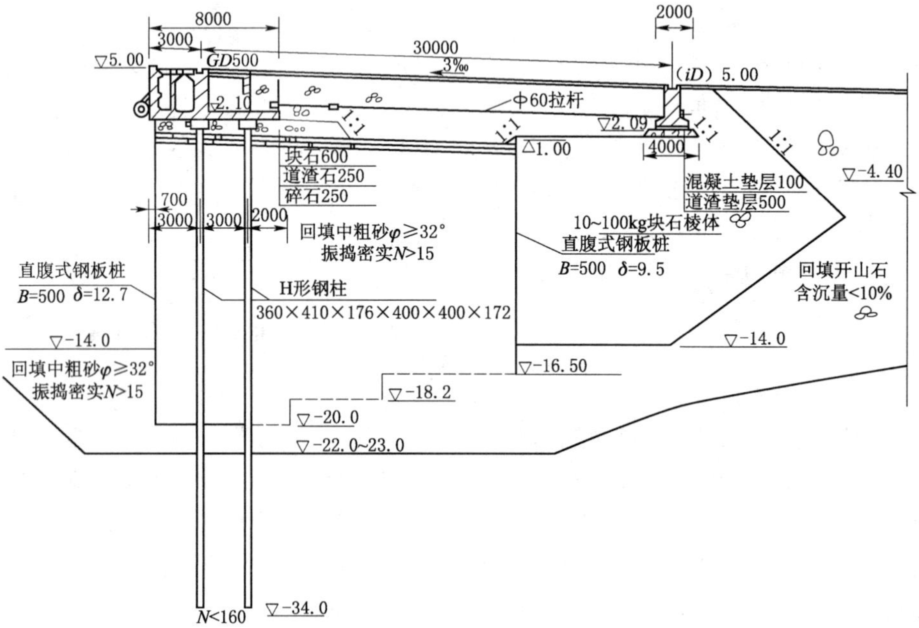

图 2-1-22　深圳盐田港一期工程格形钢板桩码头结构断面图
（尺寸单位：mm；高程单位：m）

二、构造

1. 格体布置与尺度

格体由直腹式钢板桩形成的主格仓、副格仓及格仓内填料组成。格体的形式有圆格形、扁格形、四分格形、偏圆格形等（图 2-1-23）。圆格形应用最普遍，其优点是可以逐格依次施工，施工过程中格体的稳定性较好，而且钢板桩块数与格形的直径无关；缺点是格体平面尺度受到板桩锁口拉力的限制。圆格形格体结构的平面布置如图 2-1-24 所示。主格仓直径可根据其与码头岸壁高度之比 D/H 的经验值（0.85～1.20）初步确定，再进行各项稳定性验算和钢板桩环向抗拉强度验算，并应符合直径与所需板桩数量的关系，参照有关格形钢板桩码头设计与施工规程。相邻主格仓中心距取（1.10～1.15）D，在确定该值时应考虑码头岸壁总长度的合理划分。为节约施工费用，主格仓和副格仓应各自采用相同半径。

格形墙体的高度由顶部高程和入土深度确定，而且前、后板桩的情况不尽相同。格形墙体前板桩的顶面高程根据胸墙施工水位确定，后板桩顶面高程可适当降低。格体前板桩的入土深度根据地基条件确定：对于砂土地基，不应小于 4.0m，并不宜大于 6.0m；对于硬黏土地基，不宜大于 1.5m；对于密实砂层，不宜大于 3.0m；对于

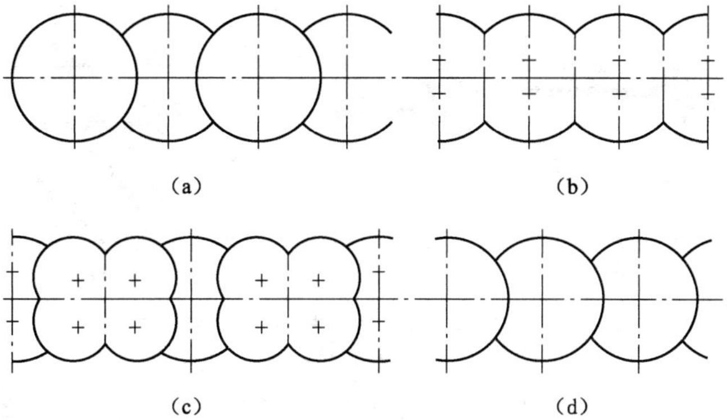

图 2-1-23　格体布置形式

(a) 圆格形；(b) 扁格形；(c) 四分格形；(d) 扁圆格形

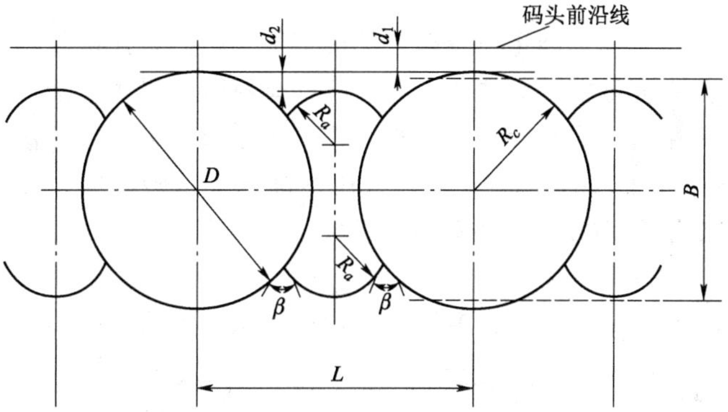

图 2-1-24　圆格形格体结构平面布置图

D—主格仓直径；R_c—主格仓半径；R_a—副格仓半径；B—换算墙体宽度；
L—相邻主格仓中心距（单元长度）；d_1—主格仓公切线至码头前沿的距离；
d_2—主格仓公切线至副格仓连接弧段的距离；β—Y 形连接桩的夹角

岩石地基，应在调查基岩表面风化情况后做出贯入深度的估计。主格仓后板桩的设计底高程宜与前板桩相同，但对于砂土地基，其底高程可适当提高。前、后板桩底高程相差大于 3m 时，应采用阶梯形过渡。前、后板桩的分界点，宜设定在前 Y 形连接桩后第 5 根或第 6 根板桩处。

2. 钢板桩

格形结构的钢板桩必须采用直腹式钢板桩，方能承受和传递由格仓内填料产生的较大环向张力。两根直腹式钢板桩锁口相连后的转角 α 不应超过产品的最大允许转角，如图 2-1-25 (a) 所示。Y 形连接桩普遍采用生产厂家提供的焊接 Y 形桩，其典型截面如图 2-1-25 (b) 所示。

直腹式钢板桩的单桩宽度通常为 400mm 和 500mm，腹板厚度分别为 9.5mm 和 12.7mm，其供货长度一般不超过 20m，否则需特别定制。锈蚀是格形钢板桩结构的主要缺点之一，对于前板桩的临水面应根据腐蚀环境和使用年限采取合适的防腐蚀措

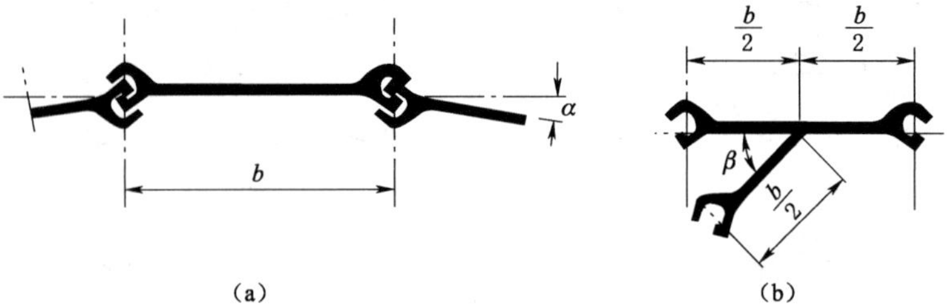

图 2-1-25 钢板桩截面示意
(a) 直腹式钢板桩；(b) Y 形连接桩
b—板桩宽度；α—转角；β—夹角

施，前板桩的临土面和埋置在土中的后板桩通常不需要防腐。因此前、后板桩可采用不同厚度。

3. 格仓内和墙后回填

格形结构的特点之一是利用格仓填料的内部剪切阻力来抵抗外部侧向荷载，所以格体内填料的选择十分重要，宜选用中粗砂或砂砾石。如采用粉细砂作填料，应经过技术论证。不得采用粉土或黏性土作填料。格仓内填料宜采用振冲法密实，其相对密度应达到 $Dr \geqslant 60\%$，振冲密实的效果宜采用标准贯入试验测定。墙后填料宜采用砂类土，墙后回填在格仓填料振冲密实完成后进行。

4. 上部结构

胸墙应有足够的厚度和宽度，并向格形墙体的海侧伸出足够距离。胸墙底板的岸侧边缘应在前 Y 形桩后距离该桩不少于 1.0m 处。由于直腹式钢板桩的纵向刚度很小，胸墙不应直接支承在板桩上。对于直接支承在填料上的胸墙，胸墙与板桩顶面之间应预留 150～200mm 的空隙，以防止填料沉降后胸墙压到板桩上。胸墙与前板桩的内侧壁之间应填充防止漏沙的弹性材料（图 2-1-26）。

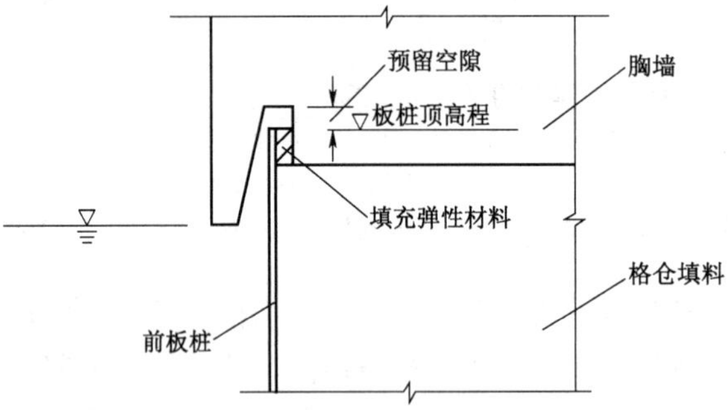

图 2-1-26 板桩顶部处理示意

上部结构沿岸壁长度方向必须设置变形缝。上部结构直接支承在填料上时，变形缝设置在主格仓的中心线上；上部结构支承在桩基础上时，变形缝的设置应按现行行业标准的有关规定确定。

5. 地基

格形墙体不得建在有软弱夹层或泥化层的风化岩地基上。当地基为软弱土层时，格体施工前必须对软土进行处理。实践表明，换填中粗砂是一种可靠的处理方法，应优先采用。

建在砂土（含换填砂）地基上的格形墙体，墙体底面下应有一定宽度的经密实处理的基床，其相对密度 Dr 达到 60%以上，密实处理基床的宽度 $B' \geqslant D + 2h\tan\theta$（式中，$D$ 为主格仓直径，h 为密实处理的厚度，θ 为砂的压力扩散角）。

如地基为坚硬岩石，格体可直接置于经表面平整处理的岩面上。当码头前沿海底或河底存在冲刷情况，应考虑增加前板桩的入土深度或采取保护措施。

模块七　干地浇筑的混凝土结构和浆砌石结构

在有干地施工条件的内陆港，常采用此种结构。其断面有梯形、衡重式和卸荷板式三种，如图 2-1-27 所示。其优点是可就地取材，不需要钢材，不需要大型和复杂的施工设备，施工简单，整体性好，造价低。

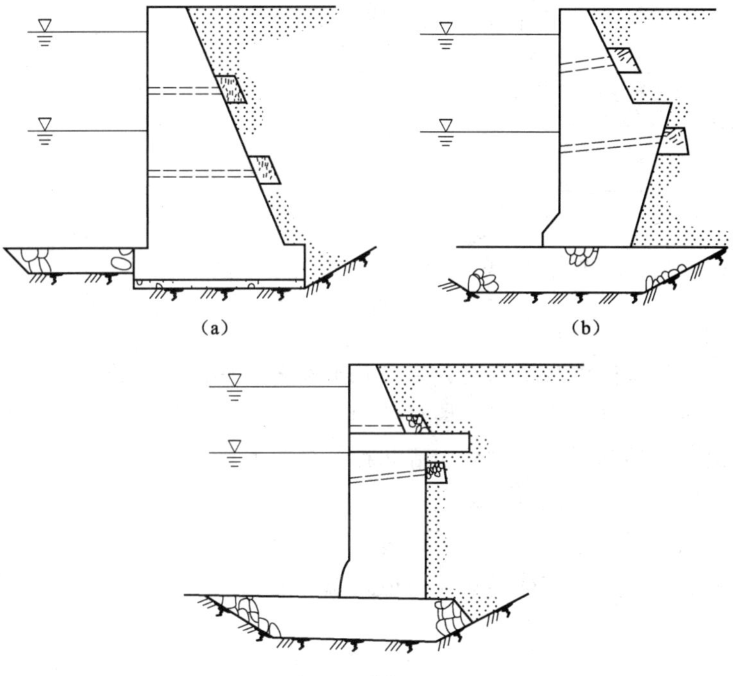

图 2-1-27　干地施工码头的断面示意

（a）梯形；（b）衡重式；（c）卸荷板式

由于自然条件、使用要求、施工条件的不同，除了上述形式外，还可能因地制宜地采用其他形式的重力式码头，例如山东某港，由于地基土质很差且没有打桩设备，采用了装配式沉井码头，如图 2-1-28 所示。沉井由 4～5 层 2m 高的钢筋混凝土井圈组成，在现场随着沉井沉入而安放井圈。

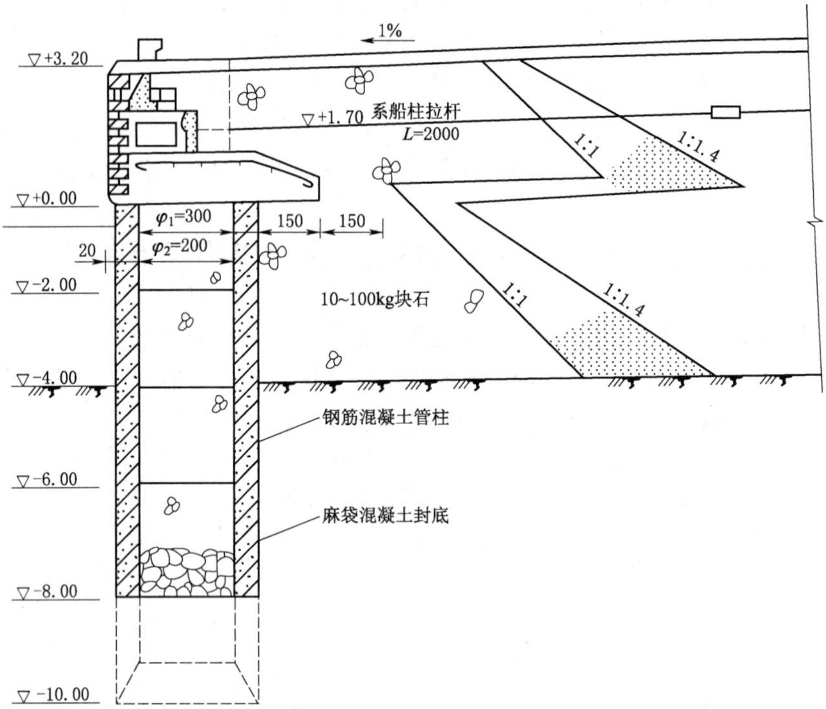

图 2-1-28　预制钢筋混凝土沉井码头（尺寸单位：cm；高程单位：m）

【学后思考】

1. 重力式码头按照墙身结构可分为哪几类？各有何优点、缺点？
2. 方块码头按照其断面形式、墙身结构分别分为哪几种？各有何优点、缺点？
3. 沉箱码头按照其平面形式分为哪几种？各有何优点、缺点？
4. 简述扶壁式码头的优点、缺点。
5. 大直径圆筒码头的结构形式和构造是怎样的？
6. 格形钢板桩码头的结构形式和构造是怎样的？

任务二　重力式码头的布置及构造

【课程导航】

问题 1. 如何计算码头前沿设计水深、码头前沿底高程？

问题 2. 不同的码头设施布置方式，其泊位长度计算有何不同？

问题 3. 重力式码头基础的作用是什么？在处理基础时应注意哪些问题？

问题 4. 重力式码头非岩石地基上的基础基床形式有哪几种形式？对基床厚度、基槽底宽及边坡坡度、基床肩宽、抛石基床块石质量和品质等有什么要求？

问题 5. 重力式码头的墙身和胸墙在结构上有什么要求？

问题 6. 重力式码头的墙后回填材料有什么要求？

在码头布置中，首先要根据工程区的水深、地形、地质、风况、波浪、潮汐、水流、泥沙、冰等自然条件，满足船舶靠离泊、系泊、装卸作业及陆域用地等的工作条件要求，并方便与水域和陆域衔接，拟定各种构造措施，即进行构造设计，然后再进行强度和稳定性验算。

码头前沿线应选择在地形不宜过陡、地质条件良好、水流平顺、水陆域尺度满足使用要求的位置，并应与航道、港池、接岸建筑物的布置相协调。

码头的轴线方位，宜与风、浪、流的主导方向一致，无法同时满足时，应服从其主要影响因素。冰冻地区码头的位置及其轴线的方位尚应考虑冰的影响。确定码头轴线的控制性因素、主要影响因素和次要影响因素时，应论证在不同码头方位和船舶装载量情况下风、浪、水流对船舶作业的影响。受长周期波或平均周期大于 9 的波浪影响，或流速较大的开敞式码头，宜通过模拟试验验证总体布局和设计参数取值的合理性，确定优选方案。

拖轮、交通艇等港作船码头宜集中布置在受波浪影响较小、靠近服务对象的位置，港作船泊位水域应能满足不乘潮通行，需要泊港作船的水域底质宜为淤泥、松砂、软黏土等松软底质。

模块一　码 头 设 计 高 程

一、码头前沿顶高程

码头前沿顶高程应满足当地大潮时码头面不被淹没，便于作业、结构安全和码头周边衔接等要求，并应根据当地潮汐、波浪、泊位性质、船型、装卸工艺、船舶系缆、陆域高程、防汛等要求确定。它的确定应满足码头上水控制标准和上部结构受力控制标准的要求。实体结构形式的码头前沿顶高程可按上水控制标准确定，必要时按受力控制标准校核。

码头前沿顶高程可按下列规定进行计算，必要时可采用模型试验验证。其计算根据所采用波浪和潮位组合标准的不同，应按基本标准和复核标准分别计算。潮位与波浪组合的标准及富裕高度可按表 2-2-1 确定。

表 2-2-1　　潮位与波浪组合标准及富裕高度

组合情况	上水标准		受力标准		
	设计水位	富裕高度Δ_W	设计水位	波浪重现期	富裕高度Δ_F
基本标准	设计高水位	一般情况可取 10～15 年重现期波浪的波峰面高度，并不小于 1.0m；掩护良好码头可取 1.0～2.0m	设计高水位	50 年	0～1.0m
复核标准	极端高水位	一般情况可取 2～5 年重现期波浪的波峰面高度；掩护良好码头可取 0～0.5m			

注　1. 按受力标准设计时波浪采用波列累积频率为 1%的波高。
2. 按上水标准设计时波浪采用波列累积频率为 4%的波高。
3. 对于风暴潮增水情况明显的码头，应在设计高水位基础上考虑增水影响。
4. 受力标准的波浪重现期采用结构设计的规定，一般为 50 年，有特殊要求时，可相应调整。

(1) 按上水标准控制的码头前沿顶高程可按下式计算。

$$E = DWL + \Delta_W \tag{2-2-1}$$

式中　E——码头前沿顶高程，m；

DWL——设计水位，m，按表 2-2-1 选取；

Δ_W——上水标准的富裕高度，m，按表 2-2-1 取值。

(2) 按受力标准控制的码头前沿顶高程可按公式 (2-2-2) ～式 (2-2-5) 计算。

$$E = E_0 + h \tag{2-2-2}$$

$$E_0 = DWL + \eta - h_0 + \Delta_F \tag{2-2-3}$$

$$\eta = \frac{(1+\alpha)H}{2} + h_s \tag{2-2-4}$$

$$h_s = \frac{\pi\left[(1+\alpha)H\right]^2}{4L} \cdot \cot\left(\frac{2\pi d}{L}\right) \tag{2-2-5}$$

式中　E——码头前沿顶高程，m；

E_0——上部结构受力计算的下缘高程，m，根据结构计算所能承受的波浪作用情况确定，应以满足竖向受力要求为主，必要时需同时考虑水平受力的要求。波浪作用计算应考虑结构物尺度和布置影响，必要时可由模型试验确定；

h——码头上部结构高度，m；

DWL——设计水位，m，按表 2-2-1 选取；

η——水面以上波峰面高度，m；

h_0——水面以上波峰面高出上部结构底面的高度，m，当波峰面低于上部结构底面时为 0；

Δ_F——受力标准的富裕高度，m，按表 2-2-1 取值；

α——码头前沿波浪反射系数，直墙式码头受横浪作用且能形成立波的情况取1.0，直墙式码头受顺浪作用和桩基透空式码头可取0，透空重力墩式码头和直墙式码头受斜向浪作用时可通过试验等方法确定；

H——波高，m；

h_s——波浪中心超出静水面高度，m；

d——水深，m；

L——波长，m。

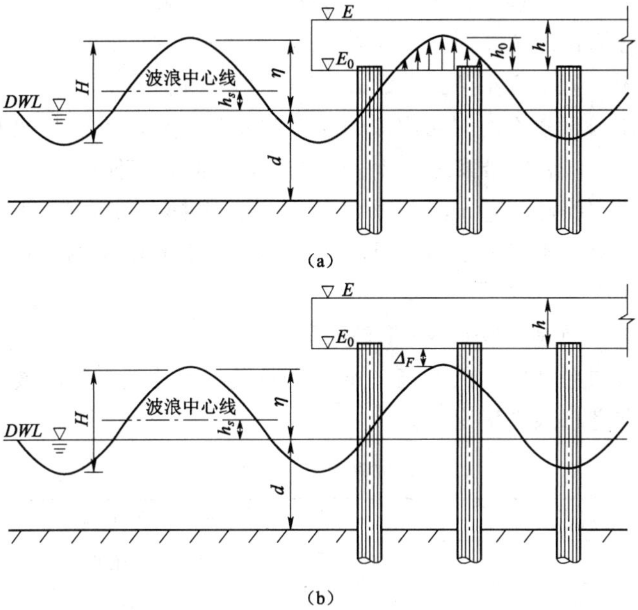

图2-2-1　受力标准控制时码头前沿顶高程计算示意（预制钢筋混凝土沉井码头）
(a) 上部结构承受波浪力情况；(b) 上部结构不承受波浪力情况

对于蝶形平面布置的码头，系船墩、靠船墩上部结构为实体结构时，可按照上水控制标准确定高程，必要时经论证可适当降低。此外，靠船墩顶高程还应该方便防冲设施的安装；系缆墩顶高程应使船舶缆绳仰角在合理范围内变化。液化散货码头装卸平台顶部高程还应兼顾装卸臂的工作范围。

引桥顶面高程可参照码头前沿顶部高程的确定方法拟定，并应满足码头与陆域衔接的要求。

二、码头前沿设计水深

码头前沿设计水深是指在设计低水位以下保证设计船型在满载吃水情况下安全停泊的水深。对于通航水深保证要求更高的液化天然气码头各工作船码头，码头前沿设计水深应从当地理论最低潮面起算。码头前沿设计水深可按照式（2-2-6）确定：

$$D = T + Z_1 + Z_2 + Z_3 + Z_4 \tag{2-2-6}$$

$$Z_2 = k_1 H_{4\%} - Z_1 \tag{2-2-7}$$

$$Z_2 = k_1 H_{4\%} \tag{2-2-8}$$

式中　D——码头前沿设计水深，m；

T——设计船型满载吃水，m，对于杂货船，根据具体情况经过论证，可考虑实载率对吃水的影响；对于河口港可考虑咸淡水比重差对设计船型吃水的影响；

Z_1——龙骨下最小富裕深度，m，采用表2-2-2中的数值；

Z_2——波浪富裕深度，m；宜按照实测或模拟结果确定，也可采用估算方法拟定，对于良好掩护的情况，可采用式（2-2-7）估算，且当计算结果为负值时，取$Z_2=0$；对于开敞情况，可采用式（2-2-8）估算；当有部分掩护的情况时，也可根据经验对式（2-2-8）的结果适当折减后采用，但不应小于式（2-2-7）的计算值；

Z_3——船舶因配载不均匀而增加的船尾吃水值，m；干散货船和液体散货船取0.15m，滚装船采用表2-2-3中的数值，其他船型可不计；

Z_4——备淤富裕深度，m，根据回淤强度、维护挖泥间隔期的淤积量计算确定，对于不淤的港口，可不计此值；对于有淤积的港口，备淤深度不宜小于0.4m；

k_1——系数，顺浪时取0.3，横浪时取0.5～0.7；

$H_{4\%}$——码头前允许停泊的波高，m，波列累积概率为4%的波高，根据当地波浪和港口条件确定。

表2-2-2　　　　　　　龙骨下最小富裕深度 Z_1

海底底质	Z_1/m	海底底质	Z_1/m
淤泥质	0.2	含砂或含黏土的块状土	0.4
含淤泥的砂、含黏土的砂和松砂土	0.3	岩石土	0.6

注　对于重力式码头，Z_1应按岩石考虑。

表2-2-3　　　　滚装船因配载不均匀而增加的船尾吃水值 Z_3

船舶吨数		Z_3/m
DWT/t	GT/t	
≤1000	≤3000	0.30
>1000	>3000	0.20

注　划分船舶吨级时，货物滚装船采用DWT，汽车滚装船和客货滚装船采用GT。

同时，开敞式大型码头前沿设计水深不宜小于1.1倍船舶满载吃水，必要时应经物理模型验证。在可行性研究阶段，自然条件资料不足时，码头前沿设计水深可按下式估算：

$$D=k_2T \tag{2-2-9}$$

式中　D——码头前沿设计水深，m；

k_2——系数，掩护良好时取1.10～1.15，半开敞式和开敞式取1.15～1.20；

T——设计船型满载吃水，m。

三、码头前沿底高程

码头前沿底高程应根据确定的设计起算水位和码头前沿设计水深计算确定。

码头前沿底高程=设计低水位－设计水深

四、泊位长度计算及设施布置

泊位长度及系泊、靠泊设施布置应考虑船舶靠泊、系泊、装卸作业、设备检修和自然条件等因素综合确定，必要时可进行船舶系泊物理模拟试验或数值模拟计算。相邻布置泊位的船舶间距还应满足消防安全间距的要求。

码头系泊、靠泊设施，宜首尾对称布置，当一端方向的强风或水流明显时，也可根据受力特点采用不对称的布置方式。

1. 一字形布置

(1) 单个一字形布置。当船舶单个一字形布置时，其泊位长度可采用设计船长加两端富裕长度确定，富裕长度应满足船舶系缆、靠泊、离泊、装卸设备检修的要求，可按照下式计算：

$$L_b = L + 2d \tag{2-2-10}$$

式中　L_b——泊位长度，m；

L——设计船长，m；

d——富裕长度，m，可按照表 2-2-4 的规定拟定。对于半开敞式和开敞式码头，此值可适当加大，可取设计船宽 B。

表 2-2-4　一字形布置泊位富裕长度 d　　单位：m

L	<40	41～85	86～150	151～200	201～230	231～280	281～320	>320
d	5	8～10	12～15	18～20	22～25	26～28	30～33	35～40

注　泊位两端端部除考虑系缆要求外，还应考虑系缆安全要求，必要时可增加 2m 左右的带缆操作安全距离；码头两端单独设置首尾系缆墩时，泊位长度还应计入首尾系缆墩系船设施外侧的结构长度。

(2) 一字形连续布置。当船舶在同一码头线上一字形连续布置泊位时，如图 2-2-2 所示，其码头总长度宜根据到港船型尺度、码头掩护情况等，按下列公式确定：

端部泊位　$$L_b = L + 1.5d \tag{2-2-11}$$

中间泊位　$$L_b = L + d \tag{2-2-12}$$

式中　L_b——泊位长度，m；

L——设计船长，m；

d——富裕长度，m，可按照表 2-2-4 的规定拟定。

上述泊位长度的计算，不适用于油品码头和危险品码头。同时，端部泊位尚应考虑带缆操作的安全要求；两相邻泊位船型不同，d 值应按较大船型选取。

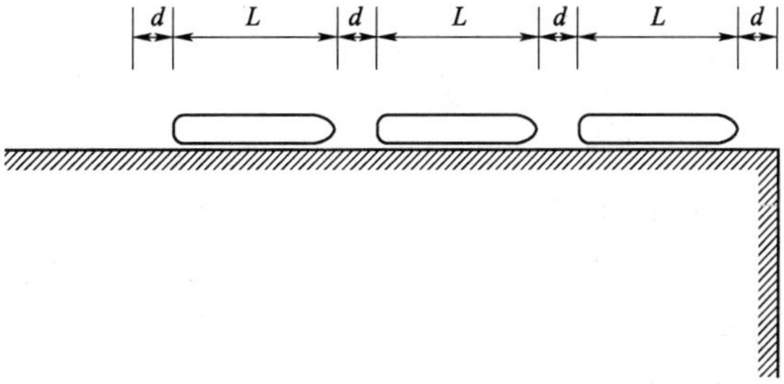

图 2-2-2　连续布置多泊位长度

2. 折线布置

码头布置成折线时，其转折处的泊位长度，如图 2-2-3 所示，应满足船舶靠离作业的要求，根据码头结构形式及转折角度确定。

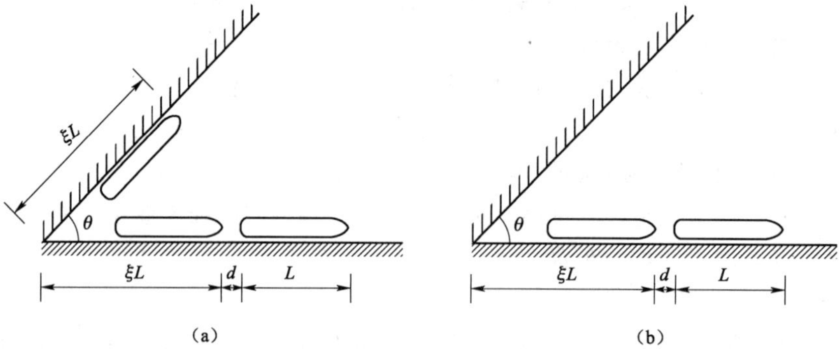

图 2-2-3　直立式岸壁折角处的泊位长度

(a) 双侧停船；(b) 单侧停船

(1) 直立式岸壁折角处的泊位长度，按式 (2-2-13) 确定。

$$L_b = \xi L + \frac{d}{2} \qquad (2-2-13)$$

式中　L_b——泊位长度，m；

ξ——船长系数，采用表 2-2-5 中的数值；

L——设计船长，m；

d——富裕长度，m，可按照表 2-2-4 的规定拟定。

表 2-2-5　　**船 长 系 数 ξ**

两直立式岸壁间夹角 θ/(°)		60	70	90	120	150
双侧停船	DWT>5000t	1.45	1.35	1.25	1.15	1.10
	DWT≤5000t	1.55	1.40	1.30	1.20	1.15
单侧停船	DWT>5000t	1.30	1.25	1.20	1.13	1.10
	DWT≤5000t	1.40	1.30	1.25	1.18	1.15

注　1. 对 1000t 级以下船舶，折角处的富裕长度可适当减小；对大型船舶，船长系数可通过操船模拟试验论证确定。

2. 对于油轮或其他危险品码头，船长系数可适当加大。

3. DWT 是指船舶载重吨 (t)。

(2) 直立式码头与斜坡式护岸或水下挖泥边坡边线的夹角 $\theta \geqslant 90°$时，靠近护岸处的泊位长度，如图 2-2-4 所示，可按式 (2-2-11) 确定。

3. 蝶形布置

(1) 单个蝶形布置。如图 2-2-5 所示，单个蝶形布置时，其泊位长度L_b可取 1.1～1.3 倍设计船长。必要时，宜通过模型试验优化确定。

蝶形布置泊位通常设置两个靠船墩，两墩中心间距可为设计船长的 30%～45%，兼靠船型范围较大时，可增设辅助靠船墩；首尾系缆墩可各设一个，兼靠船型范围较大或系缆力较大时，也可各设置两个；横缆墩通常可设置两个；倒缆墩可由靠船墩或码头平台兼顾。

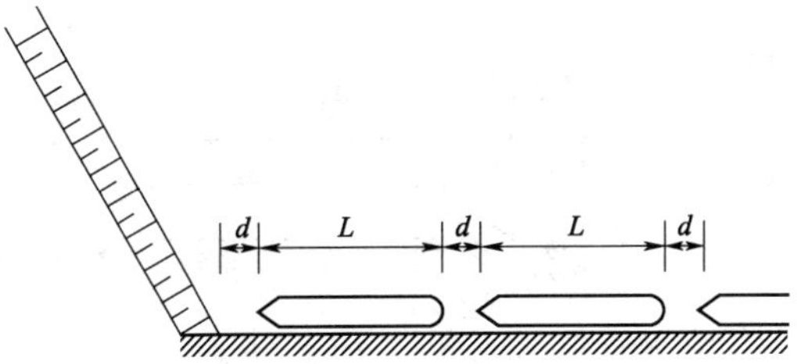

图 2-2-4　直立式码头与斜坡护岸处的泊位长度

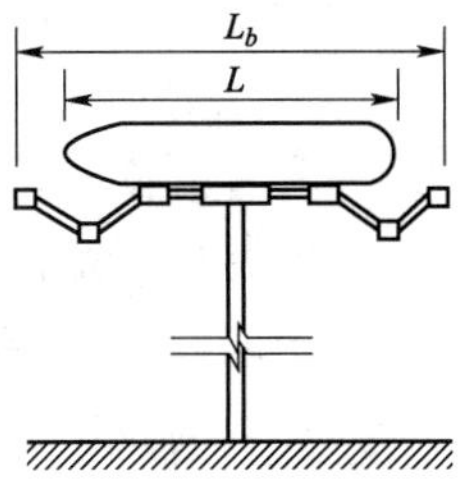

图 2-2-5　蝶形布置的墩式码头的泊位长度

码头靠船墩的布置应避免船舶靠泊时接触装卸平台和船舶停泊时摇摆触碰码头装卸设施，必要时可突出码头装卸平台前沿线布置。

码头首尾缆与码头前沿线水平夹角可取 45°～75°，横缆水平角度应基本垂直码头前沿线布置，与码头前沿线夹角可取 75°～105°；船舶纵向受力较大时，可根据主受力方向适当减小首缆或尾缆角度。各缆绳长度宜尽量接近，首尾缆长度可取 35～60m，横缆长度可取 30～50m，倒缆长度可取 30m 左右。不同装载度时各缆绳与水平面的夹角可取 0°～30°。

（2）蝶形泊位连续布置。如图 2-2-6 所示，蝶形泊位连续布置时，各个泊位的泊位长度及系船墩靠船墩缆绳布置可参照单个蝶形布置泊位的规定执行。对部分掩护和开敞式的大型泊位，船舶间距尚应考虑满足船舶操作安全要求。有条件时，相邻泊位的首尾系缆墩可共用，也可根据需要单独设置。

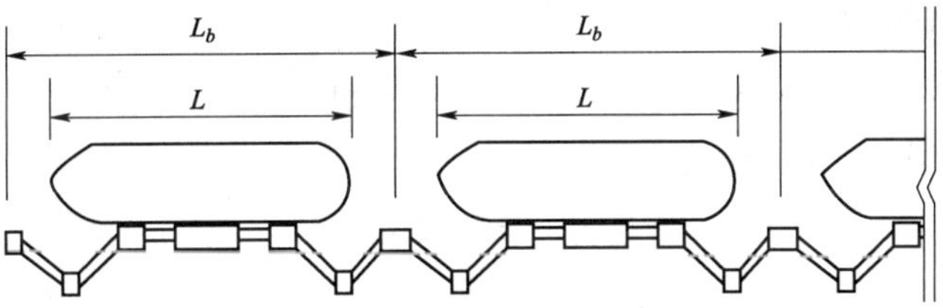

图 2-2-6　蝶形布置连续多泊位长度示意

泊位端部紧邻引桥等建筑物时，泊位与引桥应有一定的安全距离，并宜设置防止船舶撞击引桥的设施。船舶的靠泊速度、靠泊、离泊和装卸等船舶作业标准应根据码头的靠泊船型、自然条件和拖轮配置等情况论证确定。确定码头泊稳和作业条件时，应主要考虑：①港口的自然条件，包括风况波浪、水流的大小及其分布特征；②码头装卸工艺、货种和船舶安全装卸作业的要求；③码头的掩护程度及其轴线方向与风况、波浪、水流的相互关系；④码头结构形式、防冲及系缆设施的条件等因素。

4. 滚装码头泊位长度计算

（1）斜跳板布置的滚装码头。采用斜跳板布置的滚装码头分为单个泊位布置和多个泊位连续布置，其泊位长度计算区别对待。

1）单个泊位布置，如图 2-2-7 所示，其长度可按式（2-2-14）计算。

$$L_b = L + L_t + L_j + d \quad (2-2-14)$$

式中 L_b——泊位长度，m；

L——滚装船总长，m；

L_t——船跳板在顺岸码头方向上的投影长度，m；

L_j——接岸设施在顺岸码头方向上的投影长度，m，根据港址水位差、接岸设施的类型和车辆的转弯半径等确定；

d——富裕长度，m，可按照表 2-2-4 的规定拟定。

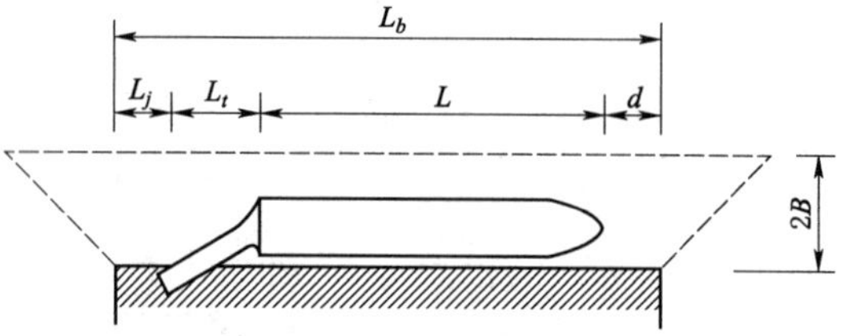

图 2-2-7 斜跳板滚装码头单个泊位布置示意

2）艉斜跳板多个泊位连续布置，如图 2-2-8 所示，其长度可按式（2-2-15）～式（2-2-18）计算。

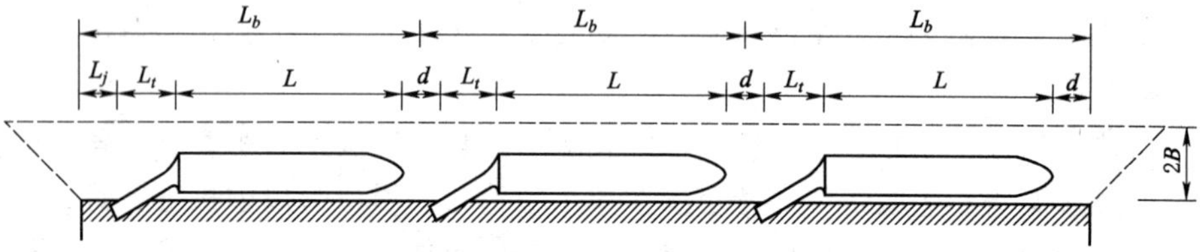

图 2-2-8 艉斜跳板滚装码头多个泊位连续布置示意

左端部泊位时，当 $L_t + L_j > d$ 时

$$L_b = L + L_t + L_j + 0.5d \quad (2-2-15)$$

左端部泊位时，当 $L_t + L_j \leqslant d$ 时

$$L_b = L + 1.5d \quad (2-2-16)$$

右端部泊位时

$$L_b = L + L_t + 1.5d \quad (2-2-17)$$

中间泊位时

$$L_b = L + L_t + d \quad (2-2-18)$$

式中 L_b——泊位长度，m；

L——滚装船总长，m；

L_t——船跳板在顺岸码头方向上的投影长度，m；

L_j——接岸设施在顺岸码头方向上的投影长度，m，根据港址水位差、接岸设施的类型和车辆的转弯半径等确定；

d——富裕长度，m，可按照表 2-2-4 的规定拟定。

（2）直跳板布置的滚装码头。滚装码头港址宜选在陆域交通方便、易于集散的地点，滚装码头宜选在掩护条件较好、水流较缓的水域。滚装码头的布置应根据自然条件、设计船型尺度、工艺要求和接岸设施形式等因素综合分析确定，水域布置应便于船舶进出港及靠离泊作业，陆域布置应便于滚装车辆的集散和乘客上下船。滚装码头根据设计船型的船跳板类型、吨级和自然条件，可采用艉或艏斜跳板式、艉或艏直跳板式和舯跳板式的布置形式。

采用直跳板布置的滚装码头，单个泊位布置，如图 2-2-9 所示，其泊位长度可按式（2-2-19）计算，并应不小于 1.2 倍船长。

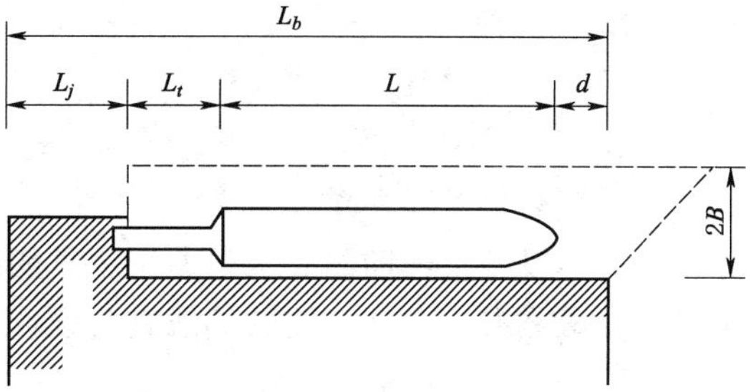

图 2-2-9　直跳板滚装码头单个泊位布置示意

$$L_b = L + L_t + L_j + d \tag{2-2-19}$$

式中　L_b——泊位长度，m；

L——滚装船总长，m；

L_t——艉或艏外端至码头接岸设施外端的长度，m；

L_j——接岸设施在顺岸码头方向上的投影长度，m，根据港址水位差、接岸设施的类型和车辆的转弯半径等确定；

d——富裕长度，m，可按照表 2-2-4 的规定拟定。

（3）对 3000GT 及以下的直跳板滚装船码头，当风、浪、流条件较好时，可采用丁靠的布置形式。

1）单个泊位布置时，泊位长度按照式（2-2-20）计算。

$$L_b = 3B \tag{2-2-20}$$

式中　L_b——泊位长度，m；

L——滚装船型宽度，m。

2）多个泊位连续布置时，泊位长度按照式（2-2-21）和式（2-2-22）计算。

端部泊位　$$L_b = 3B + 0.5d_B \tag{2-2-21}$$

中间泊位　$$L_b = B + d_B \tag{2-2-22}$$

式中　L_b——泊位长度，m；

L——滚装船型宽度，m；

d_B——船舶之间富裕宽度，m，不宜小于 1 倍设计船型宽度。

（4）舯跳板式布置的滚装船码头

1）单个泊位布置时，泊位长度按照式（2-2-23）计算。

$$L_b = L + 2d \tag{2-2-23}$$

式中　L_b——泊位长度，m；

L——滚装船总长，m；

d——富裕长度，m，采用表 2-2-4 的数值。

2）多个泊位连续布置时，泊位长度按照式（2-2-24）和式（2-2-25）计算。

端部泊位　$$L_b = L + 1.5d \tag{2-2-24}$$

中间泊位　$$L_b = L + d \tag{2-2-25}$$

式中 L_b——泊位长度，m；

L——滚装船总长，m；

d——富裕长度，m，采用表 2-2-4 的数值。

(5) 滚装码头采用墩式布置，如图 2-2-10 所示，码头宜设置两个主靠船墩，必要时可增设一个辅助靠船墩，两个主靠船墩中心间距可取设计船长的 30%～45%，辅助靠船墩靠接岸设施一侧的端线宜与设计代表船型艉或艏部齐平。

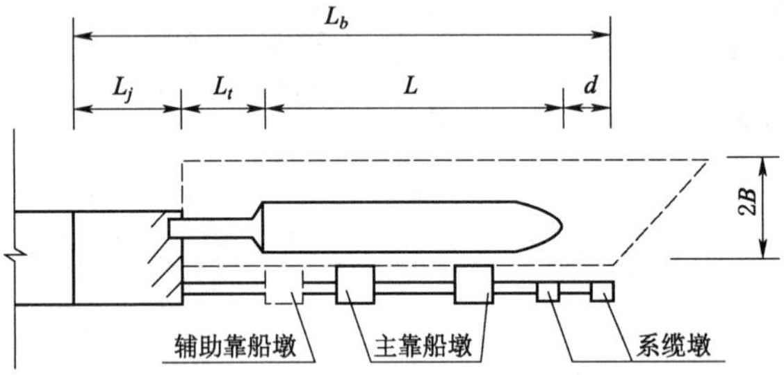

图 2-2-10 靠船墩的布置示意

汽车滚装码头的前沿高程根据船型尺度、工艺等因素经论证后可适当降低。码头前沿停泊水域宽度应根据滚装作业要求确定。水域布置采用斜跳板、艉斜跳板、直跳板、舯跳板滚装码头的形式，码头前沿停泊水域宽度可取码头前 2 倍设计船型宽，有特殊作业要求时，可适当加宽；采用丁靠布置形式时，其宽度可按式 (2-2-26) 计算。

$$B_t = L + L_t + B \tag{2-2-26}$$

式中 B_t——码头前沿停泊水域宽度，m；

L——滚装船总长，m；

L_t——艉或艏外端至码头接岸设施外端的长度，m；

B——滚装船型宽，m。

对定点班轮滚装码头，船舶回旋水域和进港航道设计水深宜从设计低水位起算。

模块二 基 础

重力式码头基础的作用是将通过墙身传来的外力扩散到较大范围的地基上，以减小地基应力和建筑物沉降量；保护地基免受波浪和水流的淘刷；整平基面后便于墙身的砌筑和安装。因此，基础是重力式码头非常重要的部分，基础处理的好坏是重力式码头成败的关键。

重力式码头的基础根据地基情况、施工条件和结构形式采用不同的处理方式。岩石地基承载力大，一般不需另做基础。对于现场灌注混凝土和浆砌石结构，可直接做在岩面上。当岩面向水域倾斜较陡时，为减小滑动的可能性，墙身砌体下的岩基面宜做成阶梯形断面。阶梯形断面最低一层台阶宽度不宜小于 1m，如图 2-2-11 所示。对于预制安装结构，为使预制件安装平稳，应以两片石和碎石整平岩面，其厚度不小于 0.3m。对于非岩石地基，

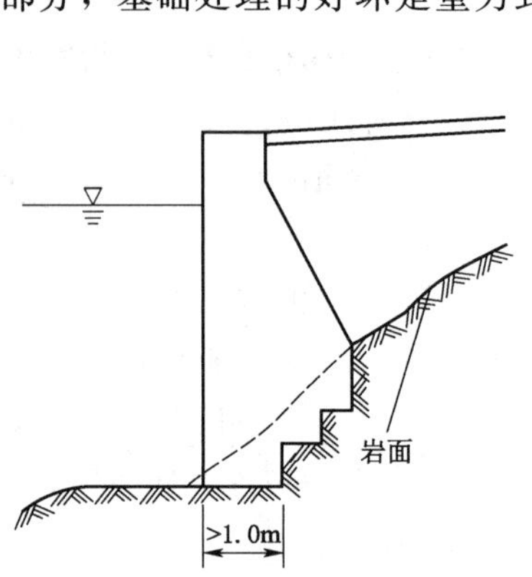

图 2-2-11 台阶形岩面

当采用干地施工的现场灌注混凝土和浆砌石结构时，分两种情况处理：①地基承载力足够时可设置100～200mm厚的贫混凝土垫层，以保证墙身的施工质量，垫层的埋置深度不宜小于0.5m，且应在冲刷线以下；②用水下施工的预制安装结构，应设置抛石基床。在软土地区，也采用过加载预压加固淤泥质软基的工艺（图2-1-5）和深层水泥拌和（CDM）（图2-1-10）加固软基，并建成了重力式码头。

抛石基床是重力式码头中广泛应用的一种基础形式，抛石基床设计包括：选择基床形式；确定基床厚度及肩宽；确定基槽的底宽和边坡坡度；规定块石的重量和质量要求；确定基床顶面的预留坡度和预留沉降量等。

一、基床形式

抛石基床有暗基床、明基床和混合基床三种形式，如图2-2-12所示。暗基床适用于原地面水深小于码头设计水深的情况。明基床适用于原地面水深大于码头水深且地基较好的情况。但当水流流速较大时应避免采用明基床，或在基床上设防护措施。混合基床适用于原地形水深大于码头设计水深且地基较差的情况，此时需将地基表层的软土全部挖除填以块石，软土层很厚时可部分挖除换砂。

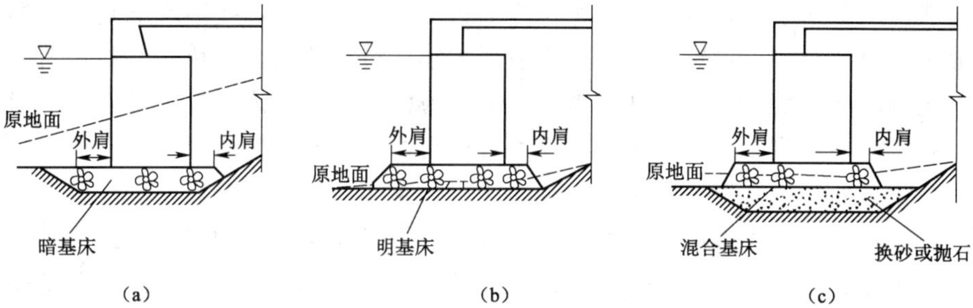

图2-2-12　抛石基床形式

（a）暗基床；（b）明基床；（c）混合基床

二、基床厚度

当基床顶面应力大于地基容许承载力时，抛石基床起扩散应力的作用，基床厚度由计算确定，并不宜小于1m。当基床顶面应力不大于地基容许承载力时，基床只起整平基面和防止地基被淘刷的作用，但其厚度也不宜小于0.5m。

三、基槽底宽及边坡坡度

基槽底宽决定于对地基应力扩散范围的要求，不宜小于码头墙底宽度加两倍的基床厚度，基槽底边线与墙前趾和后踵的距离应符合图2-2-13的规定要求。对于受土压力作用的码头，基槽底边线距墙前趾和后踵的距离分别不宜小于1.5d和0.5d（d为基床厚度）。对于不受土压力作用的码头，基槽底边线距墙前趾和后踵的距离相等，且不宜小于1.0d。

槽边坡坡度一般根据土质由经验确定。基槽距岸较近需要开挖岸坡时，其坡度应按施工时的岸坡稳定性由计算确定。

四、基床肩宽

为保证基床的稳定性，基床肩部（特别是暴露在外面的外肩）应有一定的宽度。

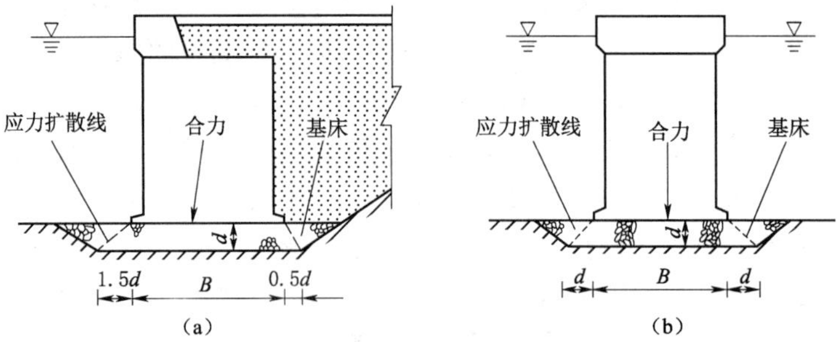

图 2-2-13　基槽底宽的确定

(a) 受土压力作用的码头；(b) 不受土压力作用的码头

对于夯实基床，不宜小于 2m；对于不夯实基床，不应小于 1m。当码头前沿的底流速较大，地基土有被冲刷危险时，应加大基床外肩宽度，放缓边坡，增大埋置深度或采用其他护底措施。

五、基床夯实

为使抛石基床紧密，减少建筑物在施工和使用时的沉降，我国水下施工的抛石基床一般进行重锤夯实。重锤夯实的作用为：①破坏块石棱角，使块石互相挤紧；②使与地基接触的一层块石嵌进地基土内，当地基为松散砂基或采用换砂处理时，对于夯实的抛石基床底层设置约 0.3m 厚的两片石垫层，以防基床块石打夯振动时陷入砂层内。现在也开始使用爆炸夯实法，通过埋在抛石基床内的炸药爆炸时产生的振动波使基床抛石密实。对于中小码头，基床是否做夯实处理，可根据地基情况、基床厚度、使用要求和施工条件确定。例如，根据施工经验，在墙高小于 10m、基床厚度小于 1.5m 和地基为岩基或砂基情况下，当施工条件困难时，抛石基床也可不夯实，而是预留抛石基床的沉降量。

六、对抛石基床块石质量和品质的要求

基床块石的质量既要满足在波浪水流作用下的稳定性，又要考虑便于开采、运输和施工，一般采用 10～100kg 的混合石料（对于不大于 1m 的薄基床采用较小的块石）。

石料质量应保证遇水不软化、不破裂、不被夯碎，具体要求为：①在水中饱和状态下的抗压强度，对于夯实基床不低于 50MPa，对于不夯实基床不低于 30MPa；②未风化，不成片状，无严重裂纹。

七、抛石基床的预留沉降量及倒坡

为了保证建筑物在允许沉降范围内正常工作，基床顶面应预留沉降量和倒坡（即向墙里倾斜）。

对于夯实基床，设计时只按地基沉降量预留；对于不夯实基床，还需预留基床压缩沉降量。基床压缩沉降量 Δ 按式（2-2-17）估算。

$$\Delta = \alpha_k \sigma d \tag{2-2-27}$$

式中　α_k——抛石基床的压缩系数，一般采用 0.0005；

d——基床厚度，m；

σ——建筑物使用期最大平均基底应力，kN/m^2。

重力式码头在土压力作用下，其前趾的地基应力大于后踵的地基应力，不均匀沉降使码头向临水一侧倾斜。为避免出现这种情况，施工时在基床顶面预留的向墙里倾斜的坡度应根据地基土性质、基床厚度、基底应力分布、墙身结构形式、荷载和施工方法等因素确定，一般采用0～1.5%。

模块三　墙身和胸墙

墙身和胸墙是重力式码头必需的主体结构，其作用是：构成船舶系靠所需要的直立墙面；阻挡墙后回填料坍塌；承受作用在码头上的各种荷载，将这些荷载传到下面的基础和地基中。此外，胸墙还起着将墙身连成整体的作用，并用来固定防冲设施、系船设施、系网环、铁扶梯等。有时在胸墙中设置工艺管沟，在其顶部固定起重机轨道。系船柱块体通常也和胸墙连在一起。在进行墙身和胸墙的构造设计以及结构物的平面布置时，有下列问题需要解决。

一、码头临水面的轮廓

为了增加码头建筑物的抗倾稳定性，墙底前趾一般伸出墙。但为保证船舶停靠码头时的安全，码头墙身结构底部突出部分与船壳舭龙骨之间的最小净距不应小于0.3m，如图2-2-14和图2-2-15所示。

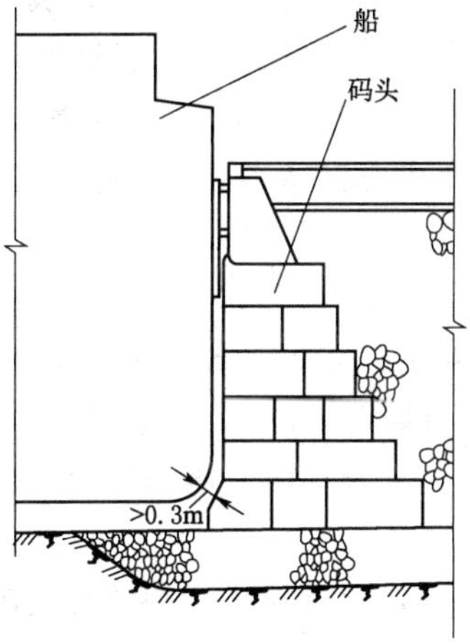

图2-2-14　码头临水面轮廓要求

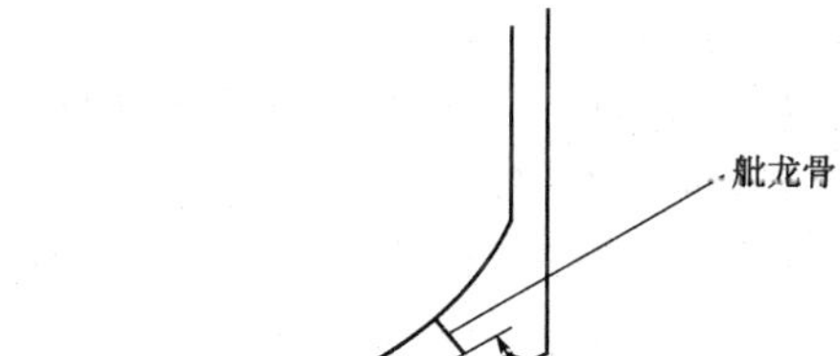

图2-2-15　码头结构底部突出部分与船壳舭龙骨间的间距

二、变形缝

为适应地基的不均匀沉降和温度的变化，重力式码头必须沿长度设置沉降缝和伸缩缝，一般是一缝两用，统称变形缝。缝宽20～50mm，做成上下通缝，即胸墙与墙身的变形缝设在一个垂面上。现场浇筑混凝土或浆石部位的变形缝用弹性材料（沥青、砂板等）填充。变形缝间距根据气温情况、结构形式、地基条件和基床厚度确定，一般采用10～30m。并考虑设在下列位置：①新旧建筑物衔接处；②码头水深或结构形式改变处；③地基土质差别较大处；④基床厚度突变处；⑤沉箱或方块接缝处。

三、墙身

重力式码头墙身的结构形式较多，构造也各不相同。本节仅介绍方块码头和沉箱码头的构造。

实心方块码头宜采用混凝土方块结构。为了防止方块受弯或受扭时断裂，方块的各向尺寸应符合下列规定：①长边尺寸与高度之比不大于3；②短边尺寸与高度之比不小于1，对于个别方块不小于0.5，同时短边尺寸不小于0.8m，方块间垂直砌缝的设计宽度宜采用20～30mm。为了保证结构的整体性，上下两层相邻方块间垂直砌缝应互相错开，错缝间距应符合下列规定：①在横断面内不小于方块高度的1/2或0.8m；②在纵断面和平面内不小于方块高度的1/3或0.5m。

空心块体码头可采用素混凝土空心块体和钢筋混凝土空心块体，横截面可采用Ⅱ、区、口、T、日等多种字形形式。空心块体码头宜采用一次出水的单层形式。单层空心块体长度应根据起重设备起重量确定，并不宜小于高度的1/3，块体间垂直缝设计宽度不应大于块体高度的0.4%，且不应小于40mm；当采用多层空心块体时，宜采用通缝砌筑。空心块体码头的卸荷板不宜压缝设置，素混凝土空心块体的立壁厚度不应小于400mm。

沉箱码头的沉箱内设纵、横隔墙，宜对称布置；隔墙厚度可采用隔墙间距的1/25～1/20，但不宜小于200mm；内隔墙上部挖洞时，孔洞下边缘至箱底的距离不宜小于隔墙间距的1.5倍。沉箱外壁和底板的厚度应由计算确定，但壁厚不宜小于250mm；对有抗冻要求的大、中型码头，沉箱潮差段的临水面，其厚度不小于300mm，底板厚度不宜小于壁厚，底板的悬臂长度不宜过大。沉箱间垂直缝的宽度宜采用沉箱高度的0.4%，但不小于50mm。

四、胸墙

胸墙是将墙身预制构件连成整体的构件，直接受船舶的撞击，并处在水位变动区，外界影响因素多，受力情况复杂。因此在设计胸墙时，除保证其抗倾和抗滑稳定性外，还应有良好的整体性、足够的强度和刚度，对于胸墙内设电缆沟等单薄的胸墙断面还应通过计算配置钢筋。

胸墙一般用下列几种形式：①现混凝土胸墙；②浆砌石胸墙；③预制混凝土块体胸墙。现浇混凝土胸墙的优点是结构牢固、整体性好，是采用最多的一种形式。浆砌石胸墙可节约模板，如当地石料丰富，也可采用。但断面不宜过小，并要注意砌筑质量、保证有良好的整体性，为了减少现场浇筑量，有的码头采用预制安装混凝土胸墙，但预制块之间应采取良好的整体联系措施。

为了保证胸墙有良好的整体性和足够的刚度，胸墙高度越高越好。但对于现浇或现砌的胸墙，底部高程不得低于施工水位。施工水位根据胸墙的浇注量或砌筑量、结构形式、施工能力和水位变化的情况确定，有潮港的胸墙施工水位一般取平均潮位，河港一般在枯水季节施工。

胸墙的顶宽由构造确定。为适应船舶的撞击作用，顶宽一般不小于0.8m；对于停靠小型内河船舶的码头，顶宽不小于0.5m；胸墙底宽由抗滑和抗倾稳定性计算确定。

胸墙顶面高程还宜预留沉降量（不包括胸墙灌注前的沉降量），因为在浇筑胸墙至顶面时，墙身和胸墙的自重已在施工中加上，地基和基床的沉降已完成了一部分，所以胸墙顶面的预留沉降量应按浇筑胸墙后的后期沉降量预留。

五、卸荷板

对于采用卸荷板的码头，卸荷板设置在胸墙底下，卸荷板应采用钢筋混凝土结构，一般采用预制安装方式。当起重能力不足时，也可部分预制、部分现浇。卸荷板的悬臂长度和厚度应通过后倾稳定性和强度计算确定［图 2-2-16（a)］。根据岸墙高度，悬臂长一般取 1.0～3.0m，厚度取 0.8～1.2m。

上述具有悬臂式卸荷板的重力式码头不仅从构造上减少主动土压力，而且能利用一部分上部填土的重量增加结构物的稳定性。这种形式的码头在我国港工结构中得到广泛应用。其缺点是受结构强度的制约，悬臂长度受到限制，有的码头采用简支式卸荷板代替悬臂式卸荷板，卸荷板的一端搁置在重力式岸壁上，另一端支承在抛石棱体顶部的地梁上，其卸荷效果更好，可用于地面使用荷载较大的情况［图 2-2-16（b)］。

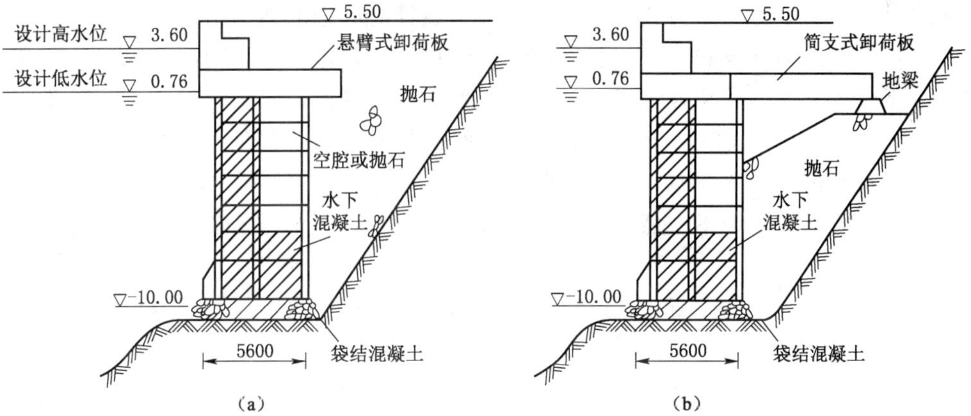

图 2-2-16　卸荷板形式（尺寸单位：mm；高程单位：m）

（a）悬臂式卸荷板空心方块码头；（b）简支式卸荷板空心方块码头

六、码头端部的处理

顺岸式码头端部一般采用两种处理方式：第一种是把码头端部在顺岸方向做成斜坡。这种处理方式一般适用于码头有接长要求的情况，优点是不会发生较大的不均匀沉降，缺点是端部不能充分利用且要求码头端部有富余空间。第二种是在码头端部设置翼墙，当翼墙长度超过 10m 时，应设置变形缝，如图 2-2-17 所示。这种处理方式适用于码头不再接长的情况，优点是端部可利用来停靠小船和节省岸线长度，缺点是容易产生较大的变形和沉降，翼墙与正墙之间可能产生裂缝。

七、增强结构耐久性的措施

实践表明，处于水位变动区的胸墙与墙身，特别是受冰冻地区的临水面，由于强烈的干湿交替、冻融、水流冲击、冰磨、船舶撞击等作用，经过一定时期，都有不同

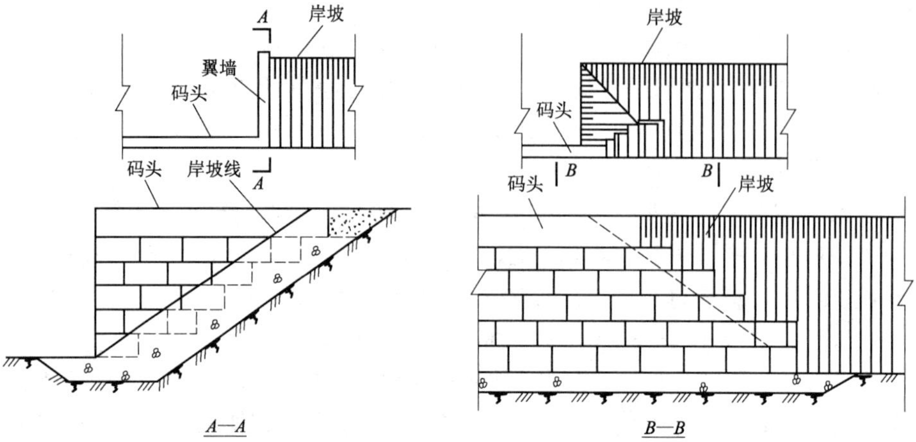

（a）　　　　（b）

图 2-2-17　码头端部的处理方式

（a）在码头端部做翼墙；（b）码头端部做成台阶

程度的损坏。为了提高重力式码头的耐久性，设计时应采取适当措施。

（1）根据结构计算和《水运工程混凝土结构设计规范》（JTS 151—2011）规定的耐久性要求选定混凝土强度等级。对于耐久性无特殊要求的码头，混凝土构件的混凝土强度等级不应低于 C20，钢筋混凝土构件的混凝土强度不应低于 C25。对于浆砌石结构，其石料饱和强度不应低于 50MPa，砌筑用水泥砂浆强度等级不应低于 M10，勾缝水泥砂浆强度等级不应低于 M20。对于内河小码头，砂浆和石料的强度等级还可适当降低。

（2）适当增大钢筋混凝土构件厚度和钢筋混凝土保护层，保护层厚度不得低于表 2-2-6 的标准。

（3）对于受冰冻作用的码头，水位变动区的临水面还可考虑采用钢筋混凝土镶面、花岗岩镶面或抗蚀性强、抗磨性高、抗冻性好的新材料。

（4）对于构成墙身的空心块体、沉箱、扶壁等构件折角处宜设置加强角，其尺寸一般采用 150～200mm。

表 2-2-6　　混凝土保护层最小厚度　　单位：mm

构件所在部位			大气区	浪溅区		水位变动区	水下区
				一般构件	板、桩等细薄构件		
海水港	钢筋混凝土	北方	50	50	50	50	30
		南方	50	65	50	50	30
	预应力混凝土		75	90	50	75	75
淡水港	钢筋混凝土	北方	40	40	40	40	25
		南方	40	40	40	30	25
	预应力混凝土		60	60	50	60	60

模块四 墙 后 回 填

一、墙后回填的方式

在岸壁式码头中，墙后需进行回填，以形成码头地面。墙后回填一般分为两种情况。一种情况是紧靠墙背用颗粒较粗和内摩擦角较大的材料（如抛石）做成抛石棱体，以减小墙后土压力，并在棱体顶面和坡面设置倒滤层，防止墙后回填的细粒土从抛填棱体的缝隙中流失。实心方块码头的安装缝多且分散，墙后减压后，墙身断面减小，节省混凝土方量较多，经济效果比较显著，故多采用上述方式。另一种情况是墙后直接回填细粒土，只在墙身构件间的拼缝处设倒滤装置，防止土料流失。沉箱码头、扶壁码头和空心块体码头为薄壁结构，从受力情况看，其稳定性除靠墙身预制件的自重维持外，还有相当部分是靠结构内部填料的重量来维持的。墙后回填细粒土，墙后土压力较大，但并未增加多少混凝土方量，特别是在石料来源困难的地区，可能在经济上更为有利。采用何种方式进行墙后回填，应根据结构形式和当地材料情况通过技术经济比较确定。干地现浇和砌筑的码头通常不设抛填棱体。

二、抛填棱体

抛填棱体的材料选用块石或当地量大、价廉、坚固、质轻、内摩擦角大的其他材料。块石的质量和品质不像抛石基床块石那样严格，但要求在水中浸泡不软化、不裂碎。

抛填棱体的断面形式一般有三角形、梯形、锯齿形三种，如图 2-2-18 所示。为防止回填土流失设置的抛石棱体，通常采用三角形断面，此时所用抛填材料最少。以减压为主要目的抛填棱体，一般采用梯形和锯齿形断面。在减压效果相同的情况下，锯齿形比梯形节省材料，但施工程序多，影响工期，质量不易保证。因此分级式棱体数不多于两级。棱体较高时（如大于 15m），也可采用三级。为避免棱体密实下沉后，填土从墙身缝隙中流失，棱体顶面应高出预制安装的墙身不小于 0.3m。

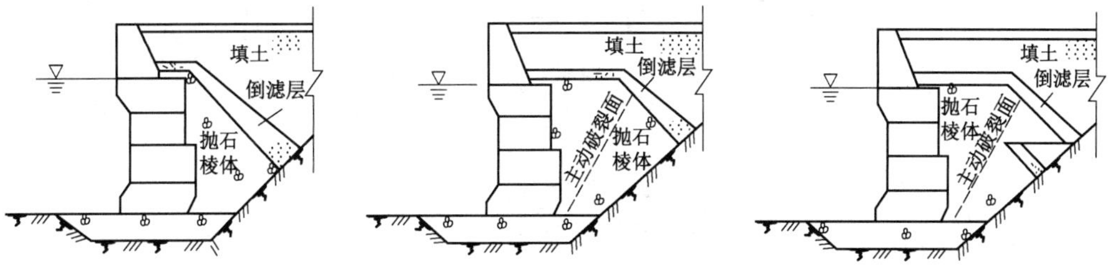

(a) (b) (c)

图 2-2-18 抛填棱体断面形式

(a) 三角形；(b) 梯形；(c) 锯齿形

三、反（倒）滤层

为防止回填土的流失，在抛填棱体顶面、坡间、胸墙变形缝和卸荷板顶面接缝处均应设置反（倒）滤层，而且在抛石棱体顶面和坡面的表层与反（倒）滤层之间应铺盖 0.3～0.5m 厚的二片石（粒径为 8～15cm 的小块石），以防止反（倒）滤材料漏到抛石的缝隙中。

反（倒）滤层可采用碎石反（倒）滤层和土工织物倒滤层。碎石倒滤层又分为分层倒滤层和不分层倒滤层两种。分层倒滤层一般由石层和“瓜米石”或粗砂或砾砂层组成，每层厚度不宜小于0.15m，总厚度不宜小于0.4m；不分层倒滤层（混合石料倒滤层）应采用级配较好的天然石料（如石渣、砂卵石）或粒径为5～80mm碎石，天然石料和碎石的厚度分别不得小于0.6m和0.4m。对于多级棱体，水下倒滤层厚度宜适当加大。抛填棱体及碎石倒滤层的坡度应根据所用材料的水下自然坡角确定，抛填棱体坡度一般采用1∶1，碎石层坡度一般采用1∶1.5。当施工期间有波浪影响时，坡度应适当放缓。土工织物倒滤层是一种新的倒滤层形式，直接设置在墙身接缝处的土工织物倒滤层宜采用双层结构，要求有较大的垂直渗透系数和伸长率，有较高的抗拉、抗撕裂强度和较好的抗老化性能。当接缝较大时，宜加钢筋混凝土插板。

码头的“漏砂”问题与倒滤层的设计和施工有关，为避免码头“漏砂”，无论对何种形式的倒滤层，都要求：①倒滤层必须高出卸荷板顶面，即在卸荷板上面抛填不小于0.3m厚的二片石，然后在二片石上做倒滤层；②倒滤层分段施工时一定要搭接好，土工织物倒滤层的搭接宽度一般为1m。

对于不设抛石棱体的沉箱、扶壁和空心方块码头，其缝隙少且集中，可分别在安装处设置倒滤空腔和倒滤井，如图2-2-19所示，施工也较方便。

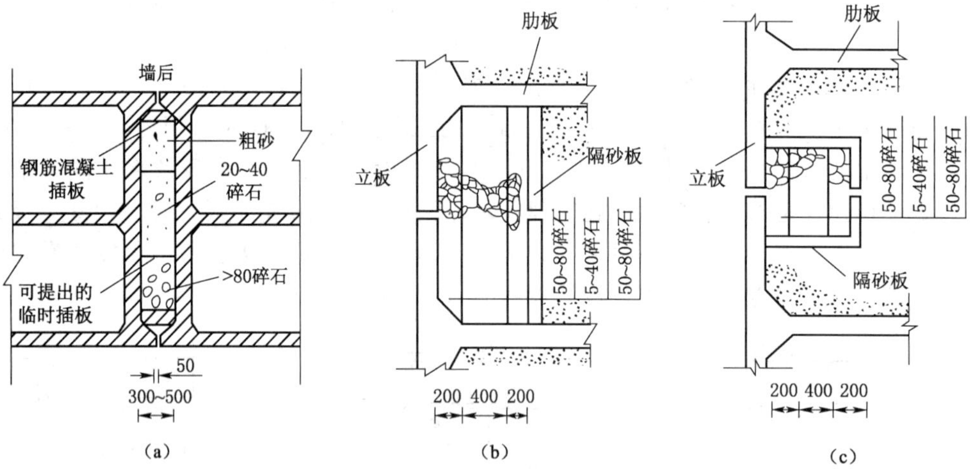

图2-2-19 倒滤空腔与倒滤井（单位：mm）
(a) 倒滤空腔；(b)、(c) 倒滤井

四、回填土

重力式码头的墙后回填土应以就地取材为原则，并按下列条件选用：①土源丰富，运距短，取填方便；②回填易于密实，沉降量小，有足够的承载力；③产生的土压力小，通常采用砂、块石、山皮土或炉渣作回填料，水上部分也可采用黏性土、建筑残土和垃圾土回填，但需进行分层夯实或碾压处理。墙后采用吹填时，应遵守《码头结构施工规范》(JTS 215—2018) 对施工要求的规定。

【学后思考】

1. 如何计算码头前沿设计水深、码头前沿底高程？

2. 不同的码头设施布置方式，其泊位长度计算有何不同？

3. 重力式码头基础的作用是什么？在处理基础时应注意哪些问题？

4. 重力式码头非岩石地基上的基础基床有哪几种形式？对基床厚度、基槽底宽及边坡坡度、基床肩宽、抛石基床块石质量和品质等有什么要求？

5. 重力式码头的墙身和胸墙在结构上有什么要求？

6. 重力式码头的墙后回填材料有什么要求？

7. 《大运河》2“码头风云”中提到的隋唐大运河以____为中心，北到____，南至____，分为______、______、____、______四段。

任务三 重力式码头基本计算*

【课程导航】

问题1. 重力式码头的计算工况包括哪几种？验算内容包括哪些？

问题2. 能利用现行规范进行重力式码头的荷载计算。

问题3. 能利用现行规范进行重力式码头的抗滑稳定性验算。

问题4. 能利用现行规范进行重力式码头的抗倾稳定性验算。

问题5. 能利用现行规范进行重力式码头基床承载力验算。

模块一 计算工况及荷载组合

一、计算工况

重力式码头计算工况和计算组合应根据《码头结构设计规范》（JTS 167—2018）的规定，考虑持久组合、短暂组合和地震组合等作用组合，并应符合下列规定。

（1）持久状况，结构使用期应按承载能力极限状态和正常使用极限状态设计。为持久状况下的永久作用、主导可变作用和非主导可变作用的组合。对海港，应按设计高水位、设计低水位、极端高水位、极端低水位、设计高水位与低水位之间的某一不利水位，与地下水位相结合分别进行计算；对河港，应按设计高水位、设计低水位及与地下水位相结合的某一不利水位分别进行计算。

（2）短暂状况，施工期或使用期临时承受某种特殊荷载时，应按承载能力极限状态设计，必要时也需按正常使用极限状态设计。应为短暂状况下的永久作用与可变作用的组合。对海港，应按设计高水位、设计低水位及与地下水位相组合的某一不利水位分别进行计算；对河港，应按设计高水位、设计低水位分别进行计算；施工期间可按某一不利水位进行计算。当短暂组合稳定性不满足要求时，应首先考虑从施工上采取措施。

（3）偶然状态，在使用期遭受偶然荷载（如地震作用）时，仅按承载能力极限状态设计。应按现行行业标准《水运工程抗震设计规范》（JTS 146—2012）的有关规定执行。

二、荷载组合

为了保证重力式码头的正常工作，应当根据实际工作情况按照不同的极限状态和效应组合进行计算或验算，见表2-3-1。

（1）重力式码头承载能力极限状态的持久组合应进行下列计算或验算。

1）对墙底面和墙身各水平缝及齿缝计算面前趾的抗倾稳定性。

2）沿墙底面、墙身各水平缝和基床底面的抗滑稳定性。

表 2-3-1　　重力式码头的验算内容和效应组合

<table>
<tr><th>序号</th><th>验算内容</th><th>采用的极限状态</th><th>采用的效应组合</th><th>备注</th></tr>
<tr><td>①</td><td>对墙底面、墙身各水平缝及齿缝计算面前趾的抗倾稳定性</td><td>承载能力极限状态</td><td>持久组合</td><td rowspan="9">其中：①②③④⑤⑦⑨项为基本计算内容，是各种结构形式的重力式码头都应进行的计算项；⑥⑧项的计算根据墙身结构的不同而不同</td></tr>
<tr><td>②</td><td>沿墙底面、墙身各水平缝和基床底面的抗倾稳定性</td><td>承载能力极限状态</td><td>持久组合</td></tr>
<tr><td>③</td><td>基床和地基承载力</td><td>承载能力极限状态</td><td>持久组合</td></tr>
<tr><td>④</td><td>整体稳定性</td><td>承载能力极限状态</td><td>持久组合</td></tr>
<tr><td>⑤</td><td>墙底面合力作用点位置</td><td>承载能力极限状态</td><td>持久组合</td></tr>
<tr><td>⑥</td><td>构件（卸荷板、沉箱、扶壁、空心块体、大圆筒）的承载力</td><td>承载能力极限状态</td><td>持久组合</td></tr>
<tr><td>⑦</td><td>码头施工期稳定性、构件承载力</td><td>承载能力极限状态</td><td>短暂效应组合</td></tr>
<tr><td>⑧</td><td>构件（卸荷板、沉箱、扶壁、空心块体、大圆筒）裂缝宽度</td><td>正常使用极限状态</td><td>长期效应（准永久）组合</td></tr>
<tr><td>⑨</td><td>地基沉降</td><td>正常使用极限状态</td><td>长期效应（准永久）组合</td></tr>
</table>

3）沿基床底面和基槽底面的抗滑稳定性。

4）基床和地基承载力。

5）墙底面合力作用位置。

6）整体稳定性。

7）卸荷板、沉箱、扶壁、空心块体和圆筒等构件的承载力。

（2）重力式码头承载能力极限状态的短暂组合应对施工期进行下列验算。

1）有波浪作用，墙后尚未回填或部分回填时，已安装的下部结构在波浪作用下的稳定性。

2）有波浪作用，墙后尚未回填或部分回填时，墙身、胸墙在波浪作用下的稳定性。

3）墙后采用吹填时，已建成部分在水压力和土压力作用下的稳定性。

4）施工期构件出运、安装时的稳定性和承载力。

（3）重力式码头正常使用极限状态设计应按相应作用组合进行下列计算或验算。

1）卸荷板、沉箱、扶壁、空心块体和圆筒等构件的裂缝宽度。

2）地基沉降。

模块二　荷　载　计　算

根据《码头结构设计规范》（JTS 167—2018）的规定，施加在重力式码头承受的作用可以分为三类：①永久作用，包括：建筑物自重力、固定机械设备自重力、墙后填料产生的土压力和剩余水压力等；②可变作用，包括：堆货荷载、流动机械荷载、码头面可变作用所产生的土压力、船舶荷载、施工荷载、冰荷载和波浪力等；③偶然作用，包括：地震荷载等。

一、建筑物构件材料与填料重度

建筑物构件材料重度、填料重度和内摩擦角的标准值宜通过试验确定。构件材料重度标准值按表 2-3-2 采用。无黏性填料（如砂、石）的重度和内摩擦角标准值一般按表 2-3-3 采用，其中剩余水位以上采用湿重度，剩余水位以下采用浮重度。

黏性土的指标根据当地经验选用。当无实测资料时，可采用规范提供的摩擦系数设计值（表 2-3-4），需要注意的是：①混凝土或浆砌石的胸墙与有预埋露头块石的卸荷板之间、混凝土胸墙与有伸出露头钢筋的预制件之间摩擦系数可采用 1.0；②墙身为预制混凝土结构，其与抛石基床之间摩擦系数，对重力墩式码头，当作用于基床面平均压强大于 300kPa 时，或回淤明显的港区，基床面难以避免落淤时，可适当降低；③当地基为抛石体时，抛石基床底面的摩擦系数设计值可根据地基密实情况确定，有夯实处理时可取 0.85，无夯实处理时可取 0.75；当基床底面难以避免落淤时，抛石基床底面与抛石体之间的摩擦系数可适当降低。

表 2-3-2　　材料重度 γ 标准值

材料名称	重度 γ/(kN/m³)		备注
	水上	水下	
浆砌块石	22～25	12～15	当石料重度 $\gamma>26.5$kN/m³ 时，浆砌块石的重度应适量提高
混凝土	23～24	13～14	
钢筋混凝土	24～25	14～15	

表 2-3-3　　填料重度 γ 和内摩擦角 φ 标准值

填料名称	重度 γ/(kN/m³)		内摩擦角 φ/(°)		备注
	水上（湿重度）	水下（浮重度）	水上	水下	
细砂	18.0	9.0	30	28	砂类土的数值适用于粒径 $d<0.1$mm 细颗粒含量不超过 10%的情况；当细颗粒含量超出此范围时应通过试验测定 γ 和 φ 值
中砂	18.0	9.5	32	32	
粗砂	18.0	9.5	35	35	
砾砂	18.5	10.0	36	36	
碎石	17.0	11.0	38～40	38～40	
煤渣	10.0～12.0	4.0～5.0	35～39	35～39	
块石	17.0～18.0	10.0～11.0	45	45	

表 2-3-4　　摩擦系数设计值

材料		摩擦系数
混凝土面与混凝土面		0.55
浆砌石面与浆砌石面		0.65
墙底与抛石基床顶面	墙身为预制混凝土结构	0.60
	墙身为浆砌石方块结构	0.65
抛石基床底面与地基土顶面	地基为细砂—粗砂	0.50～0.60
	地基为粉砂	0.40
	地基为砂质粉土	0.35～0.50
	地基为黏土、粉质黏土	0.30～0.45

二、剩余水压力

墙前计算低水位与后地下水位的水位差被称为剩余水头，由此产生的水压力被称为剩余水压力，一般按静水压力考虑。剩余水压力根据码头排水条件和填料透水性能确定。墙后设置抛石棱体或回填料粗于中砂时，可不考虑剩余水头。当墙后回填中砂或比中砂更细的填料时，对于受潮沙影响为主的港口，剩余水头的标准值一般采用1/5～1/3 平均潮差。对于河港，其标准值根据墙前、后地下水位情况确定。

三、土压力

土压力是重力式码头的一项主要荷载。计算土压力的理论主要有库仑理论、朗肯理论和索科洛夫斯基理论三种。前两种理论由于计算比较简单并能近似地处理许多复杂问题，得出的结果比较接近实际，精度满足工程要求，在工程中得到普遍应用。

库仑理论考虑了墙背倾斜、地面倾斜、与墙背之间的摩擦力，但假定土是均质和无黏性的。朗肯理论可以解决黏性土、地面上有均布荷载和墙后土体水平成层的土压力计算，但未考虑墙背倾斜、地面倾斜、土与墙背之间的摩擦力。对不同的土质情况可采用不同的理论取单宽来计算土压力标准值。

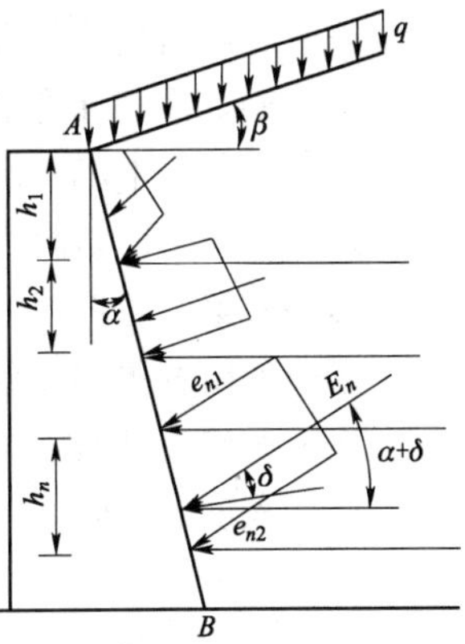

图 2-3-1　无黏性填料土压力简图

1. 码头墙后主动土压力

根据《码头结构设计规范》(JTS 167—2018) 的规定，码头墙后单宽主动土压力的标准值宜按下列规定计算。

(1) 对无黏性填料，当 $-15° \leqslant \alpha < \theta'$ 时，如图 2-3-1 所示，墙背土压力可按下列公式计算。

1) 第二破裂角按式 (2-3-1) 计算，即

$$\theta' = \frac{1}{2}(90° - \varphi) - \frac{1}{2}\left[\arcsin\left(\frac{\sin\beta}{\sin\varphi}\right) - \beta\right] \tag{2-3-1}$$

2) 第 n 层填料顶层的土压力强度按式 (2-3-2) ～式 (2-3-5) 计算，即

永久作用
$$e_{n1} = \left(\sum_{i=0}^{n-1}\gamma_i h_i\right) K_{an}\cos\alpha \tag{2-3-2}$$

可变作用
$$e_{qn1} = qK_q K_{an}\cos\alpha \tag{2-3-3}$$

$$K_q = \frac{\cos\alpha}{\cos(\alpha - \beta)} \tag{2-3-4}$$

$$K_{an} = \frac{\cos^2(\varphi_n - \alpha)}{\cos^2\alpha\cos(\alpha + \delta_n)\left[1 + \sqrt{\dfrac{\sin(\varphi_n + \delta_n)\sin(\varphi_n - \beta)}{\cos(\alpha + \delta_n)\cos(\alpha - \beta)}}\right]^2} \tag{2-3-5}$$

3) 第 n 层填料底层的土压力强度按式 (2-3-6) 和式 (2-3-7) 计算，即

永久作用
$$e_{n2} = \left(\sum_{i=1}^{n}\gamma_i h_i\right) K_{an}\cos\alpha \tag{2-3-6}$$

可变作用
$$e_{qn2} = qK_q K_{an} h_n\cos\alpha \tag{2-3-7}$$

4）第 n 层填料的土压力合力按式（2－3－8）和式（2－3－9）计算，即

永久作用
$$E_n=\frac{1}{2}(e_{n1}+e_{n2})\frac{h_n}{\cos\alpha} \tag{2-3-8}$$

可变作用
$$E_{qn}=qK_qK_{an}h_n\cos\alpha \tag{2-3-9}$$

5）第 n 层填料水久作用土压力合力的水平分力按式（2－3－10）计算，即

$$E_{Hn}=0.5\left(2\sum_{i=1}^{n-1}\gamma_i h_i+\gamma_n h_n\right)h_n K_{an}\cos(\alpha+\delta_n) \tag{2-3-10}$$

6）第 n 层填料可变作用土压力合力的水平分力按式（2－3－11）计算，即

$$E_qH_n=qK_qK_{an}h_n\cos(\alpha+\delta_n) \tag{2-3-11}$$

式中　θ'——第二破裂角，（°）；

φ——填料内摩擦角标准值，（°）；

β——地面与水平面的夹角，（°），在水平面以上为正，在水平面以下为负，且 $|\beta|\leqslant\varphi_n$；

γ_i——第 i 层填料的重度标准值，kN/m³，$\gamma_0=0$；

h_i——第 i 层填料的界度标准值，m，$h_0=0$；

α——墙背与铅垂线的夹角，（°），仰斜为正，俯斜为负，如图 2－3－1 所示；

e_{qn1}——墙背上第 n 层填料顶层由码头面均匀布荷产生的可变作用土压力强度，kPa；

q——地面上的均布荷载标准值，地面倾斜时为单位斜面积上的重力，kPa；

K_q——地面荷载系数；

φ_n——第 n 层填料的内摩擦角标准值，（°）；

δ_n——第 n 层填料与墙背的摩擦角标准值，即外摩擦角标准值，（°）；

e_{n2}——第 n 层填料底层的永久作用土压力强度，kPa；

e_{qn2}——第 n 层填料底层的可变作用土压力强度，kPa；

E_n——第 n 层填料的永久作用土压力合力标准值，kN/m；

h_n——第 n 层填料的厚度，m；

E_{qn}——第 n 层填料的可变作用土压力合力标准值，kN/m；

E_{Hn}——第 n 层填料永久作用土压力合力的水平分力标准值，kN/m；

γ_n——第 n 层的重度标准值，kN/m³；

E_{qHn}——第 n 层填料可变作用土压力合力的水平分力标准值，kN/m。

（2）对无黏性填料，土压力计算的常用图式、土压力系数和破裂角的数值可按《港口工程荷载规范》（JTS 144－1—2010）附录 C 确定。当地面为水平时，对 $\alpha\geqslant20°$ 的阶梯形方块码头及墙背粗糙且领角 $\alpha\geqslant45°-\varphi/2$ 或墙身为 L 形的情况，墙踵垂面或墙后填料内各计算垂面土压力的主动土压力系数可按式（2－3－12）计算，即

$$K_{an}=\tan^2\left(45°-\frac{\varphi_n}{2}\right) \tag{2-3-12}$$

式中　K_{an}——第 n 层填料的主动土压力系数；

φ_n——第 m 层填料的内摩擦角标准值，（°）。

(3) 对黏性土，墙背主动土压力可选用下列方法计算。当地面为水平时，在铅垂墙背或计算垂面上按式（2-3-13）～式（2-3-15）计算土压力强度，即

永久作用 $$e_{aH}=\gamma hK_a-2c\sqrt{K_a} \tag{2-3-13}$$

可变作用 $$e_{aqH}=qK_a \tag{2-3-14}$$

$$K_a=\tan^2\left(45°-\frac{\varphi}{2}\right) \tag{2-3-15}$$

式中　e_{aH}——永久作用部分土压力强度，kPa，当 $e_{aH}\leqslant 0$ 时，取 $e_{aH}=0$；

γ——填料的重度标准值，kN/m³；

h——填料的厚度标准值，m；

K_a——主动土压力系数；

c——土的黏聚力标准值，kPa；

e_{aqH}——可变作用部分土压力强度，kPa；

q——地面上的平均荷载标准值，地面倾斜时为单位面积上的重力，kPa；

φ——填料的内摩擦角标准值，(°)。

(4) 当墙后回填范围受土质坚硬的陡坡限制，切坡面陡于填料不受限制的破裂面时，应以陡坡面为滑楔破裂面，由力系平衡法计算土压力。直接浇筑在岩基上的码头，墙后土压力可采用主动土压力的 1.25 倍。

(5) 墙背与填料的摩擦角标准值根据地基条件、墙背形式、粗糙程度和地面坡度可按下列规定确定。

1) 仰斜的混凝土或砌体墙背采用 1/2～2/3 倍填料内摩擦角标准值；阶梯形墙背采用 2/3 倍填料内摩擦角标准值。

2) 垂直的混凝土或砌体墙背用 1/3～1/2 倍填料内摩擦角标准值；卸荷板以下墙背采用 1/3 倍填料内摩擦角标准值。

3) 俯斜的混凝土或砌体墙背采用 1/3 倍填料内摩擦角标准值。

(6) 减压棱体和卸荷板对土压力的影可按下列规定确定，如图2-3-2 所示。

1) 对减压棱体，当破裂面通过两种填料时，出坡点 P 以上和以下分别按两种填料计算土压力，出坡点 P 的位置可按 $\bar{\theta}$ 近似确定，$\bar{\theta}$ 值可按两种填料的破裂角标准值由层厚加权平均确定。

2) 对卸荷板，M 点以上的土压力可不计卸荷板底面以上重力的影响，N 点以下的土压力可按无卸荷板的情况计算，M、N 之间可按直线过渡。

(7) 墙背第 n 层填料主动土压力合力的竖向分力可按式（2-3-16）和式（2-3-17）

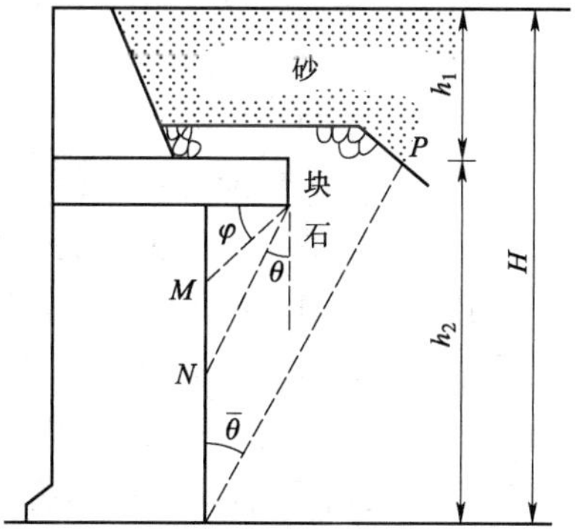

图 2-3-2　有减压棱体和卸荷板时土压力计算简图

φ—填料内摩擦角；P—出坡点；

M、N—卸荷板作用影响点；

$\bar{\theta}$—加权平均破裂角；

h_1—上层填料计算厚度；

h_2—下层填料计算厚度

计算，即

$$E_{nV}=0.5\left(2\sum_{i=1}^{n-1}\gamma_i h_i+\gamma_n h_n\right)h_n K_{an}\sin(\alpha+\delta_n) \tag{2-3-16}$$

$$E_{nqV}=qK_q h_n K_{an}\sin(\alpha+\delta_n) \tag{2-3-17}$$

式中　E_{nV}——第 n 层填料永久作用土压力合力的竖向分力标准值，kN/m；

γ_i——第 i 层填料的重度标准值，kN/m³，$\gamma_0=0$；

h_i——第 i 层填料的厚度标准值，m，$h_0=0$；

γ_n——第 n 层填料的重度标准值，m；

h_n——第 n 层填料的厚度，m；

α——墙背与铅垂线的夹角，(°)，仰斜为正，俯斜为负；

δ_n——第 n 层填料与墙背的摩擦角标准值，(°)，即外摩擦角标准值；

q——地面上的均布荷载标准值，地面倾斜时为单位斜面积上的重力，kPa；

E_{nqV}——第 n 层填料可变作用土压力合力的竖向分力标准值，kN/m；

K_q——地面荷载系数。

2. 码头墙前被动土压力

码头墙前土压力标准值可按被动土压力计算。当地面水平时，土压力强度可按式（2-3-18）～式（2-3-20）计算，即

1）对无黏性填料

$$e_p=(q_p+\gamma h)K_p \tag{2-3-18}$$

$$K_p=\tan^2\left(45°+\frac{\varphi}{2}\right) \tag{2-3-19}$$

2）对黏性土

$$e_p=(q_p+\gamma h)K_p+2c\sqrt{K_p} \tag{2-3-20}$$

式中　e_p——墙前被动土压力强度，kPa；

q_p——墙前床面上均布荷载标准值，kPa；

γ——填料的重度标准值，kN/m³；

h——填料的厚度标准值，m；

K_p——被动土压力系数；

c——土的黏聚力标准值，kPa。

四、系缆力沿码头线方向的分布

对于墙后有填土的重力式码头，验算其稳定性时一般不考虑船舶撞击力和挤靠力，因为这些力是向岸的，码头不会向岸一侧滑动和倾倒。而系缆力必须加以考虑，其中平行于码头线的水平分力 N_y 对码头的影响不大，可略去不计；垂直地面的竖向分力 N_z，由于数值小，在计算墙身稳定性时可略去不计，而在计算系船柱块体和胸墙稳定性时应予考虑；垂直于码头线的水平分力 N_x 在验算码头整体和部分的稳定性时则必须予以考虑。

系缆力沿码头线方向的分布长度，按沿墙高以 45°角向下扩散的原则确定，如图 2-3-3 所示计算。值得注意的是，扩散线遇竖缝截止，然后从缝底端向下继续扩散。对于分段长度内为一个整体结构的码头（如沉箱码头、现浇混凝土和浆砌石码头等），验算沿墙底的稳定性时，系缆力的分布长度等于一个分段的长度。

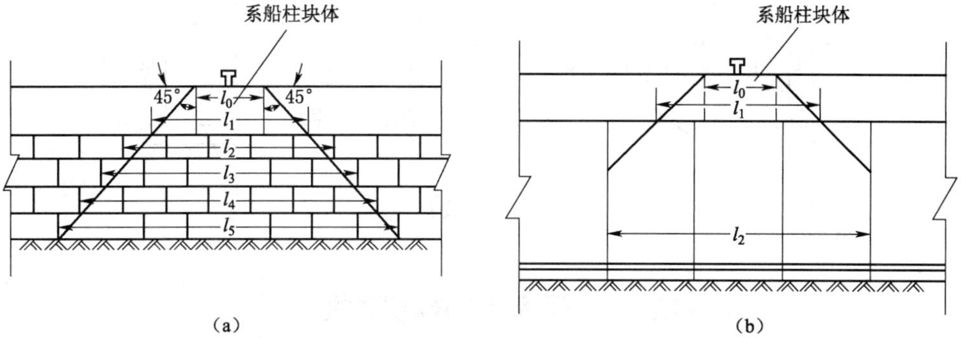

图 2-3-3　系缆力沿码头线方向的分布长度简图

(a) 方块码头；(b) 扶壁码头

五、地面使用荷载

设计重力式码头时，地面使用荷载一般只考虑堆货荷载、门机荷载和铁路荷载。对于重型码头，当地面设置重型起重机和有大型平板车运行时，还应考虑这些设备产生的集中荷载和局部均布荷载。门机和铁路荷载以轮压力形式作用在轨道上，然后通过轨枕或基础梁沿码头的纵横向下传布。实际工程中常采用等代均布荷载的方式处理：沿钢轨长度方向将轮压力化为线荷载，如图 2-3-4 (a) 所示，再将这些线荷载通过轨枕、道砟等沿码头横向传布，达一定深度后形成均布荷载，并移至地面，如图 2-3-4 (b) 所示。门机加双线铁路的等代均布荷载一般在 30～40kPa。

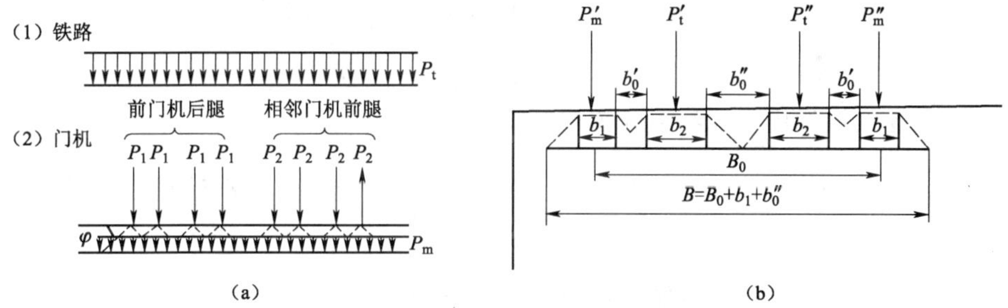

图 2-3-4　门机加铁路的等代均布荷载计算简图

(a) 沿码头线方向；(b) 垂直码头线方向

码头地面使用荷载为活荷载，应根据不同的计算项目，按最不利情况进行布置。堆货荷载一般有以下三种布置方式：①作用在码头上的垂直力和水平力（以压力为主）都最大，用于验算基床和地基的承载力及计算建筑物的沉降和验算整体滑动稳定性，如图 2-3-5 (a) 所示；②作用在码头上的水平力最大、垂直力最小，用于验算建筑物的滑动和倾覆稳定性，如图 2-3-5 (b) 所示；③作用在码头上的垂直力最大、水平力最小，用于验算基底面后踵的应力，如图 2-3-5 (c) 所示。

当墙前进行波的波高小于 1m 时，一般不考虑波浪力。对于墙后有填土的码头，如需考虑波浪力，也只考虑墙前波谷的情况，墙后按静水位考虑。

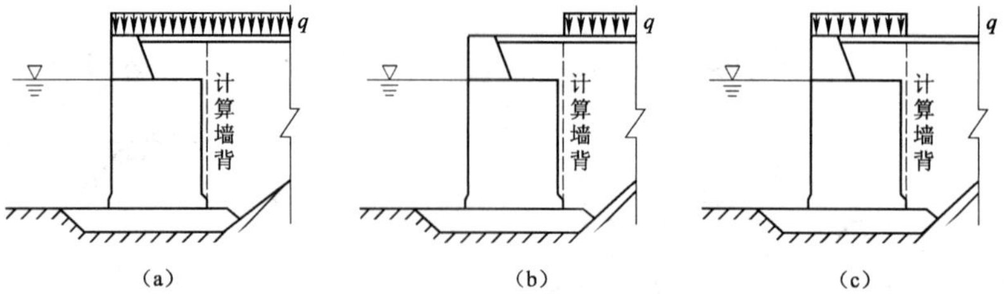

图 2-3-5　堆货荷载布置方式示意

模块三　码头抗滑稳定性验算

一、岸壁式码头

对岸壁式码头，沿墙底面、墙身各水平缝和基床底面的抗滑稳定性可按式（2-3-21）～式（2-3-24）验算。

1. 不考虑波浪作用时

（1）不考虑波浪作用，且由可变作用产生的土压力变为主导可变作用时，有

$$\gamma_0(\gamma_E E_H + \gamma_{EW} P_W + \gamma_F E_{qH} + \psi\gamma_{PR} P_{RH}) \leqslant \frac{1}{\gamma_d}(\gamma_G G + \gamma_E E_V + \gamma_E E_{qV})f \tag{2-3-21}$$

（2）不考虑波浪作用，系缆力为主导可变作用时，沿胸墙底面的抗滑稳定性验算，有

$$\gamma_0(\gamma_E E_H + \gamma_{PW} P_W + \gamma_{PR} P_{RH} + \psi\gamma_E E_{qH}) \leqslant \frac{1}{\gamma_d}(\gamma_G G + \gamma_E E_V - \gamma_{PR} P_{RV} + \psi\gamma_E E_{qV})f \tag{2-3-22}$$

2. 考虑波浪作用时

（1）考虑波浪作用，波浪力为主导可变作用时，有

$$\gamma_0(\gamma_E E_H + \gamma_{PW} P_W + \gamma_P P_E + \psi\gamma_E E_{qH}) \leqslant \frac{1}{\gamma_d}(\gamma_G G + \gamma_E E_V + \gamma_U P_{EU} + \psi\gamma_E E_{qV})f \tag{2-3-23}$$

（2）考虑波浪作用时，堆载土压力为主导可变作用时，有

$$\gamma_0(\gamma_E E_H + \gamma_{PW} P_W + \gamma_E E_{qH} + \psi\gamma_P P_E) \leqslant \frac{1}{\gamma_d}(\gamma_G G + \gamma_E E_V + \gamma_E P_{qV} + \psi\gamma_U E_{EU})f \tag{2-3-24}$$

式中　γ_0——结构重要性系数，见表 2-3-5；

γ_E——土压力分项系数；

E_H、E_V——计算面上永久作用总主动土压力的水平分力标准值和竖向分力标准值，kN；

γ_{PW}——剩余水压力分项系数；

P_W——作用在计算面以上的剩余水压力的标准值，kN；

E_{qH}、E_{qV}——计算面以上可变作用总主动土压力的水平分力标准值和竖向分力标准值，kN；

ψ——作用组合系数，持久组合取0.7，短暂组合取1.0；

γ_{PR}——系缆力分项系数；

P_{RH}、P_{RV}——系缆力水平分力的标准值和竖向分力的标准值，kN；

γ_d——结构系数，无波浪作用取1.0，有波浪作用取1.1；

γ_G——自重力分项系数，取1.0；

G——作用在计算面上的结构自重力的标准值，kN；

f——沿计算面的摩擦系数设计值；

γ_P——波浪水平力分项系数；

P_E——波谷作用的计算面以上水平波浪力的标准值，kN；

γ_U——波浪浮托力分项系数；

P_{EU}——波谷作用时作用在计算面上的波浪浮托力的标准值，kN。

表2-3-5　　结构重要性系数

安全等级	一级	二级	三级
γ_0	1.1	1.0	0.9

作用分项系数采用表2-3-6中的数值。

表2-3-6　　稳定性验算时作用分项系数

组合情况	永久作用		可变作用				
	γ_E	γ_{PW}	γ_E	γ_{PR}	γ_P	γ_U	γ_{PZ}
持久组合	1.35	1.05	1.35（1.25）	1.40（1.30）	1.30（1.20）	1.30（1.20）	1.50（1.40）
短暂组合	1.35	1.05	1.25	1.30	1.20	1.20	—

注　1. 持久组合采用设计高水位，设计低水位时取表中大值。
2. 持久组合采用极端水位时取表中括弧内的值。

二、墩式码头

对墩式码头，沿墩底面、墩身各水平缝和基床底面的抗滑稳定性可按式（2-5-25）和式（2-3-26）验算。

（1）波浪力作用时，有

$$\gamma_0\gamma_P P \leqslant (\gamma_G V_K - \gamma_U P_U) f \qquad (2-3-25)$$

（2）船舶撞击力作用时，有

$$\gamma_0\gamma_{PZ} P_z \leqslant \gamma_G V_K f \qquad (2-3-26)$$

式中　γ_0——结构重要性系数，采用表2-3-5中的数值；

γ_P——波浪水平压力分项系数，采用表2-3-6中的数值；

P——波浪作用时水平波压力标准值，kN；

γ_G——自重力分项系数，取1.0；

V_K——作用在计算面上不包括波浪浮托力的竖向合力标准值，kN；

P_U——波峰作用时作用在计算面上的波浪浮托力的标准值，kN；

γ_U——波浪浮托力分项系数；

f——沿计算面的摩擦系数设计值；

γ_{PZ}——船舶撞击力的分项系数；

P_z——船舶撞击力的标准值，kN。

模块四 码头抗倾稳定性验算

一、岸壁式码头

对岸壁式码头，对墙底面和墙身各水平缝及齿缝计算面前趾的抗倾稳定性可按式（2-3-27）～式（2-3-30）验算。

1. 不考虑波浪作用时

（1）不考虑波浪作用，且由可变作用产生的土压力为主导可变作用时，有

$$\gamma_0(\gamma_E M_{EH} + \gamma_{PW} M_{PW} + \gamma_E M_{EqH} + \psi\gamma_{PR} M_{PR}) \leqslant \frac{1}{\gamma_d}(\gamma_G M_G + \gamma_E M_{EV} + \gamma_E + M_{EqV}) \qquad (2-3-27)$$

（2）不考虑波浪作用，对胸墙底面前趾的抗稳定性验算，系缆力产生的倾覆性力矩为主导可变作用时，有

$$\gamma_0(\gamma_E M_{EH} + \gamma_{PW} M_{PW} + \gamma_{PR} M_{PR} + \psi\gamma_E M_{EqH}) \leqslant \frac{1}{\gamma_d}(\gamma_G M_G + \gamma_E M_{PV} + \psi\gamma_E M_{EqV}) \qquad (2-3-28)$$

2. 考虑波浪作用时

（1）考虑波浪作用，且波浪力为主导可变作用时，有

$$\gamma_0(\gamma_E M_{EH} + \gamma_{PW} M_{PW} + \gamma_P M_{PB} + \psi\gamma_E M_{EqH}) \leqslant \frac{1}{\gamma_d}(\gamma_G M_G + \gamma_E M_{EV} + \gamma_U M_{PRV} + \psi\gamma_E M_{EqV}) \qquad (2-3-29)$$

（2）考虑波浪作用，堆载压力为主导可变作用时，有

$$\gamma_0(\gamma_E M_{EH} + \gamma_{PW} M_{PW} + \gamma_E M_{EqH} + \psi\gamma_P M_{PB}) \leqslant \frac{1}{\gamma_d}(\gamma_G M_G + \gamma_E M_{EV} + \gamma_E M_{EqV} + \psi\gamma_U M_{PBU}) \qquad (2-3-30)$$

式中 γ_0——结构重要性系数，采用表 2-3-5 中的数值；

γ_E——土压力分项系数；

M_{EH}——永久作用总土压力的水平分力标准值对计算面前趾的倾覆力矩，kN·m；

M_{EV}——永久作用总土压力的竖向分力标准值对计算面前趾的稳定力矩，kN·m；

γ_{PW}——剩余水压力分项系数；

M_{PW}——剩余水压力标准值对计算面前趾的倾覆力矩，kN·m；

M_{EqV}——可变作用总土压力的竖向分力标准值对计算面前趾的稳定力矩，kN·m；

ψ——作用组合系数，持久组合取 0.7，短暂组合取 1.0；

γ_{PR}——系缆力分项系数；

M_{PR}——系缆力标准值对计算面前的倾覆力矩，kN·m；

γ_d——结构系数，无波浪作用时取 1.25，有波浪作用时取 1.35；

γ_G——自重力分项系数，取 1.0；

M_G——结构自重力标准值对计算面前趾的稳定力矩，kN·m；

γ_P——波浪水平压力分项系数，采用表 2-3-6 中的数值；

M_{PW}——波谷作用时水平波浪力标准值对计算面前趾的倾覆力矩矩，kN·m；

γ_U——波浪浮托力分项系数，采用表 2-3-6 中的数值；

M_{PBU}——波谷作用时作用在计算底面上的波浪浮托力标准值对计算面前趾的稳定力矩，kN·m。

二、墩式码头

对墩式码头，对墩底和墩身各水平缝及齿缝计算面前趾的抗倾稳定性可按式（2-3-31）和式（2-3-32）验算。

（1）波浪力作用时，有

$$\gamma_0(\gamma_P M_P + \gamma_U M_{PU}) \leqslant \frac{1}{\gamma_d}\gamma_G M_{VK} \qquad (2-3-31)$$

（2）船舶撞击力作用时，有

$$\gamma_0 \gamma_{PZ} M_{PZ} \leqslant \frac{1}{\gamma_d}\gamma_G M_{VK} \qquad (2-3-32)$$

式中　γ_0——结构重要性系数，采用表 2-5 中的数值；

γ_P——波浪水平压力分项系数，采用表 2-6 中的数值；

M_P——波峰作用时波浪力标准值对计算面前趾的倾覆力矩，kN·m；

γ_U——波浪浮托力分项系数，采用表 2-3-6 中的数值；

M_{PU}——波峰作用时，作用在计算底前趾上的波浪浮托力标准值对计算面的倾覆力矩，kN·m；

γ_d——结构系数，取 1.25；

γ_G——自重力分项系数，取 1.0；

M_{VK}——作用在计算面前趾上不包括波浪浮托力的竖向合力标准值对计算面前趾的稳定力矩，kN·m；

γ_{PZ}——船舶撞击力分项系数，采用表 2-3-6 中的数值；

M_{PZ}——船舶撞击力标准值对计算面前趾的倾覆力矩，kN·m。

模块五　码头承载力验算

一、基床承载力验算

（1）基床承载力应按式（2-3-33）验算，即

$$\gamma_0 \gamma_\sigma \sigma_{\max} \leqslant \sigma_R \qquad (2-3-33)$$

式中　γ_0——结构重要性系数；

γ_σ——基床顶面最大应力分项系数，取 1.0；

$\sigma_{\max}$——基床顶面最大应力标准值，kPa；

σ_R——基床承载力设计值，kPa，取 600kPa；墩式码头或地基承载力较高时，

可适当提高，但不大于 800kPa。

（2）墙底面为矩形时，单宽基床顶面应力标准值可按式（2-3-34）～式（2-3-39）计算。

1）当 $\xi \geqslant \frac{B}{3}$时，有

$$\sigma_{\max}=\frac{V_K}{B}\left(1+\frac{6e}{B}\right) \tag{2-3-34}$$

$$\sigma_{\min}=\frac{V_K}{B}\left(1-\frac{6e}{B}\right) \tag{2-3-35}$$

$$e=\frac{B}{2}-\xi \tag{2-3-36}$$

$$\xi=\frac{M_R-M_0}{V_K} \tag{2-3-37}$$

2）当 $\xi<\frac{B}{3}$时，有

$$\sigma_{\max}=\frac{2V_K}{3\xi} \tag{2-3-38}$$

$$\sigma_{\min}=0 \tag{2-3-39}$$

式中　$\sigma_{\max}$、$\sigma_{\min}$——抛石基床顶面的最大和最小应力标准值，kPa；

V_K——作用在基床顶面的竖向合力标准值，kN/m；

B——墙底宽度，m；

e——墙底面合力标准值作用点的偏心距，m；

ξ——合力作用点与墙前趾的距离，m；

M_R——竖向合力标准值对墙底面前趾的稳定力矩，kN·m/m；

M_0——倾覆力标准值对墙底面前趾的倾覆力矩，kN·m/m。

（3）当墙底面为非矩形时，基床顶面应力标准值可按偏心受压计算。

在码头墙底宽度上，为了使码头不致产生过大的不均匀沉降，一般要求 $\xi \geqslant \frac{B}{4}$。对于岩石地基（基本上是不可压缩的），则不受限制。

二、地基承载力验算

基床顶面应力通过基床向下扩散，扩散宽度为 B_1+2d_1，并按直线分布。地基承载力能否满足，可按《水运工程地基设计规范》（JTS 147—2017）的规定进行验算。

【学后思考】

1. 现行规范中重力式码头的计算工况包括哪几种？
2. 重力式码头的验算内容包括哪些？在效应组合中有哪些内容？
3. 利用现行规范进行重力式码头的荷载计算。
4. 利用现行规范进行重力式码头的抗滑稳定性验算。
5. 利用现行规范进行重力式码头的抗倾稳定性验算。
6. 利用现行规范进行重力式码头基床承载力验算。

项目三 高桩式码头

高桩式码头由于是透空结构，更符合环保要求，并且适用于各种能成桩的地基，所以成为越来越多的码头建造形式。对于高桩码头，其形式较多，构件多、构造复杂，因此对其基桩布置、上部结构布置和接岸布置要求较高。

【知识目标】

1. 熟知高桩式码头的几种分类方法。

2. 熟知高桩式码头分别按照平面布置、上部结构形式、桩基材料、码头与岸衔接的方式的分类。

3. 熟知几种主要桩和桩帽的种类及其构造要求。

4. 熟知横梁、纵梁、面板、面层、靠船构件的构造及要求。

5. 了解高桩码头中靠船构件的布置、构件的连接与搁置要求。

6. 熟知增强结构耐久性的措施。

7. 了解码头设计高程的拟定方法和码头总体轮廓布置要求。

8. 掌握码头基桩及上部结构的布置要求。

9*. 了解高桩码头设计工况、设计计算内容和各个系数的取值。

【能力目标】

1. 能表述高桩式码头的几种分类方法。

2. 能表述高桩式码头的几类方法。

3. 能表述几种主要桩和桩帽的种类及其构造要求。

4. 能表述横梁、纵梁、面板、面层、靠船构件的构造及要求。

5. 能表述高桩码头中靠船构件的布置要求、构件的连接与搁置要求。

6. 能表述高桩码头设计高程的拟定方法和码头总体轮廓布置要求。

8. 能表述高桩码头基桩及上部结构的布置要求。

9*. 能利用现行规范，运用设计表达式，分工况进行计算。

【素养目标】

1. 有正确的学习观念和积极、认真、塌实的学习态度。

2. 具有钻研、独立思考的品质和探索、求知的科学精神。

3. 有良好的思想品德、道德意识和献身精神。

4. 具有环保意识。

5. 了解与码头有关的议题知识，了解本行业技术革新的信息。

【思政导引】

创新发展“蓝色中国梦”。海洋，孕育了这个蓝色星球最初的生命起源，也令人类的未来充满无尽可能。21 世纪，人类开始大规模开发利用海洋，这也是中国海洋事业历史上总体发展最好的时期。中国海洋经济高速增长，中国海洋生产总值突破 7 万亿元。1.8 万 km 的海岸线，300 万 km^2 的海洋国土，从没有像现在这样与国家发展和人民生活密切。从海上粮仓到海上油气田，从海水淡化到海上风场，海洋正为中国经济提供澎湃动力。第一艘国产航母下水、第一次可燃冰试开采成功，创新发展的“蓝色中国梦”正越来越近。依海富国、以海强国，建设海洋强国，中国，正拥抱深蓝。

中国每年 90%的对外贸易要通过海运完成。作为重要的战略支点和枢纽，港口扮演着异乎寻常的角色。全球货物吞吐量前十大港口中，中国已经拥有七席。中国的亿吨大港有 34 个。万吨级泊位 2300 多个，形成 5 个港口群。

【知识拓展】

观看《大国重器》“布局海洋”。

任务一　高桩式码头的结构形式及特点

【课程导航】

问题 1. 高桩式码头按照平面布置分为哪几类？

问题 2. 连片式高桩码头按照平面布置分为哪两类？

问题 3. 宽桩台高桩码头与窄桩台高桩码头的区别在哪里？

问题 4. 前板桩高桩码头与后板桩高桩码头的区别是什么？

问题 5. 高桩式码头按照上部结构形式分为哪几类？

问题 6. 板梁式高桩码头、桁架式高桩码头、无梁板式高桩码头和承台式高桩码头的优缺点和适用条件有什么区别？

问题 7. 板梁式高桩码头的上部结构主要由______、______、______、______和______构件组成？

问题 8. 桁架式高桩码头上部结构主要由______、______、______和______构件组成。

问题 9. 无梁板式高桩码头的上部结构主要由______、______和______构件组成。

问题 10. 承台式高桩码头的上部结构主要由______、______和______构件组成。

问题 11. 高桩式码头按照桩基材料与形式的不同，可分为木桩码头、______、______、______、______和钻孔灌注桩码头。

问题 12. 高桩码头按照码头与岸衔接的方式不同，分为______高桩码头和______高桩码头。

问题 13.《大国重器（第二季）》第五集“布局海洋”主要讲了哪些内容？其中讲到的“蓝鲸一号”“泰山吊”的作用分别是什么？“深海勇士号”的任务是什么？“天吉号”、造岛神器“天鲸号”的功能分别是什么？亚洲最大的绞吸疏浚船的名称及其主要功能是什么？

高桩式码头用一系列长桩打入地基形成桩基础，以承受上部结构传来的荷载，是码头建筑物的主要结构形式之一。

高桩式码头适宜做成透空结构，其结构轻，减弱波浪的效果好，砂石料用量省，对于挖泥超深的适应性强。缺点是对地面超载和装卸工艺变化的适应性差，耐久性不如重力式码头和板桩式码头，构件易损坏且难修复，抗震性能较差。

高桩式码头适用于黏性上、粉土、砂土、碎石土和风化岩等可以沉桩的各种地基，特别适用于软土地基。在岩基上，如有适当厚度的覆盖层，也可采用桩基础；覆盖层较薄时可采用嵌岩桩。

高桩式码头的结构形式可根据平面布置、上部结构形式、桩基材料与形式及其与岸衔接的方式进行分类。

模块一 按照平面布置分类

高桩式码头按照其平面布置可分为连片式高桩码头和墩式高桩码头。连片式高桩码头又可分为满堂式和引桥式，其中，满堂式又分为宽桩台高桩码头和窄桩台高桩码头，见表 3-1-1。

表 3-1-1　　高桩式码头平面布置分类

<table>
<tr><td rowspan="4">连片式</td><td rowspan="3">满 堂 式</td><td colspan="2">宽 桩 台 高 桩 码 头</td></tr>
<tr><td rowspan="2">窄桩台高桩码头</td><td>前板桩高桩码头</td></tr>
<tr><td>后板桩高桩码头</td></tr>
<tr><td colspan="3">引桥式</td></tr>
<tr><td colspan="4">墩式</td></tr>
</table>

一、连片式高桩码头

连片式是指码头平台连成一片，当码头需要较大的作业平面时，需建成连片式，它可分为满堂式和引桥式两种。当码头离主航道较近，前沿水深足够，码头所需作业面比较大时，码头宜建成满堂式，如图 3-1-1（a）所示。若码头离主航道较远，前沿水深不够，或码头所需作业面不大时，为减少经济投入，码头一般建成引桥式，如图 3-1-1（b）所示。目前引桥式码头应用比较广泛，常见于长江中下游地区。

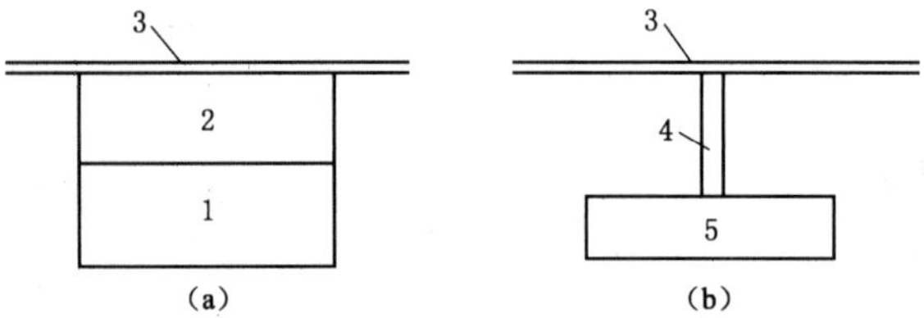

图 3-1-1　连片式码头
（a）满堂式；（b）引桥式
1—前桩台；2—后桩台；3—接岸结构；4—引桥；5—桩台

1. 满堂式

满堂式高桩码头按桩台宽度不同，又可分为宽桩台高桩码头和窄桩台高桩码头。宽桩台高桩码头设有较高的挡土结构，适用于码头岸坡自身稳定、码头结构基本不承受侧向土压力的情况；窄桩台高桩码头一般无挡土墙结构或设有较矮的挡土墙，适用于码头岸坡需设挡土结构来维持稳定的情况。

（1）窄桩台高桩码头。码头岸坡主要靠挡土结构来维持稳定，相对而言码头宽度较窄，如图 3-1-2 所示。在地基较好、土方回填量较小或回填料较便宜的地区，采用窄桩台高桩码头一般比较经济。当良好持力层埋藏较深，而上层土质又较差时，经技术经济比较也可采用深层水泥搅拌加固地基，并在其上建造挡土墙作为接岸结构。

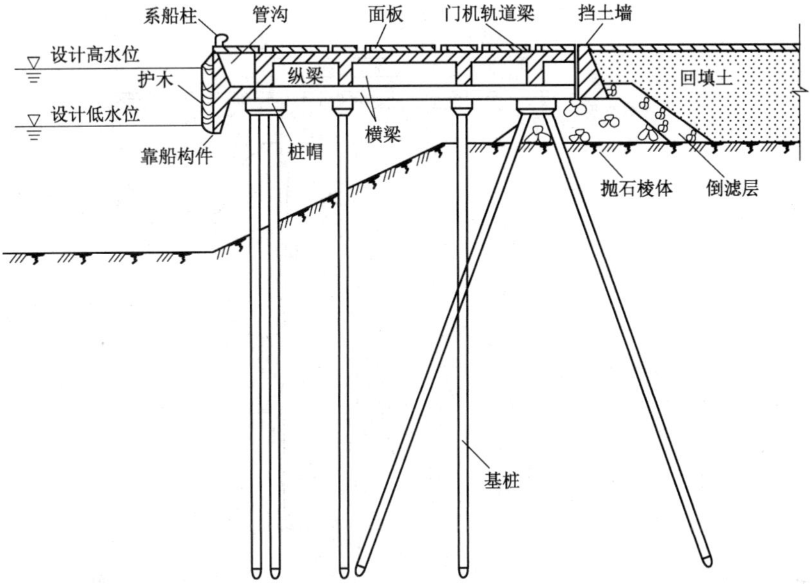

图 3-1-2　窄桩台高桩码头

窄桩台高桩码头根据挡土结构的设置又可分为两类：一类是挡土结构设在码头内，与码头成为一个整体；另一类是挡土结构与码头分开设置，各自成为独立工作的结构。

前者的挡土结构一般采用板桩墙，设在码头结构前面的为前板桩高桩码头（图 3-1-3），设在码头结构后面的为后板桩高桩码头（图 3-1-4）。

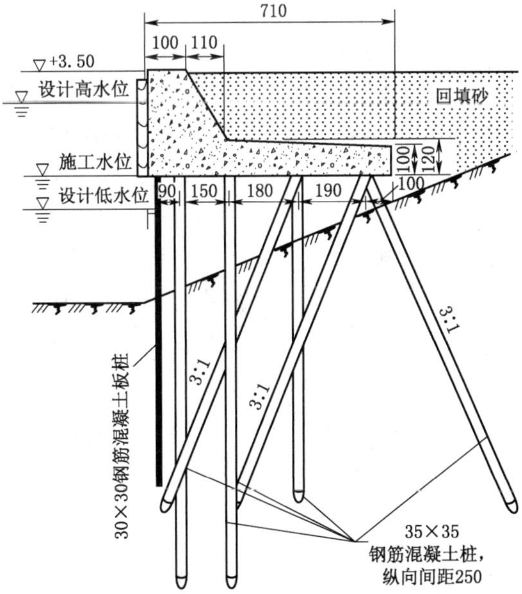

图 3-1-3　前板桩高桩码头（尺寸单位：cm；高程单位：m）

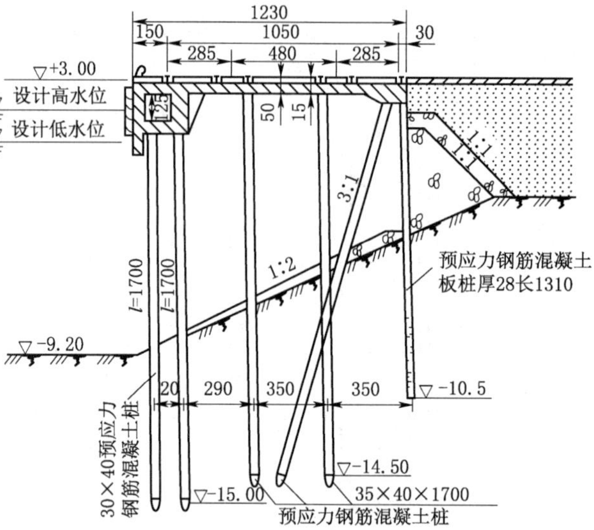

图 3-1-4　后板桩高桩码头（尺寸单位：cm；高程单位：m）

前板桩高桩码头桩台下的土体靠前沿的板桩保持稳定，桩基埋在板桩墙后方的土体内，不受冰凌的撞击、磨损、冻融影响，结构整体性和桩基防护条件好；上部结构的底部不暴露在外，免受波浪水和干湿交替的作用以及含盐蒸汽的影响，整个结构耐久性好。但由于桩台上一般均设有回填层，结构自重增大，需要的桩基密而多，且需要较多的斜桩来承受水平土压力，结构施工复杂，造价高，且码头前沿波浪反射严重，泊稳条件差，整体滑动稳定性也不如后板桩高桩码头。

后板桩高桩码头桩台可采用梁板式、无梁板式和承台式。后板桩的作用是用来挡土并减少桩台宽度。板桩顶部埋入桩台内（图 3-1-5）或靠着前方桩台（图 3-1-6），将土压力传递给桩台。板桩也可以设计自己的锚碇系统，做成前方桩台与后方彼此独立的结构（图 3-1-7）。与前板桩高桩码头相比，后板桩高桩码头填土少，桩台所受土压力小，所需斜桩减少，但桩基防护条件差。在斜坡上打板桩往往会使先打好的板桩向前倾斜，施工时需采取适当的预防措施。若板桩结构与码头结构分开，则受力明确，互不影响，这种结构经常用在旧岸壁式码头前沿水深不足需加以改造的场合。例如，利用原板桩墙结构，在原码头前新建高桩码头（图 3-1-6）。

前板桩及后板桩这两种形式高桩码头的桩台都要承受土压力（前板桩承受的土压力更大），需设置较多的斜桩，施工也较困难，在我国采用较少。我国多采用与码头结构分开的挡土结构，挡土结构可根据土质选用挡土墙、板桩墙，设置在桩台后面，使桩台不承受土压力。

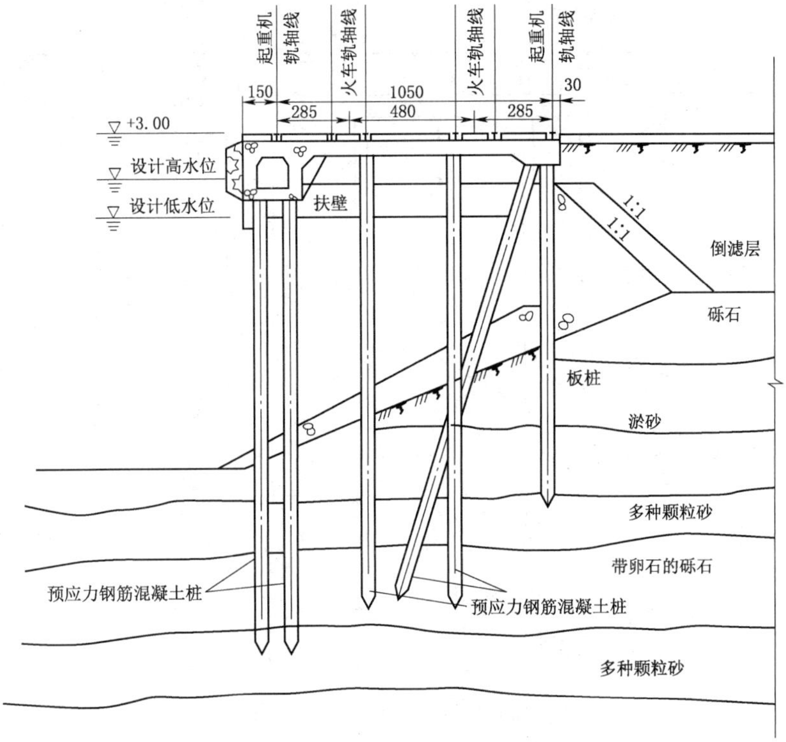

图 3-1-5　后板桩高桩码头（尺寸单位：cm；高程单位：m）

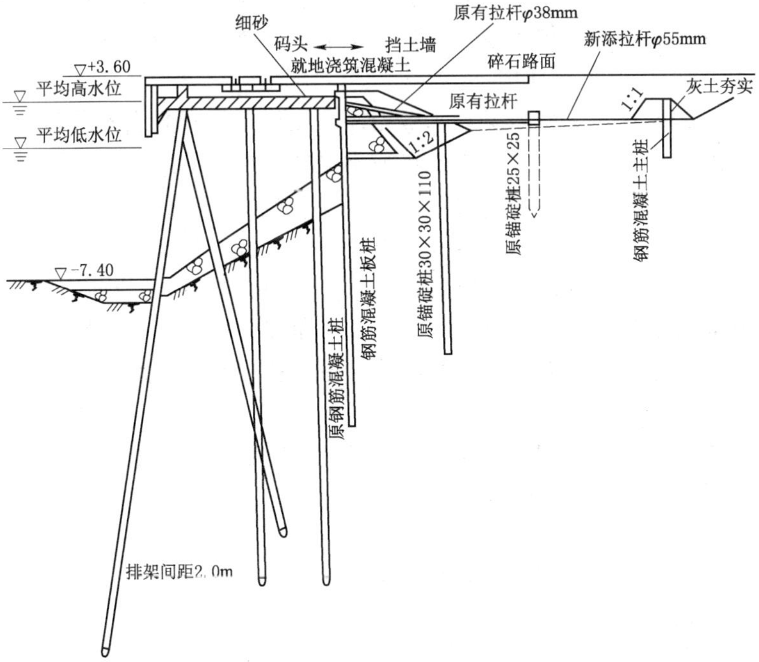

图 3-1-6　原板桩码头改造成高桩码头（拉杆直径单位：mm；
桩尺寸单位：cm；高程单位：m）

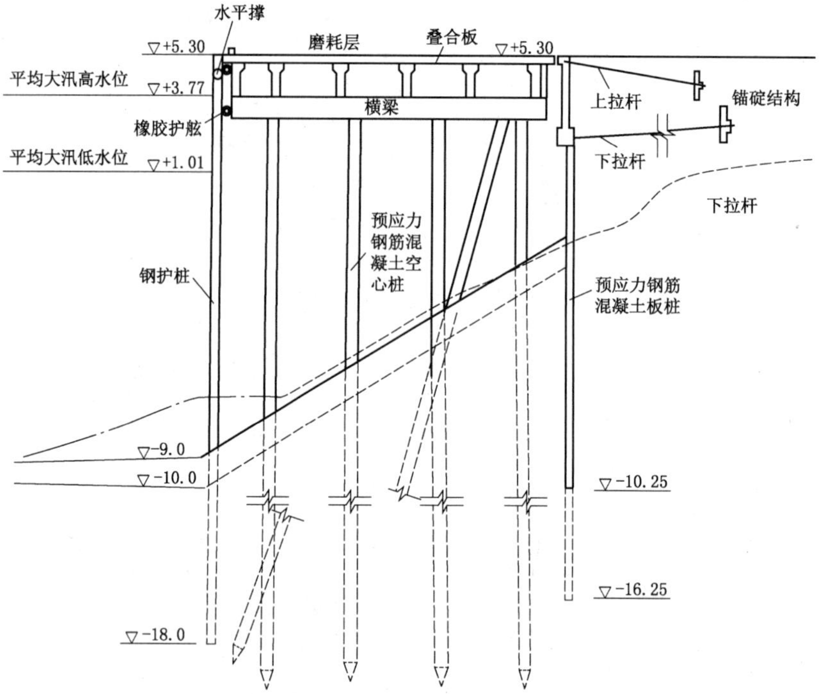

图 3-1-7 后面为独立板桩墙的高桩码头（高程、水位单位：m）

(2) 宽桩台高桩码头。设计经验表明，在软弱地基（如泥、软土）上修建满堂式码头时，采用岸坡自然稳定（包括修建高度较小的挡土墙）的码头形式为宜。它与窄桩台高桩码头相比，岸坡回填土方量少，对岸坡稳定较为有利，由于码头较宽，一般称为宽桩台高桩码头（图 3-1-8）。

宽桩台高桩码头由于结构较宽，一般用纵向变形量将其分成各自独立的结构，即前方、后方多个桩台，可设较矮的挡土墙或不设挡土墙。前方桩台主要承受船舶作用力，前方门机、铁路荷载、流动起重运输机械及前沿堆货荷载等，受力比较复杂，需设置叉桩或半叉桩，要求上部结构是连续整体的；后方桩台主要承受垂直荷载（堆货荷载和流动起重运输机械荷载），一般设直桩。上部结构可设计成简支结构。

宽桩台结构形式适用于地质条件较差，天然岸坡比较平缓和当地缺少砂、石回填料的情况。有时为了缩窄桩台可采用板桩式接岸结构或软基加固。

2. 引桥式

对货物装卸作业量很小或采用固定式连续装卸机械（如皮带机、输油管等）作业的码头，如客运码头、工作船码头、油码头和煤码头等，不需要大片的后方平台与岸连接，可以采用引桥将顺岸高桩码头与岸连接，这种码头称为引桥式高桩码头（图 3-1-9），同样适用于码头距岸较远的情况。

二、墩式高桩码头

墩式高桩码头（图 3-1-10）前沿仅设置靠船墩、系船墩和工作平台，各墩之间通过人行引桥连接，工作平台则通过引桥与岸连接，适用于采用固定式装卸设备的液体码头或散货码头。

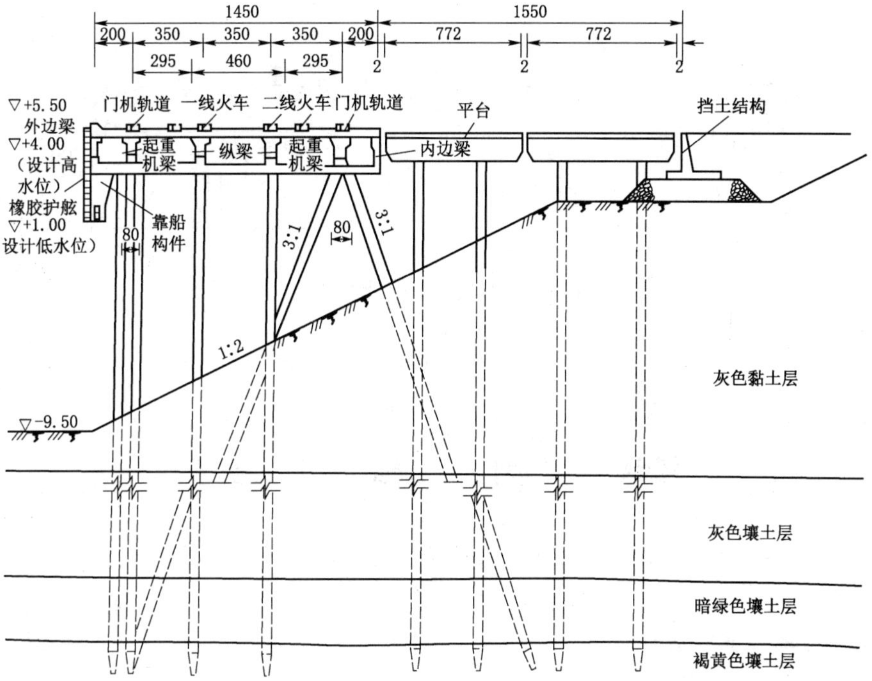

图 3-1-8　上海港某宽桩台高桩码头（尺寸单位：cm；高程单位：m）

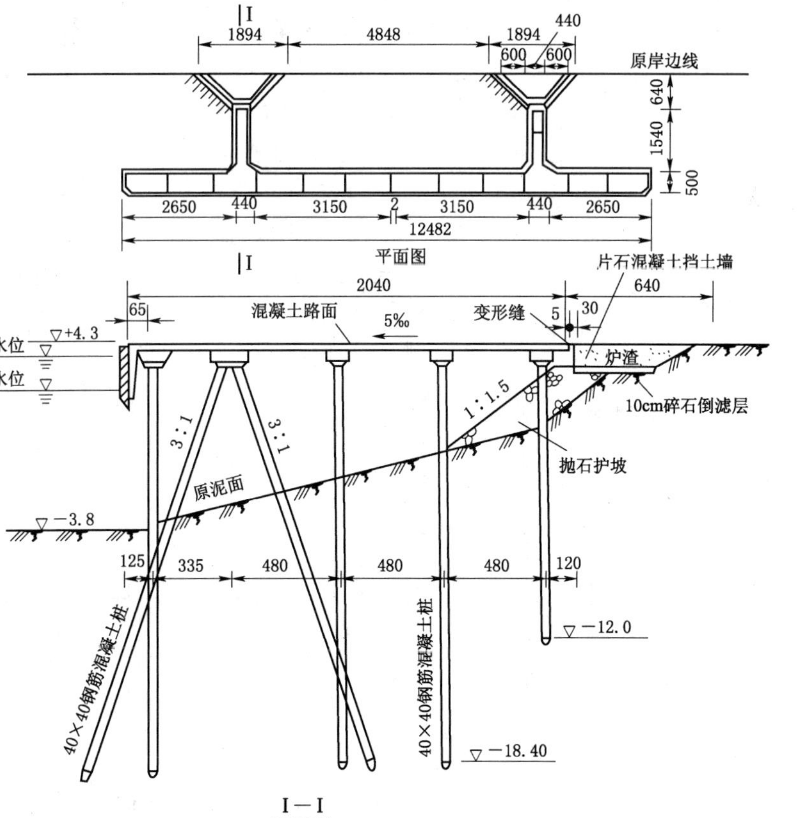

图 3-1-9　引桥式高桩码头（尺寸单位：cm；高程单位：m）

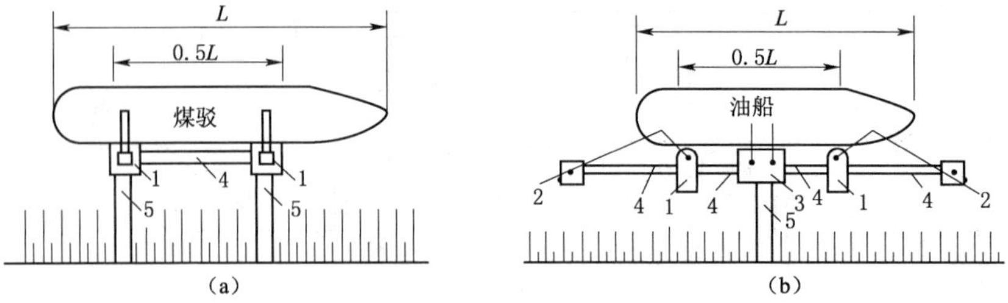

图 3-1-10　墩式高桩码头

(a) 内河煤码头；(b) 海上油码头

1—靠船墩；2—系船墩；3—装卸平台；4—人行桥；5—引桥

模块二　按照上部结构形式分类

高桩式码头按照上部结构形式一般可分为板梁式、桁架式、无梁板式和承台式高桩码头等。

一、板梁式高桩码头

板梁式码头上部结构主要由面板、纵梁、横梁、桩帽、靠船构件组成。板梁式码头各个构件受力明确合理；由于能采用预应力结构，提高了构件的抗裂性能；横向排架间距大，桩的承载力能充分发挥，比较节省材料；此外，装配程度高，结构高度比桁架小，也使施工迅速、造价较低。它一般适用于水位差不大、荷载较大且较复杂的大型码头，在上海、天津和湛江等地得到广泛应用，如图 3-1-11 所示。在码

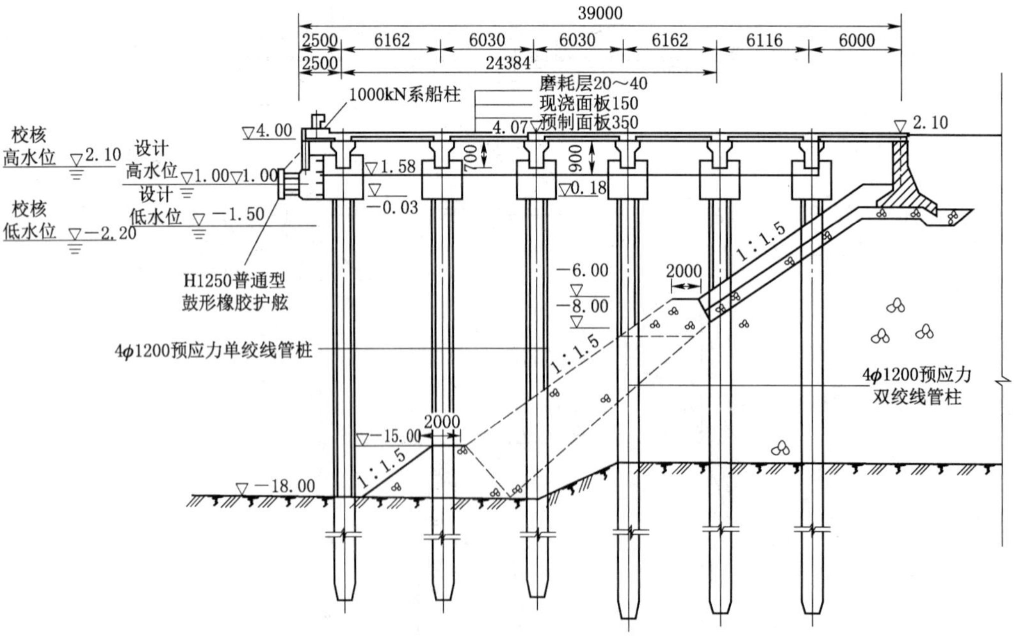

图 3-1-11　赤港湾全直桩后张预应力混凝土人管桩码头（尺寸单位：mm；高程单位：m）

头前沿设置双层系靠船结构和多层系靠船结构（或单独设置浮式系靠船设施）时，可分别适用于水位差为5～8m的港口（图3-1-12）和水位差为10～17m的港口（图3-1-13）。板梁式码头的缺点是：构件的类型和数量多，施工仍较麻烦，上部结构底部轮廓形状复杂，死角多，水气不易排除，构件中钢筋易锈蚀。为简化施工，上海等地发展了空心大板码头，如图3-1-14所示，上部结构采用预制横梁和空心大板，以代替横梁、纵梁和叠合板。

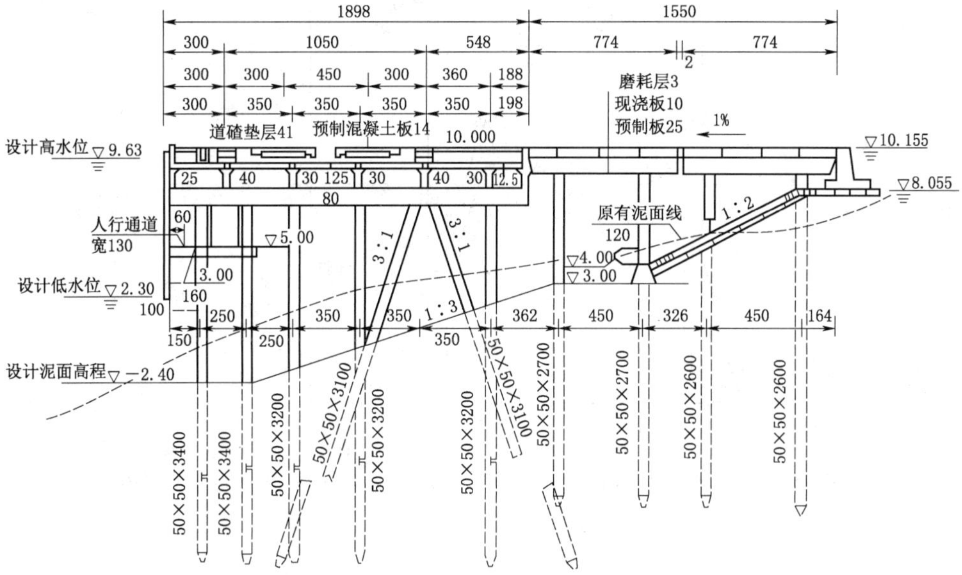

图3-1-12　南京9424钢厂专用码头（尺寸单位：cm；高程单位：m）

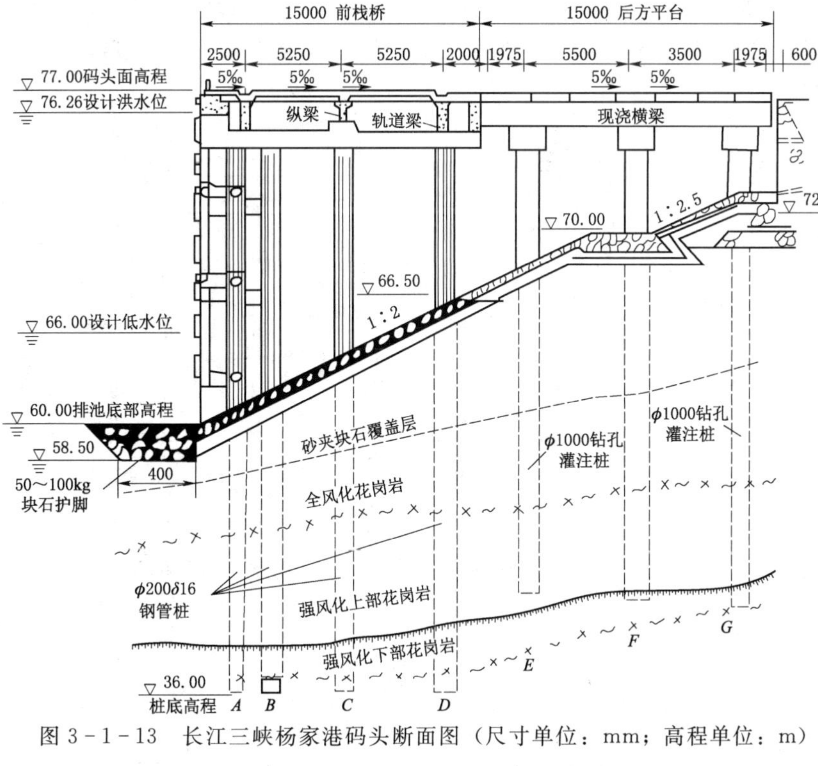

图3-1-13　长江三峡杨家港码头断面图（尺寸单位：mm；高程单位：m）

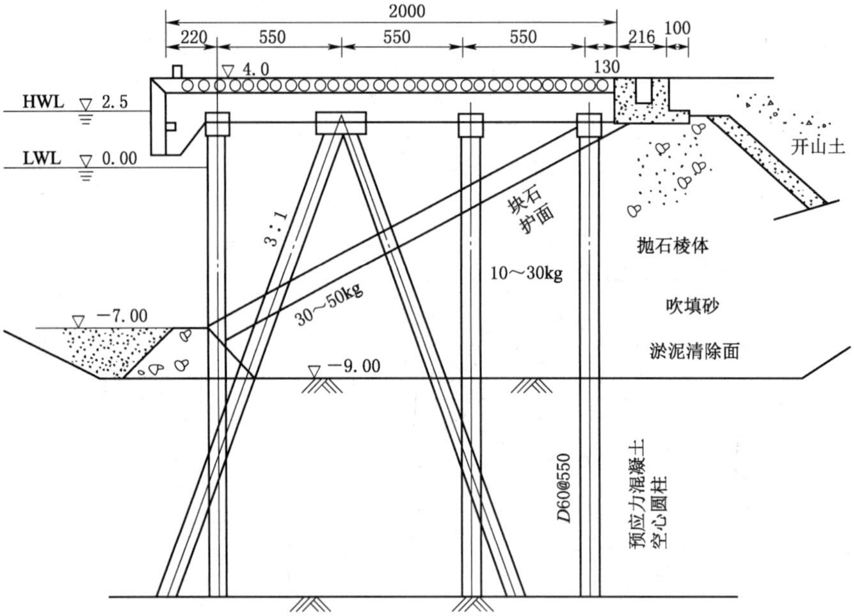

图 3-1-14　赤港湾先张预应力混凝土管桩（大同桩）基础码头断面图

（尺寸单位：cm；高程单位：m）

二、桁架式（又称框架式）高桩码头

桁架式高桩码头上部结构主要由面板、纵梁、桁架和水平连杆组成（图 3-1-15）。桁架式高桩码头整体性好，刚度大，由于上部结构高度大，当水位差较大时

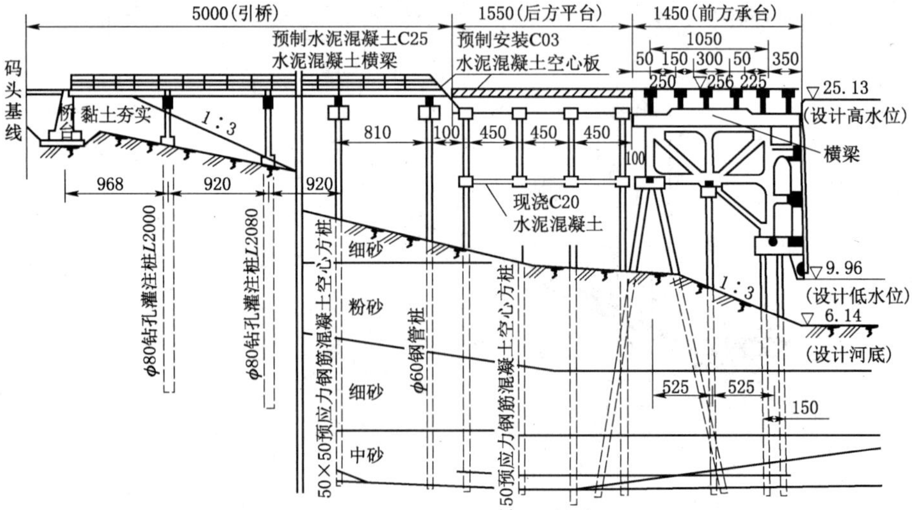

图 3-1-15　武汉港杨泗庙双层桁架高桩码头

（尺寸单位：cm；高程单位：m）

还可采用两层或多层系缆，是中华人民共和国成立前普遍采用的一种结构形式。但由于施工比较麻烦且造价也较高，所以在水位差不大的海岸港和河口港中逐渐被板梁式高桩码头所代替。目前主要适用于水位差较大需多层系缆的内河港口。对无掩护的海港和需防震设防的港口采用桁架式码头形式也可增加码头的刚度和整体性（图 3-1-16）。

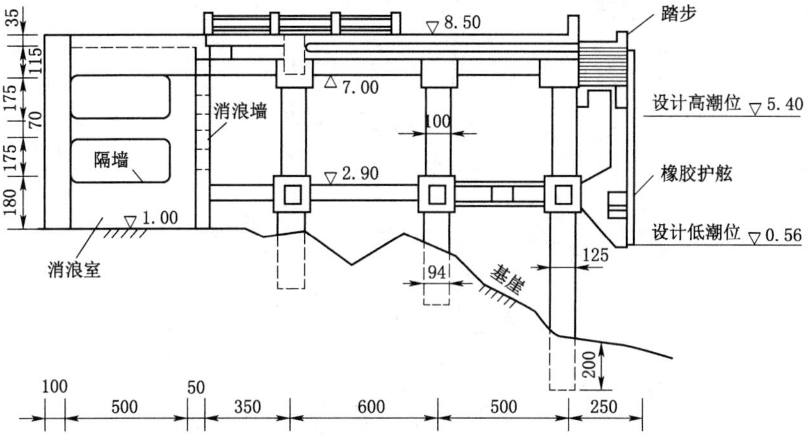

图 3-1-16　大陈岛交通码头（尺寸单位：cm；高程单位：m）

三、无梁板式高桩码头

无梁板式高桩码头的上部结构主要由面板、桩帽和靠船构件组成，面板直接支承在桩帽上，其结构简单，施工迅速，造价也低。面板为双向受力构件，采用双向预应力有困难；面板位置高，使靠船构件悬臂长度增大，给靠船构件的设计带来困难。此外，桩的自由高度大，对结构的整体刚度和桩的耐久性不利。因此，无梁板式高桩码头（图 3-1-17）仅适用于水位差不大、集中荷载较小的中、小型码头。

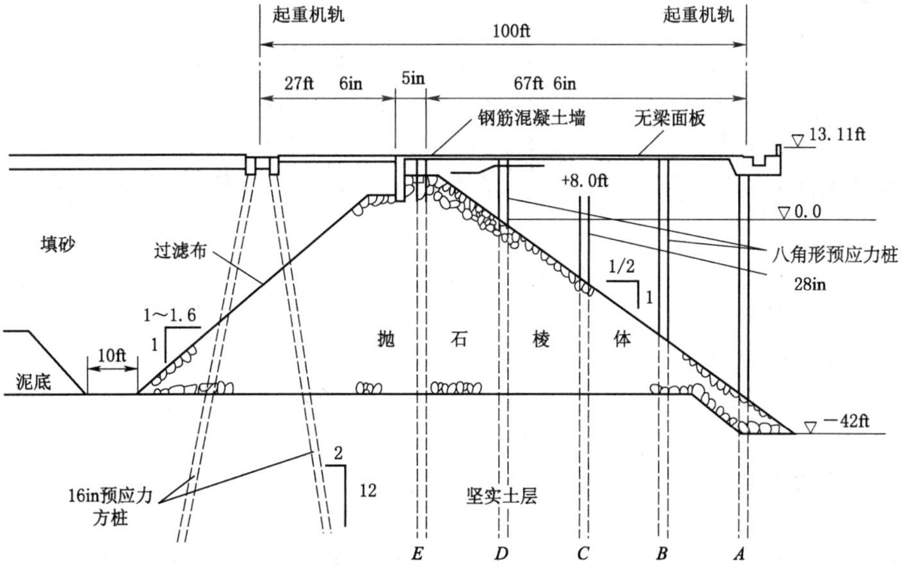

图 3-1-17　美国旧金山奥克兰港无梁板式高桩码头（1ft=0.3048m，1in=0.0254m）

四、承台式高桩码头

承台式高桩码头的上部结构主要由水平承台、胸墙和靠船构件组成，承台上面用砂、石料回填（图 3-1-18）。承台一般采用混凝土或钢筋混凝土结构，这种结构刚度大，整体性好，但自重（包括填砂、石料）大，需桩多，在良好持力层不太深且能打支承桩的地基上较适用。

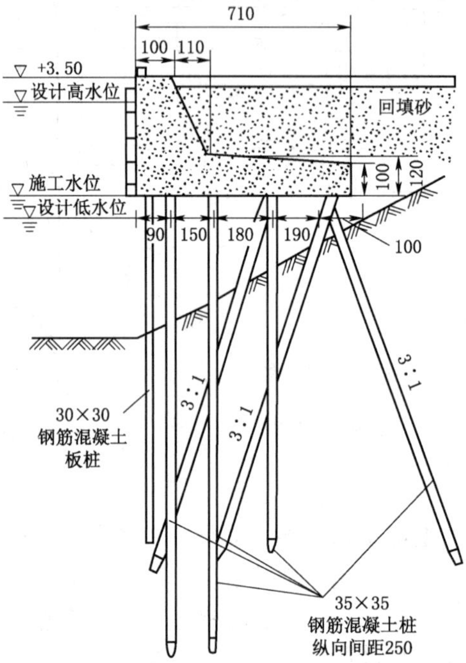

图 3-1-18　前板桩承台式高桩码头（尺寸单位：cm；高程单位：m）

模块三　按照桩基材料与形式分类

按照桩基材料与形式不同，高桩式码头主要可分为木桩码头、钢筋混凝土方桩码头、预应力钢筋混凝土桩码头、钢管桩码头、大直径管柱桩码头、钻孔灌注桩码头。

（1）木桩码头。桩基为木桩，已很少使用。

（2）钢筋混凝土方桩码头。桩基采用钢筋混凝土方桩。因为打桩过程中桩容易开裂，用于中小码头。

（3）预应力钢筋混凝土桩码头。桩基用预应力钢筋混凝土方桩或管桩，是为克服打桩应力而发展起来的。

（4）钢管桩码头。桩基用钢管桩，适用于水位差较大且工期较短的情况，但造价较高。

（5）大直径管柱桩码头。桩基采用大直径管柱桩，是为降低工程造价而用的（与钢管桩相比），由于大直径管柱桩轴向和侧向承载能力都较高，可省去叉桩，并加大排架间距，故使码头向粗、大跨度方向发展。

（6）钻孔灌注桩码头。桩基采用钻孔灌注桩，在内河大水位差码头中采用。

模块四　按照码头与岸衔接的方式分类

高桩式码头按照码头与岸衔接的方式不同，分为有接岸结构高桩码头和无接岸结构高桩码头。有接岸结构高桩码头一般是桩台宽度比较率，需要有接岸结构与岸连接，也称窄桩台高桩码头。接岸结构主要是挡土结构，根据地基土质情况，常用板桩和重力式挡墙。无接岸结构高桩码头可分为引桥式高桩码头和宽桩台高桩码头。

【学后思考】

1. 高桩式码头按照平面布置分为哪几类？
2. 连片式高桩码头按照平面布置分为哪两类？
3. 宽桩台高桩码头与窄桩台高桩码头的区别是什么？
4. 前板桩高桩码头与后板桩高桩码头的区别是什么？
5. 高桩式码头按照上部结构形式分为哪几类？
6. 板梁式高桩码头、桁架式高桩码头、无梁板式高桩码头和承台式高桩码头的优缺点和适用条件有什么区别？
7. 板梁式高桩码头的上部结构主要由__________、__________、__________、__________和__________构件组成。
8. 桁架式高桩码头上部结构主要由__________、__________、__________和__________构件组成。
9. 无梁板式高桩码头的上部结构主要由__________、__________和__________构件组成。
10. 承台式高桩码头的上部结构主要由__________、__________和__________构件组成。
11. 高桩式码头按照桩基材料与形式的不同，可分为木桩码头、__________、__________、__________、__________和钻孔灌注桩码头。
12. 高桩式码头按照码头与岸衔接的方式不同，分为__________高桩码头和__________高桩码头。

任务二　高桩式码头的构造

3-1

高桩式码头结构与构造

【课程导航】

问题 1. 高桩式码头的桩体可用哪些材料？它们的优点、缺点及适用条件各是什么？

问题 2. 高桩式码头的钢筋混凝土桩按照施工方法可分为______和______两种。

问题 3. 高桩式码头的钢筋混凝土预制桩按断面形状可分为____和______两类。

问题 4. 高桩式码头的预应力混凝土管桩根据制造方法的不同分为先张法和后张法两种。(√或×)

问题 5. 高桩式码头的预应力混凝土大管桩与桩帽连接的方式可以是固接，也可以是铰接。(√或×)

问题 6. 在高桩式码头的下部结构中，横梁是板梁式高桩码头的主要受力构件，作用在码头上的几乎所有荷载通过它传给基桩。(√或×)

问题 7. 高桩式码头的实心面板按照施工方法有______、______和______3 种。

问题 8. 高桩式码头的靠船构件是为了固定防冲设备设置的，一般有______和______两种。

问题 9. 板梁式高桩码头的预制构件的连接方式有______、______和______3 种。

问题 10. 板梁式高桩码头的预制构件之间的连接越牢越好。(×或√)

问题 11. 高桩式码头桩台范围内沉降缝的位置应根据______、______和______确定。

问题 12. 高桩式码头桩台范围内伸缩缝的间距应根据本地区的温度差、______、______、桩的自由长度和刚度等因素综合确定。

问题 13. 伸缩缝、沉降缝和防震缝统称为变形缝。(√或×)

问题 14. 增强结构耐久性的措施有哪些？

模块一　桩　和　桩　帽

桩按材料分为木桩、钢筋混凝土桩、钢桩以及两种材料构成的组合桩。

钢筋混凝土桩耐久性好，节省钢材，造价较低，在高桩码头中得到普遍采用，一般用预应力混凝土桩、预应力混凝土管桩，非预应力的钢筋混凝土桩可在内河中、小码头中使用。

根据需要常用钢桩。例如，外海工程中，水深大，自然条件恶劣，用钢桩制作方便，打入容易，能穿过硬土层，特别是能承受较大的水平荷载。

木桩现已很少使用，组合桩只在特殊情况下用。本模块仅介绍钢筋混凝土桩和钢桩。

一、钢筋混凝土桩

桩按照施工方法可分为预制桩和水下浇筑桩两种。预制桩按断面形状又可分为方桩和圆桩两类。

港口工程中也应用钢筋混凝土灌注桩，其施工设备简单，造价低。但在水下设置灌注桩比较困难，质量也难以保证，多数只在近岸部分或少数码头的后方平台部分采用。

港口工程中目前主要采用预应力混凝土方桩，它制造方便，通常整根预制，必要时可分节制造，方桩的接桩也较方便。此外，方桩与同面积（指实心面积）的圆桩相比，侧摩擦力可提高13%。当外力方向一定且该方向桩的断面需要加强时，可采用矩形断面。例如，某些地区在岸坡或邻近驳岸处，为抵抗土压力或增加岸坡的稳定性，采用过矩形断面，其长边垂直于岸线，以增加桩的抗弯能力，具有一定效果。在外海和水流流速较大的地区，用圆桩可减小波浪和水流产生的压力，比方桩有明显的优势。

1. 预应力混凝土方桩和桩帽（图3-2-1）

预应力混凝土方桩的断面一般为40cm×40cm～60cm×60cm，当断面边长不小于45cm时，可做成圆形空心（一般采用充气胶囊作内模），以减轻自重，有利于存放、吊运和吊立，空心直径根据桩断面的大小而定，保证有一定的壁厚：除外保护层满足《水运工程混凝土结构设计规范》（JTS 151—2011）要求外，内壁保护层厚度不宜小于40mm，采用胶囊抽芯制桩工艺时尚应考虑胶囊上浮的影响。

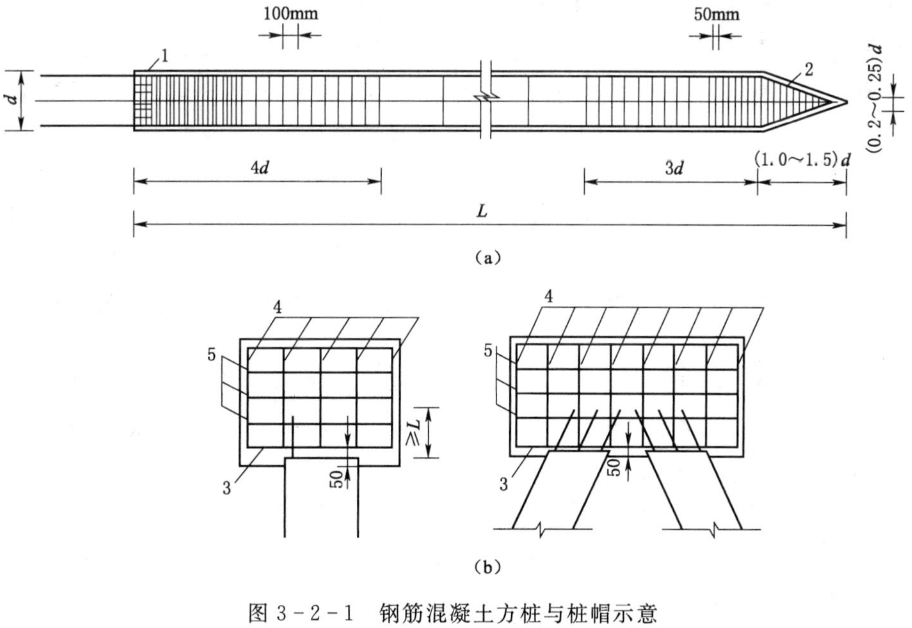

图3-2-1　钢筋混凝土方桩与桩帽示意

（a）桩身构造；（b）桩帽钢筋布置

1—钢筋面3～5层；2—螺旋钢筋；3—横向钢筋；4—纵向钢筋；5—水平钢筋

对于锤击下沉的空心桩，在桩顶 4 倍桩宽范围内应做成实心段。对于遭受冻融和冰凌撞击的地区，桩顶实心段长度应适当加长，最好采用实心桩，以增强桩的耐久性，桩身混凝土的强度等级用于预应力桩者不低于 C40。

预应力混凝土桩的主筋宜采用冷拉Ⅱ、Ⅲ和Ⅳ级钢筋，并优先采用变形钢筋，配筋率不小于 1%。方桩的主筋直径一般不小于 14mm。桩宽不小于 45cm 时，主筋根数不宜少于 8 根；桩宽在 45cm 以下时，不得少于 4 根。主筋对称布置，当外力方向固定时，允许增加附加短筋，以抵抗局部内力，但应有足够的锚固长度，并保证沉桩后符合受力要求。

预应力混凝土桩的箍筋一般采用Ⅰ级钢筋，直径为 8～10mm，箍筋做成封闭式。顶应力混凝土桩的箍筋间距一般取 40～50cm，对于承受较大锤击压应力的桩，箍筋宜适当加密。当桩每边主筋不小于 3 根时应设置附加箍筋，且间距可适当放大。但采用胶囊抽芯工艺制作空心桩时，固定胶囊的附加箍筋间距不应大于 500mm，以减小空腔偏心。在桩顶 4 倍桩宽和桩端 3 倍桩宽范围内箍筋间距宜加密到 50～100mm，并在桩顶设置 3～5 层钢筋网，其钢筋直径为 5～6mm，两个方向上的钢筋间距均为 50～60mm。钢筋网应与桩顶箍筋相连，桩尖部分主钢筋不应少于 4 根，并应设置间距为 50～100mm、直径为 6mm 的箍筋。当桩尖部分另加短筋时，所加短筋直径不应小于主筋直径，且在桩内应有足够的锚固长度，并应与主筋相连。

桩尖一般做成楔形，便于桩的打入，其长度为 1.0～1.5 倍桩宽。当桩需穿过或进入硬土层时，桩长度宜取较大值；当需打入风化岩层、砾石层或打穿柴排等障碍物而沉桩困难时，宜在桩尖设置穿透能力强的桩靴，也可在桩端设置 H 形钢桩，形成组合桩，以增加打入风化岩的深度。

桩台为预制安装结构时，为了预制梁或板的安装，桩的顶端设置桩帽，以调整打桩时产生的桩顶标高和平面位置的偏差。桩帽一般采用现浇钢筋混凝土，其钢筋布置如图 3－2－1（b）所示。桩帽的顶面尺寸按预制梁的宽度、梁（或板）的搁置长度以及预制安装允许偏差确定，底面尺寸的确定应考虑桩宽、打桩允许偏差和外包最小宽度等因素，桩帽高度根据受力情况确定，同时应考虑桩伸入桩帽的长度以及桩顶钢筋锚固长度的要求，桩帽高度不宜小于 0.5 倍桩帽宽度，且不得小于 600mm。为保证桩帽与桩之间的整体连接，桩的全部外伸钢筋应埋入桩帽内，桩头应入桩帽 50～100mm。

当上部结构为无梁板时，应将桩帽顶面做成凹槽形式，以便安放找平用的支垫（通常采用牛油盘根或氯酊橡胶块），板安装后用砂浆将凹槽填平。当横梁现浇时，不需设桩帽，横梁直接与桩浇在一起。

2. 预应力混凝土管桩和桩帽

预应力混凝土圆桩通常做成空心的，故称管桩。根据制造方法不同，预应力管桩分为先张法和后张法两种。

我国港口工程中采用过先张法预应力桩（图 3－1－14），但目前多采用后张法预应力桩，亦称雷蒙德桩（图 3－1－11），我国生产的雷蒙德桩管节长 4m，外径为 1000mm 和 1200mm，其构造如图 3－2－2 所示。首先用离心、振动、辊压三个系统组成的离心振动成型机生产管节，运至施工场地后按需要的桩长拼接，管桩的拼接包括用黏结剂粘接管节，用自动穿丝机将钢丝束穿入预留孔，在管柱两端同时张拉和对预留孔道用压力灌入水泥浆填塞。

后张法预应力大直径管桩与预应力混凝土方桩相比，强度高、密度大、耐锤击、承载力大；与钢桩相比，耐久性好、使用寿命长，不需经常维护，用钢量仅为钢桩的 1/8～1/6，成本仅为钢桩的 1/3～1/2，故很有发展前途。缺点是生产工艺和设备复杂，大管桩的主筋采用单股或双股钢绞线，沿周长均匀布置，且不少于 16 根。箍筋采用Ⅰ级钢筋，直径不得小于 5mm，并做成螺旋式，桩顶管节和普通管节两端部各 1m 范围内螺距取 50mm，其余应取 100mm，固定箍筋的纵向架立筋宜采用Ⅰ级钢筋，直径一般为 7mm。

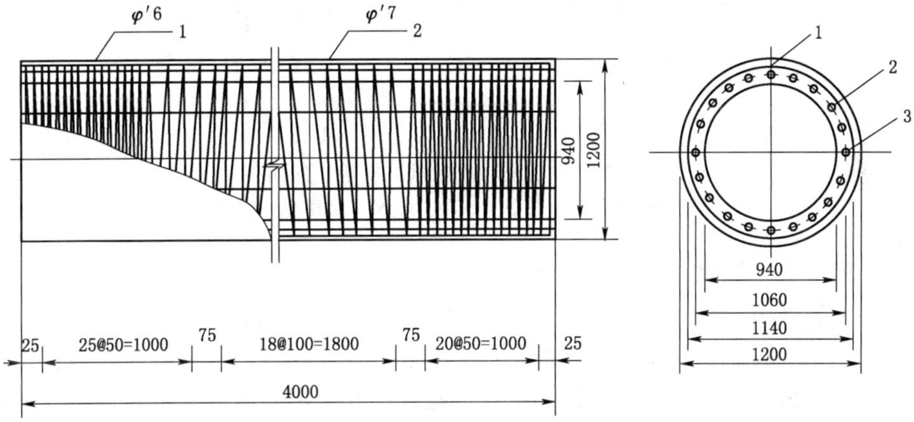

图 3-2-2　管节构造

1—螺旋环向箍筋；2—纵向构造筋；3—预留孔道

大管桩壁厚应满足钢绞线预留孔及内外保护层的要求，预留孔的灌浆应密实，灌浆材料的强度不得低于 40MPa，并应满足握裹力的要求。为消除打桩过程中水锤现象对桩身的不利影响，应在桩身适当部位预留排水孔，孔径取 50mm。当桩需打入风化岩层、砾石层、老黏土层沉桩困难时，可设置钢桩靴，并在桩顶设钢板箍（图 3-2-2）。

大管桩与桩帽连接的方式有两种（图 3-2-3）。

当按固接的要求连接时［图 3-2-3（a）］，必须满足下列要求：①桩伸入桩帽的长度 l 应由计算确定，并不小于 0.75 倍的外径；②管桩顶内部浇筑桩芯混凝土，伸入桩帽底面以下 1 倍桩径，其混凝土强度等级不低于桩帽混凝土强度等级；③桩芯纵向钢筋配筋率不应低于 1%，钢筋宜采用Ⅱ级钢筋；桩芯箍筋宜采用直径为 7～10mm 的Ⅱ级钢筋，箍距为 200～250mm；④桩帽外包宽度不宜小于 0.4 倍直径，且应考虑打桩偏位的影响。桩帽顶面配筋率不宜小于最小配筋率（0.15%），且桩帽的钢筋应做成封闭式。

当按照铰接设计时，可采用图 3-2-3（b）所示的连接形式，桩伸入桩帽（或横梁）的长度不应小于 100mm。桩帽外包尺寸不宜小于 0.25 倍桩外径，且应考虑打桩偏位的影响。其他桩芯混凝土及配筋可参照固接连接的情况执行。

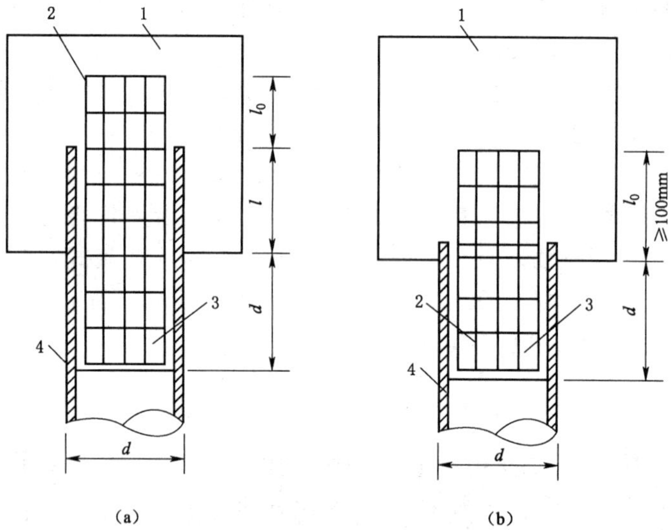

图 3-2-3　管桩与桩帽（或横梁）的连接

1—桩帽或横梁；2—桩芯钢筋笼；3—桩芯混凝土；4—管桩

二、钢管桩与桩帽

钢桩一般采用钢管桩，在工厂用钢板螺旋焊接而成。常用外径为 500～1200m，壁厚为 10～18mm。壁厚由两部分组成：一部分是有效厚度，是管壁在外力作用下所需要的厚度；另一部分是预留腐蚀厚度，为建筑物在使用年限内管壁腐蚀所需要的厚度。管桩的外径与壁厚之比不宜大于 70，以免由于壁厚较薄因打桩导致部分钢桩屈皱破坏，对于沉桩困难的工程，应适当增加壁厚。

桩与桩帽（或横梁）之间采用固接连接。连接方式有两种：①桩顶直接伸入桩帽（或横梁）内［图 3-2-4（a）］；②桩顶通过锚固铁件（或钢筋）伸入桩帽（或横梁）内［图 3-2-4（b）］。前者结构简单，施工方便；后者对桩台下层的布筋较为有利。桩顶和桩端一般不采取加固措施，但当桩尖需穿越障碍物或打入坚硬土层时，可对桩顶或桩端进行加固，必要时设置桩靴。当预计打桩有可能出现管涌现象时，可考虑在桩身的适当部位开设排水孔，孔径取 50mm。

钢管桩的造价较高，且容易产生锈蚀，影响使用年限。常用的防腐蚀措施有：①外壁加覆防腐涂层或其他覆盖层；②增加管壁的预留腐蚀裕量；③水下采用阴极保护（外加电流法或牺牲阳极法）；④选用耐腐蚀钢种。分别沿桩身划分不同腐蚀区综合采用防腐蚀措施。表 3-2-1 列出了海港工程中的钢管桩可能选择的防腐蚀措施；对于河港，可参照海港工程选用。

三、嵌岩桩

嵌岩桩是指将桩端嵌入岩体，如果在覆盖层相对较薄的岩基上采用桩基础，通常可用嵌岩桩。混凝土灌注桩、钢管桩、预应力混凝土大直径管桩等均可成为嵌岩桩，其桩身内部构造与一般的基桩相同，但嵌岩方式有所不同。

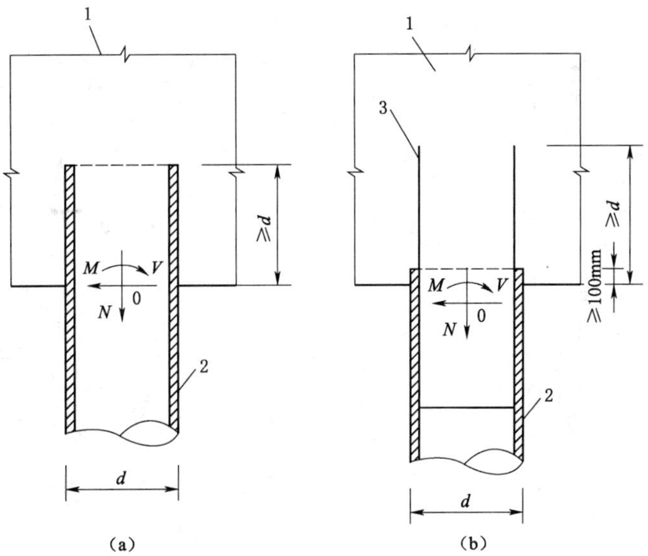

图 3-2-4 钢管桩与桩帽（或横梁）连接
1—桩帽或横梁；2—钢管桩；3—锚固铁件

表 3-2-1 海港工程中钢管桩防腐蚀措施参考表

腐蚀区	大气区	浪溅区	水位变动区	水下区	泥下区
所处范围	设计高潮位加 1.5m 以上	设计高潮位 1.5m 至以下 1.0m	设计高潮位下 1.0m 至设计低潮位	设计低潮位至泥面	泥面以下
涂层	必需	必需	必需	可用	不用
包裹层	可用	可用	可用	不需	不需
预留腐蚀厚度	可用	可用	必需	可用	可用
阴极保护	无效	无效	可用	可用	可用

灌注桩的嵌岩方式主要有：①灌注型嵌岩桩，即灌注成形且将桩端嵌入基岩中锚固；②灌注型锚杆嵌岩桩，即用锚杆嵌入岩体使灌注桩与基岩锚固。宝钢马迹山港采用了灌注型嵌岩桩，其嵌岩直径达 2800mm，是目前我国港口工程中直径最大的嵌岩桩，并采用了钢筋混凝土套箱抛填砂的稳桩措施，如图 3-2-5 所示，每 2 根桩设一套箱，套箱尺寸为 16m×8.5m×7m（长×宽×高）。深圳港盐田二期集装箱码头在国内首次采用灌注型嵌岩斜桩，斜桩斜度为 6∶1。

预制桩嵌固方式主要有：①预制型芯桩嵌岩桩，即在预制桩芯内对基岩钻孔，通过灌注混凝土将预制桩与基岩锚固；②预制型锚杆嵌岩桩，即用锚杆嵌入岩体，使预制桩与基岩锚固；③预制型植入嵌岩桩，即在岩基上钻孔，将预制桩插入，然后灌注混凝土使预制桩与基岩锚固；④组合式嵌岩桩，即由预制型芯桩嵌岩或灌注型嵌岩方式与锚杆嵌岩方式相组合而形成的桩。图 3-2-6 所示是镇海液化码头采用的预制型锚杆嵌岩桩。

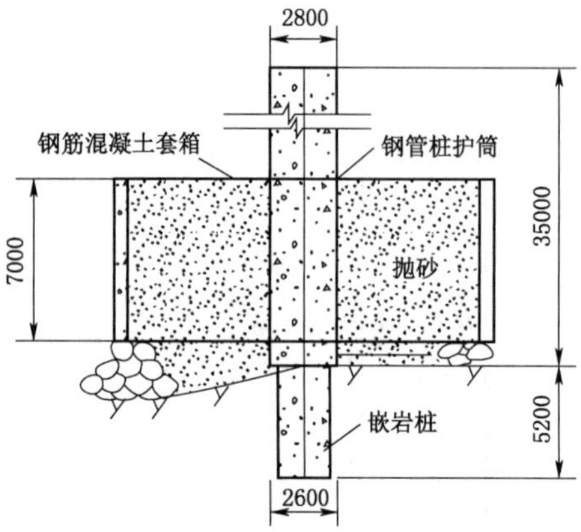

图 3-2-5　马迹山港灌注型嵌岩桩
（尺寸单位：mm）

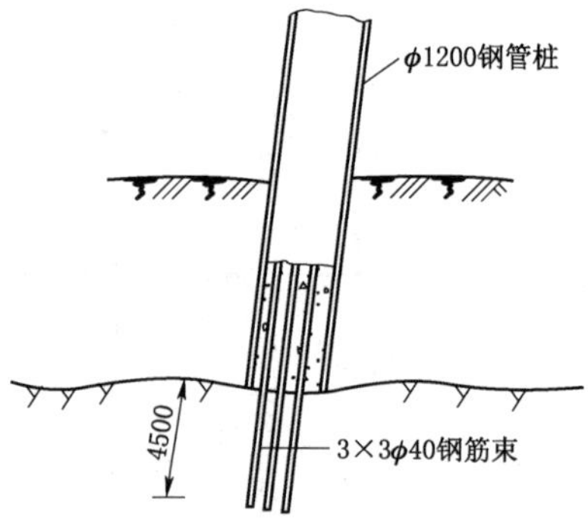

图 3-2-6　镇海液化码头锚杆嵌岩桩
（尺寸单位：mm）

模块二　横梁与纵梁

一、横梁

横梁是板梁式高桩码头的主要受力构件，作用在码头上的几乎所有荷载通过它传给基桩。前桩台的横梁断面形式与纵横梁的连接方式有关，主要有矩形、倒 T 形和花篮形三种。

当纵梁高度小于横梁高度较多时，纵梁搁置在横梁上，横梁断面倒 T 形，如图 3-2-7（a）所示，且采用现浇混凝土（下横梁也可预制）。横梁的宽度由计算确定，并应考虑纵梁或板的搁置长度等构造要求。现浇混凝土横梁尚应考虑打桩偏差的影响，倒 T 形横梁的上横梁宽度一般为 350～450mm，高度一般为 800～1500mm，下横梁宽度一般为 700～800mm，高度一般为 600～800mm。

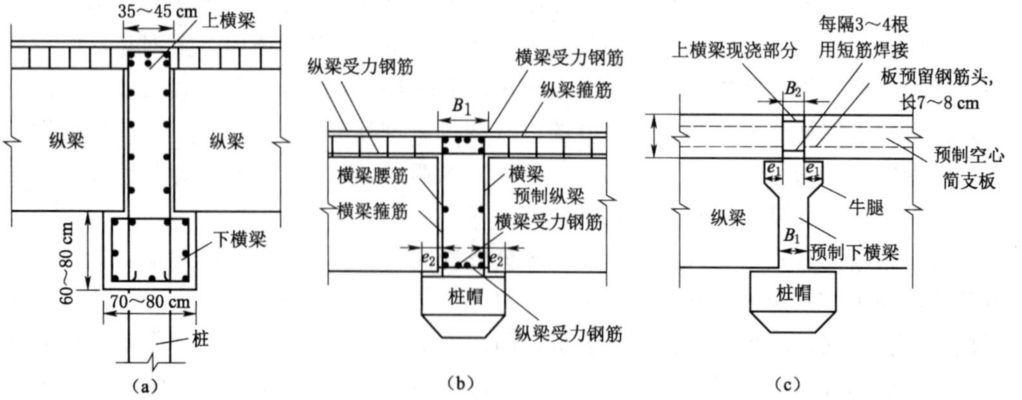

图 3-2-7　横梁的断面形式及接头构造
（a）倒 T 形；（b）矩形；（c）花篮形

当纵、横梁高度相差不大时，可采用等高连接，此时横梁的断面形式采用矩形或花篮形，如图 3-2-7（b）、（c）所示，若不设纵梁，面板可直接搁置在横梁上，在初步拟定断面尺寸时，可参考已建的类似码头，后桩台受力简单，横向整体性的要求不高。

为使结构受力明确，横梁可采用矩形简支梁。面板直接搁置在横梁上，为减小梁宽且满足搁置长度要求，有时也采用倒梯形断面。

二、纵梁

横梁之间通常设置纵梁。有门座起重机或其他轨道式装卸机械的码头，设在轨道下的纵梁称为轨道梁。

考虑到码头的纵向整体性要求，纵梁用连续梁，其断面形式有矩形、花篮形、π形，如图 3-2-8 所示，可根据需要选用。

纵梁高度根据受力计算确定，一般为 900～1200mm。纵梁宽度根据剪力计算确定，一般为 300～500mm，或根据面板的搁置长度、接缝宽度构造要求将顶面加宽。纵梁用预制安装的连续纵梁。

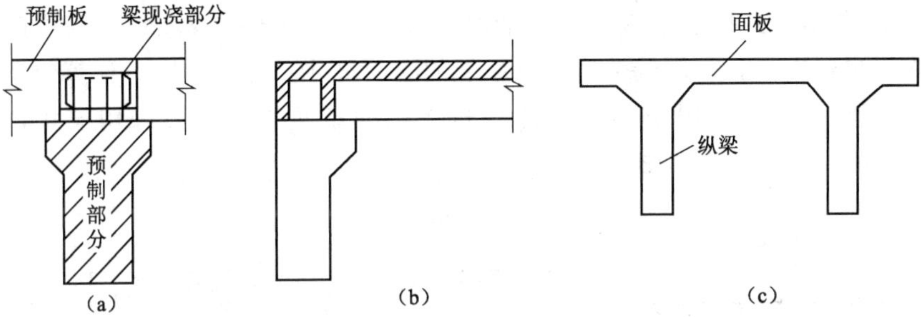

图 3-2-8　纵梁断面形式

（a）花篮形；（b）半花篮形；（c）π形

模块三　面板与面层

码头面板分为实心板和空心板两种。

实心板按施工方法分为现浇板、预制板和叠合板三种。现浇板整体性好，但只能是非预应力板，抗弯和抗裂能力弱，特别是现浇工作量大，模板用量大，施工速度慢，主要用于没有预制条件和合适起重设备的地方小型码头。预制板通常采用分块预制，在现场安装拼接，当拼板按整体板相同的方法计算内力时，对于两块预制板的横向拼缝，叠合板宜采用图 3-2-9（a）所示的形式，非叠合板可采用图 3-2-9（b）所示形式或其他可靠形式。当板厚较大时，一般采用叠合板形式。现浇层应保证有一定的厚度，并在现浇层和预制件的接合面采用凹凸形结构，如图 3-2-9（c）所示，使现浇混诞土与预制部分接合良好。叠合板除能充分发挥预制板的预应力作用外，板的整体性比较好，而且与面层一起浇筑，面层不会出现脱皮现象。叠合板的缺点是现场工作量较大。

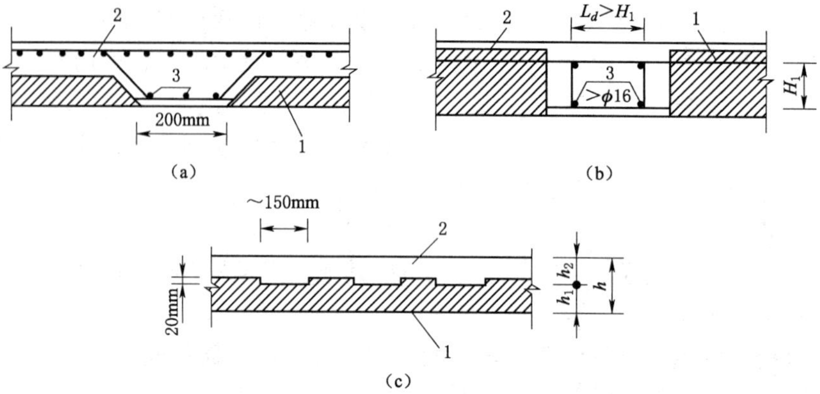

图 3-2-9　预制板和叠合板的构造

1—预制板；2—现浇板；3—插筋

空心板的自重轻，抗弯、抗裂能力强，刚度大，一般适用于大型码头的后桩台、引桥和中小型码头。空心板常见的孔洞形式主要有圆形、近似矩形和腰圆形三种，如图 3-2-10 所示。圆形空心板的受力情况较好，无应力集中现象；采用橡胶管抽芯工艺，施工也较方便，采用较普遍。空心板的断面尺寸由计算确定，计算时折算为工字形断面，厚度一般为 40～60cm。空心板之间的纵向拼缝一般采用铰接，铰内用 C30 级细石混凝土，并浇捣密实。

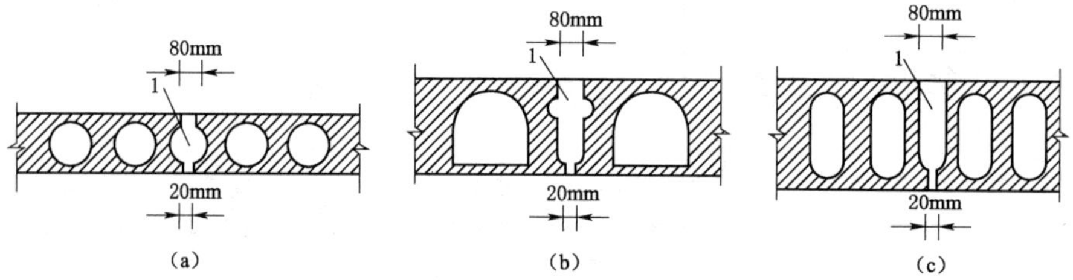

图 3-2-10　空心板形式

1—细石混凝土

在承重的面板上还需设置面层，一方面铺平码头，另一方面作为磨耗层，面层与面板一起浇筑时，面层厚度应不小于 20mm；分开浇筑时，面层厚度应不小于 5cm。面板顶层宜设纵、横向构造钢筋，构造钢筋面积可取受力钢筋截面积的 15%。为了减少现浇面层在横梁顶部出现裂缝，宜在横梁顶面垂直于长度方向增设短筋，如图 3-2-11 所示。为防止气温变化时面层混凝土由于膨胀和收缩产生裂缝，应在面层设间距为 3～5m 的伸缩缝，缝宽为 5～10mm。码头面还应设排水坡和泄水孔，排水坡坡度一般采用 0.5%～1.0%。

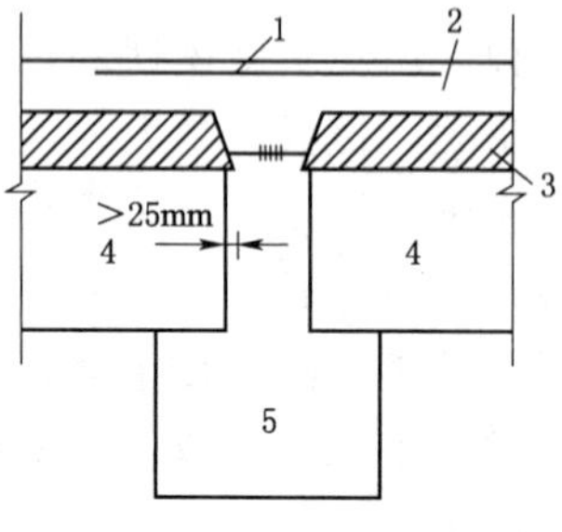

图 3-2-11　横梁顶部构造示意图

1—梁顶加固筋；2—现浇板；3—预制板；4—纵梁；5—下横梁

模块四　靠　船　构　件

高桩码头的靠船构件是为了固定防冲设备设置的，一般有梁式（图 3-2-12）和板式（图 3-2-13）两种。

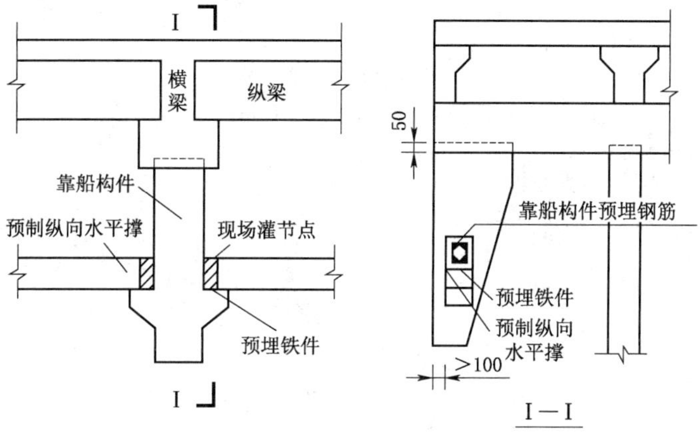

图 3-2-12　悬臂梁式靠船构件示意图

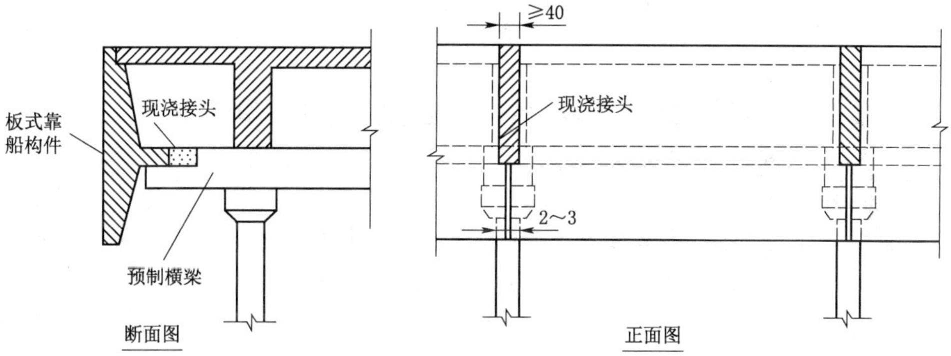

图 3-2-13　板式靠船构件示意图

板梁式码头的靠船构件一般采用悬臂梁式，其主要构件为悬挂在横梁前端的悬臂梁。悬臂梁式靠船构件之间一般宜设置纵向水平撑（加强悬臂梁的纵向刚度）。纵向水平撑本身也需具有一定刚度，故断面不小于 0.35m×0.30m。水平撑与靠船构件外边线的距离不小于 100mm，以防止船与水平撑相撞。靠船构件的悬臂较长时，可采用局部降低横梁底标高或增设横向支撑等措施，以改善结构受力情况。悬臂板式靠船构件在天津地区应用较广，它特别适用于无梁板式码头。

随着水位差的增大，码头系靠船的范围也增大，上述两种形式的靠船构件已不适用。这时可分别采用下列几种形式的系靠船结构：①当水位差为 5～8m 时，在码头前沿设置双层系靠船平台；②当水位差为 10～17m 时，在码头前沿设置多层系靠船平台或单独设置浮式系靠船设施，如图 3-2-14 和图 3-2-15 所示。

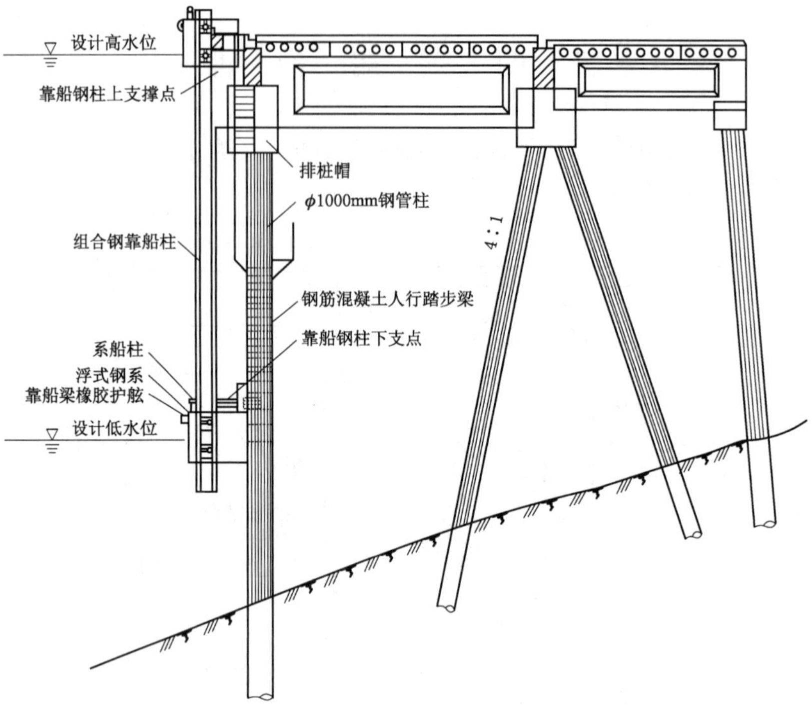

图 3-2-14　浮式系靠船构件示意图

模块五　构 件 的 连 接 与 搁 置

一、构件的连接

板梁式高桩码头的预制程度高。预制构件连接处的构造与连接质量对于码头的刚度、耐久性有直接影响。构件连接的方式有三种：①固接，要求构件之间能传递弯矩和剪力，如前述的整体板的连接（图 3-2-9）；②铰接，要求构件之间只传递剪力、轴力，如空心板的横向拼接（只传递剪力）；③不连接，构件之间不需要传力，仅在构件之间留宽度为 20～30mm 的安装缝。

采用何种连接方式根据受力情况而定。构件之间除按受力进行连接外，有时为了构件的稳定性和结构的整体性也需要连接。例如，放在横梁上的简支板，按受力不需连接，但考虑板的稳定搁置和码头结构的纵向整体性，可将构件两端下面伸出的钢筋头每隔 3～4 根用短筋焊接起来（图 3-2-16）。无论采用何种连接方式，构件的连接必须满足下列要求：

(1) 符合构件连接处的受力条件。需说明，构件之间的连接不是越牢越好。例如，我国某码头门机为简支梁，两端支承在桩帽上，但在构造设计时，在梁的两端下部预留两孔，预制梁安好后在预留孔中穿入两根钢筋，与桩帽预埋钢筋连接，并与混凝土浇筑成整体，结果梁端既不能自由滑动，也不能自由转动，造成 80%以上的梁端或桩帽拉裂或拉坏。

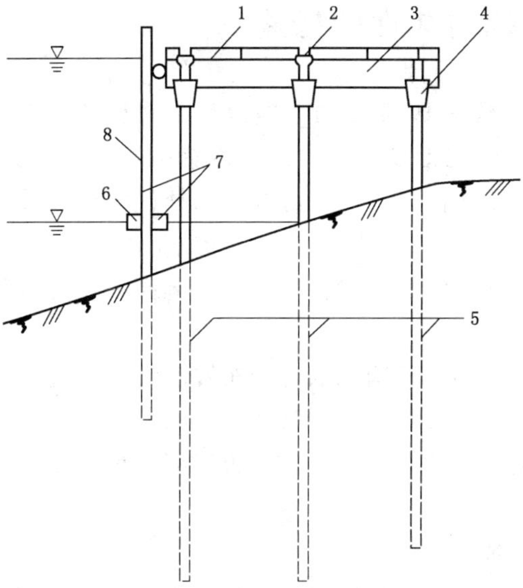

图 3-2-15　单独设置浮式系靠船设施的板梁式码头示意图

1—面板；2—纵梁；3—横梁；4—桩帽；5—基桩；6—钢浮桩；7—浮式靠船设施；8—导向传力桩

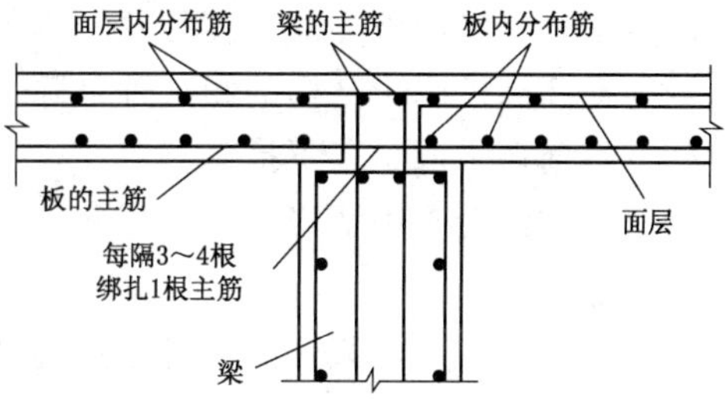

图 3-2-16　简支板与横梁的连接示意图

(2) 确保连接质量。为使接缝处现浇混凝土与预制件的接合良好，应将顶制件的接合面凿毛。接缝处现浇筑混凝土的标号一般比预制件的混凝土标号高一级，预制件与比其尺寸大的现浇构件连接时，预制件应埋入现浇混凝土规定的深度（图 3-2-3、图 3-2-12）。接缝处的钢筋根据受力和整体性要求进行配置，保证所需的数量、搭接长度和锚固长度。

(3) 便于施工。构件接缝处的钢筋比较密集，如安置构件钢筋时应尽量错开，接缝宽度除考虑受力和整体性要求外，尚应考虑施工的可能和方便。例如，预制板两端伸出的钢筋之间应留有不小于 5cm 的间隙；对于厚板，下层钢筋需焊接时，接缝应适当加宽，保证能伸入焊枪。

二、构件的搁置

为保证构件安装的平稳，支座顶面应铺垫砂浆，其厚度为 10mm，构件的搁置长度根据局部挤压强度，并考虑构件预制和安装尺寸的误差等因素确定，其值不应小于表 3-2-2 的规定值。当有横梁时，单向板沿宽度方向的搁置长度不应小于 25mm；若梁的跨度较大，则无掩护码头简支梁的搁置长度应适当加大。

表 3-2-2　构件搁置长度

构件名称	板		装配式纵梁	装配式横梁
	简支梁	装配式整体板		
搁置长度/mm	200	150	200	200

模块六 增强结构耐久性的措施

在高桩码头工程中，往往建成不久（一般在10年之内）即出现不同程度的破损现象，严重的甚至影响正常使用，使用部门为此也投入不少的维修费用。研究表明，构件破损主要发生在浪溅区和水位变动区，由氯离子渗入引起的钢筋锈蚀为构件破损的主要形式，且海港码头较河港码头破损更为严重，南方码头较北方码头破损更严重。高桩码头结构由于下部透空，上部常为梁板结构，梁板下面长期有高浓度海盐气体的聚集，受侵蚀破坏的程度往往比其他结构形式严重。

为提高高桩码头结构的耐久性，除了进行结构及构造的合理布置和保证混凝土质量外，目前还采取了以下措施：

（1）在混凝土中适当掺入粉煤灰、硅灰或粒化高炉矿渣，改善混凝土抗氯离子渗透的性能。

（2）对暴露于浪溅区的构件采用高性能混凝土。

（3）在浪溅区和平均潮位以上的水位变动区和大气区采用混凝土表面涂层。

（4）浪溅区混凝土表面进行硅烷浸渍，这种液态憎水剂与已水化的水泥发生化学反应，其反应物使毛细孔壁憎水化，水分及其氯离子都难以渗入混凝土。

（5）在浪溅区和水位变动区采用耐腐蚀钢筋，其中镀锌钢筋、不锈钢钢筋造价较高，环氧涂层钢筋较经济。宝钢马迹山深水码头、汕头港3.5万t级LPG码头等工程的主要构件采用了环氧涂层钢筋。

（6）当混凝土保护层偏薄、混凝土拌和物中氯离子总含量超过规定的最高限值或重要工程的浪溅区和水位变动区，可加钢筋阻锈剂作为补充防腐蚀措施。

（7）加大混凝土保护层厚度；采用强度和密实性高于本体构件混凝土强度等级的保护层垫块；对已有工程结构的破损应及时修补等。

【学后思考】

1. 高桩码头的桩体可用哪些材料？它们的优点、缺点及适用条件各是什么？

2. 高桩码头的钢筋混凝土桩按照施工方法可分为__________和__________两种。

3. 高桩码头的钢筋混凝土预制桩按断面形状可分为__________和__________两类。

4. 高桩码头的预应力混凝土管桩根据制造方法的不同分为先张法和后张法两种。（√或×）

5. 高桩码头的预应力混凝土大管桩与桩帽连接的方式可以是固接，也可以是铰接。（√或×）

6. 在高桩码头的下部结构中，横梁是板梁式高桩码头的主要受力构件，作用在码头上的几乎所有荷载通过它传给基桩。（√或×）

7. 高桩码头的实心面板按照施工方法有__________、__________和__________三种。

8. 高桩码头的靠船构件是为了固定防冲设备设置的，一般有__________和

__________两种。

9. 板梁式高桩码头的预制构件的连接方式有__________、__________和__________三种。

10. 板梁式高桩码头的预制构件之间的连接越牢越好。(×或√)

11. 高桩码头桩台范围内沉降缝的位置应根据__________、__________和__________确定。

12. 高桩码头桩台范围内伸缩缝的间距应根据本地区的温度差、__________、__________、桩的自由长度和刚度等因素综合确定。

13. 伸缩缝、沉降缝和防震缝统称为变形缝。(√或×)

14. 增强结构耐久性的措施有哪些?

任务三　高桩式码头结构布置

3-2

高桩式码头布置案例

【课程导航】

问题1. 如何拟定高桩式码头上部结构的长度、宽度？

问题2. 如何考虑码头上部结构沿码头长度方向的分段问题？

问题3. 高桩式码头基桩的布置主要由码头荷载大小、桩台宽度、排架间距和桩的承载力确定。(√或×)

问题4. 高桩式码头总长度主要由泊位数、停泊船舶的长度、系缆要求的船舶之间的距离、船舶要求码头两端的距离确定。(√或×)

问题5. 高桩式码头上部结构的布置原则是什么？

高桩式码头的设计，首先要确定结构的轮廓尺度，选择上部结构构件形式及传力系统的结构布置，即设计高程、总体布置、基桩布置和上部结构布置，拟定结构图式，然后对结构各构件进行强度设计和验算建筑物的整体稳定性。

模块一　码头设计高程

码头前沿高程、码头前沿设计水深、码头前沿底高程的拟定参照项目二任务二部分。

模块二　码头结构尺寸拟定

一、码头长度

码头总长度主要由泊位数、停泊船舶的长度、系缆要求的船舶之间的距离和船舶要求码头两端的距离确定。

二、上部结构的宽度

对于窄桩台码头，结构宽度等于码头宽度，一般根据使用要求并参照已建码头的结构拟定。装卸工艺对结构宽度影响较大，例如设门机的码头，结构宽度为14～14.5m；不设门机的码头为8～10m；有集装箱装卸桥的码头，结构宽度则根据装卸工艺要求加大。

宽桩台码头的上部结构总宽度取决于码头前沿线和码头后方挡土结构的位置，如图3-3-1所示，与码头前水深、岸坡的稳定性、码头的使用和施工要求有关，需综合考虑。例如，采用较小的挡土结构时，回填量较小，但此时平台的造价将增加；反之则相反。同窄桩台一样，根据使用要求等拟定好前桩台的结构宽度，其与结构总宽度之差即后桩台的结构宽度。

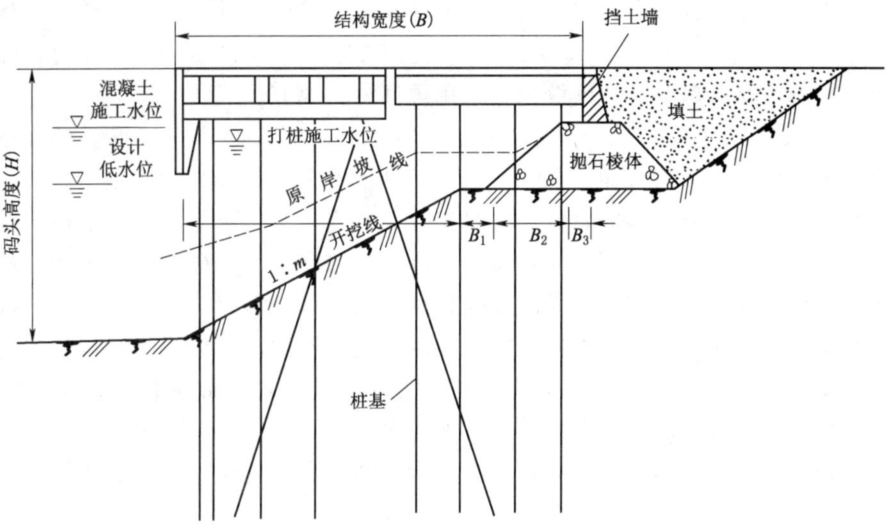

图 3-3-1　确定结构宽度和岸坡的图式

当采用引桥时，引桥长度需根据码头所在水域的水文、地形、地质条件、驳岸位置等因素确定，往往有数十米至数百米不等。引桥宽度需满足流动运输机械运行等码头使用要求。

三、岸坡坡度与分级

为了满足码头的使用要求，一般需对岸坡进行开挖，岸坡的开挖坡度主要取决于边坡的稳定。首先根据土质情况、有无护坡等初步选定，此时应考虑打桩震动的影响。然后根据整体稳定性验算结果来进行调整。上海、天津一带的岸坡坡度常采用 1：2.5，长江上则多采用 1：2 的岸坡。当坡面用抛石进行处理时，通常采用 1：1.5 的坡度。岸坡可以分级，也可以变坡。当采用抛石棱体基础的重力式挡土墙时，为了基础的稳定，抛石棱体前应留有适当的土体肩宽 B_1（一般为 1.0～1.5m）；挡土墙前也应留有抛石基础的肩宽 B_3（一般为 1.0～1.5m）；B_2决定于抛石基床的高度和斜坡坡度，如图 3-3-1 所示。设计岸坡时还应考虑打桩船出入的需要。对天然岸坡能满足使用期和施工期要求的地区不需对岸坡另行设计。

四、结构沿码头长度方向的分段

为了避免码头结构产生过大的变形应力，需设置变形缝，将码头建设物沿码头长度方向进行分段。变形缝包括：①为避免温度改变引起过大应力而设置的伸缩缝；②为避免产生过大沉降应力而设置的沉降缝。

伸缩缝的间距应根据本地区的温度差、平面布置形式、上部结构的特性、桩的自由长度和刚度等因素综合确定。当上部结构为装配式结构时伸缩缝的间距宜取 60～70mm；当上部结构为现场整体浇筑混凝土时宜取 35mm 左右。当有实践经验和可靠论证时，伸缩缝的间距可适当增减。例如上海地区的不少码头采用的变形缝间距在 90mm 以上。沉降缝的位置视荷载、结构形式和地质条件而定，原则上应尽量与伸缩缝相结合。

伸缩缝和沉降缝可结合设置。码头伸缩健和沉降缝分段处，可用悬臂式结构或简支结构，分段处的宽可取 20～30mm，当有抗震要求或可能产生较大温差时，缝宽应根据计算或当地经验确定。伸缩缝内应采用柔性材料填充。

如图 3－3－2 所示，变形缝的结构形式有三种。第一种形式是将缝设置在两桩间，缝两侧为悬臂式结构，如图 3－3－2（a）所示，悬臂式结构的构造简单，对不均匀沉降的适应性强。但纵梁的悬臂不宜过长（一般为 1.25～1.5m），致使横向排架的数量增加；此外，为防止两侧产生错位而造成轨道错牙，变形缝在平面上常做成凹凸形，施工也较麻烦。第二种形式是设简支梁跨，两端设变形缝，如图 3－3－2（b）所示，这种布置结构简单，施工方便，横向排架数基本不增加，但简支结构的支座构造较复杂，要求应能保证简支梁的梁端能自由滑动和转动，因此抗横向作用力的能力差。第三种形式是将变形缝设在支座上，如图 3－3－2（c）、（d）所示，这种布置结构最简单，施工方便，不增加横向排架的数量；缺点也是支座结构较复杂。

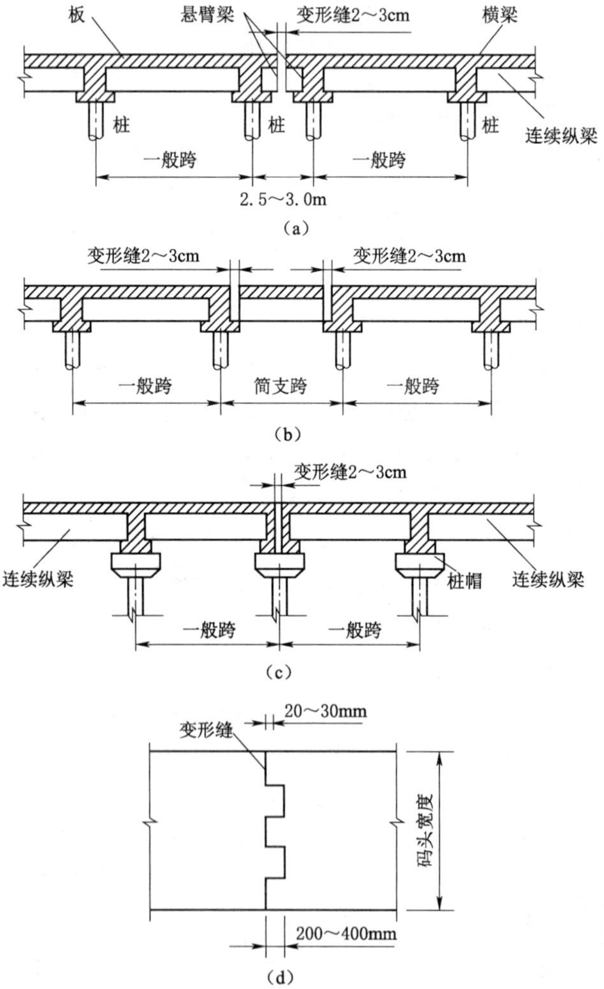

图 3－3－2　变形缝的设置

(a) 变形缝设置在悬臂梁之间；(b) 变形缝设置在简支梁两端；(c) 变形缝设置在支座上

当码头用有轨装卸设备时，为了防止相邻两段水平位移不一致时对门机等有轨装卸机械行驶产生不利影响，分段处的悬臂式结构或简支结构均采用凹凸缝的连接形式，如图 3-3-3 所示。

板梁式码头分段缝也宜采凹凸缝。凹凸缝的构造要求：齿高可取 200～400mm，齿宽不宜过短；分段处凹凸缝缝宽可取 20～30mm，沿码头宽度方向应当紧密接触，当结构承受较大荷载时，在分缝截面改变处应适当加强。凹凸缝转角处宜设置 45°斜向加强钢筋，钢筋沿厚度方向的间距不宜大于 250mm，直径不宜小于受力钢筋。沿齿槽的凸形边可设Ⅱ形加强钢筋，并布置为上、下两层，当板厚超过 400mm 时，宜布置为上、中、下三层，直径不小于受力钢筋，保护层厚度可参考梁的标准，齿口边沿宜采用角钢保护，必要时可对凹凸缝的齿槽强度进行验算。

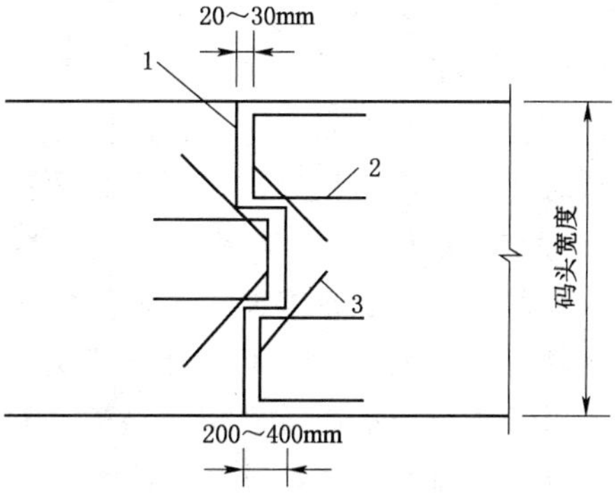

图 3-3-3　码头分缝处结构加强平面示意图
1—伸缩缝、沉降缝；2—加强钢筋；3—加强斜筋

五、上部结构的底部高程

桩台的底部高程决定于码头前沿高程和桩台的高度。应考虑使用要求、施工水位、波浪对结构的影响和检修的可能性。例如，根据施工要求，其高程不应低于桩帽或横梁的混凝土浇筑水位。混凝土浇筑水位与建筑物的标准、当地的水文条件、施工单位的施工能力和混凝土浇筑量的多少等因素有关，根据相似建筑物的使用和施工经验结合具体的各种因素综合考虑确定。

靠船构件底部高程的确定应考虑船舶停靠安全等因素，保证船舶在设计低水位时也能顺利进行靠泊。有时需兼顾大船和小船的靠泊，但若降低靠船构件底面高程，又将增加码头造价，因此应通过比较分析确定其底部高程。

模块三　桩　基　布　置

桩基既是基础，也是结构的主要构件，桩基与其上面的横梁（桁架或无梁板）组成横向排架。桩的布置主要由码头荷载大小、桩台宽度、排架间距和桩的承载力确定。良好的布置不仅可使上部结构合理，而且也能使各桩受力比较均匀。因此，桩基的布置不仅直接关系到整个码头的受力情况和施工程序，而且也直接影响工程的造价（约为总造价的 1/2）。

桩基的布置原则是：①应能充分发挥桩基承载力，且使同一桩台下的各桩受力尽量均匀，使码头的沉降和不均匀沉降较小；②应使整个码头工程的建设比较经济；③应考虑桩基施工的可能性与方便性。因此桩基的布置应拟定几种方案通过分析比较最后确定。

一、横向布置

高桩码头一般均承受水平的船舶荷载等。承受水平力较大的码头宜布置叉桩，当桩的强度和桩顶位移能满足使用要求时，经技术经济比较，也可全部采用直桩，如图3-1-11所示。

桩基的布置与码头面上的荷载有关，并应结合纵梁的布置一起考虑，原则上桩应尽量布置在纵梁下面顺岸码头前桩台（或窄桩台）中，当码头上有门机等移动式起重机械时，轮压荷载较大，在其下需设轨道梁，轨道梁下相应地布置桩。靠前沿的轨道梁下可布置双直桩，叉桩一般布置在后轨道梁下，这可使较大的集中荷载直接通过桩传入地基。根据承台宽度和其上荷载大小，可在双直桩和叉桩之间加设一根、两根或更多的直桩（图3-3-4）；当水平力较大时，也可加设叉桩或斜桩，如图3-3-5所示。对于不设前沿起重机械的码头，无论是否设纵梁，桩一般采用等间距布置。后桩台主要承受垂直荷载，桩基一般采用等间距布置的直桩，如图3-3-6和图3-3-7所示。

窄突堤码头中，为避免斜桩在土面以上部分伸出码头前沿线之外，与船舶相撞，叉桩一般不布置在桩台两侧。无门机等移动起重机械的码头，叉桩可布置在码头宽度的中央，如图3-3-8（a）所示；否则，可在轨道梁下布置半叉桩来满足受力要求，如图3-3-8（b）所示。窄突堤码头一般两侧靠船，桩基也对称布置。

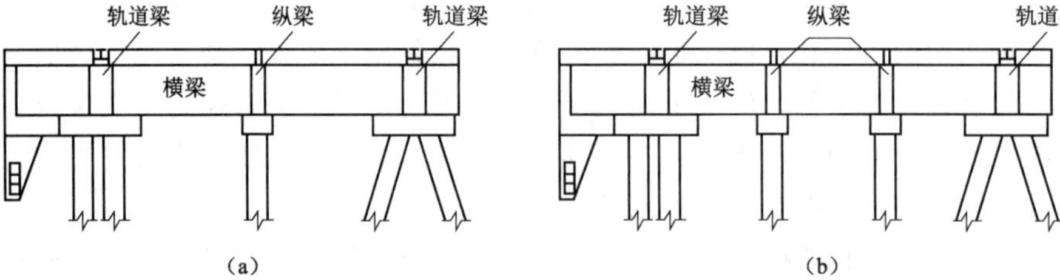

图3-3-4　顺岸码头前桩台（窄桩台）的桩基布置示意

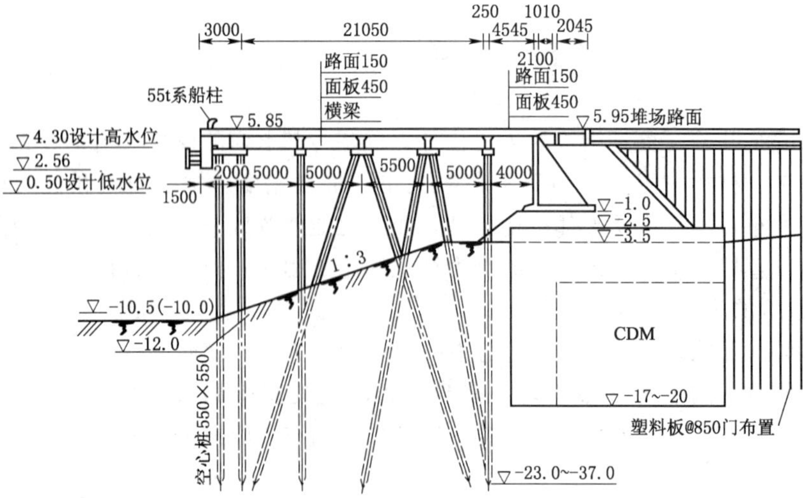

图3-3-5　某高桩码头中的叉桩（尺寸单位：mm；高程单位：m）

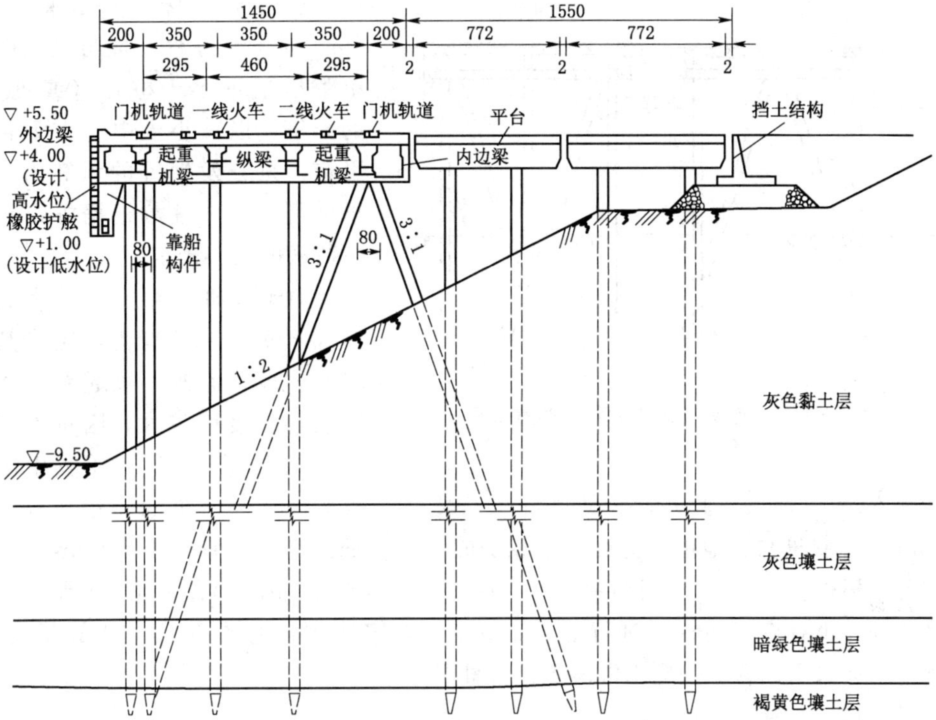

图 3-3-6　某高桩码头等间距布置的直桩

（尺寸单位：cm；高程单位：m）

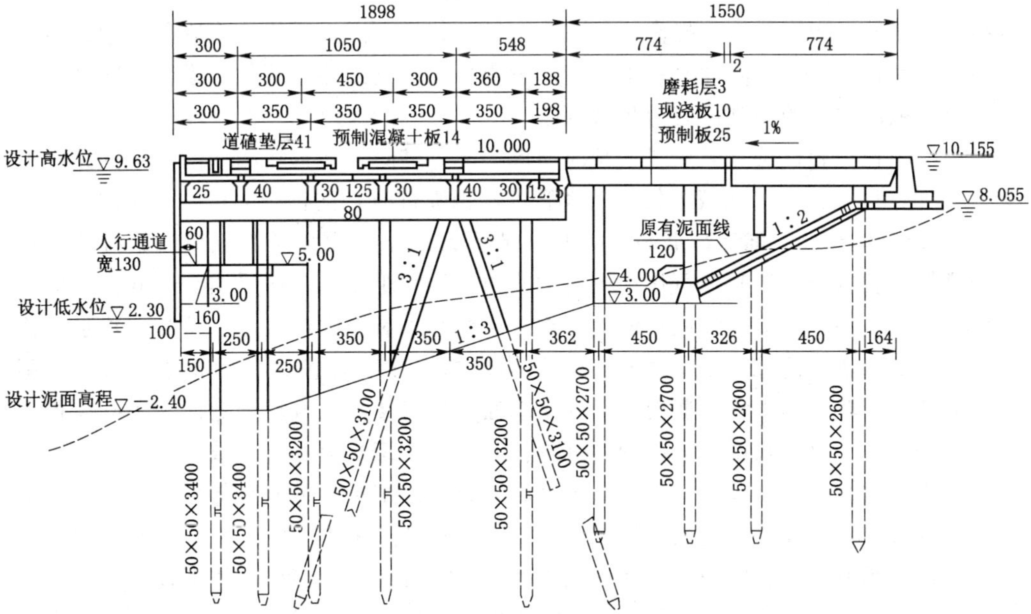

图 3-3-7　某钢厂专用码头中等间距布置的直桩

（尺寸单位：cm；高程单位：m）

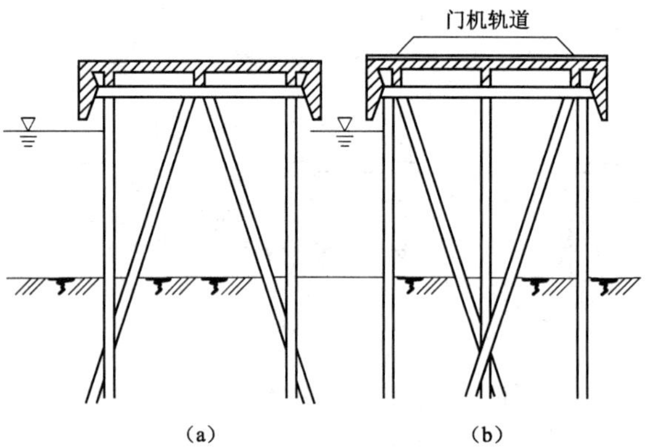

图 3-3-8 窄突堤码头的桩基布置示意

横向排架中桩距一般采用 3～5m。对于摩擦桩，桩与桩之间的中距尽量不小于桩径（或桩宽）的 6 倍，以减小土中应力重叠的影响，充分发挥桩的承载力，支承桩可大些。桩数根据桩距和码头荷载的大小确定。

对于叉桩或半叉桩，为提高其抗水平荷载的能力，应将其倾斜度放缓，但倾斜度越缓，泥面以上的长度就越大，因自重产生的弯矩也越大，所以工程中限制其坡度不缓于 3∶1。此外，为便于施工，叉桩或半叉桩相邻两桩的净距不宜小于 300mm。当斜桩与其他桩在泥面以下相交时，交叉处的净距不宜小于 500mm，以免打到另一根桩上。为此，斜桩在平面内应扭转一个较小的角度。有时为了使结构更加经济合理，也有将不同桩型进行混合布置的，如宁波北仑港区 20 万 t 级卸船码头，在国内首次采用钢管和预应力混凝土大管桩混合布置。

二、纵向布置

桩基的纵向布置与横向排架间距有关，其大小主要取决于码头的荷载特点、上部结构形式、基桩的承载力、施工条件等因素，排架的间距直接影响着面板、纵梁和横梁的内力，为了发挥桩基承载能力，常采用长大跨，随着排架间距的增大，上部结构因纵向跨度的增大而使造价提高，但减少了桩的数量，因而总投资会降低。但是，当横向排架间距超过某一限度时，不仅使总投资变大，且给靠船构件的设计、防冲设备的布置和纵向构件的预制吊装等带来困难。

根据工程经验，桩基采用普通预应力混凝土方桩时，前桩台的横向排架间距一般为 6～7m；桩基如采用承载力较大的大管桩、钢管桩时，前桩台的横向排架间距可达 8～12m；后桩台上的堆货荷载较大，且一般不设纵梁，面板及其上荷载直接传递给横向排架，相应的排架间距可比前桩台的横向排架间距小，一般采用 3～5m。横向排架间距增大，使桩基造价降低；但上部构件尺寸和重量增大，又使造价相应增加，而且要求设备有较大的施工能力，也给靠船构件的工作和防护设备的布置带来一定困难。因此对于较大的工程，横向排架间距应通过经济技术比较后确定。为了减少构件的种类，沿整个码头长度，排架间距（除设有变形的跨）应尽量一致。

当码头的纵向刚度较差（如码头长度较短或上部结构的纵向整体性较差）时，宜在码头两端排架上设置一定数量的纵向叉桩或半叉桩斜桩向内）。风暴系船柱和舾装码头中试车系船柱在纵向上可能受到较大的力，也宜在其系船柱块体下设置纵向叉桩以承受较大系缆力。此外，无掩护码头沿主要波浪作用方向或沿强潮流作用方向宜设置叉桩或斜桩。

随着码头的大型化，桩基也不局限于布置在横梁下，如深圳港盐田二期集装箱码头在轨道梁跨中设置桩基，在减小梁的跨中弯矩方面取得了较好的效果。

三、桩基的平面布置

桩基在进行平面布置时，应安排好斜桩的倾斜方向，要避免桩与桩在泥面下相碰。考虑到打桩的偏差，两根桩交叉时的净距不宜小于500mm。此外，还要考虑桩基布置对施工程序的影响。应使平面布置符合下列要求：①保证每根桩都能打，且施工方便；②不妨碍打桩船的抛锚和带缆；③尽量减少调船和变动打桩架斜度。

四、基桩长度

桩长除由承载力计算外，还应满足以下要求：

(1) 应尽量将桩打入硬土层0.5～1.0m，以提高其承载力和减少沉降量。

(2) 若地基为软土，下卧硬土层很深，可以不打入硬土层，但同一桩台的所有桩应打入同一土层，桩台高程最好一致，以免出现不均匀沉降使结构遭到破坏。

(3) 满足在地基中的嵌固条件。若岩面或打入困难的土层（如标准贯入击数大于30）的高程较高时，宜采用钻孔载桩的方法来满足嵌固条件。

模块四　上部结构布置

进行上部结构布置时，应使结构系统简单、有足够的刚度、整体性好，受力明确而合理；构件的类型少、断面简单，且尽量用预应力构件装配。

一、梁格布置

在板梁式高桩码头中，面板和横梁是必不可少的上部结构受力构件。纵梁的布置主要决定于码头面上荷载的大小与性质，还与码头对整体性的要求有关。宽桩台码头中的后桩台一般不布置纵梁。前桩台的情况则不同，当荷载较为复杂、设有轨起重机时，一般均设置纵梁；其他情况也可不设置纵梁，如空心大板码头，如图3-3-9所示。如前所述，纵梁的布置还应与基的布置结合考虑。

纵梁与横梁构成梁格，而梁格的布置对受力、施工等会产生影响，必要时应进行技术经济比较后确定。设有门机的码头，至少要设两根纵梁；设有铁路的码头，设Ⅱ形断面的纵梁。不设门机和铁路的码头，虽可不设纵梁，但为了保证码头的整体性和足够的刚度，仍以设纵梁为妥。横梁与基桩整体连接而构成刚度很大的横向排架，所以必须用连续梁。

纵梁和板的结构形式，应对上部结构的刚度和整体性的要求而定，由于对前方桩台上部结构的刚度和整体性要求高，纵梁应用连续梁，板用连续梁或四边固定板。相反，对后方桩台、纵梁和板用简支的预应力预制件较为有利。当有大集中荷载时，用双向板，不利于用预应力结构。

二、梁板选型

按受力情况分，梁型有简支梁、连续梁和悬臂梁；板型有单向板和双向板。单向板分为简支板、连续板和悬臂板，双向板在码头中常见的有四边简支板、三边简支一边自由板、四边固定板和三边固定一边自由板。

单向板便于采用预应力结构，在预制和安装时也较简单，因此应用较普遍。双向

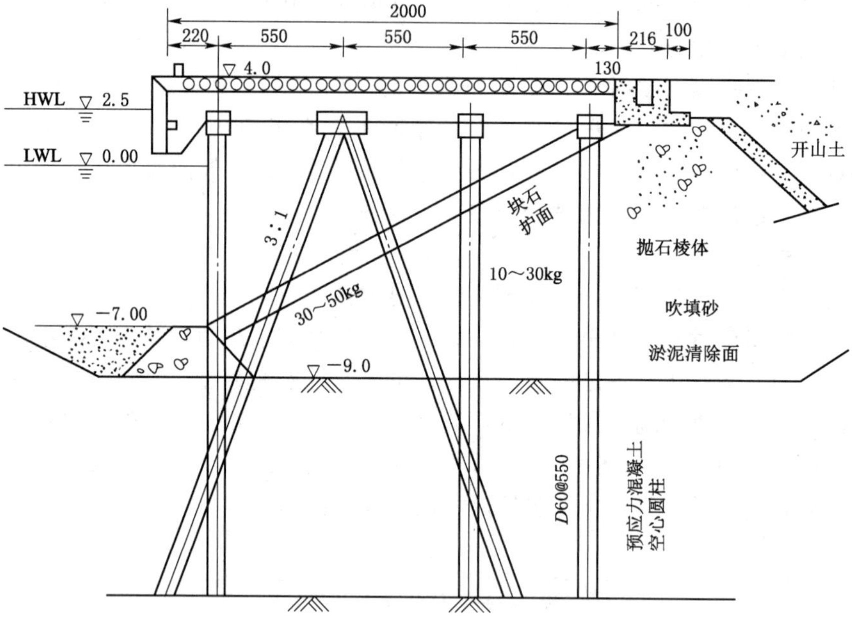

图 3-3-9　某码头上部的空心板结构示意图（尺寸单位：cm；高程单位：m）
HWL—设计高水位；LWL—设计低水位

板虽然施工不便，但能提高码头结构的整体性，码头面也能承受较大的集中荷载，所以在实际工程中的应用也越来越多。

简支梁板受力后只有正弯矩，配筋比较方便，其内力不受两侧各跨荷载和支座沉降的影响，所以当上部结构的整体性要求不高时（如后桩台）多采用简支梁板。如荷载较复杂，上部结构的高度受施工起重设备和施工水位等限制时，可采用连续梁板。它也使码头的整体性和刚度更好，在前台中多采用此种梁板形式，其中横梁必须是连续梁，纵梁也宜采用连续梁，面板视整体性要求和施工方法而定。当变形缝处采用悬臂式结构时，采用现浇的悬臂式梁板，靠船构件也采用悬臂式梁板。由于悬臂梁、板的工作条件不好，使用时对悬臂长度应有所控制。其他情况则一般不采用悬臂式梁板。

模块五　接 岸 结 构 布 置

高桩桩台和陆域堆场之间通过接岸结构进行连接，接岸结构大体可分为两大类：板桩式和挡土墙式。

板桩式接岸结构可分为两种情况：①与码头连成一体，如图 3-3-10 所示，码头桩台要承受土压力；②与码头分开设置，如图 3-3-11 所示。

挡土墙式接岸结构的挡土墙可设置在边坡较缓的自然岸坡上，也可放在岸坡相对较陡的抛石棱体上，挡土墙与码头结构是分开的，桩台不承受土压力，如图 3-3-11 所示。实际工程中，也会根据需要对岸坡和接岸结构进行地基处理，减小地基变形，提高地基承载力和岸坡稳定性。

当地质条件较差或采用窄桩台时，可采用板桩作为接岸挡土结构。我国曾建设有前板或后板桩高桩码头，板桩与码头结构连成一体。这两种形式码头的桩台要承受土压力，需设置较多的斜桩，施工也较困难，当码头水深较大或有抗震要求时更是如此，故在我国已很少采用。应尽量采用与码头结构分开设置的分离式板桩接岸结构，板桩接岸结构的主体是用于挡土的后板桩和起支撑作用的斜顶板桩，如图 3－3－11 所示，其造价较高。上海洋山深水港一期工程码头（图 3－3－12）接岸承台，临海侧采用直径 1700mm 的钢管斜顶桩，基桩斜度 3.5：1，桩距 5m，可起到抵抗水平土压力的作用；承台中间采用直径 1700mm 连续布置的钢管板桩，其后方设置抛石减压棱体；为满足承台上部垂直荷载的作用，承台后侧还布置了直径 1200mm、桩距 5m 的钢管桩。天津新港码头也曾采用钢板桩或钢筋混凝土板桩和斜顶桩结合的形式，在使用中发现，该种形式需注意板桩和斜顶桩的连接方式，避免桩顶弯矩过大引起开裂。

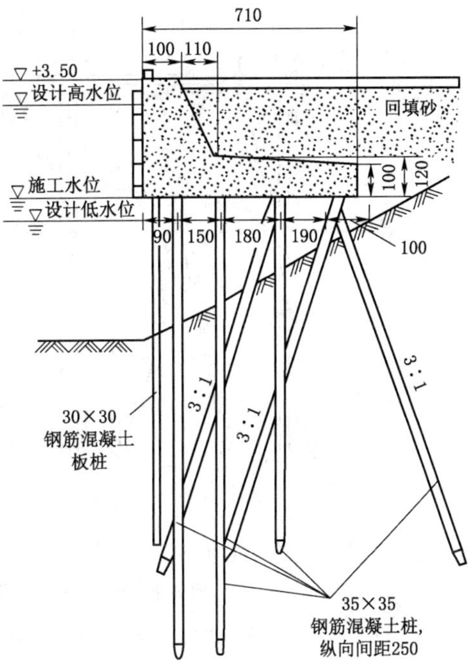

图 3－3－10　板桩与码头连成一体
（尺寸单位：cm；高程单位：m）

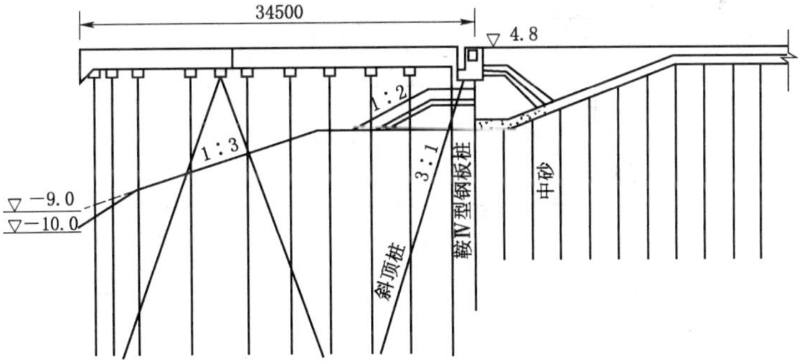

图 3－3－11　板桩式挡土结构（与码头分开设置）示意（尺寸单位：mm；高程单位：m）

当地质条件较好或采用宽桩台时，一般采用矮小的挡土墙作为接岸挡土结构，常结合采用抛石棱体。该种形式造价相对较低，但如果处理不当，抛石棱体和软基发生变形，使桩基产生变位，在码头近岸几排桩基与桩帽、横梁的连接部位、桩顶等相对薄弱的环节易出现开裂、破损。为减小上述不利影响，一般可采用如下措施：①避免在后排采用向岸斜桩；②预留接岸结构的沉降高度；③在施工期完成大部分大面积回填料的沉降。目前许多高桩码头在接岸结构和码头之间采用简支板连接，增大了后排桩和接岸结构的距离，减小了土体对后排桩的侧压力，也减小了不均匀沉降产生的影响。中山港二期扩建工程对简支

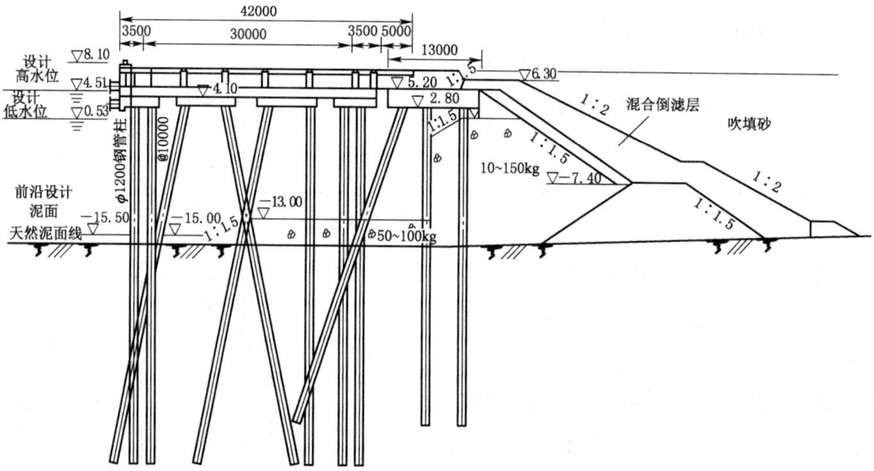

图 3-3-12　上海洋山深水港一期工程码头断面示意（尺寸单位：mm；高程单位：m）

板两端的支承结构进行了优化，简支板的顶高程低于码头面高程 0.5m，其上铺设二片石、中粗砂垫层和六角块。当挡土墙发生沉降使简支板倾斜时，不会导致码头面上形成 V 形缺口，使得该种形式适应沉降的能力较强，如图 3-3-13 所示。

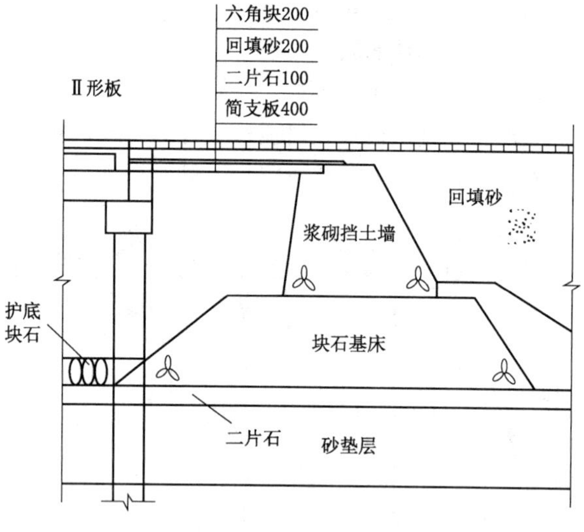

图 3-3-13　中山港二期扩建工程接岸结构示意

【学后思考】

1. 如何拟定高桩式码头上部结构的长度、宽度？

2. 如何考虑码头上部结构沿码头长度方向的分段问题？

3. 高桩式码头桩基的布置主要由码头荷载大小、桩台宽度、排架间距和桩的承载力确定。（√或×）

4. 高桩式码头总长度主要由泊位数、停泊船舶的长度、系缆要求的船舶之间的距离、船舶要求码头两端的距离确定。（√或×）

5. 高桩式码头上部结构的布置原则是什么？

任务四　高桩式码头结构计算*

【课程导航】

问题1. 高桩式码头设计工况有哪几种？

问题2. 高桩式码头设计包括哪些计算内容？

问题3. 高桩式码头设计中的结构系数、分项系数如何取值？

模块一　计　算　工　况

按照《码头结构设计规范》(JTS 167—2018) 的要求，高桩码头结构根据使用和施工条件，按下列四种工况设计。

(1) 持久状况，结构使用时期应分别按承载能力极限状态和正常使用极限状态设计。

(2) 短暂状况，结构施工时期、短期特殊使用时期或维修时可能出现的作用，应按承载能力极限状态设计，必要时可同时按正常使用极限状态设计。

(3) 偶然状况，有特殊要求时进行承载能力极限状态设计或防护设计。

(4) 地震状况，使用期遭受地震作用时仅按承载能力极限状态设计。

模块二　作　用　及　其　组　合

一、作用

高桩式码头承受的作用可分为下列四类：

(1) 永久作用，包括结构自重力、固定设备自重力、预加应力、土重、永久作用引起的土压力等。

(2) 可变作用，包括堆载、流动起重运输机械、船舶、风、浪、水流和冰荷载，可变作用引起的土压力，温度作用，施工荷载和打桩应力等。

(3) 偶然作用，包括非正常撞击、火灾和爆炸等。

(4) 地震作用。

二、作用效应组合

高桩式码头结构上的作用效应应按极限状态和设计状况进行组合。

承载能力极限状态作用效应组合时，计算水位应符合下列规定：

(1) 对于海港码头，计算水位应满足下列要求：

1）持久组合。采用设计高水位、设计低水位、极端高水位、极端低水位、设计高水位与设计低水位之间的某一不利水位分别进行计算。

2）短暂组合，采用设计高水位、设计低水位、设计高水位与设计低水位之间的某一不利水位分别进行计算。

（2）对于河港码头，计算水位应满足下列要求：

1）持久组合。采用设计高水位、设计低水位及与地下水位相组合的某一不利水位分别进行计算。

2）短暂组合。采用设计高水位和设计低水位分别进行计算，施工期间采用某一不利水位进行计算。

3）地震组合。计算水位应按《水运工程抗震设计规范》有关规定执行。

正常使用极限状态作用效应组合可不考虑极端水位。

模块三　计　算　内　容

一、承载能力极限状态

下列情况应按承载能力极限状态设计：

（1）结构的整体稳定、岸坡稳定、挡土结构抗倾和抗滑移等。

（2）构件的受弯、受剪、受冲切、受压、受拉和受扭等。

（3）桩和柱的压屈稳定。

（4）桩的承载力等。

二、正常使用极限状态

下列情况应按正常使用极限状态设计：

（1）混凝土构件的抗裂或限裂。

（2）装卸机械有控制变形要求时梁的挠度。

（3）码头结构的水平位移。

（4）装卸机械作业引起结构振动等。

模块四　计算参数和系数

结构重要性系数和各种作用分项系数应分别按表 3-4-1 和表 3-4-2 计算。

表 3-4-1　　**结构重要性系数**

结构安全等级	一　级	二　级	三　级
重要性系数 γ_0	1.1	1.0	0.9

注　1. 安全等级为一级的高桩码头结构，当安全有特殊要求时，γ_0 可适当提高。

2. 自然条件复杂、维护有困难时，γ_0 可适当提高。

表 3-4-2　各种作用分项系数

荷载名称	分项系数	荷载名称	分项系数
永久荷载	1.2	铁路荷载	1.4
五金钢铁荷载	1.5	汽车荷载	1.4
散货荷载	1.5	缆车荷载	1.4
起重机械荷载	1.5	船舶系缆力	1.4
船舶撞击力	1.5	船舶挤靠力	1.4
水流力	1.5	运输机械荷载	1.4
冰荷载	1.5	风荷载	1.4
一般件杂货、集装箱荷载	1.4	人群荷载	1.4
液体管道（含推力）荷载	1.4	波浪力	1.5

注　1. 当永久作用效应对结构承载能力起有利作用时，永久作用分项系数取值不应大于 1.0。
2. 永久荷载为主时，其分项系数不应小于 1.3。
3. 当两个可变作用完全相关，其中一个为主导可变作用时，其非主导可变作用的分项系数应按主导可变作用的分项系数考虑。
4. 海港结构在极端高水位和极端低水位情况下，承载能力极限状态持久组合的可变作用分项系数应减小 0.1。
5. 短暂状况作用效应的短暂组合中可变作用分项系数应减小 0.1。

模块五　承载能力极限状态设计

承载能力极限状态应采用以下设计表达式，即

$$\gamma_0 S_d = R_d \tag{3-4-1}$$

式中　γ_0——结构重要性系数；

S_d——作用效应设计值；

R_d——抗力设计值。

（1）持久状况作用效应的持久组合设计值，即

$$S_d = \sum_{i=1}^{m} \gamma_{Gi} C_{Gi} G_{iK} + \gamma_P C_P P + \gamma_{Q1} C_{Q1} Q_{1K} + \psi_0 \left(\sum_{j=2}^{n} \gamma_{Qj} C_{Qj} Q_{jK} \right) \tag{3-4-2}$$

式中　S_d——作用效应设计值；

γ_{Gi}——第 i 个永久作用的分项系数；

C_{Gi}、C_P、C_{Q1}、C_{Qj}——第 i 个永久作用、预应力、第 1 个和第 j 个可变作用的作用效应系数；

G_{iK}——第 i 个永久作用的标准值；

γ_P——预应力的分项系数；

P——预应力的标准值；

γ_{Q1}、γ_{Qj}——第 1 个和第 j 个可变作用分项系数；

Q_{1K}——在持久组合中，主导可变作用的标准值；

ψ_0——可变作用的组合系数，可取 0.7，对有界作用且经常以界值出现时，可取 1.0；

Q_{jK}——第 j 个可变作用的标准值。

（2）短暂状况作用效应的短暂组合设计值，即

$$S_d=\sum_{i=1}^{m}\gamma_{Gi}C_{Gi}G_{iK}+\gamma_P C_P P+\sum_{j=2}^{n}\gamma_{Qj}C_{Qj}Q_{jK} \tag{3-4-3}$$

式中　S_d——作用效应设计值；

γ_{Gi}——第 i 个永久作用的分项系数；

C_{Gi}、C_P、C_{Qj}——第 i 个永久作用、预应力和第 j 个可变作用的作用效应系数；

G_{iK}——第 i 个永久作用的标准值；

γ_P——预应力的分项系数；

P——预应力的标准值；

γ_{Qj}——第 j 个可变作用分项系数；

Q_{jK}——第 j 个可变作用的标准值。

（3）地震状况作用效应的地震组合，应按《水运工程抗震设计规范》（JTS 146—2012）的规定执行。

模块六　正常使用极限状态设计

正常使用极限状态时，应采用以下表达式，即

$$S_d\leqslant C_d \tag{3-4-4}$$

式中　S_d——作用效应设计值；

C_d——设计限值。

（1）持久状况的正常使用极限状态，根据不同的设计要求，可分别采用作用效应的标准组合、频遇组合和准永久组合进行设计。

标准组合有

$$S_d=\sum_{i=1}^{m}C_{Gi}G_{iK}+C_P P+C_{Q1}Q_{1K}+\psi_0\Big(\sum_{j=2}^{n}C_{Qj}Q_{jK}\Big) \tag{3-4-5}$$

频遇组合有

$$S_d=\sum_{i=1}^{m}C_{Gi}G_{iK}+C_P P+\psi_1\Big(\sum_{j=1}^{n}C_{Qj}Q_{jK}\Big) \tag{3-4-6}$$

准永久组合有

$$S_d=\sum_{i=1}^{m}C_{Gi}G_{iK}+C_P P+\psi_2\Big(\sum_{j=1}^{n}C_{Qj}Q_{jK}\Big) \tag{3-4-7}$$

式中　S_d——作用效应设计值；

C_{Gi}、C_{Q1}、C_{Qj}——第 i 个永久作用、第 1 个和第 j 个可变作用的作用效应系数；

G_{iK}——第 i 个永久作用的标准值；

C_P——预应力的效应系数；

P——预应力的标准值；

ψ_0、ψ_1、ψ_2——可变作用的组合系数、频遇值系数和准永久值系数，可分别取0.7、0.7、0.6；

Q_{1K}——在标准组合中，主导可变作用的标准值；

Q_{jK}——第 j 个可变作用的标准值。

（2）短暂状况需要考虑正常使用极限状态时，作用效应设计值应按下式计算，即

$$S_d = \sum_{i=1}^{m} C_{Gi} G_{iK} + C_P P + \sum_{j=1}^{n} C_{Qj} Q_{jK} \tag{3-4-8}$$

式中　S_d——作用效应设计值；

C_{Gi}、C_{Qj}——第 i 个永久作用和第 j 个可变作用的作用效应系数；

G_{iK}——第 i 个永久作用的标准值；

C_P——预应力的效应系数；

P——预应力的标准值；

Q_{jK}——第 j 个可变作用的标准值。

模块七　结构内力计算

一、面板

现浇钢筋混凝土板可分为单向板和双向板，按照一般钢筋混凝土结构的方法计算。叠合板的内力可按下列方法计算。

自重和施工荷载产生的内力按简支梁计算。

可变作用产生的内力，当板与梁整体连接时（图3-4-1），可按连续板采用弯矩系数法计算；当板不与梁整体连接时，可按简支梁计算。

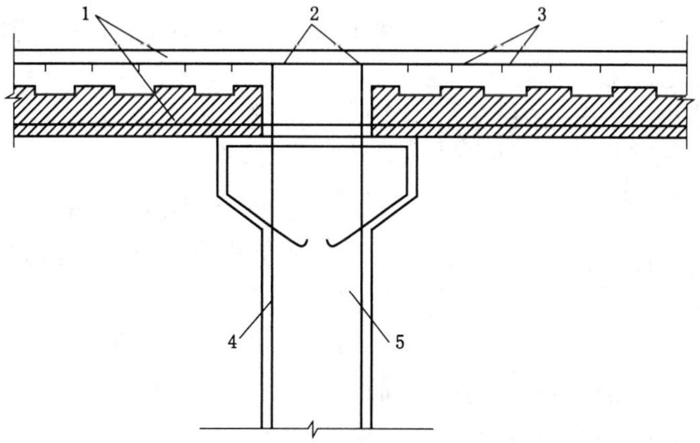

图3-4-1　板与梁整体连接构造示意图

1—面板主筋；2—纵梁主筋；3—面板分布筋；4—箍筋；5—纵梁

（1）计算跨度。板的计算跨度与板的形式和计算内容有关，可参照表3-4-3和图3-4-2。

表 3-4-3 **板的计算跨度**

板的形式		计算弯矩	计算剪力
简支梁		$l_0=l_n+h$	$l_0=l_n$
连续梁	$B_1\leqslant 0.1l$	$l_0=l$	$l_0=l_n$
	$B_1>0.1l$	$l_0=1.1l_n$	

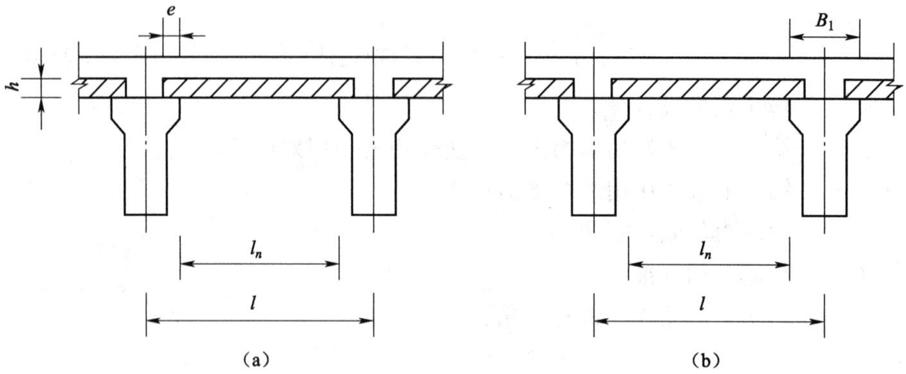

图 3-4-2 板的跨度

(a) 简支板；(b) 连续板

l_n—净跨，m；h—板的厚度，m，大于单侧板的搁置长度时取单侧搁置长度；

B_1—梁的上翼缘宽度，m；l—梁的中心距离，m

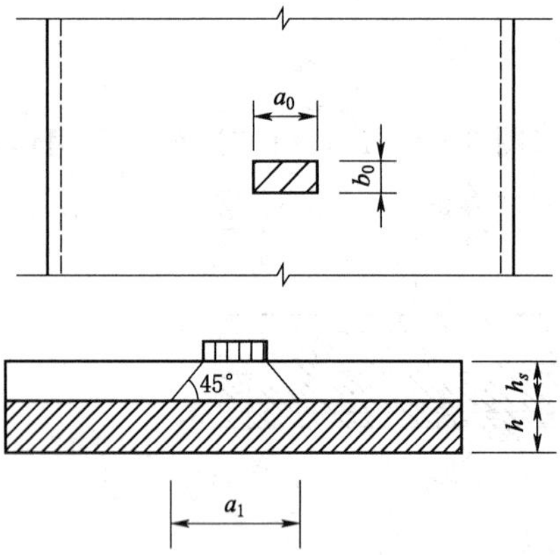

图 3-4-3 单个集中荷载的传递宽度

(2) 单向板在集中荷载作用下的计算宽度。

1) 传递宽度。单个集中荷载的传递宽度（图 3-4-3）为

$$a_1=a_0+2h_s \tag{3-4-9}$$

式中 a_1——集中荷载在平行板跨方向的传递宽度，m；

a_0——集中荷载在平行板跨方向的接触宽度，m；

h_s——垫层厚度，m。

多个集中荷载的传递宽度（图 3-4-4）为

$$a_1=S+a_0+2h_s \tag{3-4-10}$$

式中 S——最外两侧集中荷载的中心间距，m；

a_0——集中荷载在平行板跨方向的接触宽度，m；

h_s——垫层厚度，m。

2) 弯矩计算宽度。平行板跨方向的弯矩计算宽度可按下式计算，即

$$a_c=a_1 \tag{3-4-11}$$

式中 a_c——平行板跨方向的弯矩计算宽度，m；

a_1——集中荷载在平行板跨方向的传递宽度，m。

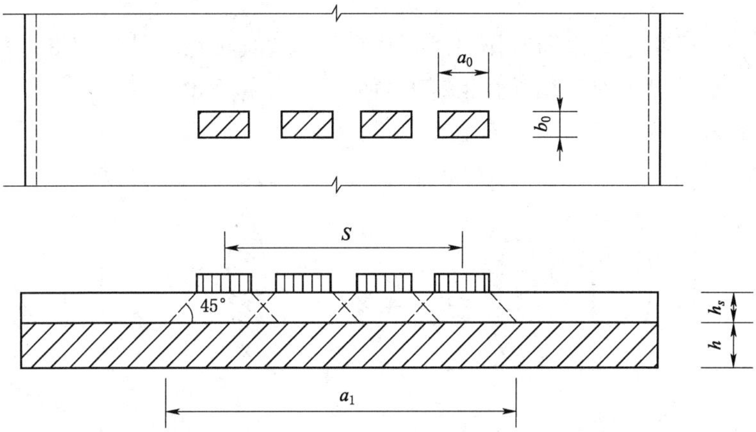

图 3-4-4　多个集中荷载的传递宽度

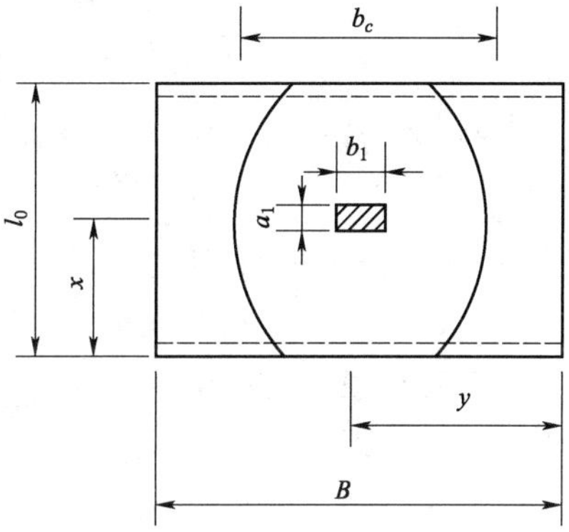

图 3-4-5　集中荷载的弯矩计算宽度

当单个集中荷载中置时（荷载接触面积中心位于 1/2 板宽至 $y \geqslant 0.5b_c$），如图 3-4-5 所示，垂直板跨度方向的弯矩计算宽度计算式为

$$b_c = \frac{Kl_0}{0.8 + 0.1l_0/x} + b_1 + h \tag{3-4-12}$$

$$K = \frac{B/l_0}{1.0 + 0.9B/l_0} \tag{3-4-13}$$

式中　b_c——垂直板跨方向的弯矩计算宽度，m，当 $b_c > B$ 时，取 $b_c = B$；

K——与板的宽跨比有关的系数，当 $B/l_0 \geqslant 2.5$ 时，在式（3-4-13）中取 $B/l_0 = 2.5$；

l_0——板的弯矩计算跨度，m；

x——荷载接触面积中心至支座边的距离，m；

b_1——集中荷载在垂直板跨方向的传递宽度，m；

h——板厚，m；

B——板宽，m，可参照 l_0 的计算方法确定。

当单个集中荷载偏置（荷载接触面积中心位于自由边附近，且 $y < 0.5b_c$）时，垂直板跨度方向的弯矩计算宽度计算式为

$$b'_c - 0.5b_c + y \tag{3-4-14}$$

式中　y——荷载接触面积中心至板自由边的距离，m；

b_c——垂直板跨方向的弯矩计算宽度，m，当 $b_c > B$ 时，取 $b_c = B$；

b'_c——集中荷载位于自由边附近时，沿垂直板跨方向的弯矩计算宽度，m。

当多个集中荷载同时作用时（图 3-4-6），垂直板跨方向的弯矩计算宽度计算

式为

$$b_c = S + 0.5b_{c1} + 0.5b_{c2} \tag{3-4-15}$$

式中　b_c——多个集中荷载同时作用时，垂直板跨方向的弯矩计算宽度；

b_{c1}、b_{c2}——最外侧集中荷载垂直板跨方向的弯矩计算宽度；

S——最外两侧集中荷载的中心距离。

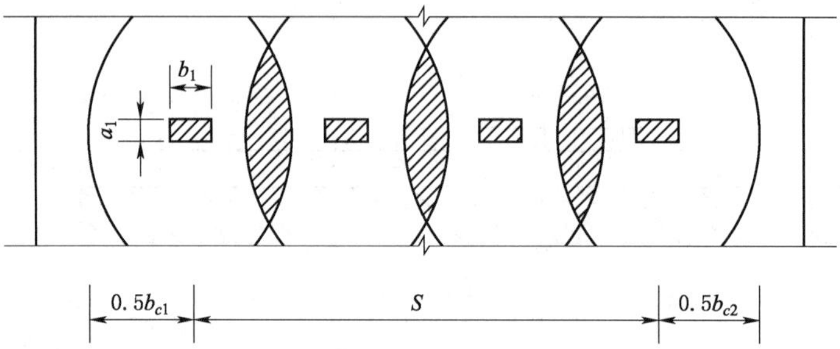

图 3-4-6　多个集中荷载的弯矩计算宽度

a_1—集中荷载在平行板跨方向的传递宽度；b_1—集中荷载在垂直板跨方向的传递宽度；S—最外两侧集中荷载的中心距离

3）剪力计算宽度。平行板跨方向的剪力计算宽度可按下式计算，即

$$a_{cs} = a_1 \tag{3-4-16}$$

式中　a_{cs}——平行板跨方向的剪力计算宽度，m；

a_1——集中荷载在平行板跨方向的传递宽度，m。

中置荷载（荷载位于 1/2 板宽附近，且 $y' \geqslant 0.3x + 1.8h_0$）的剪力计算宽度可按下式计算，即

$$b_{cs} = b_1 + 3.6h_0 + 0.6x \tag{3-4-17}$$

式中　y'——荷载接触面积边缘至板边的距离，m；

x——荷载接触面积中心至支座边缘的距离，m；

h_0——板的有效高度，m；

b_{cs}——垂直板跨方向剪力计算宽度，m；

b_1——垂直于板跨方向荷载的传递宽度，m。

偏置荷载（荷载位于自由边附近，且 $y < 0.3x + 1.8h_0$）的剪力计算宽度可按下式计算，即

$$b'_{cs} = b_1 + 1.8h_0 + 0.3x + y' \tag{3-4-18}$$

式中　y'——荷载接触面积边缘至板边的距离，m；

x——荷载接触面积中心至支座边缘的距离，m；

h_0——板的有效高度，m；

b'_{cs}——荷载位于板的自由边附近时垂直板跨方向的剪力计算宽度，m；

b_1——垂直于板跨方向荷载的传递宽度，m。

（3）单向板在均布荷载作用下的计算宽度。单向板在均布荷载作用下的计算宽度可按单位宽度计。

（4）与梁整体连接单向板的弯矩设计值。梁板断面示意见图 3－4－7。与梁整体连接的单向板，跨中和支座弯矩设计值可按下式计算，即

$$M = mM_0 \tag{3-4-19}$$

式中　M——跨中和支座计算弯矩设计值，kN·m；

m——弯矩系数，根据板厚与肋高之比确定，可查表 3－4－4；

M_0——按简支板计算时跨中最大弯矩设计值，kN·m，在计算 M_0 时，应考虑各项荷载作用效应组合。

表 3－4－4　　弯　矩　系　数

板的位置		边跨板		中跨板	
		边支座	跨中	支座	跨中
m 值	$h/H'<1/4$	−0.50	0.60	−0.60	0.60
	$h/H'\geqslant 1/4$	−0.50	0.70	−0.60	0.65

（5）双向板的弯矩设计值。

1）四边简支板承受集中荷载所产生的弯矩，可查相关规范。

2）当板与梁整体连接时，跨中弯矩取按四边简支板计算的跨中弯矩值的 0.525 倍，支座弯矩取按四边简支板计算的跨中弯矩值的 0.75 倍。

板在集中荷载作用下的受冲切承载力计算参照有关规范。

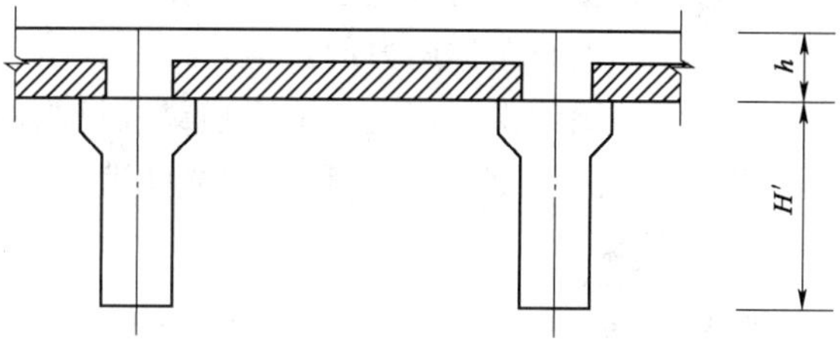

图 3－4－7　梁板断面示意
h—板厚；H'—肋高

二、纵梁

梁系结构采用平面方法计算时，纵梁根据梁与支座连接情况、支座宽度等结构特点，宜选取简支梁、弹性支承连续梁等计算模型进行内力分析，也可采用其他适合结构特点的计算模型。

（1）计算跨度。简支梁、刚性支承连续梁和弹性支承连续梁的计算跨度见表 3－4－5 和图 3－4－8。

表 3－4－5　　简支梁、刚性支承连续梁和弹性支承连续梁的计算跨度

纵梁的形式		弯矩计算	剪力计算
简支梁		$l_0=\max\{l_n+e，1.05\,l_n\}$	$l_0=l_n$
连续梁	刚性支承	当 $B_2\leqslant 0.05l$，$l_0=l$	
		当 $B_2>0.05l$，$l_0=1.05\,l_n$	
	弹性支承	$l_0=l$	

注　l_0—计算跨度；l_n—净跨度；l—支座（横梁）中心距离；e—搁置长度；B_2—支座宽度。

（2）内力计算。连续梁结构宜按考虑支座宽度的弹性支承连续梁计算，如图 3－4－8

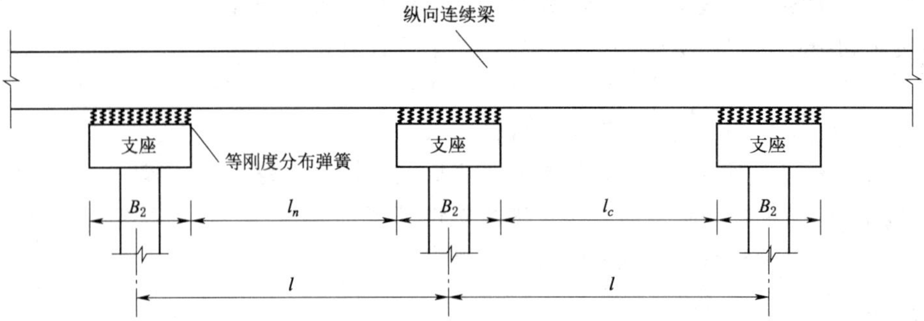

图 3-4-8 考虑支座宽度的弹性支承连续梁

所示。均匀分布弹簧的刚度系数为

$$k=\frac{K}{B_2} \tag{3-4-20}$$

式中 k——分布弹簧单位长度刚度系数，kN/m^2；

K——支座竖向刚度系数，取横梁或桩帽在支座中心处产生单位竖向位移时所需竖向作用力的数值，kN/m；

B_2——飘梁支座宽度，取下横梁或桩帽的宽度，m。

当支座的相对刚度系数和相对宽度满足表 3-4-6 所示条件时，可以简化为点弹性支承连续梁。

表 3-4-6　　按点支承连续梁计算的条件

α	0.06	0.08	0.13	0.32	0.64
β 允许的上限值	0.1667	0.2000	0.2333	0.3000	0.3333

注 表中两数值间可按内插法取值。

表 3-4-6 中：

$$\alpha=\frac{6EI}{Kl^3} \tag{3-4-21}$$

$$\beta=\frac{B_2}{l} \tag{3-4-22}$$

式中 α——支座的相对刚度系数；

E——连续梁的弹性模量，kPa；

I——连续梁的截面惯性矩，m^4；

K——支座总竖向刚度系数，取横梁或桩帽在支座中心处产生单位竖向位移时所需竖向作用力的数值，kN/m；

l——横梁或桩帽中心距，m；

β——支座的相对宽度，m；

B_2——纵梁支座宽度，取下横梁或桩帽的宽度，m。

连续梁结构按弹性点支承连续梁计算时，弯矩和剪力计算跨度均可取横梁或桩帽中心。计算的弯矩和剪力可进行削峰处理，取计算值距支座中点 1/4 支座宽度处的数值。

弹性支承连续梁第 n 支座的五弯矩方程一般形式为

$$\delta_{n,\,n-2}M_{n-2}+\delta_{n,\,n-1}M_{n-1}+\delta_{n,\,n}M_{n}+\delta_{n,\,n+1}M_{n+1}+\delta_{n,\,n+2}M_{n+2}+\Delta_{np}=0 \tag{3-4-23}$$

$$\delta_{n,\,n-2}=\frac{K_{n-1}}{l_{n}l_{n-1}} \tag{3-4-24}$$

$$\delta_{n,\,n-1}=\frac{l_{n}}{6EI}-\frac{K_{n-1}}{l_{n}}\left(\frac{1}{l_{n-1}}+\frac{1}{l_{n}}\right)-\frac{K_{n}}{l_{n}}\left(\frac{1}{l_{n}}+\frac{1}{l_{n+1}}\right) \tag{3-4-25}$$

$$\delta_{n,\,n}=\frac{l_{n}}{3EI}+\frac{l_{n+1}}{3EI}+\frac{K_{n-1}}{l_{n}^{2}}+K_{n}\left(\frac{1}{l_{n-1}}+\frac{1}{l_{n}}\right)^{2}+\frac{K_{n+1}}{l_{n+1}^{2}} \tag{3-4-26}$$

$$\delta_{n,\,n+1}=\frac{l_{n+1}}{6EI}-\frac{K_{n+1}}{l_{n+1}}\left(\frac{1}{l_{n+1}}+\frac{1}{l_{n+2}}\right)-\frac{K_{n}}{l_{n+1}}\left(\frac{1}{l_{n}}+\frac{1}{l_{n+1}}\right) \tag{3-4-27}$$

$$\delta_{n,\,n+2}=\frac{K_{n-1}}{l_{n+1}l_{n+2}} \tag{3-4-28}$$

$$\Delta_{np}=B_{n}^{\phi}+A_{n+1}^{\phi}+\frac{R_{n-1}^{0}}{l_{n}}K_{n-1}-\left(\frac{1}{l_{n}}+\frac{1}{l_{n+1}}\right)R_{n}^{0}K_{n}+\frac{R_{n+1}^{0}}{l_{n+1}}K_{n+1} \tag{3-4-29}$$

式中　$\delta_{n,n-2}$、$\delta_{n,n-1}$、$\delta_{n,n}$、$\delta_{n,n+1}$、$\delta_{n,n+2}$——简支梁基本系中由于第 $n-2$、$n-1$、n、$n+1$、$n+2$ 支座单位力矩使第 n 支座处产生的角位移；

Δ_{np}——简支梁基本系中由于外荷载和支座沉陷使第 n 支座处产生的角位移；

M_{n-2}、M_{n-1}、M_{n}、M_{n+1}、M_{n+2}——第 $n-2$、$n-1$、n、$n+1$、$n+2$ 支座处的弯矩；

K_{n-1}、K_{n}、K_{n+1}——第 $n-1$、n、$n+1$ 支座的压缩系数，搁置在桩帽上的纵梁，其支座的压缩系数取支承处桩的轴向反力系数；搁置在横梁上的纵梁，其支座的压缩系数取支承处横梁在单位力作用下的垂直变形值；

R_{n-1}^{0}、R_{n}^{0}、R_{n+1}^{0}——荷载单独作用在简支梁基本系时，在第 $n-1$、n、$n+1$ 支座处产生的支座反力；

E、I——桩台材料弹性模量和断面惯性矩；

l_{n-1}、l_{n}、l_{n+1}、l_{n+2}——第 $n-1$、n、$n+1$、$n+2$ 跨的跨度；

B_{n}^{ϕ}、A_{n+1}^{ϕ}——第 n、$n+1$ 跨在荷载作用下，第 n 支座处梁端的转角。

桩的轴向反力系数为

$$K=\frac{L_{0}}{E_{P}A_{P}}+\frac{1}{c} \tag{3-4-30}$$

其中 $$c=(115\sim145)Q_{ud} \tag{3-4-31}$$

式中　K——桩的轴反向力系数，m/kN；

L_0——桩的自由长度，m；

E_P——桩材料弹性模量，kPa；

A_P——桩身横截面面积，m^2；

c——桩入土部分的单位沉降所需轴向力，kN/m；

Q_{ud}——单桩垂直极限承载力标准值，kN。

三、横梁

横梁计算时，当全部由单桩支承时，如图 3-4-9（a）所示，计算跨度宜取桩轴线与梁底面线交点之间的距离；当单桩和叉桩支承时，如图 3-4-9（b）所示，计算跨度宜取单桩轴线和叉桩的两轴线交点的垂线与梁底面线交点之间的距离。

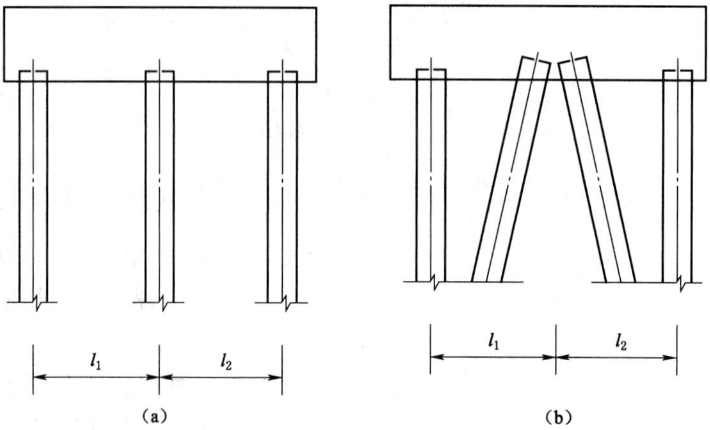

图 3-4-9　横向排架计算跨度示意

（a）单桩支承排架；（b）单桩和叉桩支承排架

【学后思考】

1. 高桩式码头设计工况有哪几种？
2. 高桩式码头设计包括哪些计算内容？
3. 高桩式码头设计中的结构系数、分项系数如何取值？

项目四　板桩式码头

板桩式码头主要依靠板桩沉入地基来维持工作，耐久性不如重力式码头，但与高桩式码头相比较，其结构简单，且施工速度快，因此建造的越来越多。板桩式码头中板桩墙可采用多种不同的材料；锚碇结构也有多种形式。

【知识目标】

1. 熟知板桩式码头按照板桩材料、锚碇系统、板桩墙结构的分类方法。

2. 熟知板桩式码头中几种板桩的结构特点。

3. 熟知板桩式码头中常用的锚碇结构的作用、种类及特点。

3. 熟知板桩式码头中拉杆的结构特点和要求。

4. 熟知板桩式码头中对导梁、帽梁及胸墙的作用、要求。

5. 板桩式码头中排水设施如何设置。

6. 了解板桩式码头中码头设计高程的拟定方法。

7*. 了解单锚板桩墙的工作状态和受力特性。

8*. 了解板桩式码头中剩余水压力、单锚板桩墙、锚碇墙前被动土压力的计算方法。

9*. 了解锚碇墙的稳定性验算、锚碇墙到板桩墙的距离计算方法。

【能力目标】

1. 能表述板桩式码头按照板桩材料、锚碇系统、板桩墙结构的分类方法。

2. 能表述板桩式码头中几种板桩的结构特点。

3. 能说出板桩式码头中常用的锚碇结构的作用、种类及特点。

4. 能说出板桩式码头中拉杆的结构特点和要求。

5. 能表述板桩式码头中对导梁、帽梁及胸墙的作用、要求。

6. 能说出板桩式码头中排水设施的设置要求。

7*. 能说出单锚板桩墙的工作状态和受力特性。

8*. 会拟定板桩式码头中码头的设计高程，并依据相关资料会验算锚碇墙的稳定性和计算锚碇墙到板桩墙的距离。

【素养目标】

1. 有正确的学习观念和积极、认真、塌实的学习态度。

2. 具有钻研、独立思考的品质和探索、求知的科学精神。

3. 有良好的思想品德、道德意识和献身精神。

4. 具有环保意识。

5. 了解与码头有关的议题知识，了解本行业技术革新的信息。

【思政导引】

通过探访超大工程建设现场，解密中国“智”造巅峰之作，致敬实干兴邦的中国建设者。

长江水道治理是世界最大河口航道治理工程。长江是中国第一大河，每年巨量河沙沿江而下，沉积到长江中下游，越来越浅的水深阻碍着往来巨型船舶的通航，危机正在影响着这条世界最繁忙航道，一条全长 430km 的深水航道正在从长江下游向上掘进，一旦目标达成，5 万 t 级的海轮将可以从大洋深处直达南京，这是一项规模巨大的超级工程，工地更是独一无二，建设者们要对抗江面危险的水流，搬走江底上亿吨的泥沙，还要挑战驾驶技能的极限，同时，他们还需要面对一个事实：这项工程也许永远都不会竣工。

要建设真正的深水良港，疏通航道、浚深泊位，中国依靠的是一种独特的海上力器。上海横沙，中国自主建造的疏浚船“天吉号”在实施航道清淤作业。

【知识拓展】

观看《中国建设者》“黄金水道”。

任务一　板桩式码头的结构形式及其特点

【课程导航】

问题 1. 板桩式码头按照板桩材料分为哪几类？

问题 2. 板桩式码头按照锚碇系统分为哪几类？

问题 3. 单锚板桩、双锚板桩、斜拉板桩的区别在哪里？

问题 4. 板桩式码头按照板桩墙结构分为哪几类？

问题 5.《中国建设者》“黄金水道”主要讲了哪些问题？体现了什么精神？

板桩式码头主要靠板桩沉入地基来维持工作，其结构简单，材料用量少，施工方便，施工速度快，主要构件可在预制厂预制，但结构耐久性不如重力式码头，施工过程中一般不能承受较大的波浪作用。

板桩码头按板桩材料、锚碇系统及板桩墙结构有多种分类方法。

模块一　按板桩材料分类

4-1

板桩式码头分类与构造——按照材料分类

板桩式码头按板桩材料不同，可分为木板桩码头、钢筋混凝土板桩码头和钢板桩码头三种。

（1）木板桩的强度低，耐久性差，且耗用大量木材，现已很少应用。

（2）钢筋混凝土板的耐久性好，用钢量少，造价低，在板桩码头中应用较多。但钢筋混凝土板桩的强度有限，一般只适用于水深不大的中、小型码头。

（3）钢板桩质量轻，强度高，锁口紧密，止水性好，沉桩容易，适用于水深较大的海港码头。如蛇口港一突堤东侧万吨级码头采用了拉森Ⅵ型钢板桩，水深 11.0m；赤湾港 1 号泊位采用了 ESP－Ⅶ型钢板桩，水深 10.0m。但钢板桩造价较高，易锈蚀，需采取防锈措施。

模块二　按锚碇系统分类

4-2

板桩式码头分类与构造——按照锚碇分类

板桩式码头按锚碇系统可分为无锚板桩码头、单锚板桩码头、双锚板桩码头、斜拉桩式板桩码头、遮帘式板桩码头和卸荷板式板桩码头。大型深水码头可采用多锚板桩、遮帘式板桩或卸荷式板桩结构。

一、无锚板桩

无锚板桩墙如同埋入土中的悬臂梁（板），当其自由高度增大时，其固端弯矩亦将急剧增大，故多用于板桩墙高度较小、地面荷载不大且对位移要求不高的情况。

二、单锚板桩码头

当地面荷载不大时，可采用无锚板桩结构，是中小型码头常用的一种结构形式，目前已建造了许多万吨级的单锚板桩码头（图4-1-1和图4-1-2）。

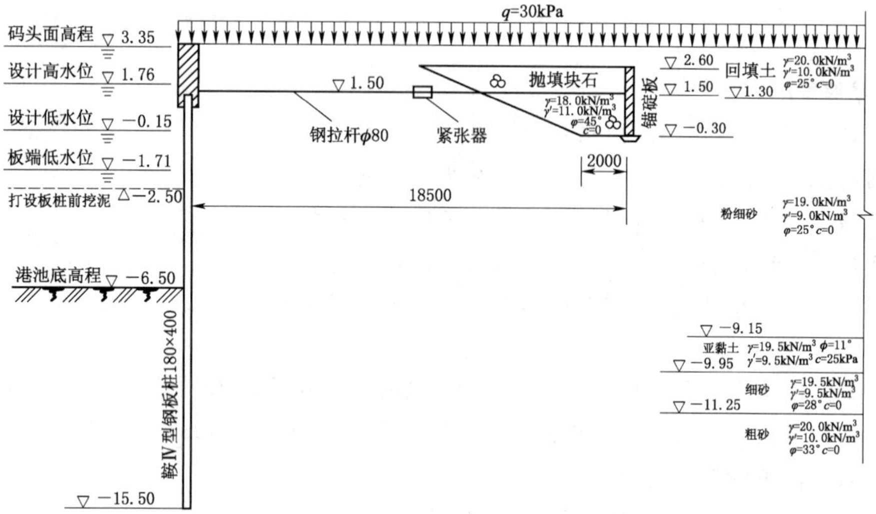

图4-1-1　单锚板桩码头（尺寸单位：mm；高程单位：m）

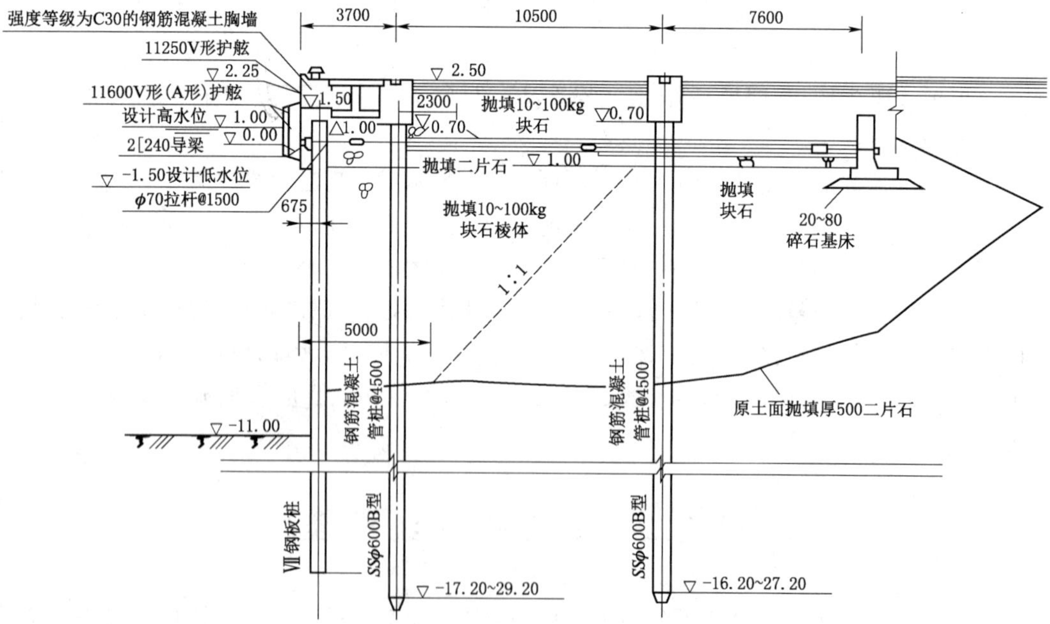

图4-1-2　万吨级钢板桩码头（尺寸单位：mm；高程单位：m）

三、双锚板桩码头

当码头水深较大时，为减小板桩弯矩，也可以采用双锚板桩岸壁的结构（图4-1-

3)，这种结构形式的下拉杆高程较低，施工较困难；上、下两根拉杆的位移也很难保证比较理想地协调工作，故常会使其中一根拉杆严重超载，计算结果与实际受力往往差别较大。所以一般情况下采用双拉杆板桩结构较少。

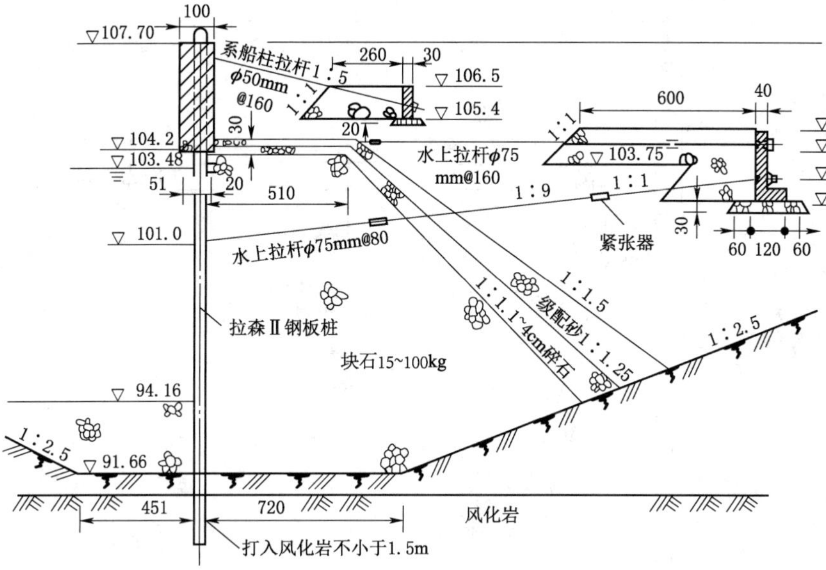

图 4-1-3　广州黄埔港双拉杆钢板桩码头（尺寸单位：mm；高程单位：m）

四、斜拉桩式板桩码头

如果码头后方施工场地狭小，不便埋设拉杆和锚碇结构或施工期会遭受波浪作用，则可采用如图 4-1-4 所示的结构形式。

由于板桩与斜拉杆在施工时连成整体，因此在回填之前即可承受一定的波浪力：但这种结构的大部分水平力传给了斜桩，而斜桩承受水平力的能力有限，一般这类结构也多用于中小型码头。

斜拉桩式板桩码头中的前墙可采用钢筋混凝土板桩、地下连续墙或钢板桩。前墙可采用垂直或 8∶1～10∶1 的斜度，前墙外表面与设计水底的交点不宜超过码头前沿线。斜拉桩宜采用钢桩，在无负摩擦情况下也可采用钢筋混凝土桩。钢筋混凝土拉桩宜采用矩形截面；钢桩宜采用 H 形或圆管形截面。斜拉桩的斜度不宜陡于 3∶1。斜拉桩与前墙可直接连接或采用现浇钢筋混凝土桩台连接，连接方式可采用铰接或刚性连接。

五、遮帘式板桩码头

遮帘式板桩码头是在地下墙式板桩码头的基础上开发的一种新的板桩码头结构。通过设置遮帘桩减小板桩墙的土压力和内力，可建设 10 万 t 级以上码头。遮帘式板桩码头结构包括半遮帘式和全遮帘式结构（图 4-1-5）。

遮帘式板桩码头的前墙可采用钢筋混凝土板桩、地下连续墙或钢板桩；遮帘桩可采用灌注桩、钢桩或预制钢筋混凝土桩。遮帘式板桩码头的遮帘桩和前墙可整体连接或分离连接，如图 4-1-6 和图 4-1-7 所示。当遮帘桩和前墙的胸墙采用整体连接时，遮帘桩宜沉入良好持力层。

遮帘桩应有较大的抗弯刚度和较小的水平位移。遮帘式板桩码头形式在京唐港和曹妃甸港区的挖入式港池中有应用，在外海无掩护水域应用尚少。

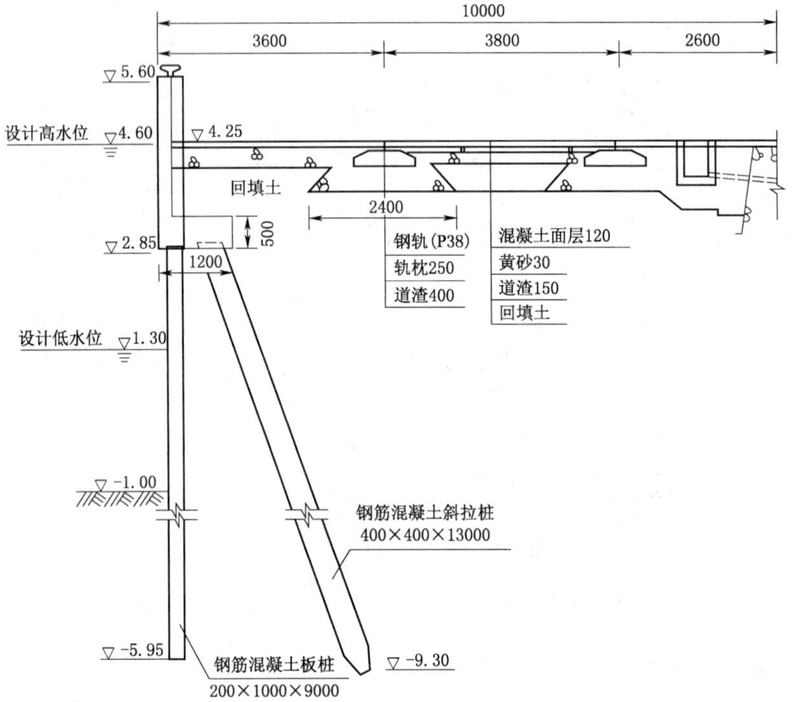

图 4-1-4　上海铁路局东站斜拉桩板桩岸壁

（尺寸单位：mm；高程单位：m）

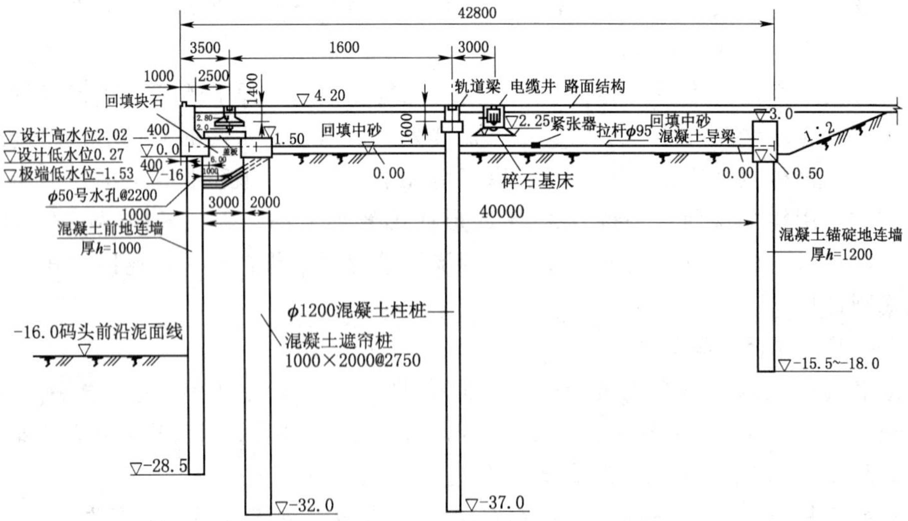

图 4-1-5　全遮帘式板桩码头结构

（尺寸单位：mm；高程单位：m）

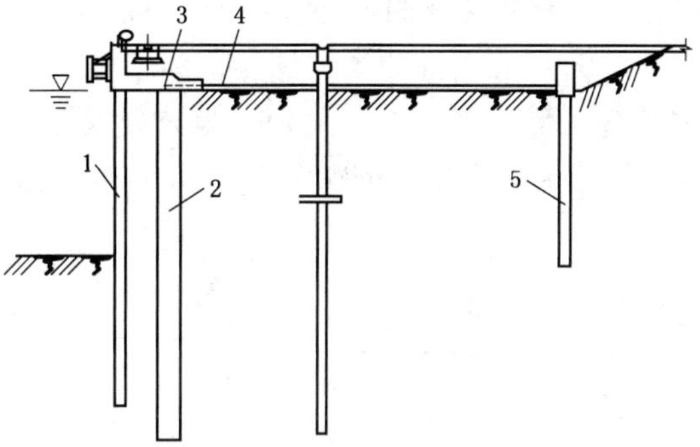

图 4-1-6　整体遮帘式板桩码头
结构断面示意图
1—前墙；2—遮帘桩；3—胸墙；
4—拉杆；5—锚碇

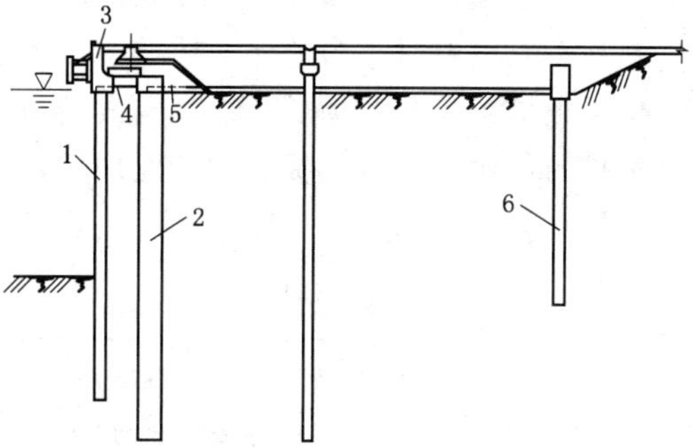

图 4-1-7　分离遮帘式板桩码头
结构断面示意图
1—前墙；2—遮帘桩；3—胸墙；
4—前拉杆；5—后拉杆；6—锚碇

六、卸荷板式板桩码头

卸荷式板桩码头的前墙可采用钢筋混凝土板桩、地下连续墙或钢板桩；卸荷平台的桩基可采用灌注桩、钢桩或预制钢筋混凝土桩。

卸荷式板桩码头的卸荷承台和前墙可采用整体式连接，如图 4-1-8 所示；也可采用分离式连接，如图 4-1-9 所示。当采用整体式连接时，卸荷承台下的基桩宜沉入良好持力层。

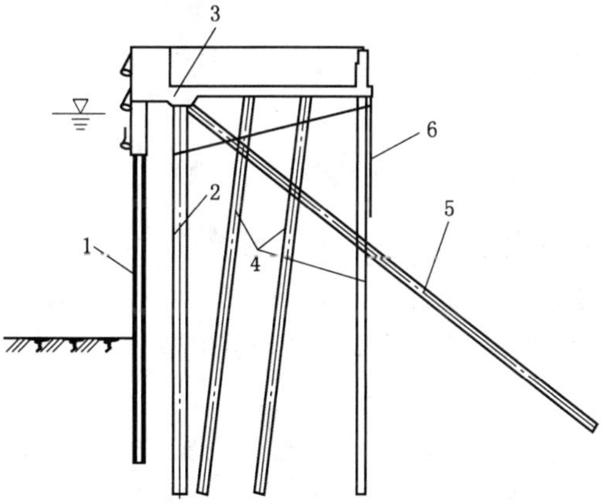

图 4-1-8　整体卸荷式板桩码头
结构断面示意图
1—靠船桩；2—前墙；3—卸荷承台；
4—桩基；5—拉杆；6—挡墙

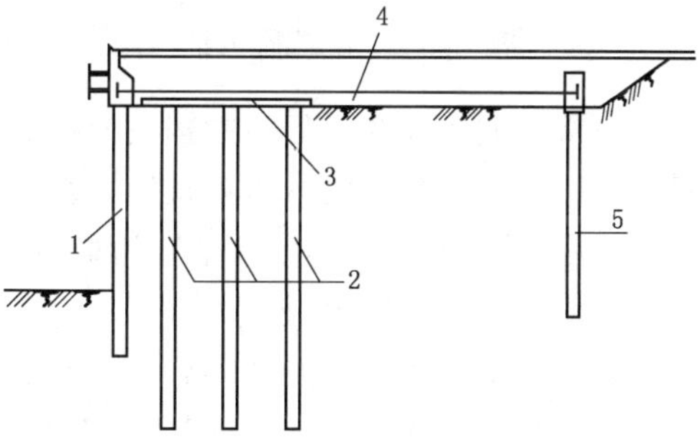

图 4-1-9　分离卸荷式板桩码头
结构断面示意图
1—前墙；2—桩基；3—卸荷承台；
4—拉杆；5—锚碇

模块三　按板桩墙结构分类

4-3

板桩式码头分类与构造——按照板桩墙结构分类

按板桩墙的结构不同，可分为普通板桩墙、长短板桩结合、主桩板桩结合、主桩挡板（或套板）和地下墙式等形式。

普通板桩墙由断面和长度相同的板桩组成，其优点是板桩类型少，便于施工。当地基土质较差时，为了保证岸壁的整体稳定性，需增大板桩的入土深度，为了降低造价，板桩可隔几根加长1根，构成长短板桩结合的形式（图4-1-1）。为充分发挥长板桩的作用，可将长板桩的断面加大，成为主桩，而将短板桩的断面减小，构成主桩板桩结合的结构形式（图4-1-10）。

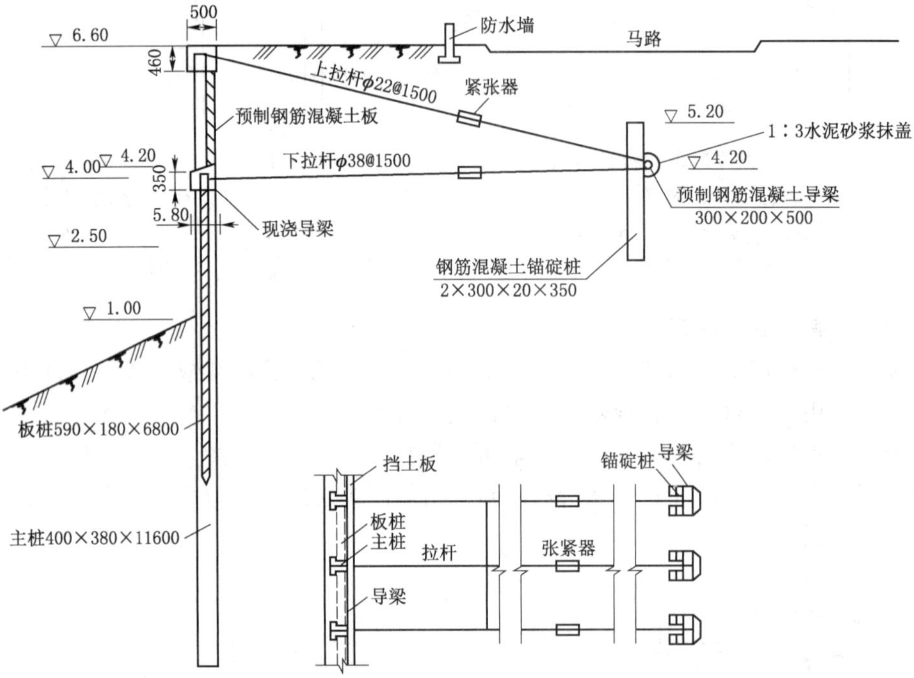

图4-1-10 主桩板桩结合的板桩码头（尺寸单位：mm；高程单位：m）

当水平放置在主桩后面的挡板或插放在主桩之间的套板代替板桩挡土时，形成主桩挡板（或套板）结构，其主桩受力很大，故适用于水深不太大的情况。据不完全统计，新中国成立以来，我国建设的板桩码头中钢筋混凝土板桩码头约占2/3，其中中、小型码头占85%以上。

随着船舶大型化的发展，码头泊位也向深水方向迈进，但是作为码头三大结构形式之一的板桩码头，其吨级的提升却遇到了极大的困难。随着码头前沿水深的加大，作用于码头前墙上的土压力增加，前墙的变形增大，使得板桩断面难以满足深水码头急剧增大的弯矩的要求。20世纪70年代以来，随着钢板桩码头的采用，建成了一批万吨级以上的大型码头。20世纪末在唐山港京唐港区建成3.5万吨级的地下连续墙式板桩码头，成为2000年之前全国最大吨位的板桩码头，但同时期的重力式码头和高桩承台式码头已经发展到30万吨级以上，而板桩码头的发展却显得落后。

地下连续墙式板桩码头是一种干地施工的板桩码头（图4-1-11）。当具有干地施工条件、天然泥面较高、挖入式港池、需要保护邻近建筑物安全或缺乏打桩设备时，宜采用这种结构。由于墙体连续性好，能有效地防渗和止水，可以制作成断面较大、各种形式的墙体，可用于大型深水码头，施工速度快，不需大型、复杂的施工机械，造价较低。但同时，现浇地下连续墙的混凝土密实性、抗冻性相对较差，质量不易保证，开挖后若墙体不光滑需另做处理。

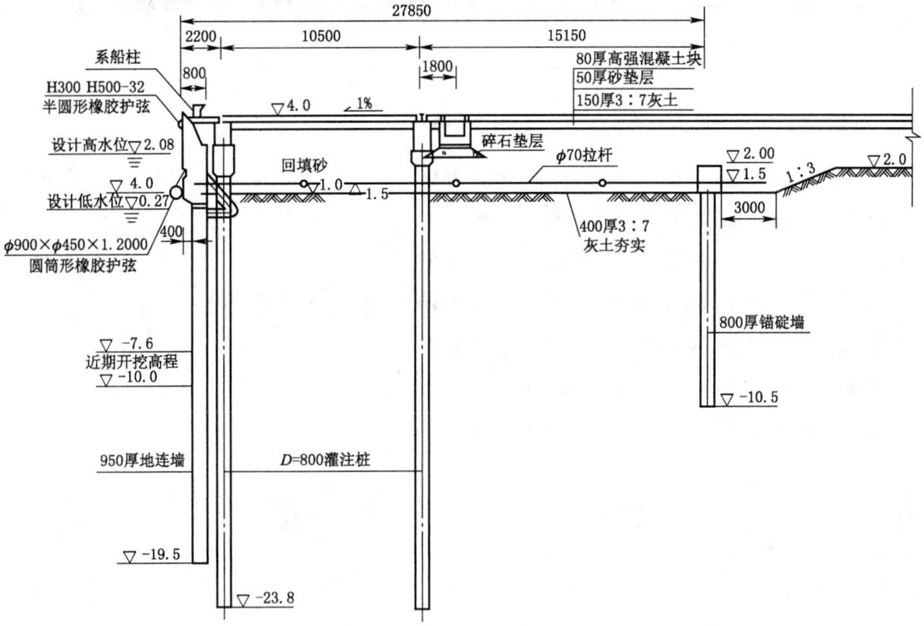

图 4-1-11　京唐港起步工程码头断面图（尺寸单位：mm；高程单位：m）

【学后思考】

1. 板桩式码头按照板桩材料分为哪几类？
2. 板桩式码头按照锚碇系统分为哪几类？
3. 单锚板桩、双锚板桩、斜拉板桩的区别在哪里？
4. 板桩式码头按照板桩墙结构分为哪几类？

任务二　板桩式码头的布置及构造

【课程导航】

问题 1. 板桩式码头中钢筋混凝土板桩有哪几种断面形式？各有什么优缺点？

问题 2. 板桩式码头有哪几种结构形式？各自的适用条件是什么？

问题 3. 常用的钢板桩防锈措施有哪几种？

问题 4. 在板桩式码头中常用的锚碇结构的作用、种类有哪些？

问题 5. 拉杆是板桩墙和锚碇结构之间的传力构件。（√或×）

问题 6. 拉杆、导梁、帽梁及胸墙的作用分别是什么？

问题 7. 板桩式码头中如何设置排水设施？

模块一　结　构　选　型

一、结构形式

板桩式码头按其板桩墙所采用的材料不同，可分为木板桩、钢板桩、钢筋混凝土板桩、预应力钢筋混凝土板桩等。木板桩需耗用大量木材且耐久性差，故极少采用；钢板桩价格较高，在海水中易腐蚀，但强度较高，沉桩较容易，适用于水深较大的情况；钢筋混凝土板桩和预应力钢筋混凝土板桩耐久性较好，造价较低，适用于中、小型码头。

板桩式码头按其锚碇特点可分为无锚板桩码头和有锚板桩码头，有锚板桩又可分为单锚板桩码头、双锚板桩码头和斜拉板桩码头。

板桩也可采用地下连续墙结构。

二、结构布置

结构布置是结构总尺度的确定。在结构布置时应考虑以下几点：

（1）结构沿码头长度方向的分段。为避免在结构中产生过大的湿度应力和沉降应力，沿码头长度方向隔一定距离应设置变形缝。

（2）桩顶的高程。一般可取为混凝土浇筑的施工水位。

（3）锚碇布置。采用钢筋混凝土预制锚碇桩结构，钢筋混凝土预制方桩边长、长度及间距可依据规范要求，参考工程经验设计。

（4）拉杆。钢拉杆直径、长度、间距依据规范要求，参考工程经验设计。

模块二　板　　桩

板桩墙的作用是构成直立的码头岸壁，并挡住墙后的土体。板桩墙常采用钢筋混凝土板桩、钢板桩和地下连续墙板桩。

一、钢筋混凝土板桩

钢筋混凝土板桩尽量采用预应力混凝土或高强混凝土，以提高抗裂能力和耐久性，并有利于打桩时桩不被打坏。桩头和桩尖在打桩时受力较大，所以在板桩顶部应采取加固措施，可在桩顶设置 3 层钢筋网片，桩头段和桩尖段的箍筋也适当加密，其间距一般为 10cm。有时需打入硬土，则往往采用钢靴加固桩尖。

钢筋混凝土板桩常采用矩形截面，如图 4-2-1（a）所示，在地基条件和打桩设备允许的情况下，尽可能加大板桩宽度，一般可采用 500～600mm。厚度由计算确定，可采用 200～600mm，当板桩厚度较大时，宜采用空心板。桩顶主筋外伸的长度不宜小于 350mm；当板状厚度较小时也可在沉桩后，凿除桩头混凝土露出外伸钢筋。

为了使板桩整齐地打入地基并使各板桩紧密接合，在板桩两侧分别做成凹槽、凸榫，凸榫一般从桩尖开始做至设计泥面以下 1.0m 左右，在此侧的其余范围和另一侧全长范围做凹槽。当板桩墙后回填开山石或块石时，可一侧通长做凸榫，另一侧通长做凹槽，凹槽的深度不宜小于 50mm，凹榫和凸榫的槽壁中应配上钢筋，以避免打桩过程中裂损；凸榫尺寸应比凹槽小 5mm。

钢筋混凝土板桩间的缝宽宜采用 20～30mm。当板桩墙后的原土层或回填料为细颗粒土时，钢筋混凝土板桩之间的接缝应采取防漏土措施。凹槽之间形成的空腔用细石混凝土或水泥砂浆填实以防泥土流失。

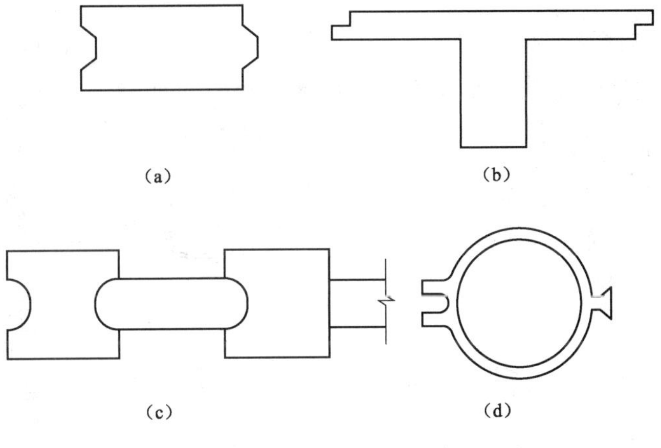

图 4-2-1　钢筋混凝土板桩断面形式

(a) 矩形；(b) T 形；(c) 组合形；(d) 圆管形

板桩的底端在厚度方向上做成楔形以使板桩易于打入，而在底端凹槽一侧应削成斜角，可以使板桩施打中产生一个挤推力，使桩靠得紧密。桩顶段 300～500mm 长度内两侧应各缩进 20～40mm 以便装设替打（图 4-2-2）。

钢筋混凝土定位桩和转角桩的桩尖应做成对称形，桩长宜比　般桩长 2m。转角桩应根据码头转角处的平面布置，设计成异形截面。

此外也采用 T 形截面、组合形截面或圆管形截面，如图 4-2-1 所示。T 形断面由于翼板较薄，无法做槽榫，故常做成企口。平接缝企口导向性差，接缝不严密，故应在接缝后面采取防漏措施。T 形翼板主要是挡土，所以翼板底端低于板桩墙前设计

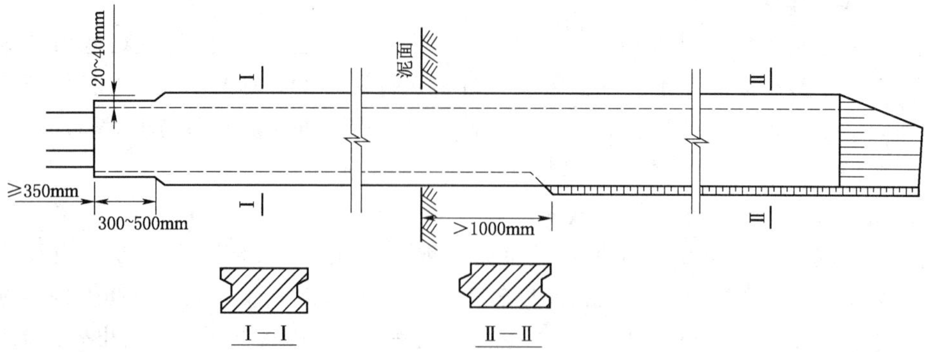

图 4-2-2　钢筋混凝土板桩构造示意图

泥面以下 1m，并不小于冲刷深度。T 形断面板桩一数宽度较大，常采用 1.2～1.6m，施工速度快，一般用于内河小码头。建造深水码头要求板桩抗弯能力大，也可采用圆管形或组合型断面，采用直径为 0.5～3.0m 的预应力管桩分段预制，用法兰盘连接成需要的长度后沉入地基。

钢筋混凝土板桩的配筋应根据《码头结构设计规范》(JTS 167—2018) 和《水运工程混凝土结构设计规范》(JTS 151—2011) 按强度和抗裂要求确定。

二、钢板桩

钢板桩常用断面形式有 U 形和 Z 形，当前墙弯矩较大时，也可采用截面模量较大的圆管形、H 形和组合形，适用于较大的深水码头（图 4-2-3）。

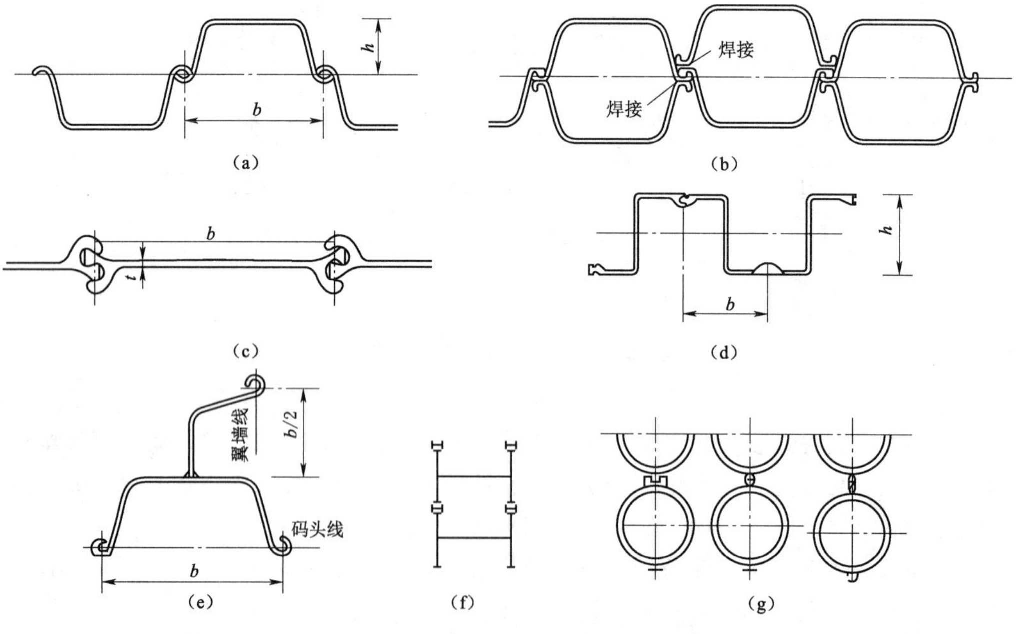

图 4-2-3　钢板桩断面形式

(a) U 形钢板桩；(b) 用 U 形板桩组合的断面；(c) 平板形钢板桩；
(d) Z 形钢板桩；(e) 钢板桩码头的转角构造；(f) H 形钢板桩；(g) 圆管形钢板桩

为了便于钢板桩的打入，应在桩尖前进方向侧削角，削角的坡度一般为 1∶4～1∶2。在码头转角处还常用焊接或铆接拼制的异形转角板桩，如图 4-2-3（e）所示。

钢板桩在水中和空气中易锈蚀，因此必须采取防锈措施，目前常用的防锈措施有以下几种：

（1）涂料保护，采用涂抹环氧煤沥青漆或聚乙烯和聚氨酯弹性体覆盖，这种方法常作为在水位变化处的钢板桩防锈措施。

（2）阴极保护。实践证明在水下部分采用阴极保护是有效的。

（3）改进钢材化学成分和采用防腐蚀钢种。如我国鞍钢生产的 10MnPNbRe 鞍Ⅳ型钢板桩、卢森堡 ARBED 生产的 MERCOR360 钢种耐锈蚀性都较好。

（4）增加钢板桩的厚度，延长使用年限。

（5）尽量降低帽梁或胸墙的底面高程。

三、地下连续墙

地下连续墙可采用现浇或预制的钢筋混凝土结构。现浇地下连续墙的截面有矩形、T 形和钻孔排桩形等形式，如图 4-2-4 所示；预制地下连续墙的截面一般采用矩形。墙体的厚度和钻孔桩的直径由强度和裂缝宽度计算确定。当现浇地下连续墙作为前墙时，其厚度宜采用 600～1300mm；预制地下连续墙的墙板混凝土强度比现浇墙体高，所以可以做得稍薄一些，其厚度宜采用 400～800mm，钻孔桩的直径不宜小于 550mm。一般应尽量增加一个墙段的长度，可增加地下连续墙的整体性，减少接缝，现浇地下连续墙单元墙的长度一般为 4～8m。

地下连续墙墙段之间的接缝部分是结构中的薄弱环节，因此施工接缝的处理非常重要。现浇地下连续墙墙段之间接缝的处理方式较多，如图 4-2-5 所示，其中最常用的是接头管连接。预制地下连续墙墙段之间的接缝可采用平接和榫接。钻孔桩排式地下连续墙的钻孔间缝宽不宜大于 100mm，墙后应设置水泥搅拌土或旋喷水泥浆帷幕，以防止墙后的土从桩间缝隙中流失。当考虑墙后排水时，可设置反滤井进行接头处理。

现浇地下连续墙的混凝土强度等级不宜低于 C30。主筋保护层厚度不应小于 70mm，受力筋直径不应小于 16mm。对于在矩形地下连续墙中的构造筋，其直径不应小于 12mm；对于在钻孔排桩中的构造筋，其直径不应小于 8mm。

钢筋笼的宽度应根据单元段的尺度、墙段的接头形式和起重设备能力等因素确定，其端部与接头管、相邻段混凝土接头面之间应留 150～200mm 的间隙；钢筋笼的下部在墙厚方向宜适当缩窄；钢筋笼与墙底之间宜留 100～200mm 的间隙；钢筋笼的主筋应伸出墙顶并留有足够的锚固长度。钢筋笼的钢筋配置，除应满足强度要求之外，还应满足吊装要求。

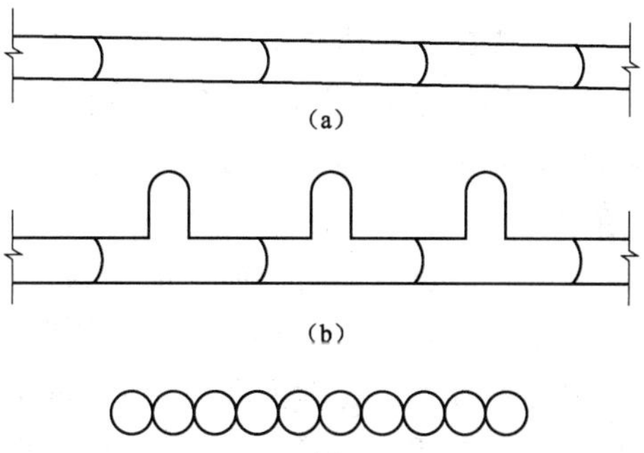

图 4-2-4　现浇地下连续墙截面示意
（a）矩形；（b）T 形；（c）钻孔桩排

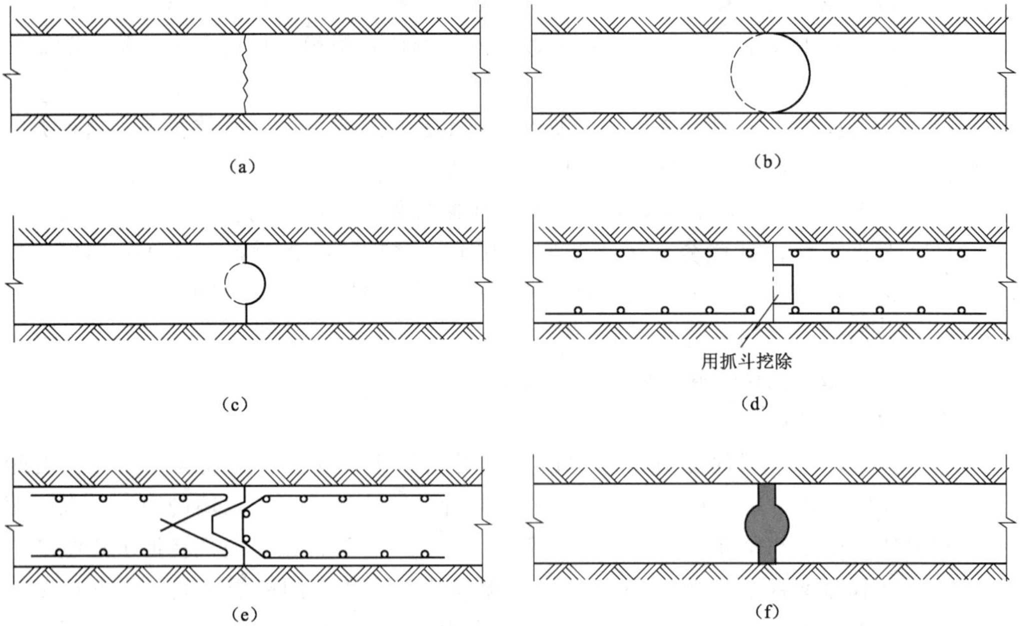

图 4-2-5　现浇地下连续墙接缝处理方式示意

(a) 平面式接缝；(b) 接头管式接缝；(c) 分割板式接缝；
(d) 石棉隔板接缝；(e) 嵌入式接缝；(f) 塑性混凝土接缝

模块三　锚　碇　结　构

为了减小板桩的入土深度和桩顶位移，改善板桩的受力状况，常在板桩墙后设置锚碇结构，并通过拉杆与板桩墙相连。

在板桩码头中常用的锚碇结构有锚碇板（墙）、锚碇桩、锚碇板桩和锚碇叉桩等形式（图 4-2-6）。锚碇结构形式应根据码头后方场地条件和拉杆拉力大小等因素选定。

一、锚碇墙和锚碇板

锚碇墙一般应用现浇钢筋混凝土墙。如果采用预制的钢筋混凝土板安装而成连续墙，需在其后面设置连续导梁。锚碇墙的断面常用矩形或梯形，也可采用 L 形断面。

锚碇板一般为预制钢筋混凝土板，有平板、双向梯形板和带肋的 T 形板等几种形式（图 4-2-7），T 形板可采用横肋或竖肋。

锚碇墙（板）的设置高程应尽量放低，以取得较好的经济效果。为了减小锚碇墙的位移，高度不宜过小，一般不小于埋置深度的 1/3 并应满足稳定性要求，常用 1.0～3.5m。锚碇墙（板）的厚度由强度计算和裂缝控制计算确定，一般不小于 0.15m，常用 0.2～0.4m。

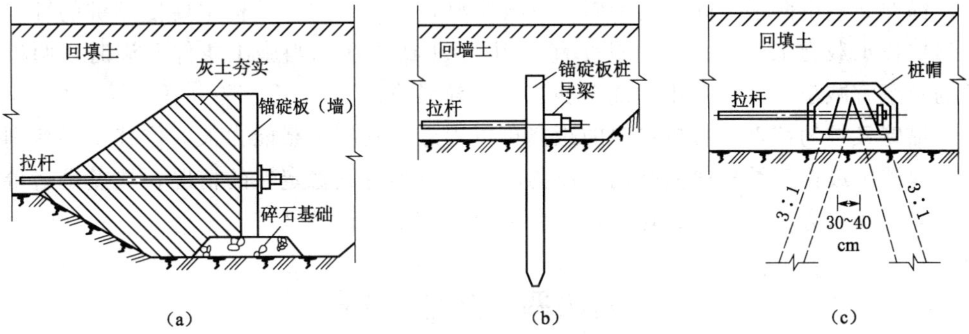

图 4－2－6　常用的锚碇结构形式

(a) 锚碇板（墙）；(b) 锚碇桩（板桩）；(c) 锚碇叉桩（或斜拉桩）

锚碇墙、锚碇板应预留拉杆孔，其位置宜与作用在锚碇墙、锚碇板上的土压力合力作用点重合，其斜度应与拉杆方向一致。

锚碇墙（板）的结构简单，主要依靠其前面的被动土压力，不需打桩设备，但必须开挖基坑或基槽，增加了开挖工程量，并破坏了原状土结构。为了充分利用墙前土抗力作用，墙前常换填力学性能好的材料。北方地区多采用灰土夯实，南方像上海则多采用块石回填。锚碇墙（板）的缺点是其水平位移较大。当码头后方场地宽敞、拉杆拉力不大时，宜采用锚碇墙或锚碇板。

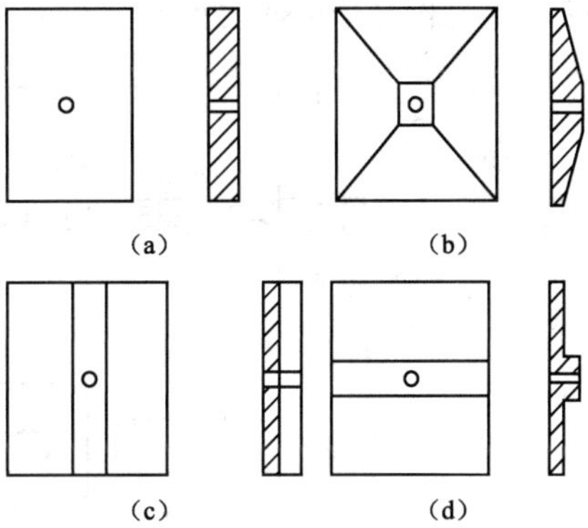

图 4－2－7　锚碇板结构形式

(a) 平板形；(b) 双向梯形；
(c) 竖肋 T 形；(d) 横肋 T 形

二、锚碇桩和锚碇桩墙

锚碇桩、锚碇桩墙可采用钢筋混凝土桩或钢桩。锚碇桩可用一组桩（通常由 2～3 根桩组成），也可用单桩锚碇；锚碇桩墙则为沿码头线连续的板桩墙。当 1 根拉杆采用多根桩锚碇时，锚碇桩应设置导梁。

锚碇桩（或板桩）是依靠其在土中的嵌固工作的，锚碇桩为空间工作状态，锚碇板桩可按平面工作状态计算。锚碇桩（或板桩）的特点是直接沉入土中，填挖土方少，不破坏原状土，但需打桩设备。其水平位移也较大。当码头后方场地宽敞，且地下水位较高或利用原土层时，宜采用锚碇桩或锚碇桩墙。

钢筋混凝土锚碇桩墙、钢板桩锚碇桩墙和地下连续墙锚碇墙应设置导梁。导梁可单设在桩后，也可利用锚碇桩墙的帽梁作为导梁。对应于钢筋混凝土锚碇桩墙，单设的导梁宜采用钢筋混凝土梁；对于钢板桩锚碇桩墙，其单设的导梁宜采用钢导梁。锚碇桩和锚碇桩墙的帽梁和导梁分段长度和变形缝的位置应与前墙相对应。

三、锚碇叉桩

锚碇叉桩由两根不同方向的斜桩和现浇桩帽组成，这种结构主要依靠桩的轴向抗压和抗拔承载力来工作。桩的斜度宜采用 4∶1 或更缓。当施工条件允许时，两桩桩顶的净距宜减小。叉桩宜用现浇钢筋混凝土导梁连接。

锚碇叉桩的特点是与板桩墙的距离可以很近，它的承载能力大，位移小，特别适用于地震区或锚碇结构前面被动土压力小，不能维持其稳定性的情况。缺点是造价较高。当码头后方场地狭窄、拉杆拉力较大时，宜采用锚碇叉桩。

模块四　拉　　杆

拉杆是板桩墙和锚碇结构之间的传力构件，因此拉杆是板桩码头的重要构件之一，如图 4-2-8 所示。一旦拉杆出现问题就会导致工程事故。采取妥善措施，确保拉杆正常工作是十分必要的。

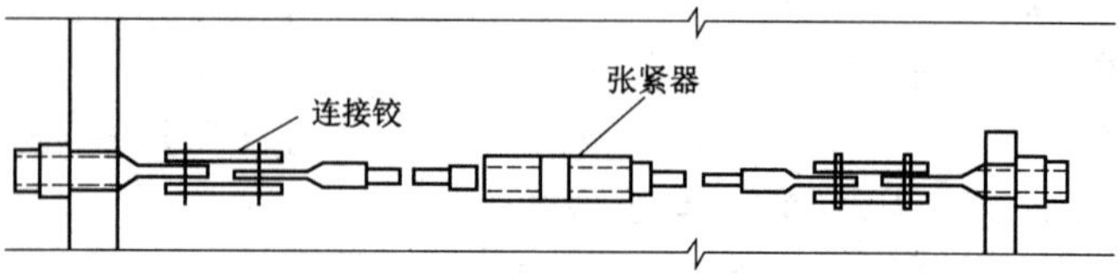

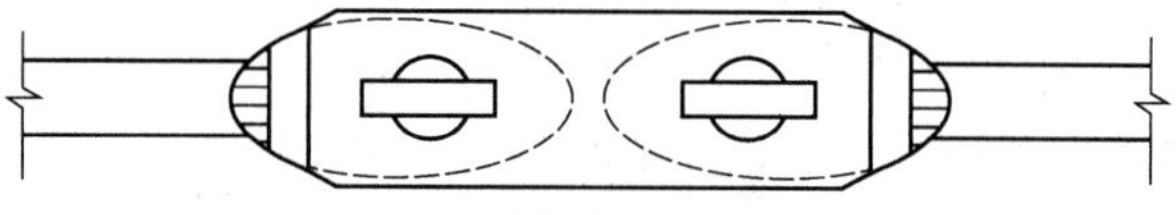

连接铰侧面

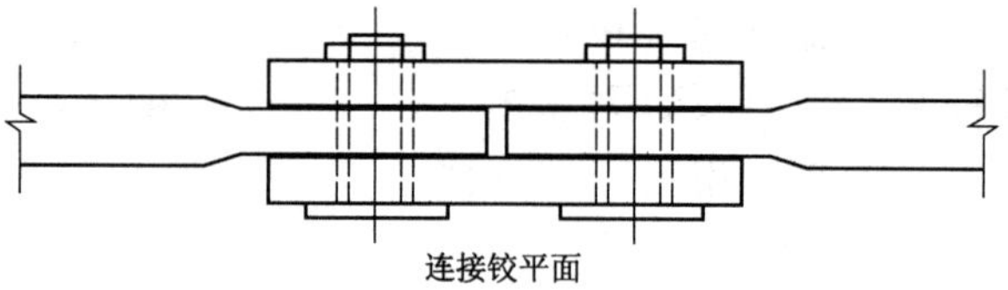

连接铰平面

(a)

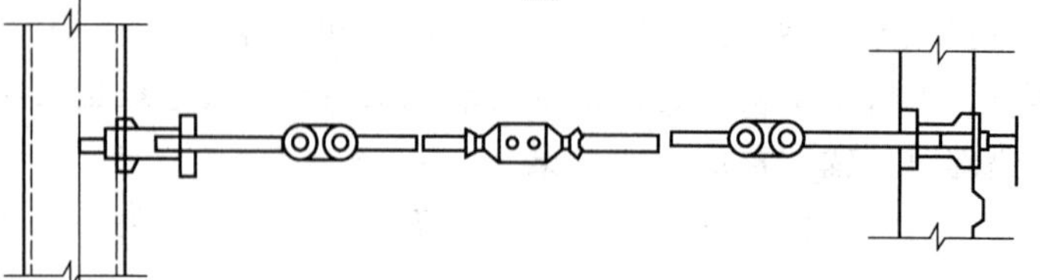

(b)

图 4-2-8　拉杆构造

(a) 钢筋混凝土板桩锚杆构造；(b) 钢板桩锚杆构造

拉杆宜采用钢拉杆，钢拉杆的延伸率不应小于 18%，一般采用 3 号圆钢或 5 号圆钢制作。当拉杆拉力较大时，也可采用经过热处理后延伸率不小于 17%的高强度材质钢拉杆。

由于拉杆所处的工作环境较为恶劣，锈蚀是难免的，因此，钢拉杆及附件在安装前应除锈并涂两道防锈漆；安装后用两道沥青纤维布缠裹或涂以沥青等防腐蚀材料。在拉杆上面严禁回填腐蚀性材料，同时在设计拉杆断面时应预留锈蚀量。

拉杆一般水平放置，拉杆宜设置在高程较低且施工不困难的位置。为了保证在水上穿拉杆和水上浇筑胸墙或导梁的施工要求，一般不宜低于施工水位。当拉杆理深较大时，拉杆也可能倾斜放置，但倾斜角不宜过大，以防锚碇墙（板）被拔出。

钢拉杆的直径由强度计算确定，一般为 40～100mm。对于直径大于 100mm 的钢拉杆，应进行必要的力学性能验证试验。

钢拉杆的间距根据拉杆力的大小来确定，可采用 1.0～3.0m，钢筋混凝土板桩墙取板桩宽度的整数倍，对于单设导梁的 U 形和 Z 形钢板桩墙，拉杆间的间距应取钢板桩宽度的偶数倍。

钢拉杆的总长度等于板桩墙与锚碇结构的距离。当拉杆长度大于 12m 时，在靠近前墙和锚碇结构位置的拉杆两端各设一个竖向铰，中间用紧张器连接；当钢拉杆较短时，可不设铰或只在靠近板桩墙处设一个铰。当紧张器两侧的拉杆长度大于 12m 时，宜分节制作，分节之间可采用螺纹连接或焊接。

钢拉杆安装时应施加一定的初始拉力，并应保证各钢拉杆初始拉力相同。码头和翼墙的拉杆在高程上应互相错开。码头一个分段中所有拉杆的长度、材质、构造应相同。系船柱块体上可增设拉杆或八字形布置的负拉杆。

当预计拉杆下填土沉降较大时，为了减小拉杆下沉，消除拉杆附加应力，可以在拉杆下设支承桩，也可采用 U 形防压罩将拉杆上覆土重传到拉杆两侧地基上，在防压罩与拉杆之间留 150～200mm 的预留空隙以适应沉降要求。支承桩间距可采用 4～6m，桩尖宜打入较好的土层内。

模块五　导梁、帽梁及胸墙

为了使板桩能共同工作和码头前沿线整齐，常在板桩顶端用现浇混凝土做成帽梁。为了使每根板桩都能被拉杆拉住，在拉杆和板桩墙的连接处设置导梁。对于有锚板桩墙，应设置导梁和帽梁；对于无锚板桩墙，可只设帽梁。

钢筋混凝土板桩码头，一般采用钢筋混凝土导梁，导梁可以预制安装也可以现浇。采用预制导梁时，每隔 4～6 根桩打 1 根带有牛腿的板桩，用以支承导梁。由于打桩时桩顶标高不易控制，往往造成牛腿高程参差不齐，导梁和板桩中的预留孔也不易对齐，安装较为困难；采用现浇导梁可以克服上述问题，技术上也不存在什么困难，立模和浇筑混凝土稍微麻烦。

帽梁一般采用现浇钢筋混凝土梁。当水位差不大、拉杆距码头面距离较小时，一般将导梁和帽梁合二为一设计成胸墙。胸墙的截面形式可采用如图 4-2-9 所示的矩形、梯形、L 形和 I 形四种形式。帽梁或胸墙的前后两侧均应比板桩宽 150mm 以上。为了保证桩与胸墙连接可靠，钢筋混凝土板桩前墙应伸入帽梁或胸墙 50～70mm，钢板桩前墙伸入帽梁或前墙深度可取 200mm。

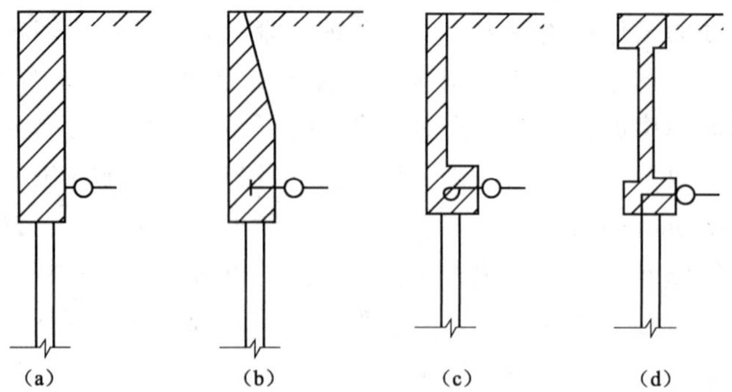

图 4-2-9　胸墙断面形式
(a) 矩形；(b) 梯形；(c) L 形；(d) I 形

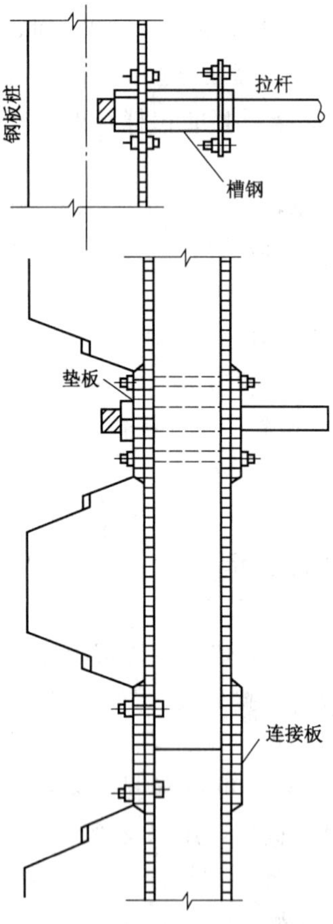

图 4-2-10　导梁构造

钢板桩墙的导梁可采用钢梁，一般由一对背靠的槽钢组成，如图 4-2-10 所示。钢导梁的分段长度不宜小于 4 倍的拉杆间距，并与帽梁（或胸墙）的分段长度一致。导梁是板桩和拉杆间的主要传力构件，必须在板桩受力前安装完毕。导梁、帽梁或胸墙沿码头长度方向应设置变形缝，导梁的接头位置应与帽梁或胸墙的分缝位置相对应。变形缝间距应根据当地气温变化、前墙的结构形式和地基条件等因素确定，一般可取 15～30m，并设置在结构形式变化处和水深变化处、地基土质差别较大处及新旧结构的衔接处，变形缝宽 20～30mm，缝内用弹性材料填充。为避免因板桩墙变形造成帽梁开裂，最好在码头前挖泥以后再浇筑帽梁，对于钢板桩码头，在施工可能的情况下应尽量把帽梁做低些，以减少钢板桩的锈蚀面积，并防止钢板桩锁口的互相错位，增加钢板桩的稳定。

板桩码头的系船柱块体一般与帽梁或胸墙整体浇筑在一起，并在系船柱块体上增设两根八字形布置的副拉杆；当系缆力不大且胸墙较矮时，也可不设。

模块六　排　水　设　施

板桩码头是实体结构。为了减小或消除作用在板桩墙上的剩余水压力，板桩墙应在设计低水位附近预留排水孔。排水孔的间距和孔径根据墙前水位差、板桩墙透水情况确定，一般 3～5m 设置一个直径为 5～8cm 的排水孔，并设在低水位以下。排水孔后应设置倒滤棱体，以防墙后填土流失。倒滤棱体构造如图 4-2-11 所示。

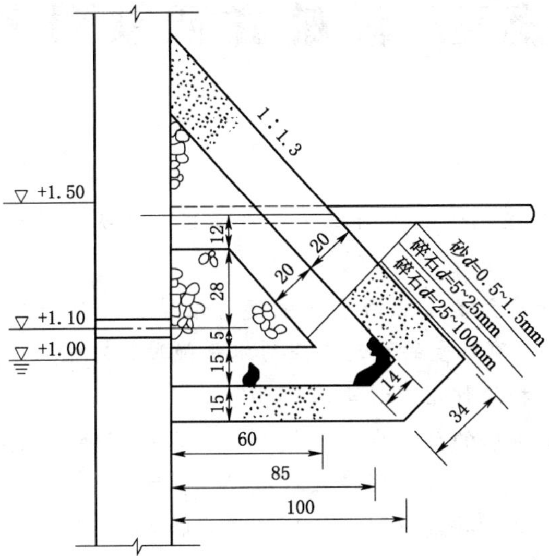

图 4-2-11　倒滤棱体构造（单位：cm）

【学后思考】

1. 板桩式码头中钢筋混凝土板桩有哪几种断面形式？各有什么优缺点？
2. 板桩式码头有哪几种结构形式？各自的适用条件是什么？
3. 常用的钢板桩防锈措施有哪几种？
4. 在板桩式码头中常用的锚碇结构的作用、种类有哪些？
5. 拉杆是板桩墙和锚碇结构之间的传力构件。（√或×）
6. 拉杆、导梁、帽梁及胸墙的作用分别是什么？
7. 板桩式码头中如何设置排水设施？

任务三　板桩式码头计算*

【课程导航】

问题1. 如何拟定板桩式码头的码头前沿高程、码头前沿设计水深、码头前沿底高程？

问题2*. 如何计算主动土压力水平强度标准值、被动土压力水平强度标准值和由码头地面均布荷载作用产生的主动土压力水平强度标准值？

问题3*. 锚碇结构的作用、种类有哪些？

问题4*. 单锚板桩墙的计算内容包括哪些内容？有哪些计算方法？

问题5*. 如何计算锚碇墙、锚碇板前被动土压力？

问题6*. 如何验算锚碇墙（锚碇板）的稳定性？

问题7*. 如何计算锚碇墙（锚碇板）到板桩墙的距离？

模块一　码头设计高程

码头前沿高程、码头前沿设计水深、码头前沿底高程的拟定参照项目二任务二部分。

模块二　荷载及其组合

一、荷载种类

作用在板桩式码头上的荷载可分为以下几种：

（1）永久作用。包括土体本身产生的主动土压力和板桩墙后剩余水压力等。

（2）可变作用。由码头地面上各种可变荷载产生的主动土压力、板桩墙后的剩余水压力、船舶荷载、施工荷载等。

（3）偶然作用。包括非正常撞击、火灾和爆炸、地震作用等。

二、荷载组合

板桩式码头设计应考虑下列设计状况：

（1）持久状况。结构使用期分别按承载能力极限状态和正常使用极限状态设计。

（2）短暂状况。施工期、检修期等按承载能力极限状态设计，必要时同时按正常使用极限状态设计。

（3）偶然状况。在遭受偶然荷载时仅按承载能力极限状态设计。

三、荷载计算

1. 土压力

板桩墙是一柔性墙。在侧向荷载作用下，其轴线将发生挠曲变形，作用在板桩墙上的土压力分布也随墙体的变形而变化，这已被众多的现场原型观测和室内模型试验结果所证实。但不论土压力如何分布，土压力总值与按库仑公式计算的数值基本相同。因此现行规范推荐如下的土压力水平强度标准值计算方法。

当地面（或计算水底面）为水平、墙背为垂直面时，由土体本身产生的主动土压力水平强度标准值e_{ax}、被动土压力水平强度标准值e_{px}和由码头地面均布荷载作用产生的主动土压力水平强度标准值e_{aqx}分别按式（4-3-1）～式（4-3-4）计算。

$$e_{ax}=(\sum r_i h_i)K_a\cos\delta-2c\frac{\cos\varphi\cos\delta}{1+\sin(\varphi+\delta)} \tag{4-3-1}$$

$$e_{aqx}=qK_a\cos\delta \tag{4-3-2}$$

$$e_{px}=(\sum r_i h_i)K_p\cos\delta+2c\frac{\cos\varphi\cos\delta}{1-\sin(\varphi+\delta)} \tag{4-3-3}$$

$$K_p^a=\frac{\cos^2\varphi}{\cos\delta\left[1\pm\sqrt{\dfrac{\sin(\varphi+\delta)\sin\varphi}{\cos\delta}}\right]^2} \tag{4-3-4}$$

式中　r_i——计算面以上各层土的重度，kN/m³；

h_i——计算面以上各层土的厚度，m；

K_a、K_p——计算土层土的主动土压力系数和被动土压力系数，求K_a时，式中根式前为“+”号，求K_p时，式中根式前为“-”号；

δ——计算土层土与墙面间的摩擦角，(°)；

c——计算土层土的黏聚力，kN/m²；

φ——计算土层土的内摩擦角，(°)；

q——地面上的均布荷载标准值，kN/m²。

上述公式与库仑公式不同的是，考虑了土的黏聚力 c 的作用，适用于无黏性土和黏性土；它与朗肯公式相比，能考虑土与墙背间摩擦角的作用，无须再考虑被动土压力的增减系数，简化了计算。

式中土与墙面的摩擦角 δ 可按以下规定采用：①计算前墙后主动土压力时，δ 取计算土层内摩擦角 φ 的 1/3～2/3；②计算前墙前被动土压力时，δ 取计算土层内摩擦角 φ 的 2/3～3/4，当 δ 计算值大于 20°时，取 20°；③计算前墙后被动土压力时，δ 取计算土层内摩擦角 φ 的$\left(-\dfrac{2}{3}\right)$，当计算值的绝对值大于 20°时，取-20°。

2. 剩余水压力

剩余水压力与潮位变化、板桩墙排水性能、回填土和地基的渗透性等因素有关，一般应根据对附近类似建筑物的地下水位调查或观测确定。可采用图 4-3-1 所示的分布计算。如果无资料时可根据经验确定：①对于海港的钢筋混凝土板桩码头，当墙后采用可靠的排水系统时（板桩墙设置排水孔），墙后回填中、粗砂及粒径较大的材料时可不

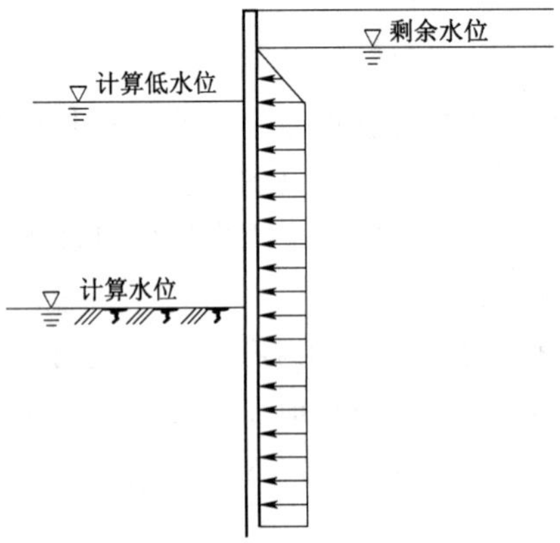

图4-3-1　剩余水压力

考虑排水孔以上的剩余水头；②对于海港的钢板桩码头、地下墙式板桩码头及墙后回填细砂（或颗粒更细）的钢筋混凝土板桩码头，剩余水头可取1/3～1/2的平均潮差；③当排水孔高程高于墙前计算水位时，剩余水头不应小于排水孔高程与墙前计算水位之差；④对于河港则根据地下水位按实际情况取定。需要说明的是，对于设计高水位情况，可不考虑剩余水头。

3. 其他荷载

板桩码头为实体式码头，计算船舶荷载主要考虑船舶的系缆力。一般系缆柱都有单独的锚碇结构，此时系缆力不传给板桩墙。

波浪力主要考虑波吸力的作用。波吸力与船舶荷载一般不同时出现。此外在地震区还应考虑地震荷载的作用。

4. 计算工况

计算板桩码头时，必须考虑持久状况、短暂状况、偶然状况三种设计状况，并按不同的极限状态和效应组合进行计算和验算。

（1）按承载能力极限状态设计的项目有：①板桩墙"踢脚"的稳定性；②锚碇结构的稳定性；③板桩码头的整体稳定性；④桩的承载力；⑤构件强度等。

（2）板桩码头按承载能力极限状态设计时，所取水位和作用效应组合也应按《码头结构设计规范》（JTS 167—2018）的规定选用持久组合、短暂组合和偶然组合。

（3）钢筋混凝土构件的裂缝宽度和抗裂则按正常使用极限状态设计。

（4）考虑到板桩码头的特点，钢筋混凝土构件进行裂缝宽度和抗裂验算时，综合准永久值系数应采用0.85；构件强度计算时，综合分项系数应采用1.40。

模块三　单锚板桩墙（前墙）计算

一、单锚板桩墙的工作状态和受力特性

1. 板桩墙的工作状态

在水平力的作用下，由于单锚板桩墙上的锚碇结构的固定作用，板桩墙上端受到约束而不能自由移动，从而在上端形成一个铰接的支承点，而板桩墙的下端由于其入土深度不同，产生了不同的工作状态，如图4-3-2所示。

第一种工作状态如图4-3-2（a）所示，板桩入土不深，由于墙后主动土压力的作用，板桩产生弯曲变形，并围绕板桩上端支承点转动。此时板桩如入土深度最小，板桩中只有一个方向的弯矩且数值最大，入土部分位移较大，所需板桩长度最短，但断面最大。这种状态按底端自由计算。

第二种工作状态如图4-3-2（b）所示，其入土情况和受力情况介于第一种工作状态和第三种工作状态之间。

第三种工作状态如图 4－3－2（c）所示，入土深度增加，入土部分出现与跨中相反方向的弯矩，板桩弹性嵌固于地基中。这种工作状态下按底端嵌固计算，算得的板桩断面较小，入土部分位移小，板桩墙稳定性较好。

第四种工作状态如图 4－3－2（d）所示，与第三种工作状态类似，但入土深度更大，固端弯矩大于跨中弯矩，稳定性有富余。

以前设计板桩码头时主要采用底端嵌固的这一种工作状态，这对于土质较软的地基是合适的。但对于以下几种情况时，可采用底端自由支承状态或介于底端嵌固和底端自由支承两者之间的工作状态：①板桩墙在地基中达不到弹性嵌固状态；②采用钢板桩材料强度有较多富余；③板桩墙刚度较大；④地基土质较好。

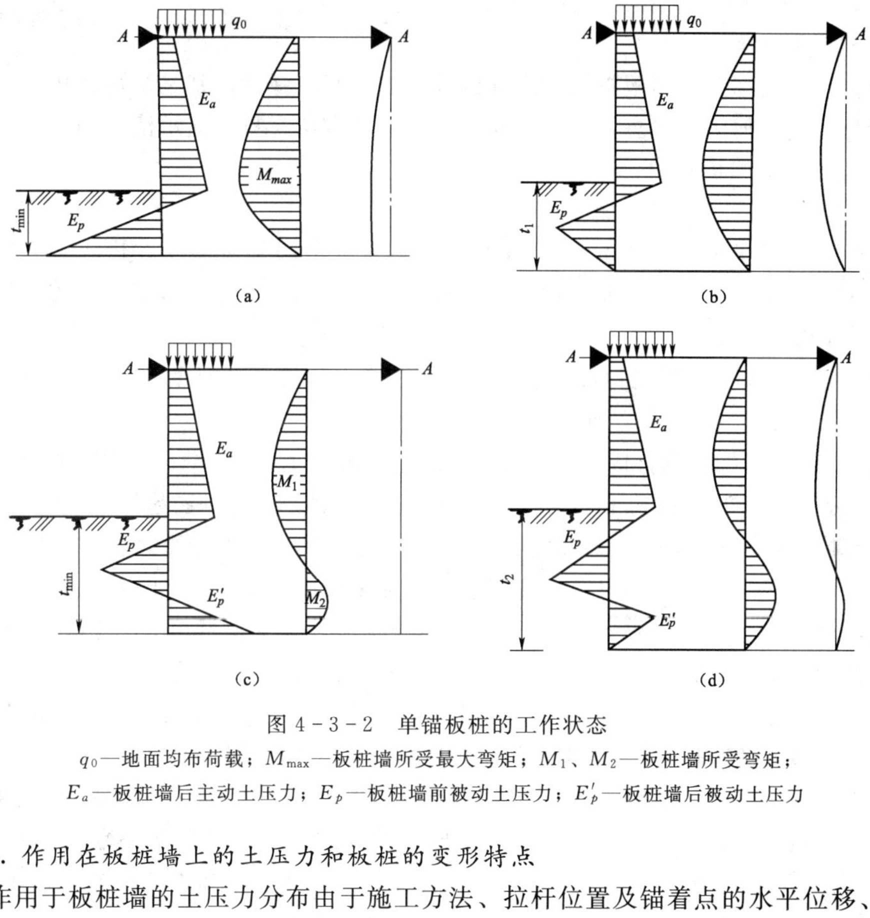

图 4－3－2　单锚板桩的工作状态

q_0—地面均布荷载；M_{max}—板桩墙所受最大弯矩；M_1、M_2—板桩墙所受弯矩；

E_a—板桩墙后主动土压力；E_p—板桩墙前被动土压力；E_p'—板桩墙后被动土压力

2. 作用在板桩墙上的土压力和板桩的变形特点

作用于板桩墙的土压力分布由于施工方法、拉杆位置及锚着点的水平位移、板桩入土深度、板桩刚度与地基之间的关系等因素的变化而不同，但仍可分为两类：①以顶端位移为主的情况，板桩墙的主动土压力呈线性分布，如同刚性墙的情况；②以弯曲变形为主，墙后主动土压力为 R 形分布，如图 4－3－3 所示。出现 R 形状的主要原因是板桩上部有拉杆拉住，下端嵌固于地基中，上下两端位移较小，跨中位移较大，墙后土体在板桩变形过程中出现拱现象，使跨中一部分土压力通过滑动土条之间的摩擦力传向上下两端。

影响板桩墙后主动土压力重新分布的因素很多，目前要对这些因素的影响进行定量确定尚有一定困难，但板桩墙锚着点的位移由于锚杆的伸长总是存在的，《码头结构设计规范》（JTS 167—2018）第6.3.3条规定，推荐作用于板桩墙上的主动土压力按线性分布计算，而以弯曲变形为主的板桩墙考虑了弯矩修正系数。

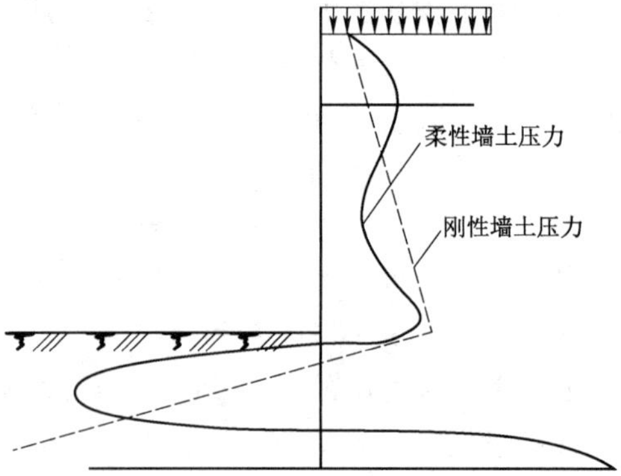

图 4-3-3　板桩墙主动土压力的重新分布

二、单锚板桩墙的计算

单锚板桩墙的计算内容包括板桩墙入土深度、板桩墙弯矩和拉杆拉力的计算，计算方法有弹性线法、竖向弹性地基梁法和自由支承法。

弹性线法仅用于单锚板桩墙的弹性嵌固状态；竖向弹性地基梁法可适用于单锚和多锚板桩墙的任何工作状态，是近年来推广应用的方法；自由支承法仅用于单锚板桩墙的自由支承工作状态。

1. 弹性线法——罗迈尔法

罗迈尔法最早由布鲁姆于1930年提出，后来经罗迈尔等做了改进。该方法尽管是近似方法，但因其计算简便，在一定条件下比较实用，至今许多国家的工程界还在使用。其计算要点是：

（1）墙前主动土压力和被动土压力都按古典土压力理论计算，其计算公式如式（4-3-1）～式（4-3-4）所示。

（2）假定板桩墙底端嵌固，拉杆锚碇点的位移和板桩墙在底端E'_p作用点的线变位和角变位都等于0。单锚板桩墙的计算图式如图4-3-4所示，为一次超静定结构，未知数包括拉杆拉力R_a、入土深度和底端墙后被动土压力合力E'_p。除两个受力平衡条件（$\sum H=0$、$\sum M=0$）之外，还需利用上述变形条件。一般采用图解试算法，即先假定入土深度，然后用图解法作弯矩图，再把弯矩图作为共轭荷载求得共轭梁的弯矩图，此弯矩图即为板桩的弹性变形曲线。如果它满足上述变形条件，则入土深度正好合适。如果不满足，再重新假定入土深度，直至符合变形条件。根据设计经验，当进行初步计算时，为简化计算，可采用跨中最大正弯矩为入土段最大负弯矩1.10～1.15倍的条件取代变形条件。

（3）考虑墙后土压力重分布和拉杆锚碇点的位移会使板桩墙跨中弯矩减小的影响，将求得的跨中最大弯矩M_{max}乘以折减系数ξ，求得的拉杆拉力乘以不均匀系数ξ_R，作为设计弯矩（M_n）和设计拉杆拉力（R_n）的标准值按照式（4-3-5）和式（4-3-6）计算。

$$M_n=\xi M_{max} \tag{4-3-5}$$

$$R_n=\xi_R R_A \tag{4-3-6}$$

$$R_A=R_a l_a$$

式中　M_{max}——用图解法求得的跨中最大弯矩，kN·m；

ξ——弯矩折减系数，取0.7～0.8；

R_A——一根拉杆的拉力，kN；

l_a——拉杆间距；

R_a——每延米码头拉杆拉力，由上述图解法求得；

ξ_R——不均匀系数，取 1.35。

板桩入土深度 t（图 4-3-4）按照下式计算，即

$$t = t_0 + \frac{E'_P}{2(e_p - e_a)} \tag{4-3-7}$$

式中　t——设计入土深度，m；

t_0——计算入土深度，m；

E'_P——前墙底端墙后土压力，kN/m；

e_a——主动土压力强度，kN/m²；

e_w——剩余水压力强度，kN/m²；

φ——计算土层土的内摩擦角，(°)；

R_a——拉杆拉力，kN/m；

P——波浪力强度，kN/m²。

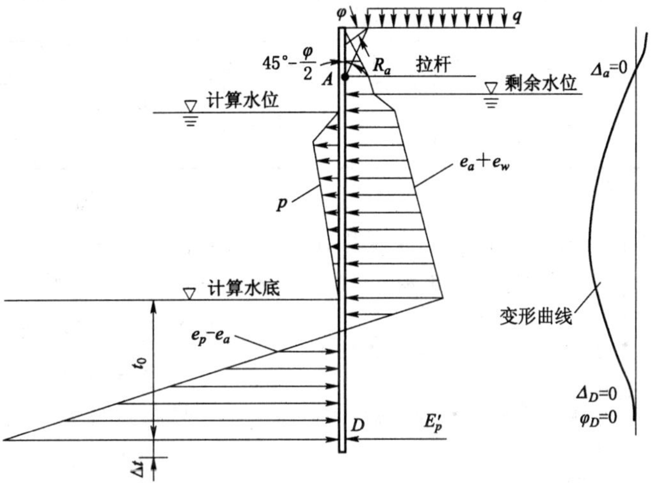

图 4-3-4　弹性线法计算图式

上述的板桩墙入土深度是根据板桩墙底端线变位和角变位都等于 0 的假定来确定的。但从板桩墙的工作可靠性考虑，还要求板桩墙有足够的稳定性，因此也提出了板桩墙入土深度要满足"踢脚"稳定的要求。

单锚板桩墙（前墙）入土深度要满足下式的要求，即

$$\gamma_0 = [\sum \gamma_G M_G + \gamma_{Q1} M_{Q1} + \psi\ (\gamma_{Q2} M_{Q2} + \gamma_{Q3} M_{Q3} + \cdots)] \leqslant \frac{M_R}{\gamma_R} \tag{4-3-8}$$

式中　γ_0——结构重要性系数，见表 4-3-1；

γ_G——永久作用分项系数，见表 4-3-2；

M_G——永久作用标准值产生的作用效应，kN·m，包括前墙后土本身产生的主动土压力的标准值和剩余水压力的标准值对拉杆锚碇点的"踢脚"力矩；

γ_{Q1}、γ_{Q2}、γ_{Q3}——可变作用分项系数，见表 4-3-2；

M_{Q1}——主导可变作用效应，kN·m，通常是码头地面可变作用产生的主动土压力的标准值或墙前波吸力的标准值对拉杆锚碇点的“踢脚”力矩；

ψ——作用组合系数，取 0.7；

M_{Q2}、M_{Q3}——非主导可变作用标准值差产生的“踢脚”力矩，kN·m；

M_R——板桩墙前被动土压力的标准值对拉杆锚碇点的稳定力矩，kN·m；

γ_R——抗力分项系数，取 1.25。

表 4-3-1　结构重要性系数

结构安全等级	一　级	二　级	三　级
γ_0	1.1	1.0	0.9

表 4-3-2　作用分项系数

组合情况	永久作用		可变作用	
	土压力	剩余水压力	土压力	波吸力
持久组合	1.35	1.05	1.35（1.25）	1.30（1.20）
短暂组合	1.35	1.05	1.25	1.20

注　当计算水位采用极端低水位时，取括号内数值。

将按上述两种方法求得的入土深度相比较，取大值作为板桩墙的设计入土深度。需要注意的是，对于刚度较大的板桩墙（如现浇地下连续墙），弹性线法计算结果往往偏于危险，故不宜采用弹性线法。

2. 竖向弹性地基梁法

竖向弹性地基梁法是近年来推广采用的方法。该法将板桩入土部分假定为弹性地基上的薄板（或梁），采用基床系数法进行计算。如图 4-3-5 所示。把板桩墙入土段的抗力用一系列弹性杆代替，弹性杆的弹性系数等于水平地基系数乘以杆的间距。根据水平地基系数沿深度分布的不同假设，有常数法、K 法和 m 法等。基床系数 K 的分布规律假定为随入土深度按幂函数的规律变化。目前板桩码头设计中主要采用 m 法。m 法假定水平地基系数沿深度线性增加，即水平地基系数 $k=my$（式中 y 为距地表面的深度，

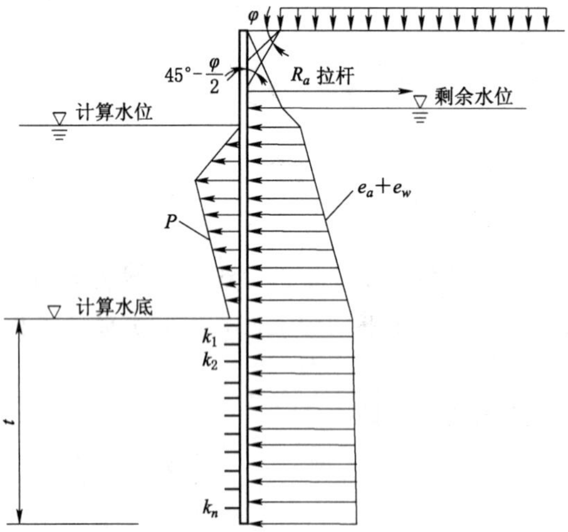

图 4-3-5　板桩墙采用 m 法的计算图式

φ—计算土层土的内摩擦角（°）；R_a—拉杆拉力（kN/m）；P—波浪力强度（kN/m²）；e_a—主动土压力强度（kN/m²）；e_w—剩余水压力强度（kN/m²）；k_1、k_2、…、k_n—弹性杆的弹性系数（kN/m）；t—设计入土深度（m）

m 为水平地基系数随深度线性增大的比例系数）。此外，还可利用现成的计算系数表进行计算。m 法的水平地基反力系数应按下式确定，即

$$K = mZ \tag{4-3-9}$$

式中　K——水平地基反力系数，kN/m^3；

m——水平地基反力系数随深度增大的比例系数，kN/m^4；

Z——计算点距计算水底的深度，m。

板桩墙采用 m 法的计算图式如图 4-3-6 所示。

水平地基反力系数随深度增大的比例系数可通过水平荷载试验确定，当无试验资料时，可参照表 4-3-3 选取。

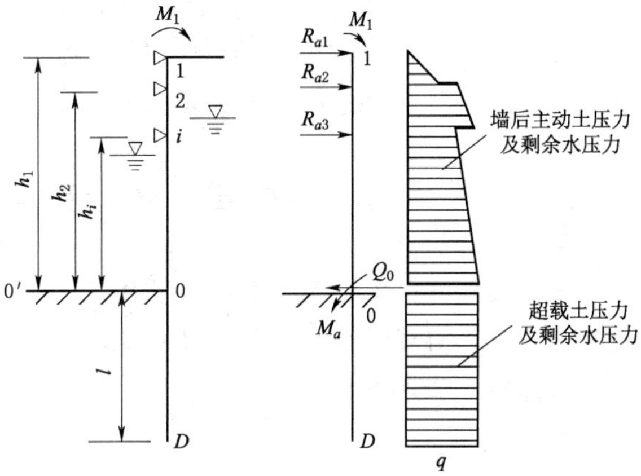

图 4-3-6　竖向弹性地基梁法的计算图式（一般形式）

表 4-3-3　　m 值表

地基土质情况	m 值/(kN/m^4)	地基土质情况	m 值/(kN/m^4)
$I_L \geqslant 1$ 的黏性土，淤泥	1000～2000	$I_L < 0$ 的黏性土，粗砂	6001～10000
$1 > I_L \geqslant 0.5$ 的黏性土，粉砂	2001～4000	砾石、砾砂、碎石、卵石	10001～20000
$0.5 > I_L \geqslant 0$ 的黏性土，中砂、细砂	4001～6000		

注　1. 板桩墙在计算水底处的水平变化大于 10mm 时，m 值可采取分层选取的办法，泥面下一定深度范围内土层的 m 值取表中下限值。
2. 表中的砂土，当密实度为松散时取表中下限值；当密实度为密实时取表中上限值。
3. I_L 为土的液化指数。

3. 自由支承法

假定板桩的下端为自由状态（即第一工作状态）。拉杆力和板桩墙内弯矩是按最小入土深度（假设板桩墙前全部出现极限被动土压力）时力和力矩的平衡求得的，此时板桩墙弯矩不折减。而板桩墙的设计入土深度是按前述的“踢脚”稳定计算确定的。

三、板桩墙的强度计算

板桩墙除了满足结构构造要求外，还要根据前面确定的板桩墙计算弯矩 M，选择板桩的断面并进行强度计算。

（1）钢筋混凝土板桩和预应力混凝土板桩，按强度进行配筋。对于钢筋混凝土板桩应验算裂缝宽度，对于预应力混凝土板桩应进行抗裂验算。

（2）钢板桩的单宽强度应满足下式

$$\frac{\gamma_{GQ}}{1000}\left(\frac{N}{A}+\frac{M_{max}}{W_Z}\right) \leqslant f_t \tag{4-3-10}$$

式中　N——作用标准值产生的每米轴向力，kN；

A——钢板桩截面积，m^2；

M_{max}——作用标准值产生的每米板桩墙最大弯矩，kN·m；

f_t——钢材的强度设计值，N/mm^2；

γ_{GQ}——综合分项系数，取1.35；

W_Z——钢板桩的弹性抵抗矩，m^3/m。

模块四　锚 碇 结 构 计 算

一、锚碇墙、锚碇板前被动土压力

锚碇墙、锚碇板前被动土压力可按式（4-3-11）和式（4-3-12）计算，其余有关的土压力计算参照前面的内容。

$$E_{px}=\frac{1}{2}\gamma t^2 hK_p K_b b_h \rho\cos\delta \tag{4-3-11}$$

$$K_b=1+\frac{2t_h\tan\theta_p\tan\varphi_0}{3b_k}-\frac{(2t_h\tan\theta_p\tan\theta_0+b_k-l)^3}{12b_k t_h^2\tan^2\theta_p\tan^2\theta_0} \tag{4-3-12}$$

式中　E_{px}——锚碇墙、锚碇板前被动土压力水平分离的标准值，kN；

γ——锚碇墙、锚碇板前回填料或土的重度，kN/m^3；

t_h——锚碇墙、锚碇板低端的埋深，m；

K_p——被动土压力系数；

K_b——考虑锚碇板位移带动两侧土体滑动使被动土压力增大的系数，可按式（4-3-12）计算；当式（4-3-12）最后一项的分子 $2t_h\tan\theta_p\tan\theta_0+b_k-l<0$ 时，取该项为0；

b_k——锚碇墙、锚碇板的计算宽度，m。对连续锚碇墙取拉杆间距，对锚碇板取锚碇板宽度；

ρ——考虑锚碇墙、锚碇板顶以上土体不全部参加工作的系数，可根据锚碇墙、锚碇板底端埋深与锚碇墙、锚碇板高度之比，按表4-3-4采用；当锚碇墙、锚碇板前土质不均匀时，可分层计算土压力强度，然后求总被动土压力的水平分力；

δ——填料或土与锚碇墙、锚碇板之间的摩擦角，可取 $\varphi/3$，且不大于7°，φ 为土的内摩擦角；

θ_p——被动土体底面滑动面与垂直面之间的夹角，（°），取 $\theta_p=45°+\varphi/2$；

φ_0——被动土体侧面滑动面与垂直面之间的夹角，（°），取 $\varphi_0=\varphi/2$；

l——锚碇板中心间距，m。

表4-3-4　　ρ　值

t_h/h_a	1.0	1.2	1.5	1.7	2.0	3.0
ρ	1.0	0.95	0.88	0.86	0.83	0.78

注　h_a 为锚碇墙、锚碇墙板高度，m。

二、锚碇墙、锚碇板的稳定性

锚碇墙、锚碇板的稳定性应满足下式的要求，即

$$\gamma_0(\gamma_E E_{ax}+\gamma_{RA}R_{ax}+\psi\gamma_E E_{qx})\leqslant\frac{E_{pz}}{\gamma_R} \tag{4-3-13}$$

式中 γ_0——结构重要性系数；

γ_E——主动土压力分项系数，取1.35；

E_{ax}——锚碇墙、锚碇板后土体产生的主动土压力水平分力的标准值，kN；

γ_{RA}——拉杆拉力的分项系数，取1.35；

R_{ax}——拉杆拉力水平分力的标准值，kN；

ψ——作用组合系数，取0.7；

E_{qx}——锚碇墙、锚碇板后地面可变作用产生的主动土压力水平分力的标准值，kN；

E_{pz}——锚碇墙、锚碇板前被动土压力水平分力的标准值，kN；

γ_R——抗力分项系数，取1.25。

三、锚碇墙、锚碇板到前墙的最小距离

锚碇墙、锚碇板到前墙的最小距离（图4-3-7），宜按下式计算，即

$$L=H_0\tan\left(45^\circ-\frac{\varphi_1}{2}\right)+t_h\tan\left(45^\circ+\frac{\varphi_2}{2}\right) \tag{4-3-14}$$

式中 L——锚碇墙、锚碇板到前墙的最小距离，m；

H_0——板桩墙后主动破裂棱体的高度，m，采用弹性线法时取最大负弯矩点到码头地面的距离，采用竖向弹性地基梁法时取变形第一零点到码头地面的距离；

φ_1、φ_2——前墙后土的内摩擦角和锚碇墙、锚碇板前土或填料的内摩擦角，当土体分层时，可采用加权平均值，(°)；

t_h——锚碇墙、锚碇板低端的埋深，m。

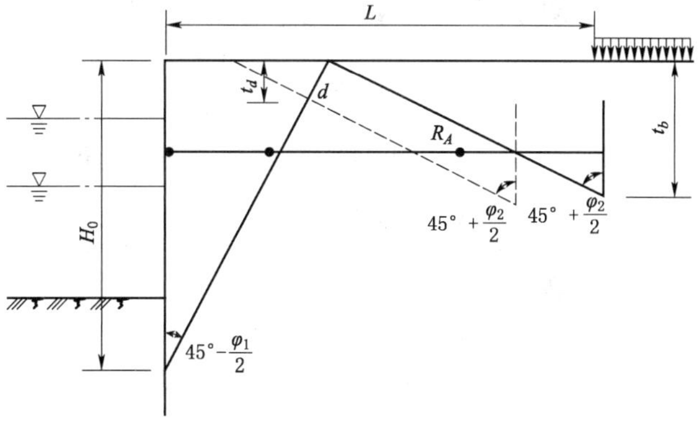

图4-3-7 锚碇墙、锚碇板到前墙的最小距离

R_A—拉杆拉力（kN/m）；t_d—板桩墙后土体的主动破裂面和锚碇墙（板）前土体的被动破裂面的交点 d 到码头地面的距离（m）

当锚碇墙、锚碇板到前墙的距离小于式（4－3－14）的计算值，则应在式（4－3－13）中的锚碇墙、锚碇板前被动土压力水平分力标准值中减去，即

$$\Delta E_{px}=\frac{\gamma t_d^2 l_a K_p}{2} \tag{4-3-15}$$

式中　ΔE_{px}——被动土压力标准值的水平分力增量，kN；

γ——板桩墙后土体的主动破裂面和锚碇墙、锚碇板前土体的被动破裂面的交点 d 以上土的重度，kN/m^3；

t_d——板桩墙后土体的主动破裂面和锚碇墙（板）前土体的被动破裂面的交点到码头地面的距离，m；

l_a——拉杆间距，m；

K_p——被动土压力系数。

四、锚碇墙、锚碇板内力计算

拉杆拉力在锚碇墙、锚碇板产生的水平弯矩按照下式计算，即

$$M_H=\frac{R_a l_a^2}{10} \tag{4-3-16}$$

式中　M_H——拉杆拉力标准值产生的水平向最大弯矩，kN·m；

R_a——每米宽板桩墙的拉杆拉力标准值，kN/m；

l_a——拉杆间距，m。

拉杆拉力在锚碇墙、锚碇板产生的竖直弯矩按照下式计算，即

$$M_V=\frac{R_a h_a}{8} \tag{4-3-17}$$

式中　M_V——拉杆拉力标准值产生的竖向单宽最大弯矩，kN·m/m；

R_a——每米宽板桩墙的拉杆拉力标准值，kN/m；

h_a——锚碇墙的高度，m。

模块五　构　件　设　计

一、板桩墙（前墙）

钢板桩按偏心受压构件设计，其单位宽度强度应满足下式的要求，即

$$\frac{\gamma_{GQ}}{1000}\left(\frac{N}{A}+\frac{M_{max}}{W_z}\right)\leqslant f_t \tag{4-3-18}$$

式中　γ_{GQ}——综合分项系数，取1.35；

N——作用标准值产生的每米轴向力，kN；

M_{max}——作用标准值产生的每米板桩最大弯矩，kN·m；

A——钢板桩的截面面积，m^2；

W_z——钢板桩的弹性抵抗矩，m^3/m；

f_t——钢材的强度设计值，N/mm^2，按照国家现行标准的规定采用。

二、拉杆

根据强度要求，栏杆杆体段直径可由下式计算，即

$$d=2\sqrt{\frac{1000R_A\gamma_{RA}}{\pi f_t}}+\Delta d \tag{4-3-19}$$

式中 d——拉杆直径，mm；

R_A——拉杆拉力标准值，kN；

γ_{RA}——拉杆拉力分项系数，取 1.35；

f_t——钢材的抗拉强度设计值，N/mm；

Δd——预留锈蚀量，mm，取 2～3mm。

拉杆拉力标准值按下式计算，即

$$R_A=\xi_R R_a l_a \sec\theta \tag{4-3-20}$$

式中 R_A——拉杆拉力标准值，kN；

ξ_R——拉杆受力不均匀系数，预先拉紧时采用 1.35；

R_a——每米宽板桩墙的拉杆拉力标准值，kN/m；

l_a——拉杆间距，m；

θ——拉杆与水平面的夹角，(°)。

【学后思考】

1. 如何拟定板桩式码头的码头前沿高程、码头前沿设计水深、码头前沿底高程？

2. 如何计算主动土压力水平强度标准值、被动土压力水平强度标准值和由码头地面均布荷载作用产生的主动土压力水平强度标准值？

3. 锚碇结构的作用、种类有哪些？

4. 单锚板桩墙的计算包括哪些内容？有哪些计算方法？

5. 如何计算锚碇墙、锚碇板前被动土压力？

6. 如何验算锚碇墙（锚碇板）的稳定性？

7. 如何计算锚碇墙（锚碇板）到板桩墙的距离？

项目五　斜坡码头与浮码头

斜坡码头和浮码头是内河大水位差港口中常用的一种码头结构形式，浮码头是客运码头或以客运为主的客货码头中常用的一种码头结构形式。

【知识目标】

1. 掌握斜坡码头的组成、特点、分类方法、结构形式、以及布置要求。

2*. 了解斜坡码头的计算方法。

3. 掌握浮码头的概念、组成、分类、适用条件及平面布置要求。

4*. 了解趸船、锚链系统、撑杆、撑墩、定位墩、钢引桥及升降架的基本要求。

【能力目标】

1. 能表述斜坡码头的组成、特点、分类方法、结构形式以及布置要求。

2*. 能说出斜坡码头的计算方法。

3. 能表述浮码头的概念、组成、分类、适用条件及平面布置要求。

4*. 能说出趸船、锚链系统、撑杆、撑墩、定位墩、钢引桥及升降架的基本要求。

【素养目标】

1. 有正确的学习观念和积极、认真、塌实的学习态度。

2. 具有钻研、独立思考的品质和探索、求知的科学精神。

3. 有良好的思想品德、道德意识和献身精神。

4. 具有环保意识。

5. 了解与斜坡码头和浮码头有关的议题知识，了解相关的技术革新信息。

【思政导引】

通过探访超大工程建设现场，解密中国“智”造巅峰之作，致敬实干兴邦的中国建设者。

经得起风卷浪袭，耐得住异国孤寂，这里是“恶魔之海”“挑战深蓝”“弥合天堑”，我们是马尔代夫跨海大桥的建设者，我们为“中国精神”点赞！

【知识拓展】

观看《中国建设者》“大洋深处的挑战”。

任务一　斜　坡　码　头

【课程导航】

问题 1. 什么样的码头称为斜坡码头？什么样的码头称为浮码头？

问题 2. 斜坡码头的优缺点是什么？

问题 3. 斜坡码头按照斜坡道结构形式分为______式码头、______式码头和______式码头。

问题 4. 倒滤层的作用是什么？

问题 5. 斜坡码头按照上下坡运输作业方式分为______码头、______码头、______码头和______码头。

问题 6. 斜坡码头按照码头平面布置形式可分为______码头和______码头。

问题 7*. 斜坡码头的稳定计算包括哪些内容？

模块一　概　　述

斜坡码头采用趸船作为靠船、设置起重运输机械和临时堆存货物等用途。当水位变化时，趸船沿斜坡道方向移动，即趸船的平面位置随水位变化沿岸坡前后移动，这种码头一般称为斜坡码头，是河流上游大水位差河港的主要码头结构形式，如图 5－1－1 所示。

斜坡码头结构简单，建造速度快，工程造价低，且趸船还可沿斜坡道方向移动，对水位变化的适应性强，适用于水位变化大的河流中、上游河段及水库港。但斜坡码头的趸船需经常移动，当水位涨落幅度较大时，需重新抛锚固定趸船，移泊作业麻烦，工作量较大；此外，斜坡码头的装卸作业增加了一个斜坡运输环节，且装卸机械安装在趸船上，装卸作业受风浪、水流的影响较大，码头装卸效率低，泊位通过能力有限。

随着装卸机械的不断革新及货运量的加大，这种码头已有逐渐被直立式码头所取代的趋势，如重庆港寸滩集装箱码头采用了架空直立式码头，设计水位差超 30m，泊位通过能力可达传统斜坡式集装箱码头的 3～4 倍。在大水位差地区建造直立式码头，技术上虽可行，但工程量大，造价很高，且枯水期装卸作业也存在一些问题。经济技术比较表明，对于设计水位差在 17m 以上的通用码头和设计水位差 8～17m 的进口散货码头，仍以采用斜坡码头为宜。

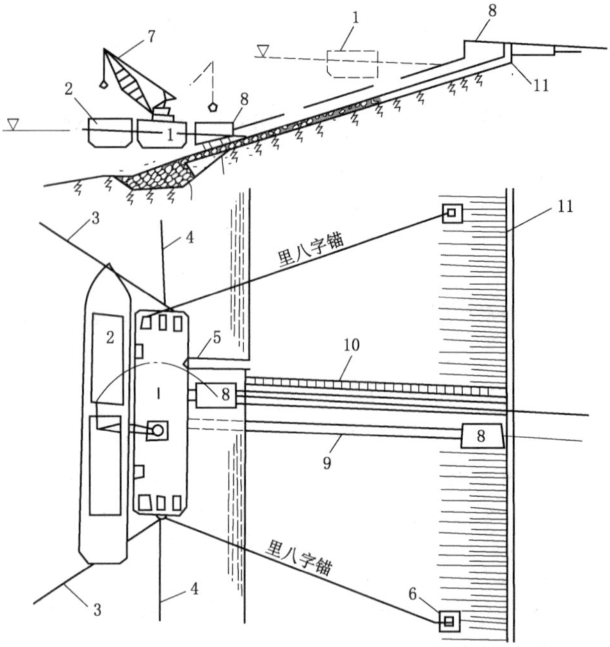

图 5－1－1　斜坡码头的结构示意

1—趸船；2—驳船；3—外八字锚；4—首尾领水锚；5—人行便桥；6—系船环；7—吊机；8—缆车；9—缆车轨道；10—人行踏步；11—挡土墙

模块二　斜坡码头的结构形式

斜坡码头的形式可根据斜坡道结构形式、上下坡运输作业方式和码头平面布置形式分类。

一、按斜坡道结构形式分类

斜坡码头结构由斜坡道、趸船、移动引桥和坡顶挡土墙等组成，其中斜坡道为斜坡码头的基本组成部分，其他结构可根据具体需要设置。斜坡码头的斜坡道结构形式可采用实体式（图 5－1－3）、架空式（图 5－1－6）和混合式（图 5－1－9）。但在流冰严重的地区，若码头结构未采取防冰措施，不宜采用架空坡道。

1．实体斜坡道

实体斜坡道一般用于岸坡地形起伏不大，岸坡坡度适宜，且坡脚处水深足够的地方，经过适当整修填筑而成，可防止引起港区冲刷或回淤。实体斜坡道由坡身、坡脚和坡顶三部分组成，如图 5－1－2～图 5－1－4 所示。施工简单，造价低。

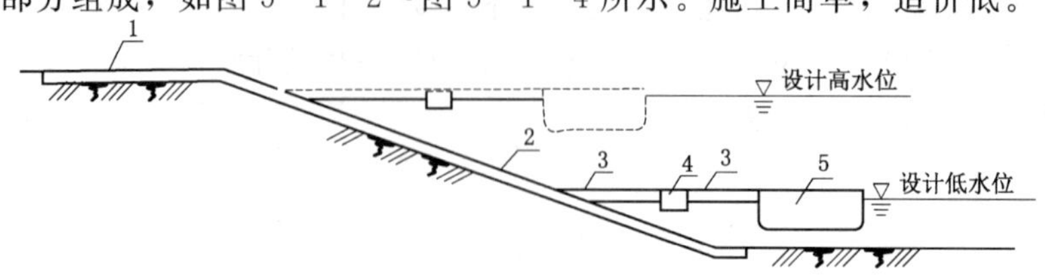

图 5－1－2　实体式斜坡码头结构示意图

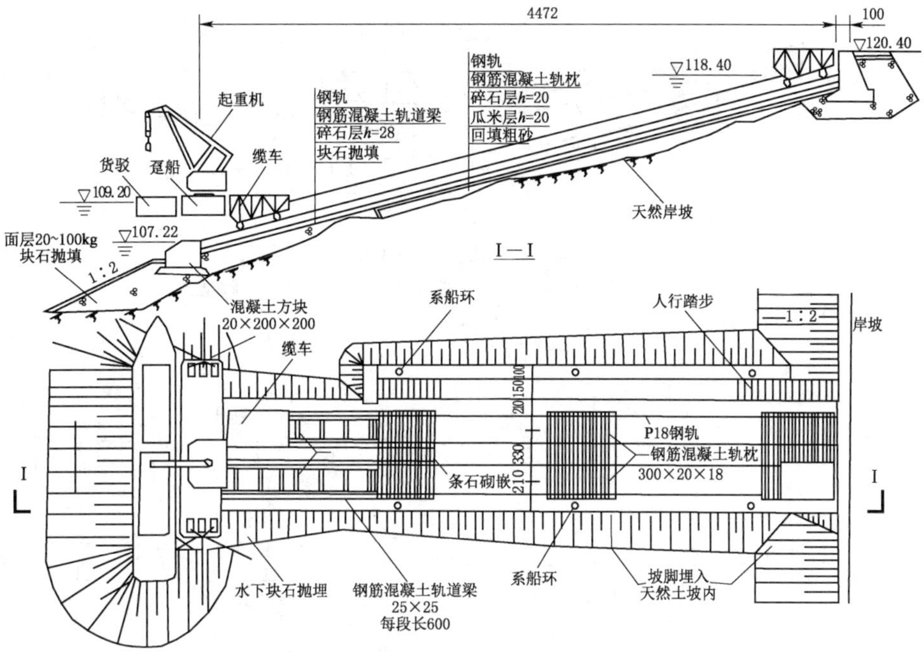

图 5-1-3 实体式斜坡码头（尺寸单位：cm；高程单位：m）

2. 架空斜坡道

架空斜坡码头类似一座斜桥，如图 5-1-5～图 5-1-8 所示。架空斜坡道由墩台基础和上部结构组成。根据地基土质情况及当地条件，墩台基础有重力式和桩（柱）式，还有混合结构等。上部结构形式有钢桁架和钢筋混凝土梁等。架空斜坡道的结构比实体斜坡码头复杂，造价也较高。优点是透水性好，对沿岸水流影响小。在河岸较陡，河床平缓的凹形河岸或修建实体斜坡码头影响水流或造成洪水壅高较大、可能造成港区回淤的地区，修建架空斜坡码头较为合适。

图 5-1-4 实体式斜坡码头实例图

3. 混合式斜坡道

根据工程场地的地形、地质、水文等条件，架空与实体斜坡道可混合使用，即一部分为架空斜坡道，一部分为实体斜坡道，称为混合式斜坡道，如图 5-1-9 所示。它适用于一部分岸坡平缓、一部分岸坡较陡的地方。

二、按上下坡运输作业方式分类

由于货种不同，装卸工艺不同，其上下坡运输作业方式也不同。按上下坡运输作业方式，斜坡码头分为缆车码头、皮带机码头和汽车下河码头。

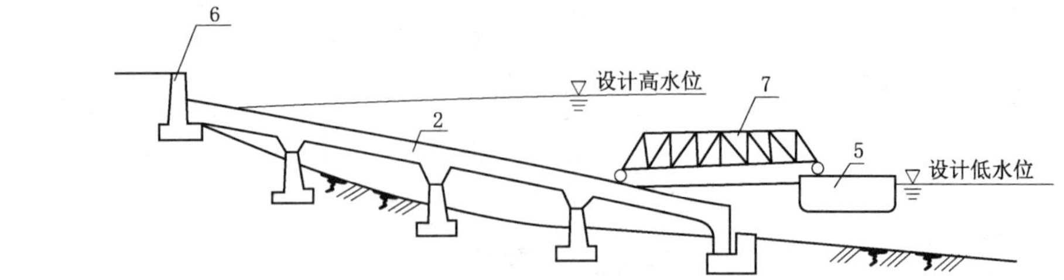

图 5-1-5　架空式斜坡码头结构示意图
1—坡道（平坡道）；2—坡道（斜坡道）；3—跳板；4—跳趸；
5—趸船；6—挡土墙；7—移动钢引桥

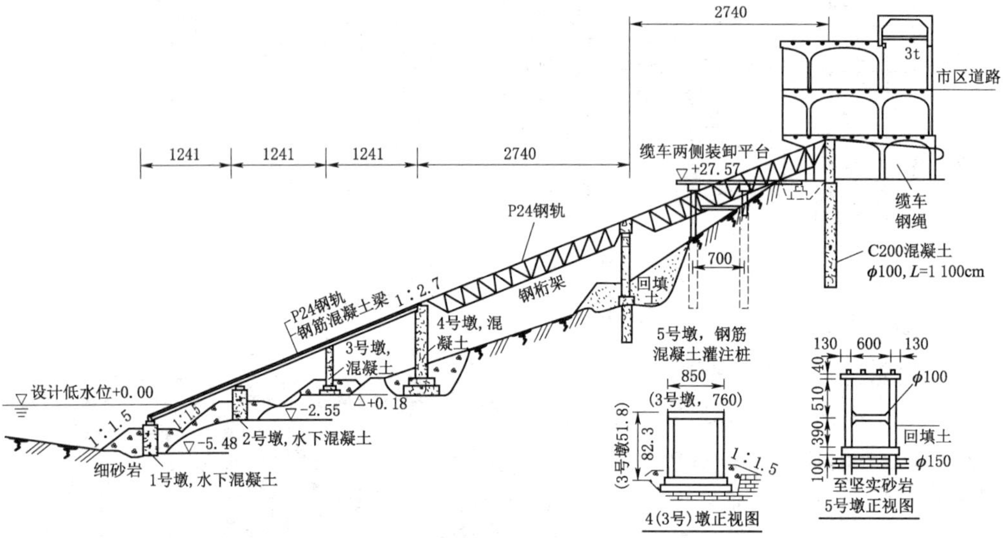

图 5-1-6　架空式斜坡码头结构图
（尺寸单位：cm；高程单位：m）

图 5-1-7　架空式斜坡码头实例图（一）

图 5-1-8　架空式斜坡码头实例图（二）

（1）缆车码头。主要用于装卸件杂货、重件和集装箱等货物。缆车码头由趸船、斜坡道、装载货物（乘客）的缆车、牵引缆车沿着斜坡道上下移动的缆车系统、供缆车轮子滚动的轨道等组成，如图 5-1-10 所示。这种形式使用较多。

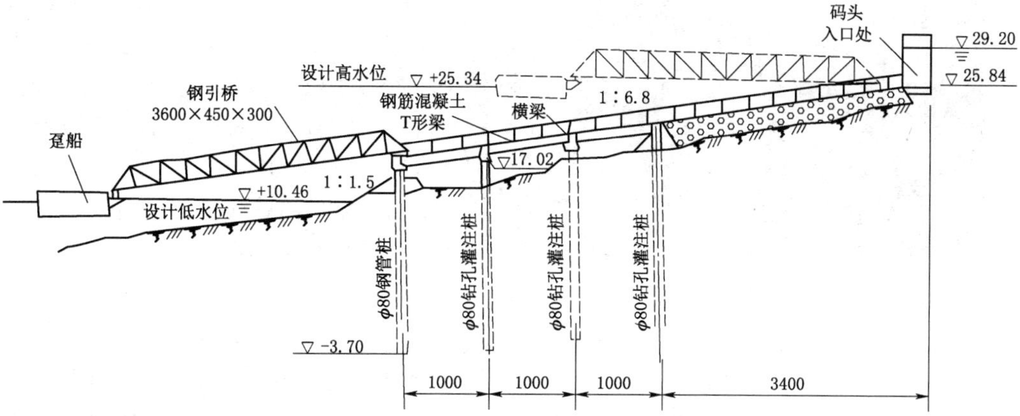

图 5-1-9 混合使用实体和架空斜坡的斜坡道码头（尺寸单位：cm；高程单位：m）

（2）皮带机码头。对于大宗标准小件货（水泥、化肥等）或散货通过的专业码头，可采用皮带式连续输送机械系统，它由浮式起重机、皮带机（或移动式皮带车）、坡顶起重机或装卸料机等组成，如图 5-1-11 所示。

图 5-1-10 缆车码头

（3）汽车下河码头。汽车通过斜坡道直接开在趸船上进行装卸作业的斜坡码头，可用于件杂货或散货等装卸。由趸船、供汽车上下坡行驶通过的斜坡道组成，如图

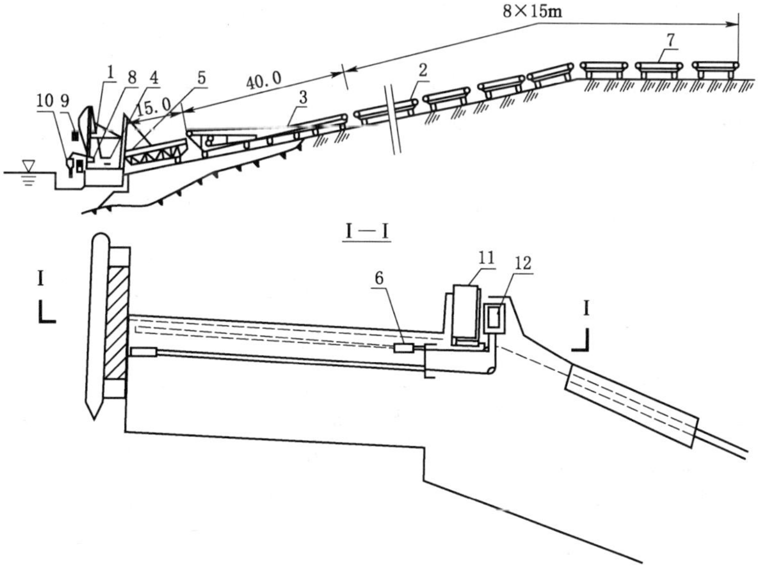

图 5-1-11 皮带机码头

1—趸船；2—皮带机（15m）；3—皮带机（40m）；4—普通移动皮带机；5—趸船吊架皮带机；6—缆车；7—皮带机横移车；8—趸船吊架；9—防雨棚；10—人字形岔漏板；11—皮带机停车场；12—绞车房

图 5-1-12　汽车下河码头

5-1-12 所示。坡道一般缓于 1∶10。当天然岸坡较陡时，斜坡道可沿河岸布置成折线形。但当水位差较大时，可在不同高程处布置几个平台以适应不同水位时的作业。其特点是装卸效率高，船舶周转快，水陆直达联运方便。但其缺点是重心高，稳定性较差；横格舱壁少而影响抗沉性，甲板的强度也受到影响等。

斜坡道应与上下坡装卸运输作业方式协调。装卸工艺是港口码头的基本生产工艺，是码头、港区总平面设计、仓库及码头结构设计的重要依据。设计时应根据货种、运量、流向、船型、车型、使用要求及自然条件（如水位差、岸坡陡缓）等，拟定几个装卸工艺流程方案进行比选。

三、按平面布置形式分类

斜坡码头依照平面布置形式可分为横向斜坡码头和纵向斜坡码头。

横向斜坡码头是指斜坡道轴线或中心线与岸坡垂直的斜坡码头（图 5-1-1）。这是缆车码头、皮带机码头常见的布置形式。

纵向斜坡码头是指斜坡道轴线或中心线与岸坡平行或成锐角的斜坡码头，一般顺水流方向布置。当河道狭窄或水位差很大或受地形限制时采用这种布置形式。汽车下河码头常采用这种布置。

模块三　斜坡码头的构造和布置

斜坡码头设计与建设应做到技术先进、经济合理、安全适用、确保质量。在进行斜坡码头结构形式选择时，应根据使用要求、自然条件、施工条件、水利防洪和航行安全等因素，通过技术经济分析综合比较后确定。

斜坡码头中使用最多且最具代表性的是缆车码头，它由缆车、斜坡道、轨道结构、缆车牵引系统及附属设施组成。

一、斜坡道

斜坡码头位置的确定需要综合考虑下列主要因素：①码头所在河段河床稳定、水流平顺、有足够水深的水域可供布置泊位和锚地，并保证在通航期内为船舶靠离码头及转头提供方便、安全的水域条件；②码头应选在地质条件好、岸坡稳定的河段；③具有足够的岸线长度及陆域宽度，用以布置前方作业地带、道路、库场及生产辅助设施，以保证港口码头工作便利，周转迅速，并使之具有远景发展条件；④符合港口经营管理、城市规划与建设和有关规范、标准的要求；⑤企业专用码头要与厂区紧密结合，距离不宜太远，联系要方便。

斜坡码头结构主要尺度包括斜坡道的长度、坡度和宽度等，应根据斜坡码头的平面布置及工艺设计的要求，并依照码头所处位置的地形、地质和水文等条件综合分析确定。

（1）斜坡道长度。斜坡道长度应根据设计高水位和设计低水位，并充分考虑货种、装卸工艺、码头形式等因素要求的坡度，综合分析确定。其水平投影长度等于斜坡道江侧末端顶标高减去斜坡道江侧末端顶标高之差除以斜坡道的坡比。

（2）斜坡道坡度。影响斜坡道坡度的因素有斜坡稳定要求、地形、装卸工艺要求等。通常情况下，架空斜坡道的坡度比实体斜坡道要陡，参见表 5-1-1。

（3）斜坡道宽度。斜坡码头的斜坡道宽度主要根据装卸工艺而定。一般实体缆车道采用双线或四线缆车道，架空缆车码头由于结构和经济效益的关系一般为双线缆车道，见表 5-1-1。

表 5-1-1　　斜坡码头的斜坡道的坡度和宽度

斜坡道名称		坡度	宽度
缆车道		陡于 1∶8	根据工艺要求确定
普通带式输送机道		不陡于 1∶4	根据工艺要求确定
重件拖拉道		不陡于 1∶8	根据工艺要求确定
管线道		根据自然条件和工艺要求确定	根据工艺要求确定
汽车道		不陡于 1∶10	单车道≥5.0m，双车道≥7.0m
人行道	货码头	坡道不陡于 1∶6 踏步陡于 1∶6	≥0.8m
	客码头	坡道不陡于 1∶7 踏步陡于 1∶7～1∶2	≥3.5m

二、坡身

坡身是实体斜坡道的主体部分，除了能经得住水流和波浪的冲刷和作用外，还需承受各种运输车辆荷载，并便于车辆的行驶。坡身由回填料、护面结构和倒滤层组成，如坡道高出天然岸坡，其两侧还应做护坡和护脚。坡身以施工水位（一般取设计低水位加 0.5～2.0m）为界分为水上、水下两部分。

（1）回填料。施工水位以上部分，回填料宜采用透水性好的无黏性材料，并应分层夯实或压实，分层厚度应根据所采用的压实设备确定；对大型振动式压路机压实、爆破石渣或碎石类土石，分层厚度宜取 1.0～1.5m，小型设备分层厚度不大于 0.3m。施工水位以下部分，需要采用水下施工，一般宜采用块石抛填。

（2）护面结构。实体斜坡道的坡面宜略高出天然地面，其两侧边坡不宜陡于 1∶2，并设置护面和护脚防止坡面和坡脚受到水流、波浪的淘刷。实体斜坡道的坡面结构在施工水位以上，可采用干砌块石、浆砌块石、浆砌条石或混凝土面层等；砌石面层厚度可为 0.25～0.40m，混凝土面层厚度应符合《码头结构施工规范》(JTS 215—2018) 的有关规定。在施工水位以下，当无行车要求时宜采用抛埋块石面层；当有行车要求时，宜采用预制混凝土块、条石铺砌或其他可靠面层结构。受波浪影响的地区，应根据波浪条件复核铺面结构。

（3）倒滤层。为防止回填料被水流淘刷流失，在护面、护坡、护脚和抛石棱体与回填料之间应设置倒滤层。倒滤层的铺设，应与面层铺设相配合，做到随铺倒滤层随砌。铺设倒滤层时，为了保持其良好级配，材料不得从坡顶向下倾倒。在施工水位以上，宜采用碎石、粗砂或中砂分层铺设，其中碎石层厚度宜为0.15～0.2m，粗砂或中砂层厚度宜为0.1～0.15m。当采用混合倒滤层时，其厚度不宜小于0.60m。若使用土工织物做倒滤层，基层土坡必须平整密实，不得有锐利的石尖等物外露。铺设垫层及砌筑坡面块石时，不得将土工织物划破。土工织物的搭接长度应满足设计要求，并不小于1.0m。土工织物铺设后应尽快覆盖，防止日晒老化。

三、坡脚

在实体斜坡道中，坡脚的功用是支持坡身和防止水流对地基的冲刷。坡脚通常采用抛石棱体，它稳定性好，施工简单。岸坡平缓时宜采用埋入式抛石棱体，如图5-1-13所示，其基槽深度应根据河床冲淤情况确定，一般不小于1m，底宽不小于2m。岸坡较陡时宜采用突出式抛石棱体，其顶宽不宜小于1.5m，外坡不宜陡于1∶1.5。抛石棱体块石的重量宜采用10～100kg，并根据水流流速、波浪大小进行复核。如果河床土质松软、地下渗流量较大、岸坡较陡，可采用低桩承台式坡脚。如河底较陡、土质松软且有剧烈冲刷，可先在坡脚处做柴排护底，在柴排上抛填棱体，或采用其他形式的坡脚。

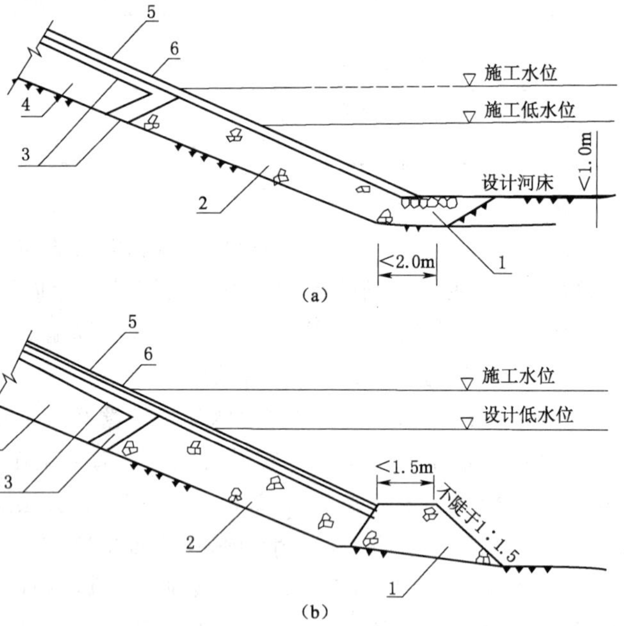

图5-1-13　抛石棱体

(a) 埋入式；(b) 突出式

1—抛石棱体；2—抛石基床；3—倒（反）滤层；4—陆上回填料；5—钢轨；6—轨枕

四、坡顶

坡顶是实体斜坡道与岸衔接部分，一般建造混凝土或砌石挡土墙，并在墙上埋有固定缆绳用的耳环（图5-1-14）。坡顶挡土墙应根据地形和地基情况设变形缝，非岩石地基缝距宜为10～15m，岩石地基缝距可适当增大。当有缆绳沟通过坡顶挡土墙时，宜将坡顶挡土墙断面局部放大，作为安设立式转向滑轮的基础。当坡顶挡土墙置于堤防范围内时，挡土墙底部和背后不得采用透水性材料作为垫层和回填料。

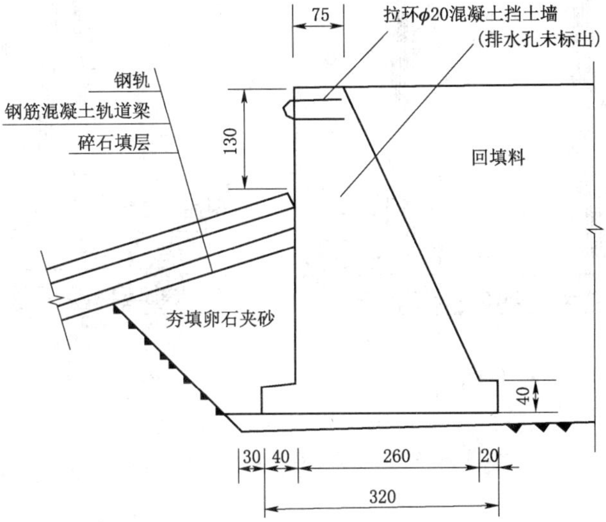

图5-1-14 坡顶挡墙结构示意图（单位：cm）

为了确保斜坡道的稳定性，需用圆弧滑动法验算其整体稳定性。如果整体稳定性不足，应采取可靠的加固措施。

五、墩台

对于架空斜坡道，其下部结构主要是指墩台。墩台的结构形式主要有重力式和桩柱式两种。

(1) 重力式墩台。如图5-1-15所示，重力式墩台包括浆砌块石（或条石）和混凝土墩台两种。一般适用于岩基或其他较好的地基条件。施工水位以上的墩身通常采用浆砌块石（条石），块石（条石）应选用新鲜无裂隙的硬质岩石，有良好的抗风化能力，其抗压极限强度应不低于30MPa，砌筑砂浆标号不低于M7.5，勾缝砂浆不宜低于M10。施工水位以下的堤身，一般采用在抛石基床上安砌预制混凝土方块的形式，也可采用钢筋混凝土空箱，并在空箱中浇筑水下混凝土。重力式墩台的端面宜采用半圆形，以减小水流阻力。当墩身较高时，可作成上小下大的锥体形，其侧面坡度一般为20：1～25：1。墩帽宜采用混凝土，其厚度应满足支座锚固要求，且不宜小于400mm。支座下墩帽内应设钢筋网和构造钢筋，其顶面宜设排水坡。

(2) 桩柱式墩台。桩柱式墩台通常为钢筋混凝土结构，一般用于软弱地基情况。桩柱式墩台有单桩柱式和双桩柱式两种。当码头的桥面较宽时，宜采用双柱排架墩台，其形式有直桩式、斜桩式、框架式、桁架式等，如图5-1-16所示。当桩柱的计算高度大于桩柱间距的1.5倍时，应设联系梁或斜撑。

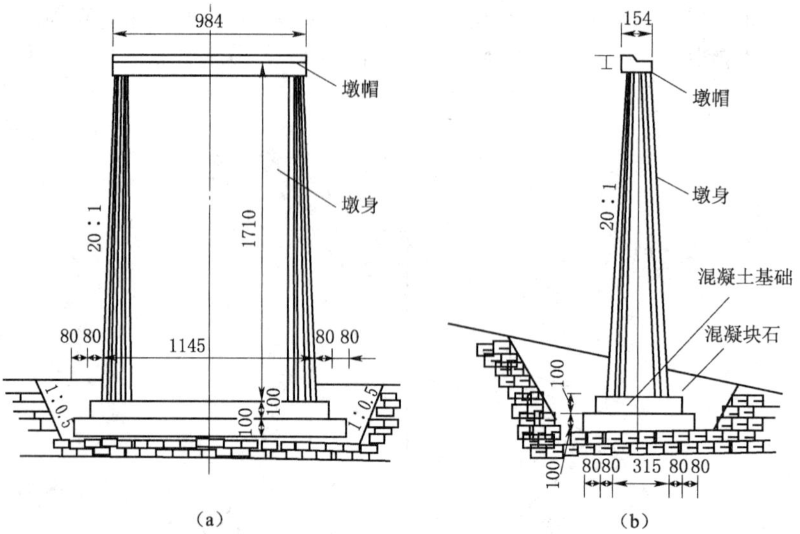

图 5-1-15 重力式墩台示意（单位：cm）

（a）顺岸方向断面；（b）垂直岸方向断面

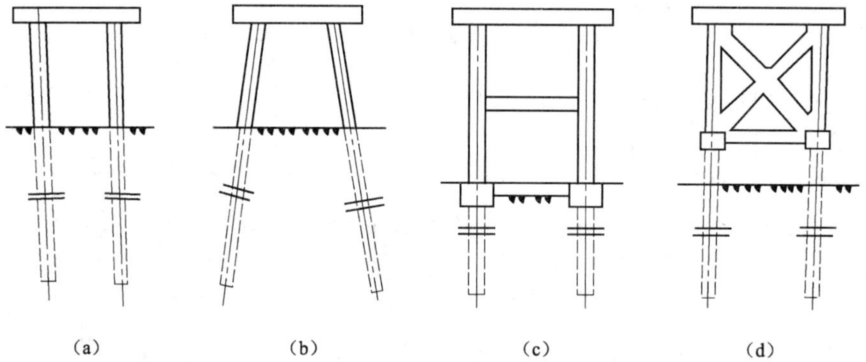

图 5-1-16 双桩柱式墩台示意

（a）直桩式；（b）斜桩式；（c）框架式；（d）桁架式

六、上部结构

架空斜坡道的上部结构一般采用钢筋混凝土梁板结构或钢桁架结构。

（1）钢筋混凝土梁板结构。钢筋混凝土梁板结构多采用装配式，其耐久性好，施工方便。非预应力钢筋混凝土梁的跨度一般不大于 15m，当梁跨较大时，可考虑采用预应力钢筋混凝土梁。架空斜坡道一般采用非整片式结构（即没有面板），纵梁的断面通常为 T 形或矩形。为增加上部结构的横向整体性，无面板的纵梁之间用横向联系梁连接起来，如图 5-1-17 所示，其间距一般取 3～5m。矩形梁和 T 形梁之间的两端宜设置端隔板，每隔 3～5m 加设横隔板。纵梁一般采用简支梁，支座底面宜做成水平的，以便安装方便平稳，消除梁自重产生的纵向水平力，忽略缆车的纵向冲击力及车轮纵向摩阻力的作用。纵梁的搁置宽度规定为，水上不小于 200mm，水下不小于250mm。梁高由计算确定，当梁高在1.5m以上时，一般采用预应力结构。纵梁主肋的高度为跨度的1/18～1/16，普通钢筋混凝土简支梁高可为跨度的1/15～1/12。为增加上部结构的整体稳定性，无面板的两矩形梁之间应设置横撑，其间距一般为3～5m，如图5-1-18所示。

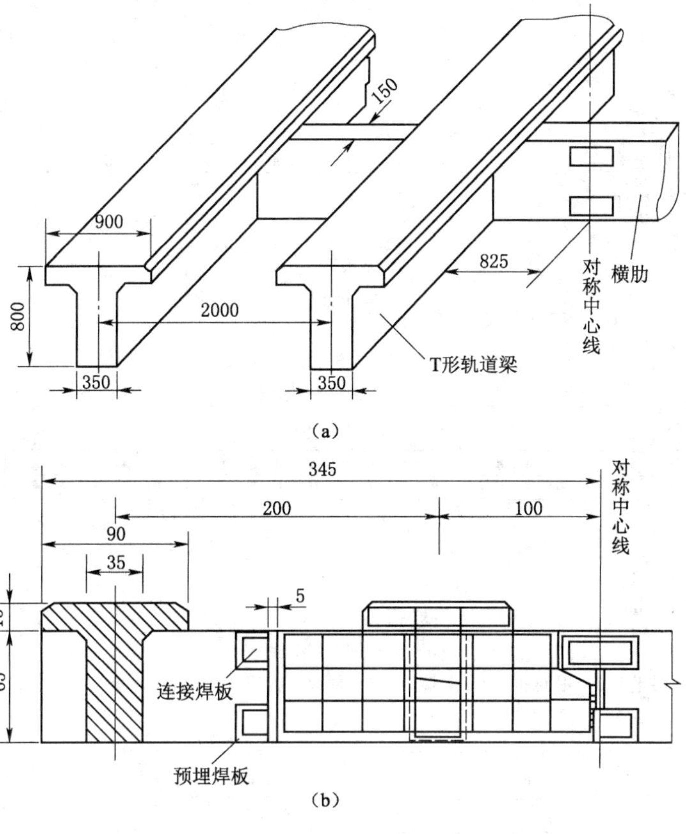

图5-1-17　纵梁之间的横向联系梁（单位：cm）
（a）立体图；（b）构造图

此外，架空斜坡道纵梁一般会被水淹，当梁高较大时，在流速大于3.0m/s的情况下安装，必须验算梁在水流力作用下的稳定性。

（2）钢桁架结构。钢桁架由主桁架和纵、横向联系杆件组成（图5-1-19），在两榀主桁架之间设纵、横水平联系杆。供缆车行驶的钢桁架，缆车轨道宜安置在主桁架的上弦杆上，相邻缆车运用桥面联系。钢桁架结构的优点是重量轻、强度高，可采用大跨度，目前多采用24～35m。其缺点是维修工作量大、造价高，一般只在地质和施工条件受限制时采用。

七、轨道结构

轨道结构包括钢轨、轨道基础和钢轨固定件等。

（1）钢轨。钢轨直接承受缆车的轮压力，其型号可根据轮压力的大小按照表5-1-2选用。

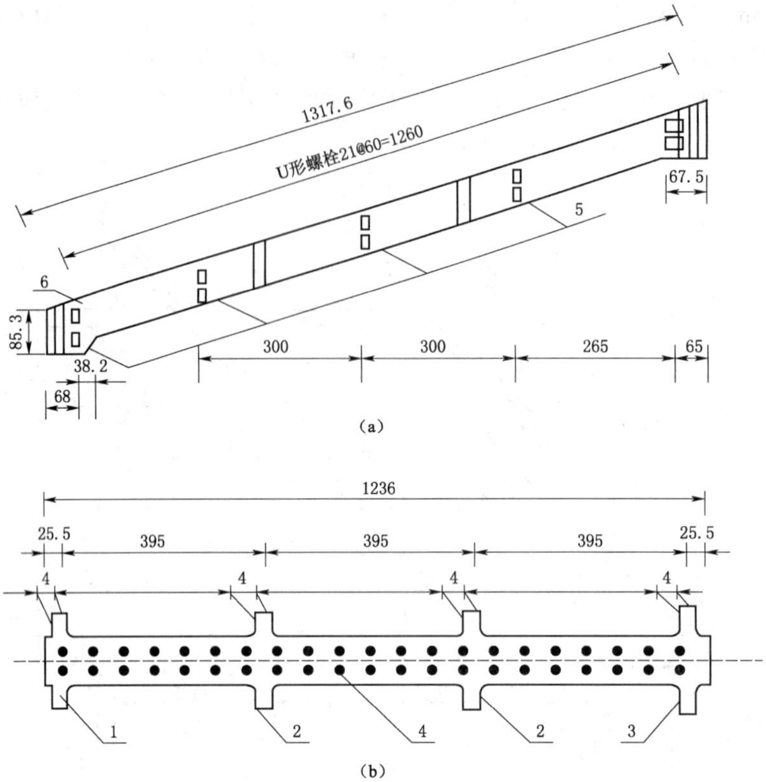

图 5-1-18　架空斜坡道钢筋混凝土轨道梁构造（非整片式）

(a) 俯视图；(b) 平面图

1—下端肋；2—中间肋；3—上端肋；4—预埋钢板甲；5—预埋钢板乙；6—2ϕ22 吊耳

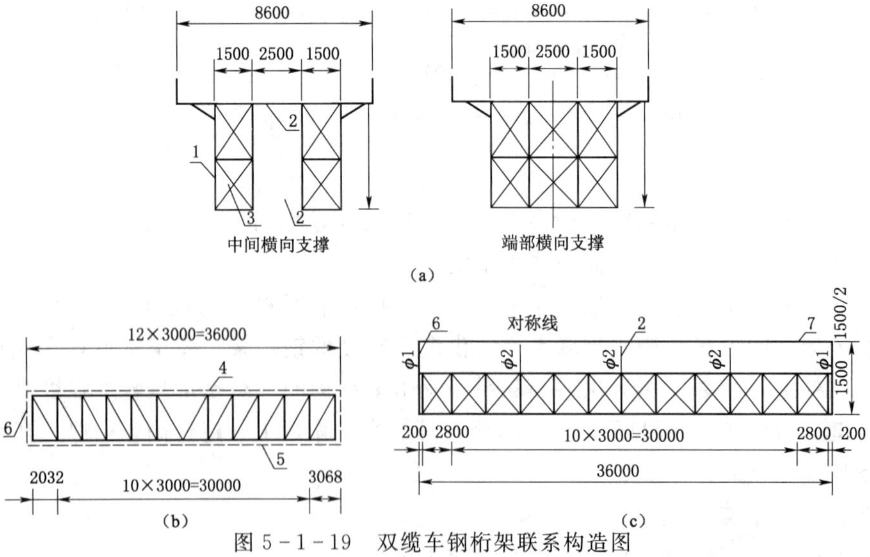

图 5-1-19　双缆车钢桁架联系构造图

(a) 钢桁架断面图；(b) 钢桁架侧视图；(c) 上水平纵向联系平面图

1—主桁架；2—桥间横向联系；3—中间横向联系；4—上水平纵向联系；

5—下水平纵向联系；6—端部横向联系；7—中心对称线

表 5-1-2　　缆车、皮带机、移动钢引桥的钢轨类型

设备名称	缆车载重量/t					皮带机	移动钢引桥
	3	5	8 或 10	15 或 20	25 或 30		
钢轨类型/(kg/m)	8～15	15～18	18～24	24～28	≥38	12～15	≥24

（2）轨道基础。实体斜坡道的轨道基础可采用轨枕道碴基础或钢筋混凝土轨道梁；架空斜坡道的轨道基础采用架空结构。

轨枕道碴基础（图 5-1-20）应用比较广泛，它的特点是结构简单，施工容易，造价低，能较方便地调整轨道的不均匀沉降；但该结构抵抗横向力的能力差，轨枕容易移位。钢筋混凝土轨道梁的特点是刚度大，轨距不易改变，轨顶不易变形。实体斜坡码头的轨枕宜采用钢筋混凝土轨枕。施工水位以上可采用横轨或纵轨；施工水位以下宜采用预制纵轨枕。横轨枕的间距应根据轮压力大小确定，一般为 0.5～0.7m。当采用短轨枕时，每隔 3～5m 应设一长轨枕或联系构件以保证钢轨在平面上的相对位置。钢筋混凝土纵轨枕的分段长度宜为 8～25m，纵轨枕之间应设横撑，其间距宜为 3～5m，必要时纵轨枕端部可局部加宽，下设垫板或端横梁。轨枕应嵌固稳定，施工水位以上可采用块石或其他铺面块体嵌固；施工水位以下宜采用抛埋块石或袋装混凝土嵌固。

轨枕道碴基础和钢筋混凝土轨道梁适用于较好的地基，架空结构一般适用于软基或天然岸坡较陡的情况。

实体斜坡码头的轨枕下应设碎石基床，其厚度由计算确定。当轨枕基础下为软弱地基时，应采取地基加固措施；当轨枕下为全岩基时，轨枕可直接设在用混凝土或砂浆找平的岩面上。

在冰冻地区，轨枕基础设计时应考虑冻结深度。

钢轨在钢筋混凝土轨枕或轨道梁上的固定方法一般有两种：一种是预埋 U 形螺栓，并用扣板和螺母固定在垫板上，如图 5-1-20（a）所示；另一种是预留螺栓孔，用活动螺栓固定，如图 5-1-20（b）所示。钢轨在钢桁架的上弦杆上的固定，通常采用在倒轨两侧互相交错的钩头螺栓固定，如图 5-1-20（c）所示。

八、缆车和牵引

（1）缆车。缆车是缆车码头货物或旅客上下坡的运输工具，一般为钢结构，主要由钢面板、车架、轮轴、联结器等组成，如图 5-1-21 所示。缆车按载重量一般划分为轻型缆车（3～5t）、中型缆车（5～15t）和重型缆车（20t 以上），我国装卸特大重件用的缆车载重量最大已达 150t。

缆车的轮数和轮距直接影响轮压力的大小及其分布。我国的缆车码头大多数采用轻型和中型缆车；一般为四个轮子，轨距 15～2.5m，轮距 3.5～5.5m；一般为刚性支承，其结构比较简单；重型缆车有多个轮子（多于 4 个），为使轮压力分布均匀，在车轮与车架连接处安设橡胶垫或弹簧，形成弹性支承。缆车的载重量、台面尺寸和轮压力等参数应根据货物的单件重量、外形尺寸、装卸机械类型和轨道坡度等来选择。

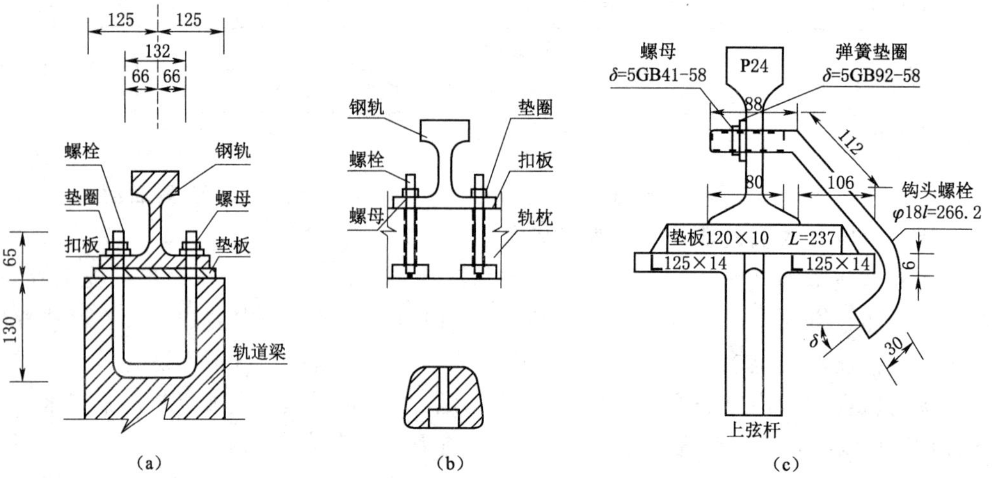

图 5-1-20　钢轨的固定方法

(a) 预埋 U 形螺栓；(b) 预留螺栓孔；(c) 钩头螺栓

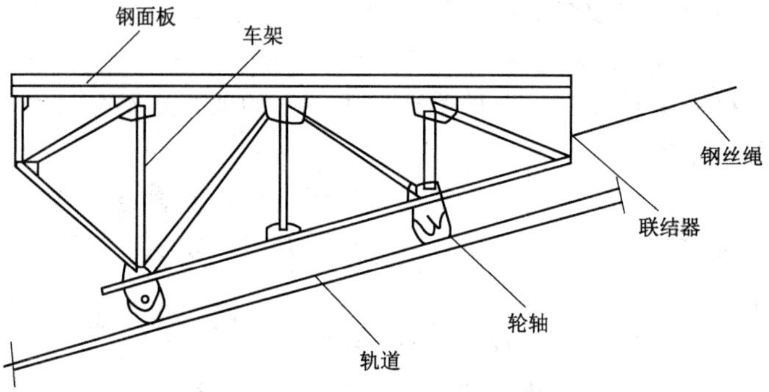

图 5-1-21　缆车结构组成示意

(2) 缆车系统的平面布置。缆车码头的装卸工艺目前采用流动运输机械直接上缆车的方式。缆车的牵引有单筒卷扬机和双筒卷扬机两种，多采用双筒卷扬机牵引（图 5-1-22），在牵引重载缆车的同时，将空车下放，两缆车的自重力相互平衡，可减小卷扬机的功率。对于重件缆车码头，可采用两条单线缆车道，分别设两台单筒卷扬机，拉重件货上坡时，可并排使用。

根据缆车与陆域的连接方式，缆车有直式布置和侧式布置两种，目前直式布置采用较多。直式布置是指流动运输机械从缆车正面端进出。这种布置方式布置紧凑、占陆域的作业面小，适用于小型流动运输机械上缆车。侧式布置是指运输机械从缆车两侧进出，占有前方作业地带面积较大，但操作方便安全，较适合运输长大件的汽车和拖头平板车上缆车。

引缆绳一般从地面下通过，应设缆绳沟。缆绳沟的布置与卷扬机房的布置有关。为减少钢丝绳的磨损，卷扬机前的一个滑轮到绞车卷筒中心的距离一般为卷筒长度的 20 倍，以保证卷筒中心线与钢丝绳的最大夹角不超过 15°，如图 5-1-23 (a) 所示；

同时应尽量减少钢丝绳的转向次数，转向角不应小于 90°，并在斜坡轨道中间设置可拆卸的缆绳拖辊。缆绳沟一般采用浆砌块石、混凝土或钢筋混凝土结构，如图 5－1－23（b）所示，净空尺寸不宜小于 400mm×400mm，靠近卷扬机处的缆绳沟宽度应适当加大。在坡顶处还应设防滑制动装置，以保证缆车安全工作。

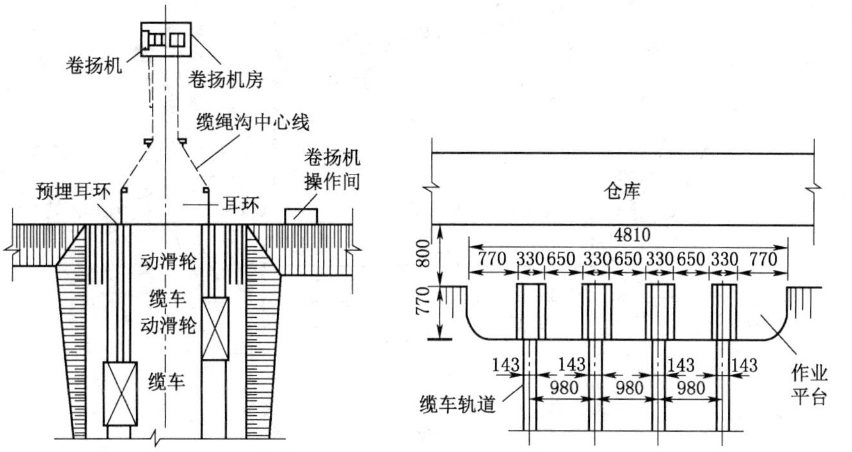

图 5－1－22　缆车的布置示意（单位：cm）

（a）直式布置；（b）侧式布置

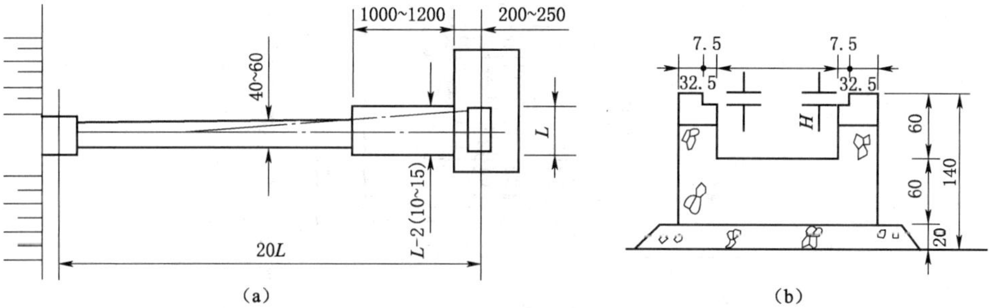

图 5－1－23　缆绳管沟示意（单位：cm）

（a）缆车沟布置；（b）缆车沟断面

九、附属设施

缆车码头的其他附属设施包括人行道、系船设施等。

人行道的坡度和宽度见表 5－1－1。人行道踏步一般高 120～150mm、宽 250～300mm。如斜坡道很长、台阶很多，则每隔约 3.0m 设置 1 个休息平台，平台宽度不小于 1.0～1.5m。若斜坡较缓（坡度小于 1：8），也可不设踏步。

系船设施通常采用系船环和系船柱，主要用于固定趸船。沿岸线方向间距一般采用 150～250mm，沿岸坡方向间距采用 4～8m，且宜对称于缆车道布置。系船环或系船柱固定在系船体（地牛）上，如图 5－1－24 所示。系船块体除自重力外，还承受系缆力、主动土压力和被动土压力，其验算内容与墩台相同。

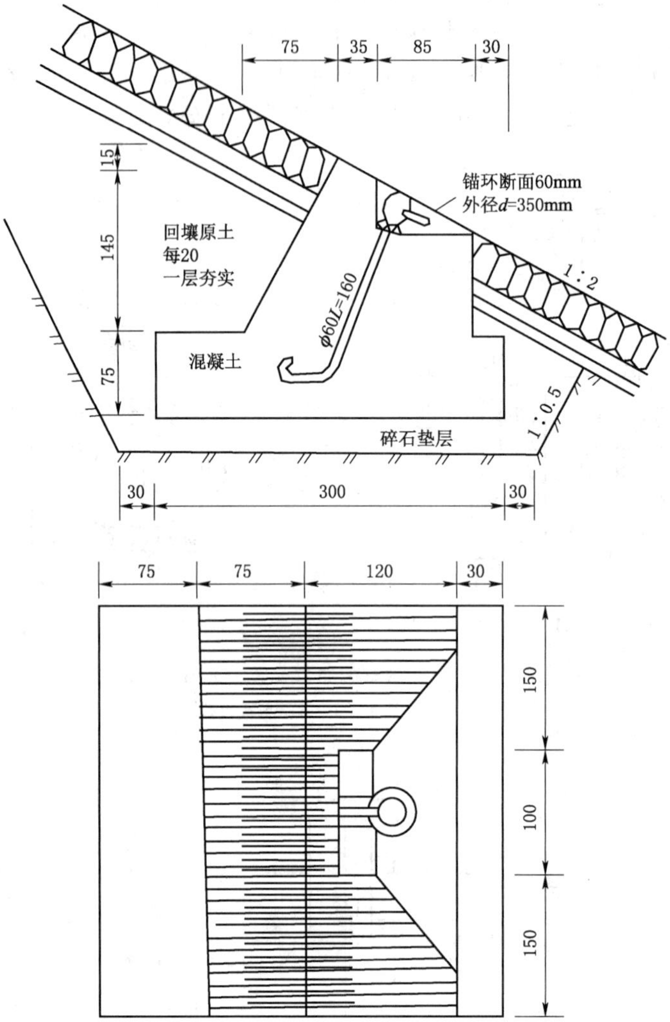

图 5-1-24　系船块体示意（尺寸单位：cm）

模块四　斜坡码头的计算*

斜坡码头的斜坡道、引桥桥墩、坡顶挡土墙、桥台以及岸坡等均应进行稳定计算，必要时还应进行沉降等计算。当横向作用于架空斜坡道和固定引桥桥墩及上部结构上的风荷载和水流力等较大时，还应验算结构横向强度及稳定性。

一、实体斜坡道结构的计算

实体斜坡道结构的计算内容主要包括以下几个方面：

(1) 斜坡道的整体稳定性计算。斜坡道的整体稳定性计算按《港口工程地基规范》(JTS 147-1—2010) 的有关规定执行。

（2）坡顶挡土墙计算。坡顶一般采用混凝土或砌石挡土墙，并在墙上埋设有固定缆绳用的耳环，如图5－1－6所示。挡墙计算包括：挡墙的滑移稳定性、倾覆稳定性和地基承载能力等验算，此时应考虑缆绳对挡土墙的水平拉力。坡顶挡土墙设计应符合我国现行行业标准《重力式码头设计与施工规范》（JTS 167－2—2009）的有关规定。

（3）实体斜坡码头缆车、皮带车和移动钢引桥的轨枕计算。根据装卸工艺要求，实体斜坡道上安设有供缆车、皮带车和移动钢引桥行驶的轨道，轨道下铺设有轨枕。轨枕结构应按弹性地基梁计算。

二、架空斜坡道结构的计算

1. 上部结构计算

架空斜坡码头的上部结构一般为支承于墩台上的简支钢筋混凝土梁或钢桁架，亦称人工地基上的轨道梁。作用于其上的荷载主要有结构自重、缆车荷载、人群荷载、动水压力及风压力等。由于缆车速度较小，为简化计算，冲击力和波动摩阻力可忽略不计。

（1）缆车轮压力。作用在轨道上的主要荷载是缆车轮压力，对于不同形式的结构，还可能作用有结构自重力、人行荷载、水流力、风荷载等，有时还需考虑船舶荷载、地震荷载等。

缆车轮压力的精确计算比较复杂，工程上缆车的计算轮压力 P（kN）一般按下式计算：

$$P=\frac{1}{n}(G+Q)K \quad (5-1-1)$$

式中　G——缆车的自重力，kN；

Q——缆车设计载重力，kN，货物由两辆缆车共同运输时，其值为平均载重量乘以荷载分配不均匀系数（1.1～1.2）；

n——缆车总轮数；

K——轮压不均匀系数，与货物、汽车或流动机械在缆车台面上的重心位置、缆车结构和自重力分布、车轮与钢轨的接触情况等有关，一般取 $K=$ 1.2～1.5。

（2）简支梁计算跨度。架空斜坡道纵梁计算跨度为支座中心线间的水平距离。弯矩计算跨度为 $L_n=L_0+e$ 和 $1.05L_0$ 中的小值；剪力计算跨度为 $L_n=L_0$（L_0 为梁的净跨；e 为梁的搁置长度）。

（3）内力计算。荷载及梁的计算跨度确定后，可按相关方法计算结构的内力。对于缆车荷载、汽车荷载等移动式装卸工艺，其轮压力是移动荷载，设计时轮压力是移动集中荷载，应按内力影响线方法求出梁各断面内力影响线，再求出相对应各断面最大弯矩，进而做出弯矩包络图。

同样，求出每个断面剪力包络图。弯矩和剪力包络图是设计和验算轨道梁的重要数据。

2. 下部结构计算

（1）计算内容。下部结构主要是指墩台。墩台有重力式墩台和桩柱式墩台，它们的工作原理不同，计算内容和计算方法也不相同。

重力式墩台的计算包括墩台的滑移稳定性、倾覆稳定性、截面强度、地基承载力、地基沉降等验算内容。在进行地基强度和稳定性验算时，由于顺轨道方向和垂直于轨道方向的荷载不同，应分别考虑。

桩柱式墩台的计算内容主要包括构件的强度和稳定性计算。

(2) 作用在墩台上的荷载。作用在墩台上的荷载主要包括：由上部结构自重力产生的支座压力；境身和基础自重力（包括基础上的填土重力）：由缆车荷载及人群荷载等产生的垂直压力；由上部结构传来的风力、水流力；作用在墩台上的风力、水流力；缆车轮压力在固定支座上产生的水平分力；水对墩台的浮力；由于上部结构温度变化在支座上产生的摩阻力，当相邻桥孔跨径相等时可以不计，跨径不等时，按摩阻力之差计算，即用上部结构相邻两跨结构自重产生的反力之差乘支座摩阻力系数。各种荷载的确定方法，参见《斜坡码头及浮码头设计与施工规范》。

此外，桥墩还受到土压力的作用，当基础埋置不深、地面坡度平缓时，桥墩两侧土压力可忽略不计，当坡度超过30°时，则应考虑倾斜土体产生的主动和被动土压力。

(3) 计算方法。重力式墩台计算方法按《重力式码头设计与施工规范》和《公路钢筋混凝土及预应力混凝土桥涵设计规范》及《公路砖石及混凝土桥涵设计规范》的有关规定进行计算或验算。

对于单桩柱式墩台，按嵌固于地基土中的悬臂梁计算，并按压曲受弯构件对桩柱进行验算；对于双柱（桩）式墩台，有斜撑时按桁架计算，其他情况按刚架计算。设计时应按《高桩码头设计与施工规范》和《港口工程桩基规范》的有关要求进行。

当横向荷载作用时，单桩墩可按悬臂结构计算，单排桩墩可按平面刚架计算，多排桩墩可按空间桩台结构计算；当有较大顺桥方向的荷载作用时，单桩墩和单排桩墩可按悬臂结构计算，多排桩墩可按空间桩台结构计算。

【学后思考】

1. 什么样的码头叫斜坡码头？什么样的码头叫浮码头？

2. 斜坡码头的优缺点分别是什么？

3. 斜坡码头按照斜坡道结构形式分为__________码头、__________码头和__________码头。

4. 倒滤层的作用是什么？

5. 斜坡码头按照上下坡运输作业方式分为__________码头、__________码头、__________码头和__________码头。

6. 斜坡码头按照码头平面布置形式可分为__________码头和__________码头。

任务二 浮 码 头*

【课程导航】

问题 1. 浮码头的适用条件是什么？

问题 2. 浮码头主要由____、______和______等组成。

问题 3. 浮码头根据趸船与陆域的连接方式分为____、______和______3 种形式。

问题 4. 浮码头依照其与天然岸线的相对位置的不同，通常有______式码头和______式码头。

问题 5. 斜坡码头和浮码头对所采用的趸船有哪些要求？

问题 6*. 实体斜坡道和架空斜坡道可能作用的荷载有哪些？

问题 7*. 重力式墩台和桩柱式墩台的计算主要有哪些内容？

问题 8*. 试述趸船的系留方式和锚链系统的计算方法。

问题 9*. 撑杆的轴向力如何确定？

问题 10*. 定位墩横向力如何确定？

问题 11*. 钢引桥的结构尺度如何确定？

浮码头采用趸船作为靠船和临时堆存货物等用途。若趸船与岸之间的联系是通过在活动引桥及固定引桥上的运输车辆或管道，且趸船只在原位置随水位变化而垂直升降，趸船的平面位置不变，这种码头称为浮码头，如图 5－2－1 和图 5－2－2 所示。另外，有的码头既有固定的斜坡道又有可沿斜坡移动的引桥，这种码头可称为混合式斜坡码头，也可称为浮码头。

(a)

(b)

图 5－2－1 浮码头

(a) 某旅游停靠浮码头；(b) 某港池内维修停靠浮码头

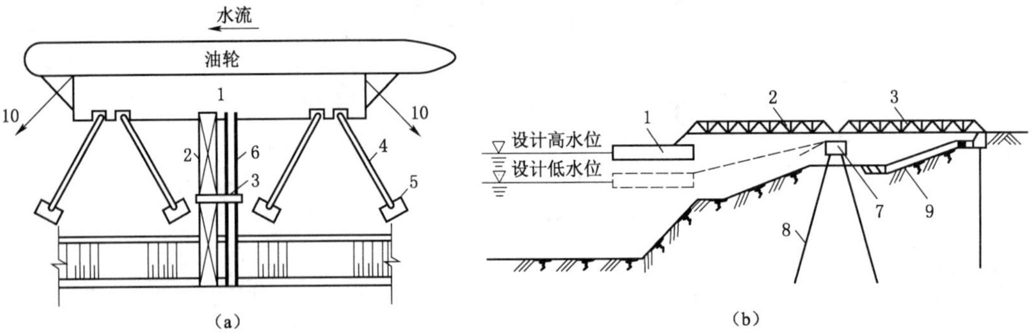

图5-2-2　浮码头示意图

(a) 浮码头工程图；(b) 纵向结构示意图

1—趸船；2—活动引桥；3—固定引桥；4—撑杆；5—撑墩；6—管道；

7—桥墩；8—桩；9—护坡；10—锚链

在大水位差地区采用浮码头结构，为适应水位变化及运输车辆的坡度要求，需要设置多跨活动引桥，且需经常调节引桥的高度和坡度，流动机械在引桥上运行不方便，不仅投资大，而且使用也不方便。此外，在浮码头中，船舶的装卸作业均在趸船上进行，通过引桥与岸联系，装卸场地受到限制；当有5～6级风浪时，装卸作业亦很困难，因而在水位差不大地区的件杂货码头也逐渐被直立式码头取代。但对水位差不大且侧开门作业的内河客货轮、海港渔轮及客货轮等，因船舱出入口和趸船甲板面高度差不多，采用浮码头工作方便，故较多采用。对石油码头，因趸船随水位变化而升降，便于油船靠泊和工作；油气一般采用油管运输，引桥坡度可较一般引桥陡一些，必要时还可以加设简易固定引桥，使趸船前沿获得需要的水深，以停靠较大吨位的游轮。

浮码头固定建筑物少，设备简单；趸船可以移动，引桥可以拆除，也可增减，机动灵活；工程造价低，在施工等临时码头中应用较多。此外，在地质复杂、河床不稳定的河段，不宜建筑固定式码头时，也宜采用浮码头。

模块一　浮码头的组成和分类

一、浮码头的组成

浮码头主要由趸船、引桥（活动引桥、固定引桥）和支撑系统（撑杆、撑墩）等组成，如图5-2-3所示。活动引桥可以是一跨或多跨（不宜多于3跨），一般采用钢引桥。引桥一端搁在趸船上，另一端在台或桥台上，引桥的高度和坡度可根据水位变化调节。

趸船的作用与斜坡码头中的趸船相同，引桥是趸船与岸之间的联系通道。为保证趸船不致产生过大的位移和摆动，浮码头的趸船除用锚链锚泊外，通常还设置撑杆来固定。此外，浮码头还常做有护岸，护岸可采用斜坡式、半直立式或直立式。对于经常有风浪的港口，应注意半直立式和直立式护岸产生波浪反射对作业的影响。

二、浮码头的分类

根据趸船与陆域的连接方式，浮码头有如下几种形式：

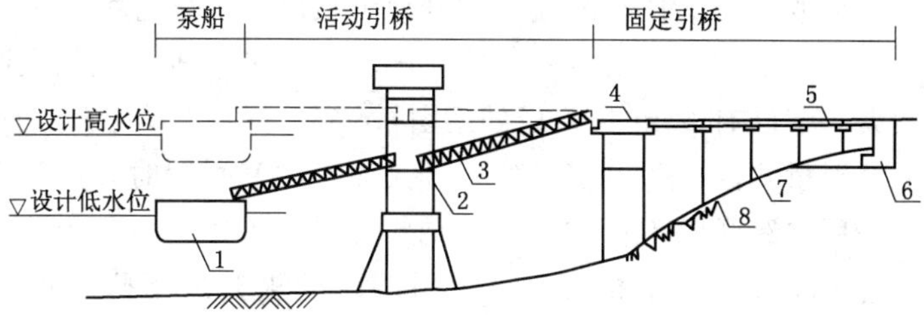

图 5-2-3　浮码头结构示意

1—趸船；2—升降架；3—活动钢引桥；4—钢引桥支承墩；
5—引桥梁板；6—桥台；7—引桥墩；8—原地面线

(1) 单跨活动引桥式浮码头。单跨活动引桥如图 5-2-4 (a) 所示，一般适用于水位差不是很大而岸坡较陡的地区；当岸坡平缓时，就需加筑固定式引桥与岸相连，如图 5-2-4 (b) 所示。

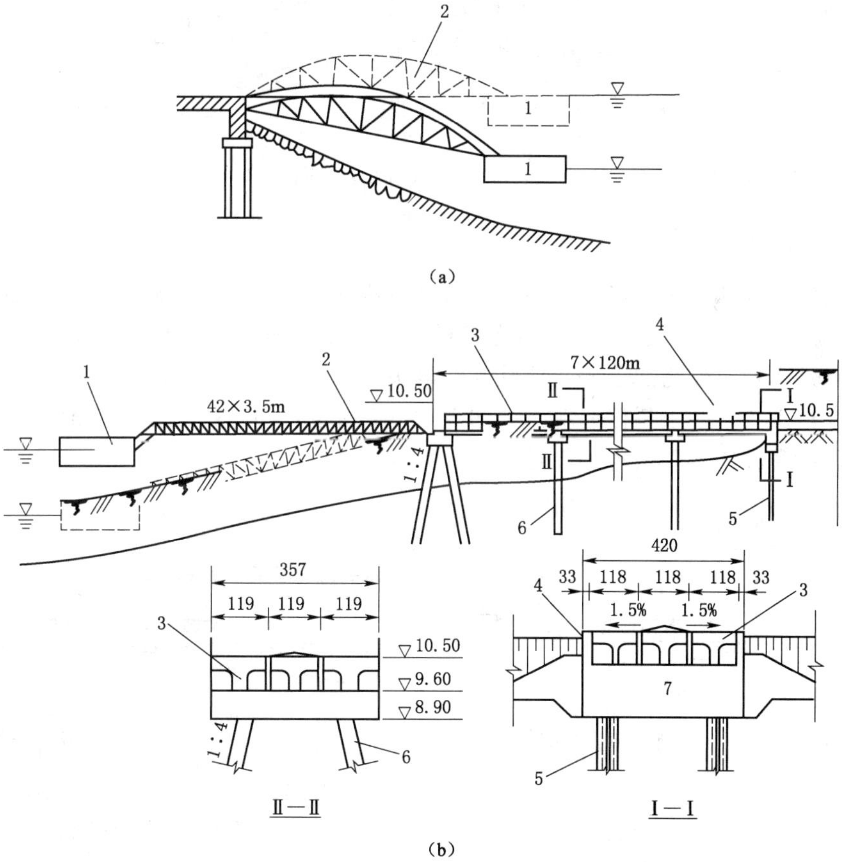

图 5-2-4　单跨活动引桥式浮码头

(a) 无固定引桥；(b) 有固定引桥

1—趸船；2—活动引桥；3—固定引桥的钢筋混凝土 T 形梁；4—栏杆；5—管桩；6—方桩；7—桥台

活动引桥的跨径取决于水位差的大小和其允许坡度，坡度过大造成车辆运行和装卸困难；坡度过小又会增加活动引桥的投资。随着港口施工机械化的提高，活动引桥的跨径也逐渐加大，现已有 60m 长跨径的钢引桥。

（2）多跨活动引桥式浮码头。当水位差较大而岸坡又平缓时，由于活动引桥坡度和跨径的限制，采用单跨活动引桥式不能满足要求时，可采用由几个活动引桥段组成的多跨（一般不宜多于 3 跨）引桥式。每个引桥段的提升或下降，可通过升降架上的电动或人力升降装置来进行。当水位差变化不大时，只需调节与趸船直接相连的桥跨；如果水位涨落超过该引桥的允许坡度，应同时调节其他桥跨，如图 5-2-5 所示。因调节工作量较大，故在可能的条件下，尽量采用单跨活动引桥。

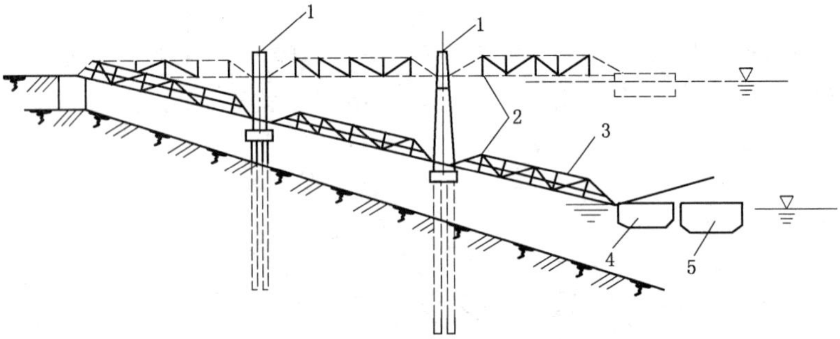

图 5-2-5　多跨活动引桥式浮码头

1—龙门升降架；2—钢引桥；3—皮带输送机；4—趸船；5—货驳

（3）活动式浮码头。活动式浮码头的钢引桥的一端以铰接形式连接在趸船上，如图 5-2-6 所示，且趸船上设有固定引桥塔架，必要时可提起引桥连同趸船一起移动，机动性大，可作为战备码头或临时性码头。

（4）滚动式单跨引桥浮码头。如图 5-2-7 所示，引桥一端支在趸船上，另一端装有滚轮搁置在固定斜坡道的轨道上。

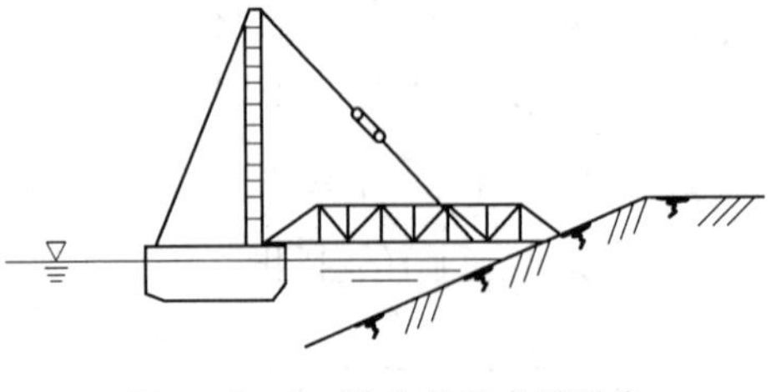

图 5-2-6　活动引桥式浮码头

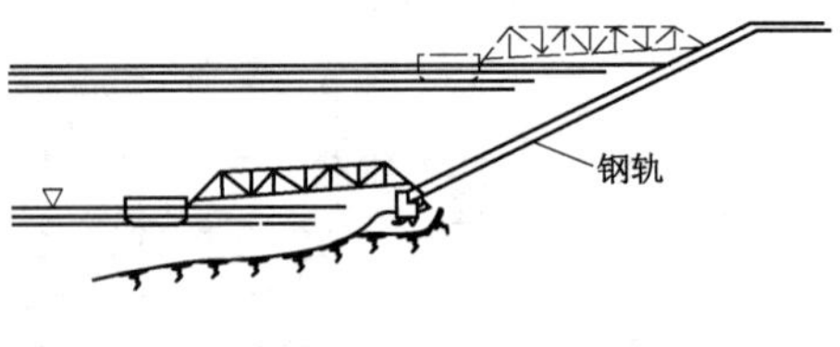

图 5-2-7　滚动式单跨引桥浮码头

浮码头结构适用于带式输送机、管道、浮式起重机、车辆和流动机械等相应的装卸工艺以及旅客上下。浮码头结构形式的选择，应根据使用要求、自然条件、施工条件、水利防洪和航行安全等因素，通过技术经济综合分析比较后确定。浮码头结构的施工应根据工程结构特点、水位变化、水流、波浪、冰冻以及台风等情况合理安排。浮码头结构各部分的主要尺度应根据平面布置及工艺设计的要求，并依照所处位置的地形、地质和水文等条件确定。

模块二　浮码头的平面布置

浮码头平面布置形式是影响船舶在码头前系靠及装卸作业的主要因素，同时也影响港区内库场及运输线的布置。浮码头平面布置布置形式取决于所在地点的地形、水文、地质等因素及营运条件。依其与天然岸线的相对位置的不同，通常有顺岸式和突堤式两种形式。

一、顺岸式

顺岸式浮码头趸船采用顺岸布置，当同类型趸船较多时，可将趸船连接成连片式（图 5-2-8）。组成浮码头的趸船个数，我国多采用 1～3 个，日本也多采用 1～3 个，最多 6 个，其他国家有连接 60 个趸船的例子。趸船尺度与引桥的数目主要取决于装卸工艺方案。

对中小型客货运浮码头、石油码头及只布置一线固定皮带机或非机动车道的货运码头，宜采用单引桥。当装卸运输车辆需要上趸船时，宜设双引桥，以方便车辆回转。对连片式浮码头可根据装卸工艺及使用要求设置双引桥或多引桥。

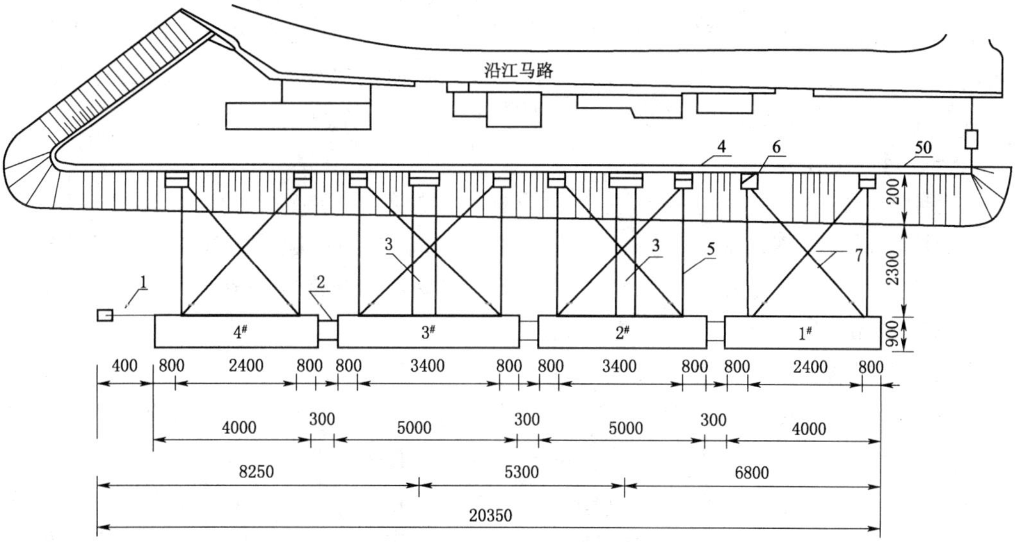

图 5-2-8　连片式浮码头

1—人形钢引桥；2—趸船连接桥；3—钢引桥；4—系船柱；5—撑杆；6—撑座；7—十字链

二、突堤式

突堤式浮码头趸船垂直岸线布置（图 5-2-9），船舶系靠于趸船两侧，一般多用于海港渔轮码头。在河港中，由于河面宽度的限制及水流的影响，突堤式布置的趸船犹如丁坝，影响水流及船舶的航行、系泊，因此很少采用。

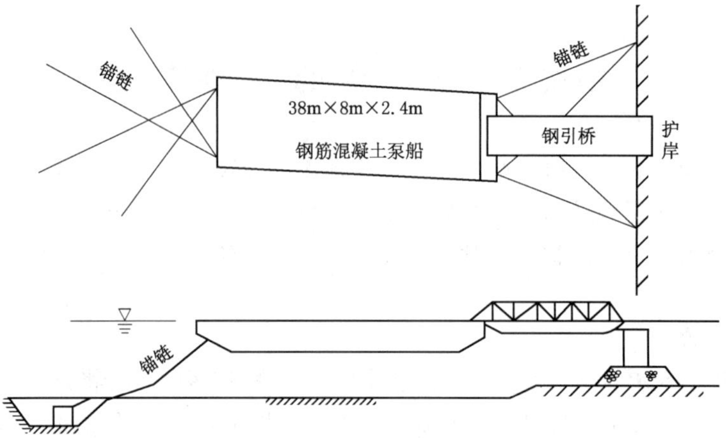

图 5-2-9　突堤式浮码头

模块三　趸船的基本要求

趸船供船舶直接停靠，是浮码头的重要组成部分。趸船一般采用钢质趸船，它不仅是码头前方作业场所，还具有适应水位变化、机动灵活便于调动转移的特点。因此，在设计中应合理地选择延船的形式和尺度、趸船的系留方式、工艺和公用设备，并对趸船的稳定性、结构布置及受力特征等进行分析计算。

一、趸船上设备

趸船上的设备有护木、系船柱（带缆柱）、导缆钳、链筒、纹盘、环扣、舱口、通风筒、引桥的支座、水电设施、灯杆、栏杆、撑杆支座、起重吊杆或皮带机的支座等，钢质趸船的设计与建造应符合中国船级社《钢质内河船舶建造规范》（2019）和《钢质海船入级规范》（2020）的有关规定。

二、趸船的尺度

趸船的基本尺度包括长度、宽度、型深、干舷高度等。基本尺度的确定应根据靠泊船型、装卸工艺、趸船设备、是否堆放货物及使用要求等选用，并应符合《河港总体设计规范》（JTS 166—2020）的有关规定，也可参照表 5-2-1 采用。趸船的干舷高度一般为 1.0～1.6m。对客货轮码头，趸船的干舷高度应与客货轮的干舷高度相适应。趸船的主要尺寸比值应符合表 5-2-2 的规定。

表 5-2-1　　趸船尺寸的选用建议值

码头类型	长度		宽度/长度
	一般长度	最小长度	
货运码头	(0.7～0.8) L_C	$0.65L_C$	0.15～0.25
客运码头	(0.8～0.9) L_C	$0.70L_C$	0.15～0.20

注　L_C为设计标准船型长度。

表 5-2-2　　趸船主要尺寸比值

码头类型	L/D	B/D
钢质趸船	≤45 (35)	≤7 (6.5)

注　1. L 为趸船长度（m），D 为趸船型深（m），B 为趸船宽度（m）。
2. 甲板下装载干货的钢质趸船采用括号中数值。

三、趸船的固定方式

趸船的系留，可按照码头靠泊船舶的种类与吨位、趸船允许位移量等使用要求和趸船所处的水域限界、水位差、水流、波浪、水底土质等环境条件，选用锚链和锚系留、撑杆系统系留或定位墩（桩）三种方式。

(1) 趸船距岸较远或水位差较大或锚链链径较大时宜设置电动铰链设施。长江上游一些码头还有用带缆代替内八字锚或领水锚的。锚链的根数及布置可按照靠泊船舶大小、水流流速流向确定，如图 5-2-10 (a)、(b) 所示。趸船定位后，锚链应铰紧。

(2) 对海港和靠泊船角较大且工艺使用不允许趸船有较大位移或不允许抛外锚的河港的浮码头，可采用撑杆系统系留趸船，如图 5-2-10 (c) 及 (e) 所示。

(3) 当由于水域限界或水底土质等原因不允许抛锚，或靠泊船舶较大而趸船不允许有较大的位移时，可采用定位墩（桩）系留趸船。定位墩（桩）可布置于趸船两端，如图 5-2-10 (f)、(g) 所示；也可布置于趸船内舷后侧。

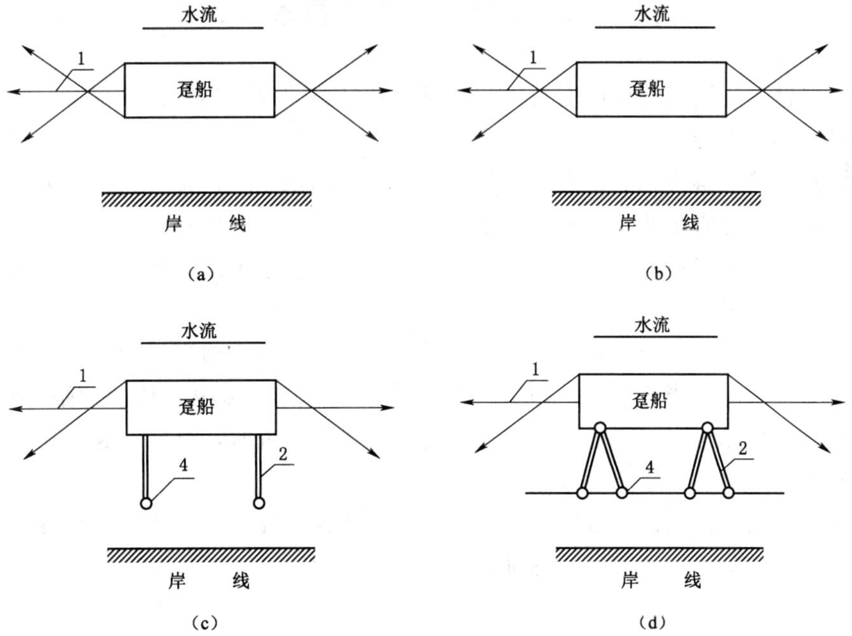

图 5-2-10(一)　趸船系留方式
1—锚链；2—撑杆；3—钢引桥兼撑杆；4—撑杆墩；
5—十字链；6—联桥；7—定位墩；8—消能设施

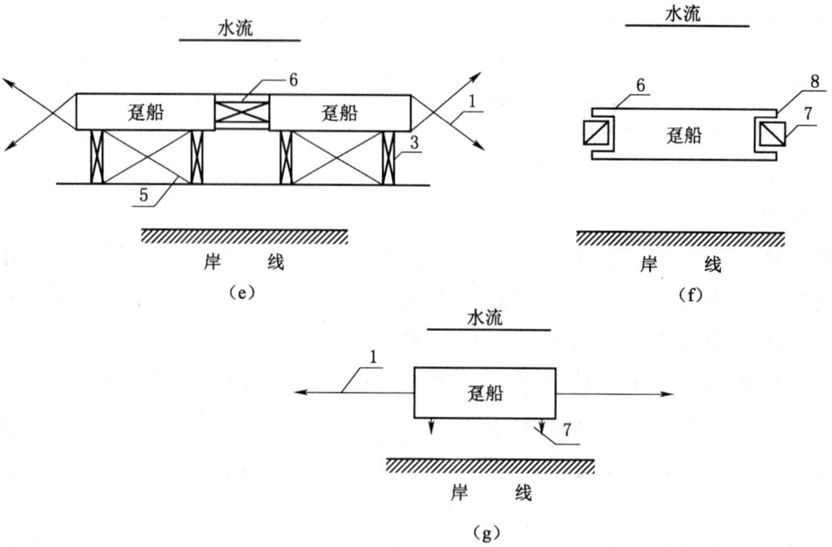

图 5-2-10(二) 趸船系留方式

1—锚链；2—撑杆；3—钢引桥兼撑杆；4—撑杆墩；
5—十字链；6—联桥；7—定位墩；8—消能设施

模块四 锚链系统的基本要求

锚和锚链是与趸船定型配套的，一般不需要计算。仅在某些特殊情况下，需验算锚的重量和锚链直径。

固定趸船的锚链为一悬链曲线，计算时可近地用抛物线代替。为了保证所需要的锚泊能力，锚链应有足够的长度，其水平长度至少应大于 4 倍水深，此时曲线在水底的切线为水平线，锚链有一定的拖地长度。当锚链长度小于一定数值时，锚链没有拖地长度，此时，锚链除受水平力外，还承受竖向上拔力的作用。

趸船受波浪等动力作用，实际上属于动力学问题，计算相当复杂，一般可近似地按静力学方法求解。当波浪荷载较大，趸船及锚链系统的振幅偏移和动张力较大时，宜采用动力分析方法。当趸船的自振周期与波浪周期接近时，可能引起共振，使锚链内力增大很多，设计时应予以注意。

锚链的选用应按锚链的破断拉力大于或等于锚链设计拉力的 3 倍进行确定，应采用铸钢锚链，并应符合国家有关标准的规定。

模块五 撑杆、撑墩和定位墩的基本要求

趸船的撑杆系统包括撑杆和撑墩，如图 5-2-11 所示。当系靠 5000t 级以上的船舶或虽为 5000t 级以下船舶，但水流气象条件比较恶劣或工艺设计有特殊要求时，可

设专门的消能设施。消能设施可采用弹性橡胶吸能、悬重块体能量转换及柔性撑杆墩吸能等形式。

一、撑杆

（1）撑杆的布置。根据停靠船舶的大小、趸船的长度和使用要求，撑杆的布置形式一般有平行撑杆和叉式撑杆两种。趸船长度在 60m 以下时，一般采用两根平行撑杆；停靠的船舶和趸船较大时（如趸船长大于 70m），一般采用两对交叉撑杆。撑杆应对称于趸船的中心线布置，撑杆与趸船的联结点到趸船两端的距离一般取趸船长的 0.05～0.2 倍，联结点到甲板的距离取趸船干舷高度的一半左右。交叉撑杆轴线原则上应交会于趸船的纵中线上，且叉杆之间的夹角不宜大于 60°。撑杆布置时应符合下列规定：

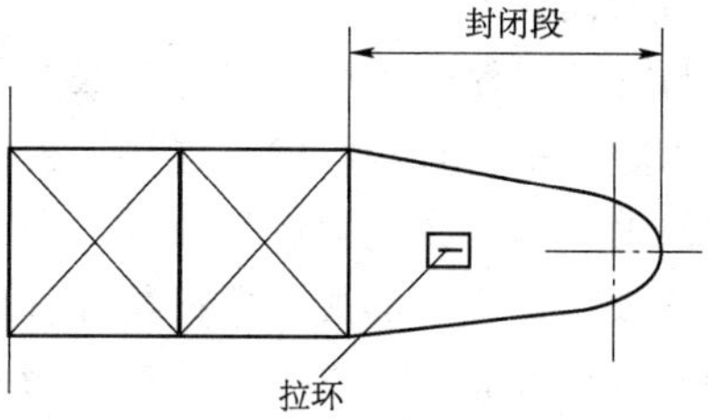

图 5－2－11　撑杆端部示意

1）趸船上的支撑点宜布置在趸船内舷两端部附近，距趸船两端部 5～10m。

2）当趸船上一个支撑点采用叉式双撑杆时，如图 5－2－10（d）所示，双撑杆的夹角宜为 60°；当采用单撑杆时，如图 5－2－10（c）、（e）所示，撑杆轴线应垂直于趸船的内舷线。

3）撑杆长度和撑杆墩上支撑点高程按照设计高水位时撑杆斜度不陡于 1∶6、设计低水位时撑杆斜度不陡于 1∶4.5 的原则确定；撑杆长度还应与活动引桥相协调，即当水位上下波动时，活动引桥在趸船上的前后位移不能超过允许值，我国浮码头采用的撑杆长度一般为 12～22m。

（2）撑杆的设置。撑杆宜采用两个方向刚度相等的方形或圆形截面钢结构（格构型结构或箱形结构）。采用格构型结构时，距两端各 1～2m 范围内应用钢板封闭成箱形截面。钢撑杆两端应设置拉环，用链条分别与趸船和撑杆墩联系。撑杆有受淹没情况时，应在箱形或圆管形钢撑杆两端适当位置底部设进出水孔。撑杆两端支撑点可采用自由搁置十字铰或球铰等形式。

（3）撑杆的构造。撑杆通常采用钢结构，方形横断面两个方向的刚度与稳定性相同，所以撑杆横断面以方形为优。撑杆的外形一般是两端细而中间粗。该结构多采用菱形空腹式缀合撑杆，四角为四根角钢，四周用交叉线条连接；在撑杆的端部与中部要用缀板将四根角钢连接起来。为了增加撑杆的刚度，一般缀合撑杆要设置横隔板，横隔板间距一般为 4～5m。由于缀合撑杆的两端受到的撞击能量比较集中，宜做成封闭，并应设置拉环，用链条分别与趸船和撑墩段联系，如图 5－2－11 所示。撑杆两端的支承点可以采用自由搁置或球铰等形式。对于靠泊大型船舶的浮码头，因为船舶的撞击力大，除了采用叉式撑杆外，通常还在撑杆末端设置悬重消能块体，以抵消靠船时产生的撞击能量。

（4）撑杆的计算。撑杆的工作情况与两端铰接的受压桩相似，主要承受由船舶挤靠力和撞击力产生的轴压力，同时还承受其自重力产生的弯矩。因此，撑杆一般按偏心受压构件设计。撑杆的轴向力与撑杆形式有关。撑杆的设计应符合《码头结构设计规范》（JTS 167—2018）及《水运工程混凝土结构设计规范》（JTS 151—2011）等有关规定。

二、撑墩

（1）撑墩的形式。撑墩的作用是承受由撑杆传来的荷载（主要是船舶荷载）。撑墩有重力式和桩基式两种，撑墩的形式可根据当地的地形、地质及水流条件采用重力墩结构或桩式结构，在河港中，趸船与岸距离较远时，通常设置独立的撑墩；在河口港与海港，浮码头后方多建有驳岸，又因水位差小，多采用单跨活动引桥，不设独立的撑墩，引桥直接与驳岸连接，由驳岸直接或通过传力块体承受撑杆力。这种形式结构简单，施工方便，造价较低。另外，撑墩不应作为风暴系缆墩使用。

（2）撑座的形式。撑杆与撑杆墩（或驳岸）的连接处为撑座。撑座的形式与撑杆的仰俯角度有关。在主要受潮汐影响的河口港和海港中，撑杆的仰俯角度较小，可将撑杆直接简支在搁斗上。撑杆的搁置长度、富余长度和每边的富余量应满足趸船允许位移量的要求，同时用铁链将它们连起来以防撑杆脱落，铁链内力按由恒载产生的支座反力的1.5倍采用。在河港中，由于水位变化大，通常采用十字铰撑座。撑杆和趸船的连接形式与撑杆的形式有关，一般多采用十字铰，叉式撑杆宜用球与趸船连接。

（3）撑座的高程。重力式撑墩撑座的位置不宜过高，否则对撑墩的稳定性不利。桩基式撑墩的撑座位置可以高一些，以便平台的施工，并能减少撑座的淹没天数。如要求在撑杆上有人员行走，撑杆的位置应放在平均高水位以上。

三、定位墩

定位墩宜采用直钢管桩导桩结构，并考虑船舶撞击力由一个定位墩承受。钢管导桩直接受撞击力作用的管段，管内宜加焊加劲横隔板，间距宜为1.5～2.0m。钢管导桩的设计应符合现行行业标准的有关规定。

模块六　钢引桥和升降架基本要求

一、钢引桥

斜坡道与趸船之间应设置移动引桥进行连接。移动引桥可采用移动钢引桥、跳板或钢联桥与跳趸组成的浮桥。跳板采用铝质或木质材料，长度宜采用8～11m。

（1）钢引桥的组成。钢引桥主要由桥面系、主梁、支座、联结系等组成，如图5-2-12所示。

1）桥面系。桥面系主要由纵梁、横梁和桥面板组成，直接承受使用荷载并将它传给主梁。为了便于引桥两端与其他部分衔接，应尽量减小桥面系的高度，由槽钢或工字钢组成的纵、横梁一般采用等高连接，引桥跨度较小时也可采用叠接。根据跨度的大小或者是否有升降要求，桥面板可采用钢面板、木面板或钢丝网水泥板。

2）主梁。承受由桥面系传来的全部荷载并将它传给支座。由于主梁的跨度和所承受的荷载都较大，为节约钢材，一般采用平行弦焊接桁架（又称主桁架）结构，其节间数采用偶数，以便布置单斜杆。主桁架梁用钢量少、自重小、制作简单、安装方便，但保养麻烦。如果荷载较大、桥面宽、跨度较小，可考虑采用组合式实腹梁。趸船之间的联桥宜采用由型钢组成的板梁结构。

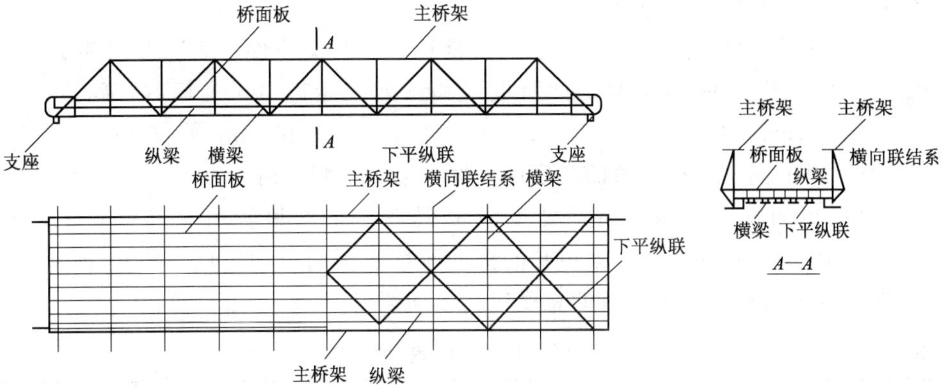

图 5-2-12　钢引桥的组成

3）支座。支座的功用是将荷载传给趸船和承台，并保证钢引桥在靠船时能自由移动，使引桥不承受船舶荷载。支座主要有弧面滑动支座和滚动支座两种。弧面滑动支座构造简单，但在钢引桥移动时摩阻力大，移动范围也受限制，一般适用于水位差不大的浮码头。滚动支座的水平摩阻力小，一般用于沿斜坡道移动的钢引桥。

活动钢引桥两端的支座，趸船端可采用滚轮支座或自由搁置的形式，另一端可采用弧形支座、铰支座或自由搁置等形式。

4）联结系。联结系有纵向和横向两种，用以保证钢引桥的空间稳定性和刚度。纵向联结系一般布置在主桁梁上弦和下弦（上翼缘和下翼缘）之间的水平面上。对于跨度较大的钢引桥，一般均设置上、下纵平联。横向联结系一般布置在主桁梁竖杆或端斜杆平面上。

（2）钢引桥的形式。按钢引桥桥面系的布置，钢引桥分为上承式［图 5-2-13（a)］和下承式［图 5-2-13（b)、(c)］两种。下承式钢引桥的桥面系布置在钢引桥主桁梁的底面，使主桁梁离开水面，是一种最常用的形式。根据使用要求，需要采用开口下承式钢引桥时，在纵向只设下纵平联，主梁之间不允许布置横向联结系，只能在主梁外侧布置较简单的横向支撑［图 5-2-13（c)］。上承式钢引桥的桥面系是布置在钢引桥主梁的上面，适用于引桥的趸船一端需做成喇叭口的情况。按钢引桥主梁的形式，可分为平行弦桁架结构、空腹桁架结构和实腹板梁式结构。

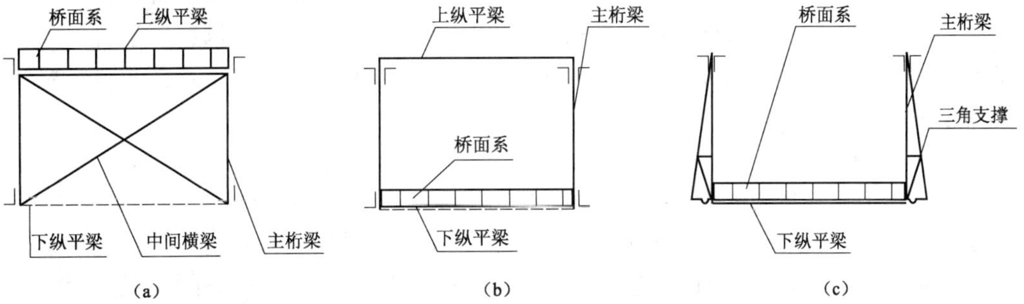

图 5-2-13　钢引桥的类型

（a）上承式；（b）设上、下纵平联的下承式；（c）只设下纵平联的下承式

（3）钢引桥的尺度。

1）钢引桥的跨度。钢引桥的跨度应根据地形、水文条件、船舶吃水和工艺要求等确定。现已有钢引桥的定型设计跨度，其系列规定以 3m 为模数，跨度分别有 15m、18m、21m、24m、27m、30m、33m、36m、39m 和 42m 等。

2）钢引桥的高度。钢引桥的高度应根据主梁的高跨比由计算确定。

3）钢引桥的宽度。钢引桥的宽度应根据工艺布置和使用要求等确定，可按表 5-2-3 选取。钢引桥应具有必要的横向刚度，钢引桥的宽度不应小于其跨度的 1/20。在强风和大浪地区钢引桥的宽度应适当加宽。

表 5-2-3　　钢引桥的宽度

序号	使用条件	宽度/m	说明
1	客货码头	4.5～5.5	
2	中小客运码头	3.5～4.5	
3	单线固定皮带机、电瓶车或非机动车	3.0～4.0	
4	双向电瓶车或非机动车	3.5～4.5	
5	汽车、拖车或叉式装卸车	4.0～5.5	
6	液体货物码头	4.5～5.5	按照管线布置确定，其人行道宽度不小于 1.0m

4）钢引桥宜采用平行弦桁架或空腹桁架结构，也可采用实腹板梁式结构。不同结构形式主梁的高跨比范围一般为：平行弦桁架为 1/15～1/8；空腹桁架为 1/10～1/6；实腹板梁为 1/18～1/12。

5）钢引桥的坡度。活动钢引桥的设计坡度应满足工艺和使用的要求，对不通行汽车的货运码头不宜陡于 1∶3.5；对客运码头不宜陡于 1∶7；对汽车轮渡码头，其坡度不宜陡于 1∶10。当钢引桥设活动踏步时，其坡度可以适当放陡。

（4）钢引桥的计算。钢引桥的结构设计应符合《港口工程钢结构设计规范》的有关规定。钢引桥不宜直接承受船舶荷载。当需要承受船舶荷载时，应验算结构的强度、稳定性和变形。钢引桥实为空间结构，但一般可近似地按平面体系计算，即将整体结构分解为桥面系、主桁梁及纵横联结系，然后作为平面构件计算。对于两个平面体系垂直相交处的共同杆件，分别按两个平面计算，将算出的应力进行代数相加。

（5）钢引桥的挠度限值。根据结构形式，钢引桥在正常使用极限状态下计算挠度的限值规定为：桁架式桥应小于或等于计算跨度的 1/600；实腹板梁式桥应小于或等于计算跨度的 1/400。当钢引桥计算挠度较大时，应设预拱，其预拱度等于自重产生的挠度加上活荷载产生的挠度的一半之和。桥面系纵横梁的计算挠度不应超过纵梁计算跨度的 1/250。

二、升降架

活动钢引桥升降架由基础结构、升降架结构和提升设施三部分组成，如图 5-2-14 所示。升降架基础有重力式和桩柱式两种，工程中一般采用柱式结构，此时基桩承台的厚度可根据计算确定，且不宜小于 100m。钢引桥升降工艺主要采用托板提升系统、浮趸提升系统和液压提升系统。

采用浮式提升设施时，基桩承台顶面应设垫墩并预留安放千斤顶的位置。采用托板式提升设施时，升降架立柱上应设多级支承牛腿，牛腿的数量应根据码头区全年水位差及水位变化情况、钢引桥的允许坡度等确定，牛腿与牛腿之间的高差宜取 3～5m。升降架净空的确定应满足钢引桥的调整幅度和操作人员安全的要求。钢筋混凝土升降架可按空间结构进行计算，并应符合现行相关行业标准的有关规定。

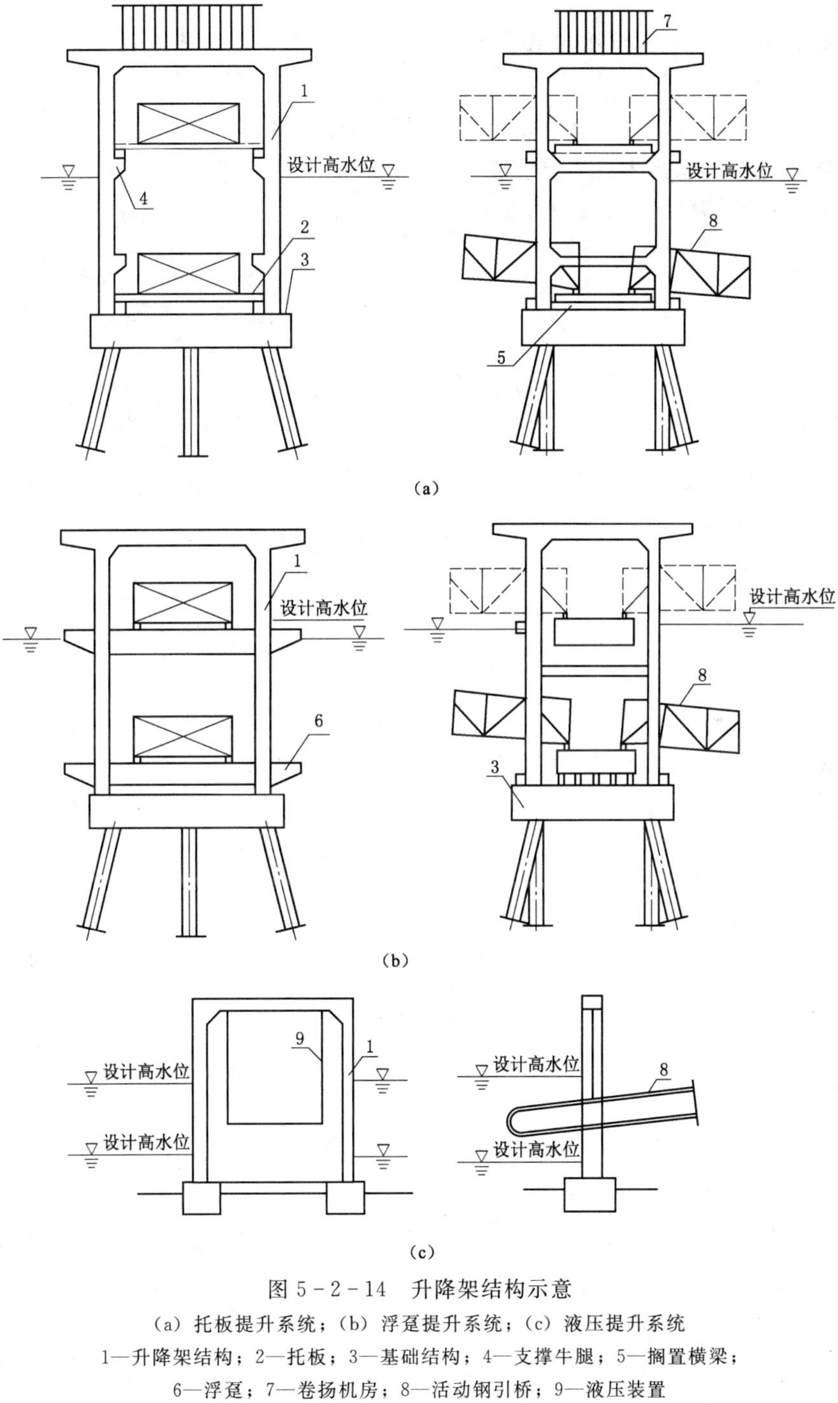

图 5-2-14　升降架结构示意

(a) 托板提升系统；(b) 浮趸提升系统；(c) 液压提升系统

1—升降架结构；2—托板；3—基础结构；4—支撑牛腿；5—搁置横梁；6—浮趸；7—卷扬机房；8—活动钢引桥；9—液压装置

【学后思考】

1. 浮码头的适用条件是什么？

2. 浮码头主要由__________、__________和__________等组成。

3. 浮码头根据趸船与陆域的连接方式分为__________、__________和__________三种形式。

4. 浮码头依照其与天然岸线的相对位置的不同，通常有__________式码头和__________式码头。

5. 斜坡码头和浮码头设计对所采用的趸船有哪些要求？

6. 试述趸船的系留方式有哪些？

7. 钢引桥的结构尺度如何确定？

项目六　码头附属设施*

为了保证船舶的安全系靠和码头的正常使用，码头设施的合理设置是一项十分重要的工作。码头附属设施主要包括防冲设备、系船设施、护舷，此外，码头还需要设置装卸机械轨道钢轨、车挡，爬梯、登船梯、阶梯，护轮槛、系网环和护栏、靠泊辅助系统、风浪流检测系统和缆绳张力检测系统，安全标志等设施。

【知识目标】

1. 了解码头附属设施中防冲设备的主要内容及其作用。
2. 了解橡胶护舷的类型、性能、特点及技术要求。
3. 了解其他防冲设备和防冲设备新材料及发展趋势。
4. 了解系船柱、系船环和系船浮筒的结构要求及快速脱缆钩和绞盘的相关知识。
5. 了解码头装卸运输机械轨道、供水和供电等管线及修船、装码头等工艺管线知识。
6. 了解登船梯、护轮槛、系网环和护栏等有关知识。

【能力目标】

1. 能说出码头附属设施中防冲设备的主要内容及其作用。
2. 能说出橡胶护舷的类型、性能、特点及技术要求。
3. 能说出系船柱、系船环和系船浮筒的结构要求及快速脱缆钩和绞盘的相关知识。
4. 能说出码头装卸运输机械轨道、供水和供电等管线及修船、装码头等工艺管线知识。
5. 能说出登船梯、护轮槛、系网环和护栏等有关知识。

【素养目标】

1. 有正确的学习观念和积极、认真、塌实的学习态度。
2. 具有钻研、独立思考的品质和探索、求知的科学精神。
3. 有良好的思想品德、道德意识和献身精神。
4. 具有环保意识。
5. 了解与码头附属设施有关的议题知识，了解相关的技术革新信息。

【思政导引】

中国南海——莺歌海域。这片海域，美丽但是危险。这是一个聚宝盆，蔚蓝海面下蕴藏着丰富的天然气，占中国油气总资源的1/9，这个油气的“聚宝盆”，此前却是全球业界公认的油气勘探开发禁区。地层最高温度超过200℃，最高压力系数超过2.38，相当于1.25万t的重物压在$1m^2$的面积上，这片高压高温的海域，让一批批的开采者们知难而退，但今天，“聚宝盆”迎来了新一批挑战者。

一个新的挑战者，南海4号钻井平台闪亮登场。经过三天三夜的连续航行，一个海上巨无霸在三艘大功率拖轮的牵引下，从500km外的海域，驶到南海——莺歌海域。南海4号钻井平台，这个巨型钻井平台，甲板面积相当于一个标准足球场大小，钻塔高80m，平台重量23000t。这个海上巨无霸大显神威，打通12口向四周蔓延5km的天然气井，将海底5100m的天然气源源不断地输送至海面。在钻井平台到来之前，油气勘探工程师已经在这片海域70m深的海底找到了12个可供开采的井口，并在井口立起导管架平台，露出海面的导管架就像茫茫大海里的指示塔，给从500km外驶来的钻井平台提示着停靠和未来开采的地标。

南海深处，挑战钻探极限，南海天然气开发工程。勇闯禁区，向深海进军，破解高温、高压开采的世界难题。工程师们要在夏季台风到来之前，完成12口天然气井的开采钻井……

【知识拓展】

观看《中国建设者》“极限钻井”。

任务一 防 冲 设 备

【课程导航】

问题 1. 在码头附属设施中，防冲设备主要包括哪些？其作用是什么？

问题 2. 在码头附属设施中，防冲设备中的橡胶护舷有哪些形式？各有什么特点？

问题 3. 为什么码头上常用橡胶护舷作为防冲设备？

问题 4. 橡胶护舷按吸收能量的方式可分为哪几种？如何选择和布置橡胶护舷？

问题 5. 选择码头护舷时应考虑哪些技术要求？

船舶靠泊时会对码头产生很大的撞击力，系泊码头船舶在风浪作用下会对码头产生较大的撞击力或挤靠力。为了减小船舶撞击力和挤靠力，避免船舶对码头的碰撞和摩擦，确保船体和码头结构物免受损伤，常采用防冲设备。防冲设备可以吸收船舶撞击动能，减小船舶撞击力和挤靠力。原则上船舶撞击时的能量应有一个或一组防冲设备承受，必要时需预留一定的安全储备。

防冲设备既要保证船舶在规范允许的最不利靠泊角度下不直接碰撞码头岸壁，又要保证船舶在不同潮位、不同吃水情况下安全靠泊，要求具有较强的适用性。其功能是吸收船舶停靠码头时产生的撞击能量，减小码头受到的撞击力；防止船舶与码头接触产生磨损。船舶靠岸时，多是船首部呈曲面的舷侧段先接触码头；船舶系泊时，由风、浪、流等自然因素及装卸作业作用，船体在码头前出现三维运动。船舶斜向靠泊时，护舷吸能量和反力均有所降低。根据靠船角度，应对护舷吸能量和反力进行折减，折减系数可从护舷生产厂家的产品技术规格书中查取。

防冲设备主要有护木、橡胶护舷、钢护舷和防冲柱等。早期常用护木作为防冲设备，护木的特点是弹性小、吸能低、耐磨性差、易腐蚀且维修任务较重。随着船舶的大型化，护木已不能适应码头的使用要求，现在多被橡胶护舷所代替。橡胶护舷以其吸能高、反力小、面压低、耐久性好等优点得到普遍使用。钢护舷一般设置在浮码头趸船前沿；高桩码头排架间距较小时，有时采用钢护舷与橡胶护舷间隔布置，或沿码头前立面上部设置钢护舷，以防护码头结构物。此外，防冲设备还有防冲桩和防冲柱，以及一些特殊的防冲设备，如重力式和液压式等防冲设备。

根据防冲设备的设置特点，防冲设备有固定式、漂浮式和转动式等。固定式防冲设备是固定在码头上的橡胶护舷、轮胎护舷、聚氨酯护舷、木护舷和钢护舷等；漂浮式防冲设备是系在码头上可随水位升降漂浮在水上的充气囊型或充填泡沫型橡胶护舷；转动式防冲设备是安装在码头上的可转动的轮胎型橡胶护舷。

模块一　橡胶护舷的形式

目前世界各国采用的护舷，橡胶护舷按照结构可分为圆筒形（CY）、半圆形（D）、超级拱形（SA）、超级鼓形（SC）等。按照吸收能量的方式可分为压缩型、充气型、转动压缩型、剪切型等。我国各个港口目前采用的护舷大部分为压缩型和充气型。其中，压缩型橡胶护舷利用护舷本体的压缩变形吸收船舶的有效撞击能量，这种橡胶护舷应用最为广泛，常用的有D形、CY形、V形和SC形四种形式，如图6-1-1所示。

压缩型橡胶护舷包括传统的压缩形和曲形。传统的压缩型橡胶护舷依靠橡胶护舷制品的结构变形和材料的压缩变形吸收船舶的冲击能量，包括D形和圆筒形；曲形橡胶护舷以挠曲和材料压缩变形为主吸收能量，包括V形、鼓形、T形等。

充气型橡胶护舷则利用压缩空气作为缓冲介质以吸收船舶的撞击能量，主要适用于外海过驳和大型码头，常用的有悬挂式和固定式两种。充气型橡胶护舷构造复杂，需经常充气，保养维修麻烦且还易漏气，故相对应用较少。

转动型橡胶护舷主要用于滚装码头和船坞等。剪切型的橡胶护舷应用很少。

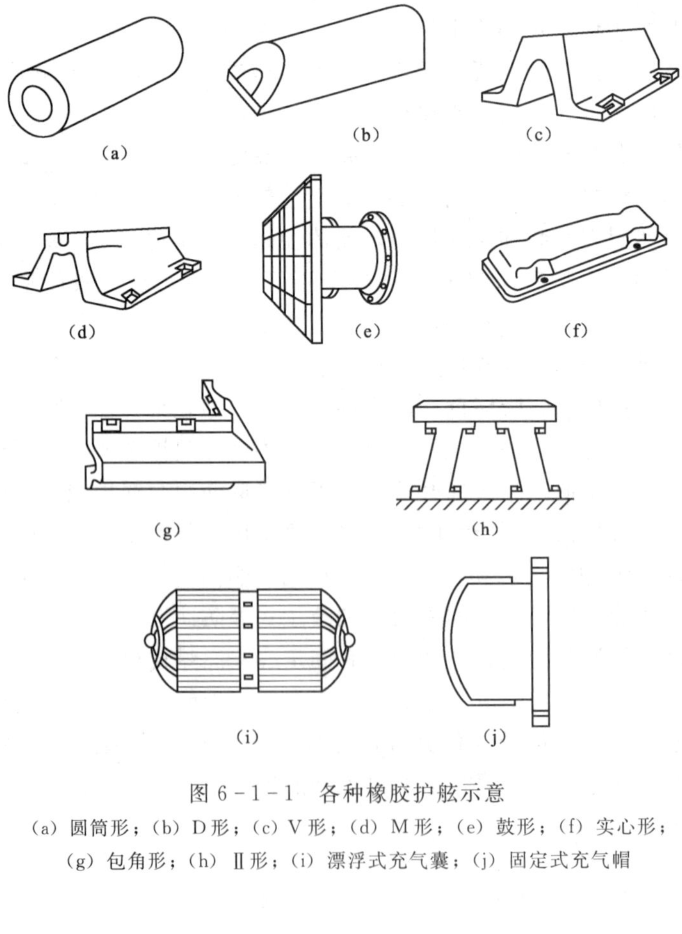

图6-1-1　各种橡胶护舷示意

(a) 圆筒形；(b) D形；(c) V形；(d) M形；(e) 鼓形；(f) 实心形；(g) 包角形；(h) Ⅱ形；(i) 漂浮式充气囊；(j) 固定式充气帽

一、橡胶护舷的型式与规格

1. 半圆形（D）护舷

D形（半圆形）护舷断面形状为半圆形，一般高度 H 和底宽 B 大致相等，如图 6－1－2和图 6－1－3 所示。半圆形（D）护舷通常表示为“$D+H\times B\times L$”（H 为护舷高度，B 为护舷底部宽度，L 为护舷长度），例如：半圆形（D）护舷，高度 300mm、宽度 300mm、长度 1000mm，标记为：橡胶护舷 D300×300×1000，HG/T 2866—2016。我国现有 D200mm×200mm×L、D300mm×300mm×L、D300mm×360mm×L、D400mm×400mm×L、D500mm×500mm×L 五种，其中护舷长度 L 有 1000mm 和 1500mm 两种；安装孔数 n 有 3 孔、4 孔、5 孔三种；护舷安装孔间距 Q 有 325mm、350mm、400mm、600mm 四种；护舷安装孔边距 C 有 150mm、100mm 两种；护舷底部厚度 h 有 40mm、50mm、55mm、90mm 四种；护舷底部安装孔宽度 d 有 28mm、32mm、45mm 三种；护舷顶部安装孔孔径 D 有 55mm、65mm、97mm 三种。以上参数组合成 18 个规格，详见表 6－1－1。常用高度 H 为 200mm、300mm、400mm、500mm，宽度 B 为200mm、300mm、360mm、400mm、500mm。由于其底宽较小，一般宜用在具有窄形构件的框架式和板梁式码头或实体式中小型码头中，亦可水平布置在大型码头的码头面附近。

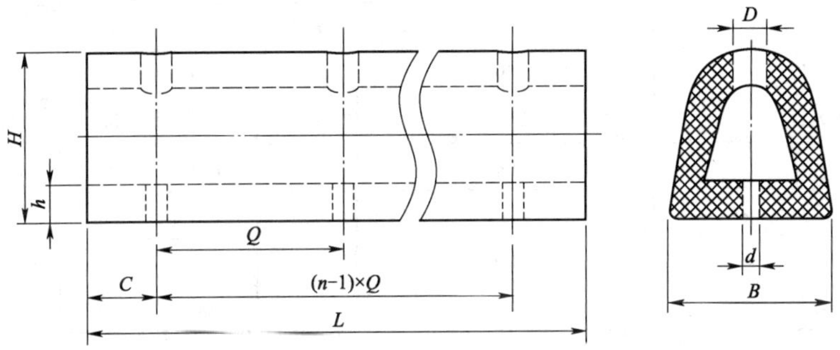

图 6－1－2　D形橡胶护舷

B—护舷底部宽度；C—护舷安装孔边距；d—护舷底部安装孔宽度；D—护舷顶部安装孔孔径；h—护舷底部厚度；H—护舷高度；L—护舷长度；n—安装孔数；Q—护舷安装孔间距

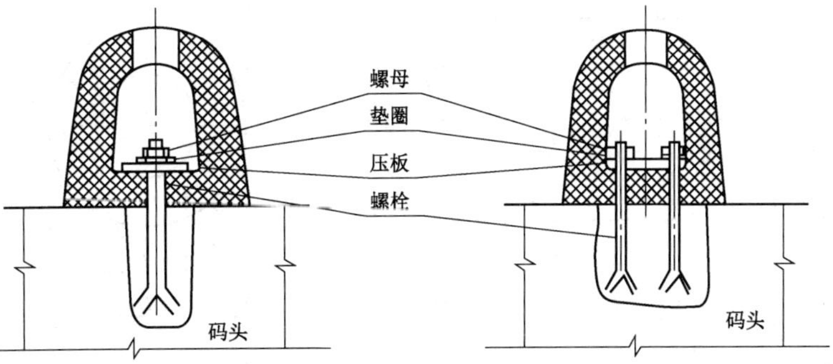

图 6－1－3　D形橡胶护舷安装示意图

D形护舷的特点是安装、维修、更换较方便，底部宽度尺寸较小，吸收能量比圆筒形护舷大，反力适中。但抵抗垂直于长度方向的切向力的能力小，竖向使用时易损坏。

表 6-1-1　　半圆筒形（D）护舷规格尺寸　　单位：mm

型　号	规格								
	H	*B*	*L*	*n*	*Q*	*C*	*h*	*D*	*d*
D200×200×L	200	200	1000	3	350	150	50	55	28
D200×200×L			1500	3	600	150	50	55	28
D200×200×L				4	400	150	50	55	28
D200×200×L				5	325	100	50	55	28
D300×300×L	300	300	1000	3	350	150	40	65	32
D300×300×L			1500	3	600	150	40	65	32
D300×300×L				4	400	150	40	65	32
D300×300×L				5	325	100	40	65	32
D300×360×L	300	360	1000	3	350	150	40	65	32
D300×360×L			1500	3	600	150	40	65	32
D300×360×L				4	400	150	40	65	32
D300×360×L				5	325	100	40	65	32
D400×400×L	400	400	1000	3	350	150	55	65	32
D400×400×L			1500	4	400	150	55	65	32
D500×500×L	500	500	1000	3	350	150	90	97	45
D500×500×L			1500	3	600	150	90	97	45
D500×500×L				4	400	150	90	97	45
D500×500×L				5	325	100	90	97	45

2. 圆筒形（CY 形）橡胶护舷

图 6-1-4 所示为中空的圆筒形橡胶护舷。这种护舷对船舶横摇和纵摇适应性强，不受船舶大小影响，用途广，安装维修方便，特别适于老式码头。图 6-1-5 所示为圆筒形橡胶护舷安装示意图。

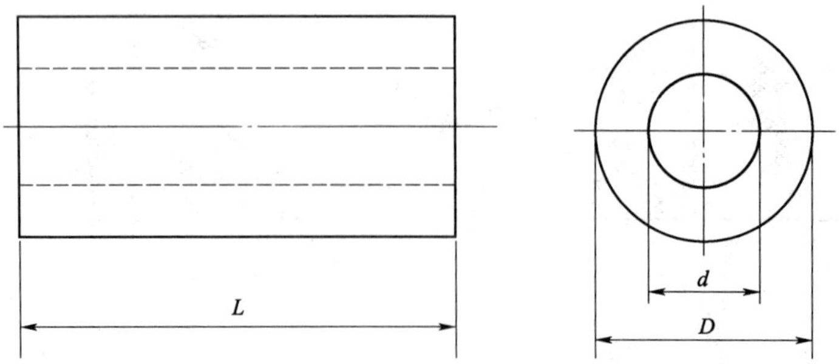

图 6-1-4　圆筒形橡胶护舷示意图

d—护舷内径；*D*—护舷外径；*L*—护舷长

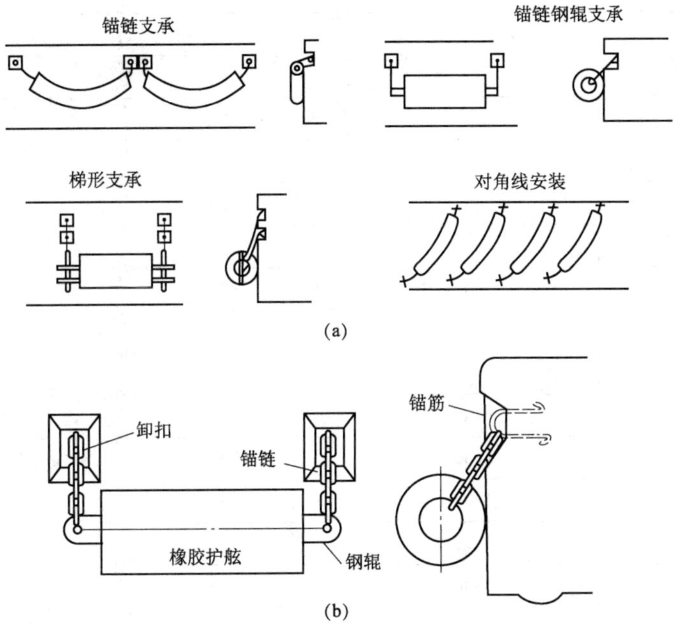

图 6-1-5　圆筒形橡胶护舷安装示意图
(a) 安装类型；(b) 安装实例

对于圆筒形（CY）橡胶护舷，其内孔的直径一般是外圆直径的 1/2，规格通常表示为“CY+D×d×L”，例如：圆筒形（CY）护舷，外径 150、内径 75、长度 500，标记为：橡胶护舷 CY150×75×500，HG/T2866－2016。当 *D* 取值范围 150mm、200mm、250mm、300mm、400mm、500mm、…、900mm 时，*L* 取值为 500～30000mm；当 *D* 取值范围 1000mm、1100mm、…、1600mm 时，*L* 取值为 1000～3000mm。我国现有 CY100×L 至 CY1600×L 共 17 个规格，详见表 6-1-2。圆筒形橡胶护舷一般采用铁棒和铁链吊挂，常设置在码头上部结构的前沿。设置多采用横挂方式，根据需要亦可采用竖挂和斜挂。当竖向设置和横向设置的护舷较短时，也可采用固定式。

圆筒形橡胶护舷的优点是制造简单、安装方便、反力低、面压小，变形曲线呈直线；它不受船舶、码头大小影响，用途广泛，可为各类船舶、码头作为悬挂式防冲装置。缺点是橡胶用量大，单位重量吸能小，价格高。由于其安装维修方便，一般适用连片式码头的上部结构和老码头改造。

表 6-1-2　　**圆筒形（CY）护舷规格尺寸**　　单位：mm

型　号	规　格		
	D	*d*	*L*
CY150×L	150	75	500～30000
CY200×L	200	100	

续表

型　号	规　格		
	D	*d*	*L*
CY250×L	250	125	500～30000
CY300×L	300	150	
CY400×L	400	200	
CY500×L	500	250	
CY600×L	600	300	
CY700×L	700	350	
CY800×L	800	400	
CY900×L	900	450	
CY1000×L	1000	500	1000～3000
CY1100×L	1100	5500	
CY1200×L	1200	600	
CY1300×L	1300	650	
CY1400×L	1400	700	
CY1500×L	1500	750	
CY1600×L	1600	800	

3. *超级拱形（SA）护舷*

超级拱形（SA）护舷断面形状如字母“V”形状，因此又被称为V形，如图6-1-6和图6-1-7所示，在海港码头中广泛使用。规格常用“SA＋H×L”表示，例如：超级拱形（SA）护舷，高度400mm、长度1500mm，标记为：橡胶护舷SA400×1500，HG/T2866－2016。常用的规格为300～1000mm，长度有1000mm、1500m、2000mm、2500mm、3000mm、3500mm六个规格，详见表6-1-3。图6-1-8所示规格为H600mm×L1000mm。根据不同长度每侧固定螺栓的孔数为2～6个，水平安放较多，亦可竖向布置。

V形橡胶护舷具有反力适中，弹性好，吸能高，安装牢固方便，橡胶用量少，价格便宜等优点。但V形橡胶护舷强度较差，压缩变形不宜过大。V形橡胶护舷适用于各类码头、船坞、船舷。

图6-1-6　超级拱形（SA）护舷

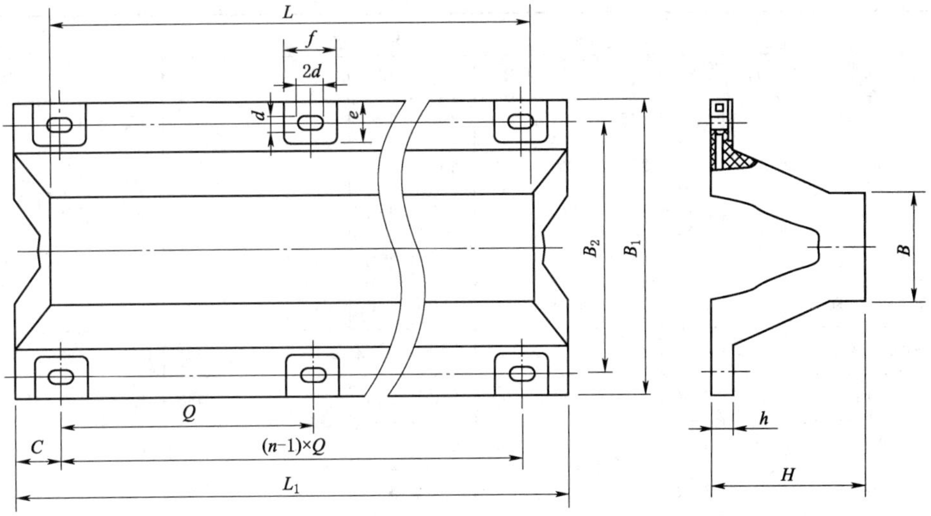

图 6-1-7　超级拱形（SA）护舷结构示意图

B—护舷顶部宽度；B_1—护舷底部宽度；B_2—护舷安装宽度；*C*—护舷安装孔边距；*d*—护舷安装孔宽度；*e*—垫片安装孔宽度；*f*—垫片安装孔长度；*h*—护舷底部厚度；*H*—护舷高度；*L*—护舷顶部长度；L_1—护舷底部长度；*n*—安装孔数；*Q*—护舷安装孔间距

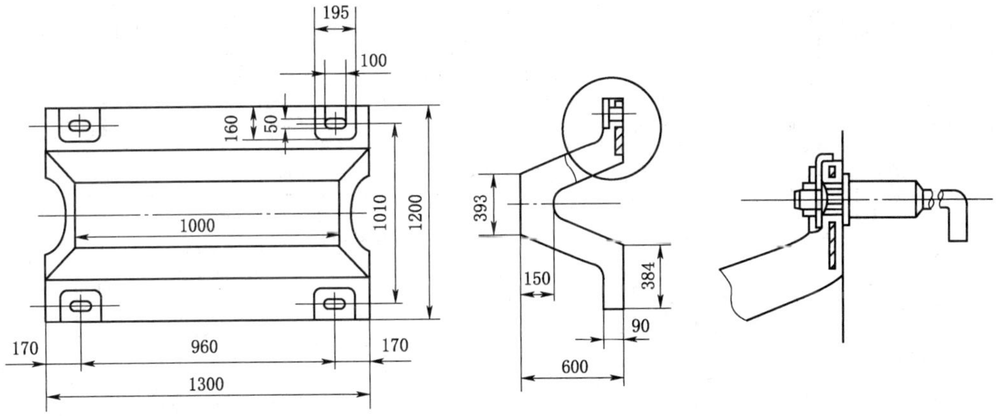

图 6-1-8　超级拱形（SA）橡胶护舷构造图（尺寸单位：mm）

表 6-1-3　　超级拱形（SA）护舷规格尺寸　　单位：mm

型　号	规　格												
	H	L	L_1	B	B_1	B_2	C	n	Q	d	e	f	h
SA300×L	300	1000	1150	225	600	490	140	2	870	35	105	140	33
SA300×L		1500	1650	225	600	490	140	3	685	35	105	140	33
SA300×L		2000	2150	225	600	490	137.5	4	625	35	105	140	33

续表

型　　号	规　　格												
	H	L	L_1	B	B_1	B_2	C	n	Q	d	e	f	h
SA300×L	300	2500	1650	225	600	490	140	4	790	35	105	140	33
SA300×L		3000	3150	225	600	490	145	5	715	35	105	140	33
SA300×L		3500	3650	225	600	490	140	6	674	35	105	140	33
SA400×L	400	1000	1200	300	800	670	150	2	900	41	120	165	40
SA400×L		1500	1700	300	800	670	150	3	700	41	120	165	40
SA400×L		2000	2200	300	800	670	147.5	4	635	41	120	165	40
SA400×L		2500	2700	300	800	670	150	4	800	41	120	165	40
SA400×L		3000	3200	300	800	670	150	5	725	41	120	165	40
SA400×L		3500	3700	300	800	670	150	6	680	41	120	165	40
SA500×L	500	1000	1250	375	1000	840	160	2	930	47	140	180	45
SA500×L		1500	1750	375	1000	840	160	3	715	47	140	180	45
SA500×L		2000	2250	375	1000	840	157.5	4	645	47	140	180	45
SA500×L		2500	2750	375	1000	840	160	4	810	47	140	180	45
SA500×L		3000	3250	375	1000	840	165	5	730	47	140	180	45
SA500×L		3500	3750	375	1000	840	160	6	686	47	140	180	45
SA600×L	600	1000	1300	450	1200	1010	170	2	960	50	160	195	54
SA600×L		1500	1800	450	1200	1010	170	3	730	50	160	195	54
SA600×L		2000	2300	450	1200	1010	167.5	4	655	50	160	195	54
SA600×L		2500	2800	450	1200	1010	170	4	820	50	160	195	54
SA600×L		3000	3300	450	1200	1010	170	5	740	50	160	195	54
SA600×L		3500	3800	450	1200	1010	170	6	692	50	160	195	54
SA800×L	800	1000	1400	600	1600	1340	180	2	1040	68	260	270	72
SA800×L		1500	1900	600	1600	1340	180	3	770	68	260	270	72
SA800×L		2000	2400	600	1600	1340	180	4	680	68	260	270	72
SA800×L		2500	2900	600	1600	1340	182.5	4	845	68	260	270	72
SA800×L		3000	3400	600	1600	1340	180	5	760	68	260	270	72
SA1000×L	1000	1000	1500	750	2000	1680	200	2	1100	68	300	290	90
SA1000×L		1500	2000	750	2000	1680	200	3	800	68	300	290	90
SA1000×L		2000	2500	750	2000	1680	200	4	700	68	300	290	90

4. 超级鼓形（SC）橡胶护舷

超级鼓形（SC）橡胶护舷由鼓形橡胶筒、防冲板和贴面板组成，见图6-1-9、图

6-1-10所示。鼓形橡胶护舷的型号常用“SC+H”表示，例如：超级鼓形（SC）护舷，高度630mm，标记为：橡胶护舷SC630，HG/T2866—2016。目前我国生产的超级鼓形（SC）橡胶护舷高度H范围为400～3000mm，护舷安装中心直径D_1取值为550～3150mm，护舷法兰直径D_2取值为650～3350mm，护舷法兰厚度h取值为25～75mm，护舷安装孔直径d取值为30～90mm，护舷安装孔数n有4、6、8、10、12孔共14个规格，详见表6-1-4所示，每种规格还分为高反力型、标准反力型、低反力型三种。鼓形橡胶护舷可以单个使用，也可以成组使用。成组使用时一般由2～6个鼓形橡胶筒组成。鼓形防冲设备其吸能量—变形—反力性能曲线是凸形的，其吸能性能优良。

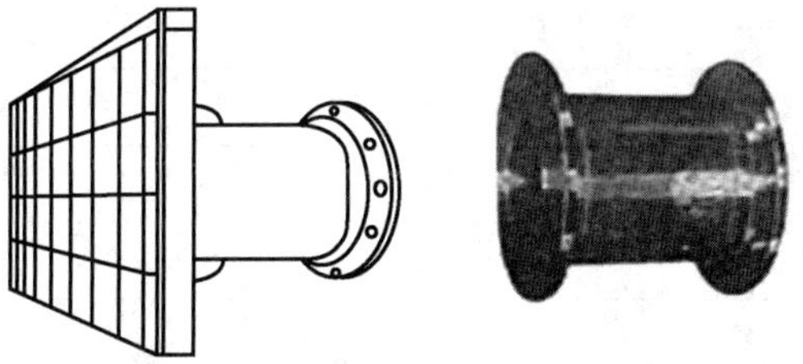

图6-1-9 超级鼓形（SC）橡胶护舷

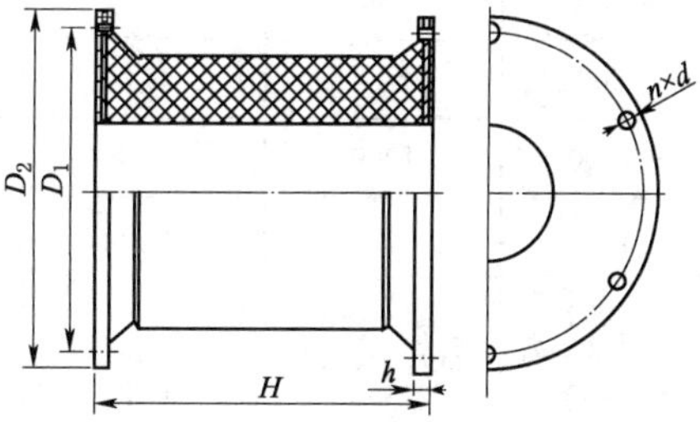

图6-1-10 超级鼓形（SC）橡胶护舷结构示意图

H—护舷高度；D_1—护舷安装中心直径；D_2—护舷法兰直径；h—护舷法兰厚度；d—护舷安装孔直径；n—安装孔数

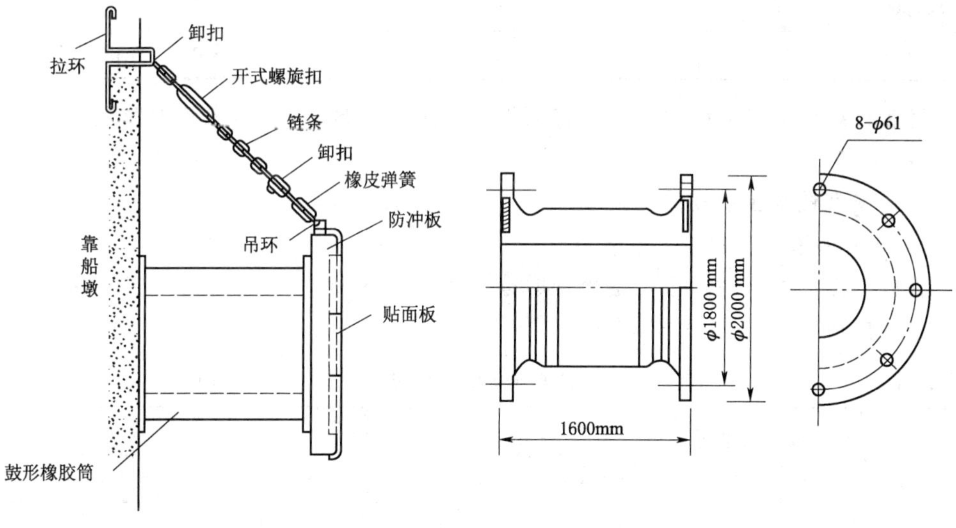

图6-1-11 超级鼓形（SC）橡胶护舷安装图（尺寸单位：mm）

鼓形橡胶护舷除用螺栓与码头上部结构固定外，上端两侧还用铁链拉住，如图6-1-11所示。鼓形橡胶护舷受力后经纬两个方向变形，内部压力均匀，吸能大，反力小，橡胶用量较少，面压低；鼓形防冲设备在前面贴一块有一定刚度的面板，以分布作用在船体上的荷载，护舷不与船体直接接触；不易磨损和撞坏，使用年限长。但此种护舷构造复杂，安装麻烦。此种护舷适用于大型码头，特别是外海开敞式码头。

表 6-1-4　　超级鼓形（SC）护舷规格尺寸　　单位：mm

型号	规格					
	H	D_1	D_2	h	n	d
SC400	400	550	650	25	4	30
SC500	500	550	650	25	4	32
SC630	630	700	840	25	4	39
SC800	800	900	1050	30	6	40
SC1000	1000	1100	1300	35	6	47
SC1150	1150	1300	1500	37	6	50
SC1250	1250	1450	1650	40	6	53
SC1450	1450	1650	1850	42	6	61
SC1600	1600	1800	2000	46	8	61
SC1700	1700	1900	2100	50	8	66
SC2000	2000	2000	2200	50	8	74
SC2250	2250	2300	2550	57	10	74
SC2500	2500	2700	2950	70	10	74
SC3000	3000	3150	3350	75	12	90

橡胶护舷除了以上型式外，还有 U 形橡胶护舷、SUC 鼓形橡胶护舷和 D 形转动护舷等。

二、典型性橡胶护舷的性能

1. 典型性橡胶护舷的力学性能

橡胶护舷的力学性能主要是指变形量、反力极限偏差率、吸能量极限偏差。护舷的力学性能应符合表 6-1-5 规定。

表 6-1-5　　护舷的力学性能

型号	设计变形量/%	性能			
		反力/kN	反力极限偏差/%	吸能量/（kN·m）	吸能量极限偏差/%
CY150×1000	50	44.1	≤+10	1.5	≥−10
CY200×1000		59.8		2.6	
CY250×1000		74.6		4.1	
CY300×1000		89.3		5.9	

续表

型　　号	设计变形量/%	性　　能			
		反力/kN	反力极限偏差/%	吸能量/（kN·m）	吸能量极限偏差/%
CY400×1000	50	118.7	≤+10	10.4	≥−10
CY500×1000		148.1		16.1	
CY600×1000		178.5		23.5	
CY700×1000		208.0		31.4	
CY800×1000		237.4		41.2	
CY900×1000		267.8		52.0	
CY1000×1000		297.2		63.8	
CY1100×1000		331.0		77.2	
CY1200×1000		363.0		95.2	
CY1300×1000		392.0		108.0	
CY1400×1000		421.8		127.5	
CY1500×1000		451.0		147.0	
CY1600×1000		481.0		176.0	
D200×200×1000		147.0		5.1	
D300×300×1000		294.3		11.8	
D300×360×1000		323.7		13.7	
D400×400×1000		382.6		19.6	
D500×500×1000		451.3		31.4	
SA300×1000	52.5	206.0	≤+10	26.0	≥−10
SA400×1000		275.0		46.0	
SA500×1000		344.0		72.0	
SA600×1000		412.0		104.0	
SA800×1000		550.0		185.0	
SA1000×1000		688.0		289.0	
SC400	52.5	64.0	≤+10	11.0	≥−10
SC500		108.0		23.0	
SC630		175.0		48.0	
SC800		280.0		98.0	
SC1000		445.0		195.0	
SC1150		589.0		297.0	
SC1250		696.0		382.0	
SC1450		936.0		596.0	
SC1600		1140.0		801.0	
SC1700		1287.0		960.0	

续表

型　号	设计变形量/%	性　能			
		反力/kN	反力极限偏差/%	吸能量/（kN·m）	吸能量极限偏差/%
SC2000	52.5	1781.0	≤+10	1564.0	≥−10
SC2250		2502.0		2472.0	
SC2500		3088.0		3391.0	
SC3000		3750.0		4300.0	

注　1. 本表给出的是标准橡胶护舷各种规格每米长度的反力和吸能量值，需要时应按照标准值乘以实际长度得出各种长度的反力和吸能量值。

2. 本表为标准型橡胶护舷性能，低反力型、高反力型、超高反力型等其他规格的护舷力学性能由供需双方协商。

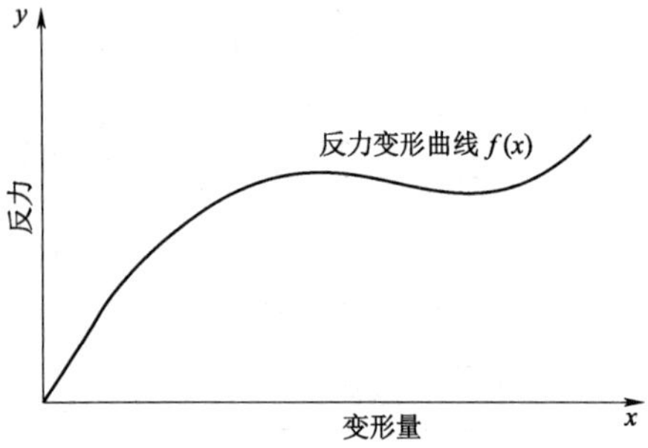

图 6-1-12　反力变形曲线

橡胶护舷力学性能的测定。试验设备要求：①试验机上应设有压力数字显示功能，压力精度等级不低于 2 级；②试验机压力应平稳升降，位移误差±5%；③加压速度为 70mm/min±5mm/min。实验步骤：①将护舷按照使用压缩方向固定在试验机底板上，产品的中心应与试验机加压中心对准，对中精度±5mm；②核实护舷标准高度；③开动试验机，按照加压速度为 70mm/min±5mm/min 的速度压缩护舷标准高度的 10%、20%、30%、…至设计压缩变形量，并记录下各次压缩量对应的压力值（反力）；④按照③中间隔 30min 再重复压缩 2 次，取后 2 次数据的平均值，绘制出反力变形曲线，如图 6-1-12 所示。然后按照反力变形曲线图计算吸能量。

需要时应根据护舷的力学性能和有效动能选用橡胶护舷。

2. 典型性橡胶护舷的物理性能

橡胶护舷的物理性能主要指：护舷用胶料的硬度、拉伸强度、拉断伸长率、压缩永久变形率、臭氧老化、橡胶与骨架黏合剥离强度及热空气老化情况等，应能满足表 6-1-6的规定。

表 6-1-6　　护舷用胶料物理性能

项　目		指　标	适用试验条目
硬度（邵尔 A）/度	≤	84	硬度的测定按照 GB/T 531.1 的规定
拉伸强度/MPa	≥	16	按照 GB/T 528 的规定，采用 1 型试样
拉断伸长率/%	≥	300	
压缩永久变形（70℃×22h，25%）/%	≤	30	按照 GB/T 7759 的规定，采用 A 型试样
臭氧老化［50×10^{-8}：20%，(40±2)℃×48h］		无裂纹	按照 GB/T 7762 的规定
橡胶与骨架黏合剥离强度①/（kN/m）	≥	7	按照 GB/T 7760 的规定

续表

项 目		指 标	适用试验条目
热空气老化（70℃×96h）	拉伸强度变化率/% ≤	20	按照 GB/T 3512 的规定
	拉断伸长率变化率/% ≤	20	
	硬度（邵尔 A）/度	最多允许增加 8	

① 橡胶与骨架黏合剥离强度仅适用于含骨架的橡胶护舷。

三、橡胶护舷的外观质量

护舷的表面应质地均匀，不得有杂质、气泡、皲裂、明疤及缺胶等影响使用性能的缺陷，而且不允许钢板外露。一般，护舷的外观质量用目测检验。

四、橡胶护舷的极限偏差

护舷的规格尺寸用钢卷尺、钢板尺、游卡尺测量。护舷各部位尺寸的极限偏差应符合表 6－1－7 的规定。

表 6－1－7　　护舷规格尺寸与极限偏差

各部位尺寸	长、宽、高、厚/%	螺栓孔径/mm	螺栓孔中心距离/mm
极限偏差	+4 −2	±2	±4

五、橡胶护舷的设计使用年限

橡胶护舷的设计使用年限应根据码头主体结构的设计使用年限、附属设施类别及其设施更换和维护的难易程度确定。对于设计使用年限为 50 年的码头，橡胶护舷的设计使用年限不应低于 10 年，用于固定橡胶护舷的螺栓、埋件等的设计使用年限应与码头主体结构相同；对于临时码头，橡胶护舷的设计使用年限应与码头主体结构相同。

六、橡胶护舷的检验及规则

1. 出厂检验

（1）组批与抽样。小型护舷（CY800 以下包括 CY800，D 形，SA500 以下包括 SA500）按照型号每 100 个为一批，不足 100 个以每个月的量为一批，大型护舷（CY900 以上包括 CY900，SA600 以上包括 SA600，SC 形）以每个泊位需用量为一批（但不得多于 50 个），按照其型号任取一个进行力学性能试验。同时用该护舷同批次的胶料制备试样，进行橡胶护舷胶料物理性能的各项试验。

（2）检验项目。外观质量和规格尺寸百分之百检验；护舷的力学性能按批进行检验。

2. 型式检验

型式检验项目通常在下列情况之一时应进行型式检验：新产品或老产品转产的试制定型鉴定；正式生产后（例如：结构、材料、工艺有较大改变）可能影响产品性能时；正常生产时，每年进行一次检验；产品停产超过半年后恢复生产时；出厂检验结果与上次型式检验有较大差异时；国家质量监督机构提出进行检验要求时。

3. 周期性检验

在正常生产情况下，同类型护舷胶料以半个月用量为一批。胶料的硬度、拉伸强度、拉断伸长率、橡胶与骨架黏合剥离强度按批进行检验，压缩永久变形及热空气老化情况每月检验一次；臭氧老化半年检验一次。

4. 判定规则

（1）规格尺寸、外观质量、力学性能以及表 6－1－5 中规定的各项物理性能全部符合技术要求，则为合格品。

（2）规格尺寸、外观质量如有一项不合格，则判为不合格。

（3）力学性能如有一项不合格，则于同批产品中抽取双倍试样进行不合格项目复试，如复试结果仍有不合格，则对该批产品逐个按表 6－1－5 检验。

（4）护舷用胶料物理性能如有一项不合格，应另取双倍试样进行不合格项目复试，如复试结果仍有不合格，则该批胶料不合格，应对再生产的该种胶料逐批检验全项，待恢复稳定后再按正常生产检验频次进行检验。

七、橡胶护舷的标志、包装、运输和贮存

橡胶护舷的标志、包装、运输应符合下列要求：

（1）每个护舷应有如下标志：制造单位、标记、商标、制造日期。

（2）护舷的包装方式由供需双方协商确定。

（3）护舷在装运过程中应保持清洁，不得摔、撞、拖、滚，不得以坚硬物勾、吊、刺、划，不得与酸、碱、油类及有机溶剂等物质接触。

（4）护舷应贮存在温度为－10～30℃、相对湿度为 50％～80％的库房内，避免阳光直射、雨雪浸淋，不得与酸、碱、油类及有机溶剂等物质接触，并距离热源 1m 以外。

（5）在满足上述第（3）（4）条规定的条件下，护舷自生产之日起，在不超过 1 年贮存期内产品质量仍应符合 HG/T 2866—2016 的规定。

模块二　新 型 橡 胶 护 舷

一、“π”形橡胶护舷

1. “π”形橡胶护舷结构

“π”形橡胶护舷，如图 6－1－13 所示。两条压曲支腿分开设置，并通过前面的框架板连在一起，支腿变形时呈 S 形，压曲应力分布较为均匀，其吸收能量大，反力相应较小型橡胶护舷防冲设备的反力曲线型式同 V 形和鼓形一致。“π”形橡胶护舷具有橡胶用量较少、面压低、弹性好、吸能大等优点，适用于各类码头、船坞、船舷。

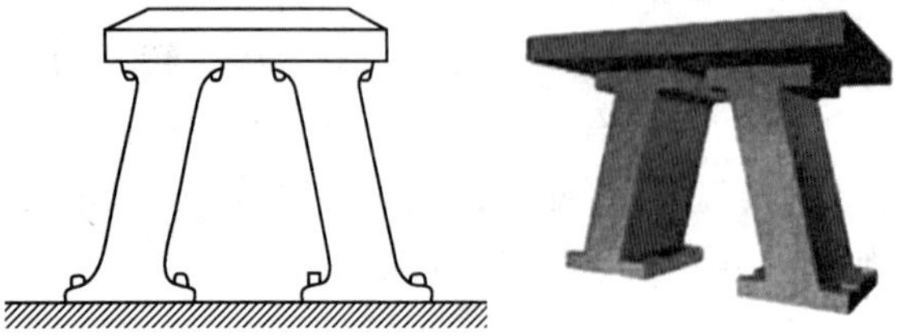

图 6－1－13　“π”形橡胶护舷

“π”形橡胶护舷结构如图 6－1－14 所示。规格尺寸应符合表 6－1－8 要求。“π”形橡胶护舷应把产品名称、类型、规格、标准号标记清楚。例如：高度 600mm 的“π”形橡胶护舷，标记为：π 形橡胶护舷 π600

HG/T 2866—2016。"π"形护舷钢结构防冲板有钢制框架与高分子材料面板组合而成，其结构如图 6-1-15 所示。

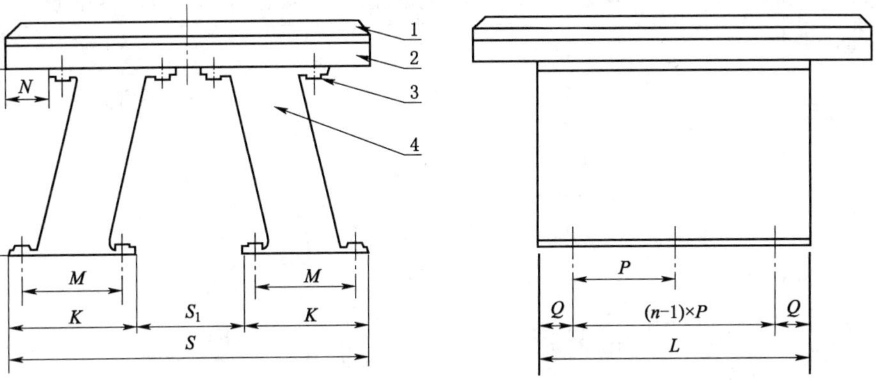

图 6-1-14 "π"形橡胶护舷结构示意图

1—面板；2—钢结构防冲板；3—固定螺栓；4—橡胶护舷本体；H—护舷高度；K—护舷宽度；L—护舷长度；M—护舷安装宽度；n—安装孔数；N—护舷离防冲板外缘距离；P—护舷安装孔间距；Q—护舷安装孔边距；S—护舷安装后底部总宽度；S_1—护舷安装后底部间距

表 6-1-8　"π"形橡胶护舷规格及断面尺寸　单位：mm

规格	H	K	M	N	S	S_1
π600	600	500	370	65	1500	500
π800	800	600	460	70	1700	500
π1000	1000	700	550	75	2000	600
π1250	12500	800	650	75	2450	850
π1400	1400	900	730	85	2700	900
π1700	1700	1050	860	95	3150	1050
π2000	2000	1200	1000	100	3700	1300
π2250	2250	1350	1150	100	4000	1300
π2500	2500	1400	1200	100	4400	1600

注　1. S_1 可根据生产企业具体规格、型号的尺寸决定；
2. 其他规格由供需双方协商解决。

2. "π"形橡胶护舷的性能及要求

(1) "π"形橡胶护舷的力学性能。"π"形橡胶护舷的力学性能应符合表 6-1-9 的要求。

(2) "π"形橡胶护舷用料的物理性能。"π"形橡胶护舷用料的物理性能、外观质量、规格尺寸的极限偏差应符合表 6-1-6 要求。

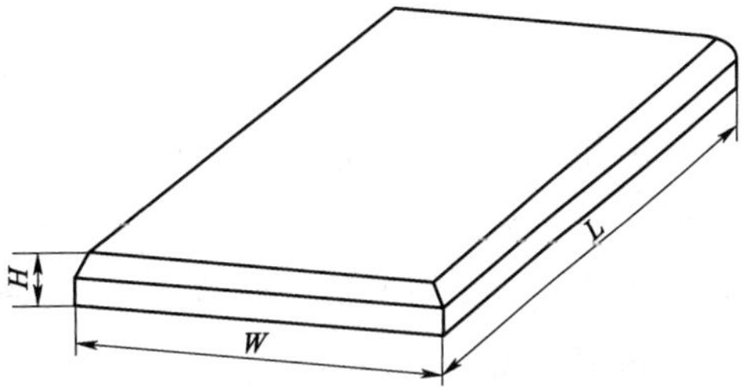

图 6-1-15 "π"形护舷钢结构防冲板结构示意图

W—防冲板宽度；L—防冲板长度；H—防冲板厚度

表 6-1-9　　“π”形橡胶护舷的力学性能

型号	设计变形量/%	性能			
		反力/kN	反力极限偏差/%	吸能量/（kN·m）	吸能量极限偏差/%
π600	50	388.1	≤+10	89.2	≥-10
π800		517.4		157.8	
π1000		646.8		268.5	
π1250		808.5		419.4	
π1400		905.5		525.3	
π1700		1099.2		755.2	
π2000		1293.6		1072.1	
π2250		1455.3		1357.3	
π2500		1617.0		1676.8	

注　本表给出的是“π”形护舷各种规格每米长度的反力和吸能量值。需要时应按照标准值乘以实际长度得到各种长度护舷的反力和吸能量值。

3. 护舷胶料性能的测定。

同前。

4. “π”形橡胶护舷检验及规则

（1）出厂检验。

1）组批与抽样。小型护舷（π800 以下包括 π800）按照型号每 100 个为一批，任取一个进行力学性能试验（但每月不得少于 1 次）；对于大型护舷（π800 以上）以每个泊位需用量为一批（但不得多于 50 个），按照其型号任取一个进行力学性能试验。同时用该护舷同批次的胶料制备试样，进行橡胶护舷胶料物理性能的各项试验。

2）检验项目。外观质量和规格尺寸百分之百检验；护舷的力学性能按批进行检验。

（2）型式检验。项目通常在下列情况之一时应进行型式检验：新产品或老产品转产的试制定型鉴定；正式生产后（例如：结构、材料、工艺有较大改变）可能影响产品性能时；正常生产时，每年进行一次检验；产品停产超过半年后恢复生产时；出厂检验结果与上次型式检验有较大差异时；国家质量监督机构提出进行检验要求时。

（3）周期性检验。在正常生产情况下，同类型护舷胶料以半个月用量为一批。胶料的硬度、拉伸强度、拉断伸长率、橡胶与骨架黏合剥离强度按批进行检验，压缩永久变形及热空气老化情况每月检验一次；臭氧老化半年检验一次。

（4）判定规则。

1）规格尺寸、外观质量、力学性能以及表 6-1-6 中规定的各项物理性能全部符合技术要求，则为合格品。

2）规格尺寸、外观质量如有一项不合格，则判为不合格。

3）力学性能如有一项不合格，则于同批产品中抽取双倍试样进行不合格项目复试，如复试结果仍有不合格，则对该批产品逐个按表 6-1-9 检验。

4）护舷用胶料物理性能如有一项不合格，应另取双倍试样进行不合格项目复试，如果复试结果仍有不合格，则该批胶料不合格，应对再生产的该种胶料逐批检验全项，待恢复稳定后再按正常生产检验频次进行检验。

5.“π”形橡胶护舷的标志、包装、运输和贮存

同前。

二、橡胶舷梯护舷

拱形护舷（TD－B）单位重量吸能量高、锚固性好、应用范围广，但作用于船舶傍板面压力大，对船舶傍板强度较低的船舶（如油轮等）不宜采用。

TD－BB 型护舷前部（工作面）设置防冲板和 PE 贴面板，可降低面压力并减少与船板的摩擦系数，使靠泊剪力大大降低。当船舶傍板不平整（小船或有突出物）时，在靠泊中常常造成 TDB 护舷防冲板变形而损坏，TD－BPE 型护舷就是为适应这种需要而设计的，从而达到降低摩擦系数，减少靠泊剪切力的目的。

舷梯形橡胶护舷如图 6-1-16 所示，是在 TD－B 拱形橡胶护舷的基础上设计制作的，它主要供港口作业的小型船舶使用，具有护舷吸收能量和登船上岸爬梯双重功能，不锈蚀，使用方便，安全可靠。

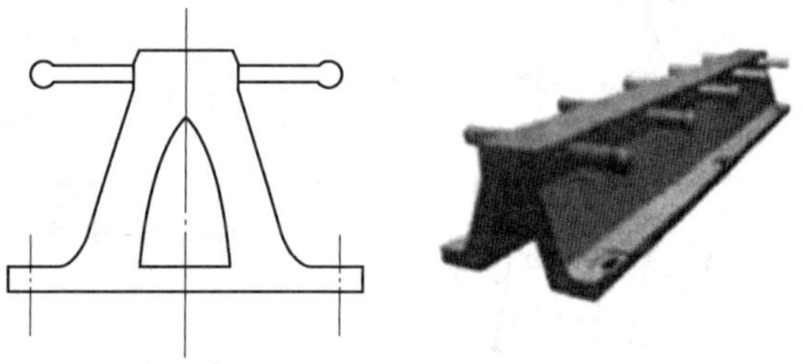

图 6-1-16　梯形橡胶护舷

对于充气型防冲设备，主要指在胶囊中充气的气囊式防冲设备。大尺寸气囊式防冲设备吸能量可以很大，但它是通过较大的变形获得的，它的变形-反力性能曲线形状属凹形。当用于大码头时，胶囊的直径较大，增加了装卸机械的吊臂长度。海上过驳或转船时采用气囊式防冲设备是最合适的措施。

以上介绍的橡胶护舷性能指标主要针对单个防冲设备承受正向荷载的情况。实际上，当船舶撞击码头时，船舶平行于码头前沿线的情况极少，防冲设备的压缩通常是倾斜的，有剪力和剪切变形。在斜向荷载和切向荷载作用下，橡胶护舷吸能能力要折减。

三、其他新型护舷

（1）漂浮型橡胶护舷。漂浮型橡胶护舷可随水位变化升降，不受潮差影响，可保持在理想的吃水线位置；不需检查充气，具有免维护性；没有爆破危险，具有安全性；采用法兰连接，安装方便快捷。

漂浮型橡胶护舷适用于重力式（墩式）码头，特别是潮差大的码头使用；作为船靠船的护舷，选用漂浮型护舷最为理想；在台风季节，当船舶不能拖离码头时，大型漂浮护舷可作为应急防护措施；当发生靠船事故，码头防护装置损坏时，漂浮护舷可

紧急启用作为码头防护备品，使停产损失减为最小。

（2）TD－Z 转动型橡胶护舷。转动型橡胶护舷利用滚轮的转动和压缩变形吸收船舶撞击能量。当船舶靠泊时，护舷可以转动并变形，吸收其部分冲击能量。护舷（滚轮）在三轴上转动，可限制并减小船舶运行速度，有利于船舶安全停靠。TD－Z 转动型橡胶护舷压缩变形可达 40％，较传统转动护舷的吸能量提高一倍以上；转动护舷能适应船体的移动而转动，船体与护舷不产生滑动摩擦，因此不易损坏船体油。

转动护舷适用于船厂、船坞、滚装船码头、码头护角及要求限制船舶运动方向和靠泊速度的场合使用。

（3）TD－A 型橡胶护舷。TD－A 型橡胶护舷压缩变形后呈鼓形状态，又称鼓形护舷。TD－A 型护舷为鼓形护舷的第二代产品，应用广泛，具有以下特点：在反力不增加的情况下，变形距离增大 13％，吸能量提高 17％，单位反力吸能量比值提高 15％；在压缩型护舷系列中，TD－A 型护舷单位重量吸能量高；护舷前沿设有防冲钢架，大大降低作用于船舶傍板的面压力，特别适于大型船舶靠泊；由于单位反力吸能量高，适于外海码头的需要，特别是墩式码头；在压缩型橡胶护舷系列中，TD－A 型护舷倾斜压缩性能变化小；防冲钢架前安装 PE 贴面板，减小摩擦系数，使靠泊剪切力大大降低。

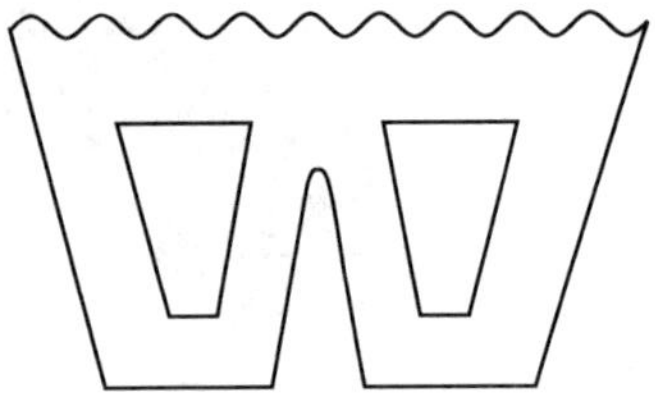

图 6－1－17　W 形橡胶护舷

（4）W 形橡胶护舷。W 形橡胶护舷如图 6－1－17 所示，其特点是吸能量高，反力低；安装维修方便。

（5）拖轮橡胶护舷/船用护舷。拖轮橡胶护舷适用于各种港作拖轮和推轮。

（6）游艇用 D0 型护舷。D0 型反力吸能量比 D 型护舷高；安装强度大大增加，使用寿命长；适用于框架式码头。

此外，还有填充式橡胶护舷、彩色夜光拖轮型橡胶护舷、高分子橡胶护舷、彩色夜光半圆形橡胶护舷、拱形彩色夜光橡胶护舷、浇铸式填充橡胶护舷等。

模块三　橡胶护舷选型

对橡胶护舷而言，其在码头造价中所占的比例已高达 5％～10％，合理选择护舷是非常重要的。各种护舷性能各不相同，各个码头的自然条件和使用环境也千差万别，因此在选择护舷时，有必要对护舷的吸能量、反力、变形、耐久性、维修安装的难易程度和价格高低等因素进行综合评价，然后决策使用。一般而言，橡胶护舷可用于任何形式、任何吨级的码头：轮胎护舷可用于 3000t 级以下的中、小型码头；木护舷可用于 1000t 级以下的小型码头；钢护舷可用于特定条件下的码头。

选择护舷时一般考虑并满足下列技术要求：

（1）任意一种橡胶护舷（单体或合体）在达到护舷设计变形时的总吸能量必须大于船舶的有效撞击能量，对应的护舷总反力必须小于码头的允许水平承载力。在确定护舷的吸能时，尚应考虑计入产品的性能公差，一般厂家该值均为±10%。

（2）橡胶护舷的面压值应小于船舶侧板的容许面压值。船舶的容许面压值依据船舶结构给出，当缺乏实际资料时，对货船可取0.34～0.4MPa，对大型油船可取0.2～0.4MPa。

（3）船舶与护舷间的摩擦力应小于橡胶护舷的抗剪能力。护舷抗剪能力包括橡胶与钢板的黏合强度、锚固部件的强度。计算时，橡胶与钢板的摩擦系数一般取0.3～0.4。

（4）应考虑船舶靠岸时的角度对护舷的影响。当橡胶护舷受斜向压缩时，有些形式的护舷吸能量将下降。因此要对反力与吸能量进行修正。表6-1-10给出某橡胶厂鼓形橡胶护舷的斜向压缩修正系数。

表6-1-10　　　鼓形橡胶护舷斜向压缩修正系数

倾角/(°)	0	1	2	3	4	5	6	8	10	12	15	20
反力	1.00	0.949	0.899	0.848	0.799	0.748	0.729	0.692	0.655	0.635	0.603	0.550
吸能量	1.00	0.963	0.925	0.888	0.850	0.813	0.770	0.685	0.601	0.558	0.495	0.385

（5）选用橡胶护舷时，要注意不同类型或同一类型不同厂家生产的橡胶护舷的设计压缩量的不同。一般橡胶护舷的设计压缩量为47.5%～52.5%。设计中要选用允许吸能量高、反力小的压缩量作为设计压缩量，取相应于设计压缩量时的吸能量和反力作为设计依据。

（6）在选择门座起重机等起吊机具的最大吊距时必须考虑橡胶护舷的高度。

（7）轮胎护舷可采用旧轮胎（各种车辆弃用的、没有割痕破损）制作。1000t级以下的码头可采用9～20型填料轮胎、11～20型或12～20型空心轮胎；1000～3000t级的码头应采用尺寸不小于14～20型的空心轮胎。1000t级以上的码头不用填料轮胎。

模块四　橡胶护舷的布置

橡胶护舷的布置主要是确定码头靠船面竖向和水平向的布置方式、范围和间距，使护舷较好地发挥其防冲作用。橡胶护舷沿码头前立面竖向布置，是为了避免靠泊船舶因摇摆或水位涨落时船舷对护舷产生的刮、卡、顶托现象。对于停靠船舶吨级相近的大型码头，由于大中型船舶的干舷较高，护舷可采用间断布置；对于停靠船舶吨级差别大的码头，由于小型船舶干舷较低，为避免发生上述刮、卡现象，护舷宜采用连续布置；对于水位变幅大、设置多层系靠船结构的码头，宜分层布置护舷，也可考虑设置漂浮式护舷。

一、橡胶护舷沿码头前沿立面竖向的布置

橡胶护舷沿码头前沿立面竖向的位置一般应使船舶在各种水位时均能安全靠泊作业，布置在设计高水位和设计低水位之间。我国各海港设计高低水位之间的差值不太大，一般在2～4m，见表6-1-11。若港口潮差大于4m，需要采取一定的措施。5万t级以上的船舶，由船体较大，护舷尺寸也较大，对不同水位的适应性较好。1万～2万t级船舶对不同水位的适应性要差。

表 6-1-11　　我国各海港设计高低水位之间的差值

地区	青岛港	日照港	广州黄埔港	深圳港	三亚港	天津港	秦皇岛港	大连港	上海港九区	上海中华船厂
差值/m	3.83	4.14	3.60	2.50	2.26	3.80	1.91	3.18	3.30	3.60

河港水位差很大，达 10m 左右，有些超过 30m。这些河港码头或船闸可采用浮式靠船设施。浮式系靠船设施一般结构都比较复杂，造价高，故内河小型码头多采用垂直连续布置护舷或分层布置护舷。

二、橡胶护舷沿码头前沿立面水平向的布置

护舷在码头长度方向的布置与护舷的形式及尺寸、码头结构形式、船舶尺寸、船舶靠泊角度有关。对于岸壁式码头，护舷一般采用等间距布置，间距一般为 5～20m；对于高桩码头，护舷一般布置在排架上；对于墩式码头，护舷一般对称布置在靠船墩上。护舷间距应保证在靠泊时船不会撞击到两相邻护舷之间的岸壁上。

三、橡胶护舷的安装

护舷受力复杂，容易损坏，安装时应注意做到：①固定式护舷的底面与码头结构面紧密接触，螺母满扣拧紧；漂浮式护舷在靠泊或系泊船舶作用下，始终处于码头的前沿立面；②充气型橡胶护舷在安装使用前应进行气密性试验；③采用定位板安装护舷预埋件；④护舷的附属配件不能触及靠泊船舶；⑤护舷锚固和吊架系统结构简单、坚固；⑥构件要耐腐蚀，易于维护和便于更换；⑦与护舷配套的螺栓、螺母、链索、卡具和铁件等，其规格、材质及耐久性要满足使用要求，并进行防腐处理。

模块五　其他防冲设备

一、柔性防冲簇桩

柔性防冲簇桩是由多根桩组成的承受船舶撞击力的构筑物。一种应用于大型码头的防冲系统，兼有防冲设备和靠船建筑物两种功能。在柔性防冲柱上一般均附加橡胶防冲设备，以提高其吸能量。柔性防冲桩一般采用钢管桩组成簇桩，也有用大直径单根桩。船舶靠泊时，船舶撞击前沿的橡胶护舷，产生压缩变形，同时，产生反力传递给钢管桩，整组钢簇桩将产生变形或转动而做功。

钢簇桩的特点是：受力明确、构造简单、施工方便快捷、造价低、适应性较强。既能适应 25 万 t 级的船舶靠泊，也能适应 500t 级的小型船舶靠泊，特别对于码头改造具有较好的适应性。柔性防冲簇桩在需要升级改造、提高码头靠泊能力的项目中是一个简单、经济的设计方案。

二、柔性靠船墩

靠船墩分为刚性和柔性两大类，柔性靠船墩具有平级地吸收靠船冲击能的优点。柔性钢管桩靠船墩是一典型的柔性靠船墩，钢桩下部打入土层中，类似一悬臂梁。通过选择钢桩的直径、壁厚及悬臂长度，来设计其反力、变形和吸能量。

柔性靠船墩往往与橡胶防冲设备结合使用，共同负担吸能任务。总的吸能量等于橡胶防冲设备吸收的能量和钢靠墩吸收的能量。吸能量相同时，橡胶防冲设备方案比

钢管靠船墩（柱）方案的价格低，尽量使防冲设备吸收更多能量。

柔性靠船墩的桩数最多用到 5 根，一般用 3 根。在靠船墩几何尺寸相等的情况下，靠船墩的吸能量几乎随钢材的弹性极限强度的平方成正比，因此钢材以使用高弹性极限强度钢材为好。上海金山码头位于杭州湾北岸，停靠 5000t 级船舶，柔性钢管桩靠船墩有 3 根直径 1.2m、壁厚 20mm、长 40m 的 16 锰钢管桩。设计撞击能为 107kN·m，钢桩靠船墩能提供的弹性变形能为 155kN·m，极限应力应变能为 450kN·m。采用 H600V 型橡胶护舷，每个吸能量为 30kN·m，上下设 5 道。

模块六　防冲设备新材料及发展趋势

目前国内外最常用的橡胶护舷具有弹性好、吸收撞击能量大、反力低、耐腐性好、不怕虫、维修量小、对海水和低温的耐久性好、寿命较长等优点。但橡胶护舷在使用过程中也发现橡胶护舷存在一些缺点和不足，主要表现在以下几个方面：①设计压缩变形一般仅在 50%左右，对提高吸收船舶的撞击能量产生影响；②压缩型的橡胶护舷一般为中空结构，抗剪能力较差，在船舶斜向作用时，较易被撕裂，由于船舶总是斜向靠泊码头，致使许多橡胶护舷被剪力破坏；③橡胶与钢板的摩擦系数较大，船舶靠泊时产生较大的摩擦力，易造成护舷损坏；④橡胶护舷的重量较大，更换不方便，耐油性较差，颜色单一；⑤护舷配件不合理，造成配件损坏、护舷脱落；⑥常靠泊造成平行于码头立面的剪切力过大，将锚链扯断，橡胶护舷与船体的摩擦系数较大，产生的侧向剪力过大，造成护舷脱落。

船舶的大型化对码头防冲设备提出了更高的要求，防冲设备应具有：弹性好、吸能潜力大、反力小、面压低、耐腐蚀性好、耐久性好、使用寿命长、维修安装方便等性能。聚氨酯护舷适应了这种要求发展趋势。

一、聚氨酯护舷新材料的特点

制成聚氨酯护舷的基材是聚氨酯弹性体，是介于橡胶和塑料之间的一种高分子材料。聚氨酯弹性体属于微孔弹性体，具有很大的吸能潜力。在受到外力撞击作用时，能有效地吸收撞击能量，使外力有效衰减，使结构减缓强烈的外力冲击而得到有效保护。经测试，聚氨酯弹性体的扯断强度大于 26～7MPa、扯断伸长率大于 600%、钢胶黏合强度大于 5.8MPa，耐磨性好，比天然橡胶的耐磨性高 9 倍左右，Taber 磨耗值 0.5～3.5mg（天然橡胶 146mg、氯丁橡胶 280mg），尤其在有水、油等液体介质存在的湿摩擦过程中，其耐磨性更优于其他材料。聚氨酯弹性体与钢板的摩擦系数小，仅为 0.12，而橡胶与钢板的摩擦系数为 0.3～0.4。同样的船舶靠泊情况，由于摩擦系数的不同，橡胶护舷的侧向剪力是聚氨酯护舷的 2～4 倍。此外，聚氨酯材料耐腐蚀、耐油性好，不溶于酸碱油等有机溶剂，特别适合油码头。聚氨酯弹性体密度小，在水中呈漂浮状态。

聚氨酯护舷作为新产品得到较多应用。从实际应用效果看，充分体现出其材料及结构的优越性。以大窑湾集装箱码头为例，原先安装的筒形护舷，经使用发现，聚氨酯护舷有较小的摩擦系数；浮于水面，随潮起潮落置于最佳位置；鲜艳醒目的颜色以及附缆的进一步保护等优点，使其避免了橡胶护舷在非正常靠泊及剪切力过大时脱落的现象。

聚氨酯护舷已形成D形、鼓形、V形、筒形等系列护舷，但还有很多产品有待于开发。聚氨酯弹性体用于护舷的历史很短，使用经验也不多，尚未形成产品系列化。现有型号虽然受到用户的良好反映，但适用范围有限，还需要不断地积累经验，形成系列产品。虽然聚氨酯弹性体有比橡胶优良得多的特性，尤其是有微孔的聚氨酯弹性体是护舷的理想材料，但其缺点是耐热老化性能较差，在高频作业时，生热大、散热慢、易老化。但作为护舷使用时却不存在这个问题。目前，聚氨酯护舷的制作成本较高。

二、聚氨酯护舷性能指标

聚氨酯护舷的技术指标包括反力和吸能量。

护舷性能评价指标 E_h 可表示为

$$E_h=\frac{E}{FH} \tag{6-1-1}$$

式中　E——护舷吸能量，kJ；

F——护舷反力，kN；

H——护舷尺寸（高度），m。

作为码头上使用的护舷，在受到船舶撞击时，护舷达到设计变形时所吸收的能量应不小于靠泊船舶的有效撞击能，而相应的反力必须不大于码头的允许水平承载力，对船舶的面压也必须不大于船钢板允许的面压。一般货船的允许面压在350～400kN/m^2。因此，理想的护舷应该吸能量较大而反力较小。

相同尺寸的筒形护舷，聚氨酯护舷的吸能量高于橡胶护舷的吸能量，而反力却小于橡胶护舷的反力。从性能评价指标可知，聚氨酯筒形护舷的性能优于橡胶筒形护舷的性能。

此外，聚氨酯护舷还具有以下优点：①除采用传统安装方式外，聚氨酯护舷还可以根据其具有漂浮性特点，利用中、高潮位进行人工安装；②聚氨酯护舷本身的重量轻，可有效地降低链间的磨损，增加锚链的使用寿命；③聚氨酯筒形护舷增加了一条尼龙附缆，可防止意外脱落的护舷不被风浪卷走；④聚氨酯筒形护舷的配件采用特殊方式进行连接，有效地防止护舷脱落；⑤聚氨酯D形护舷的压板，预埋在聚氨酯护舷本体中，既增加压板的防腐性能，又有利于护舷安装。以上这些特性，决定了聚氨酯护舷在港口工程中具有广阔的应用前景。

【学后思考】

1. 在码头附属设施中，防冲设备主要包括哪些？其作用是什么？
2. 在码头附属设施中，防冲设备中的橡胶护舷有哪些形式？各有什么特点？
3. 为什么码头上常用橡胶护舷作为防冲设备？
4. 橡胶护舷按吸收能量的方式可分为哪几种？如何选择和布置橡胶护舷？
5. 选择码头护舷时应考虑哪些技术要求？

任务二　系　船　设　施

【课程导航】

问题 1. 码头系船设施种类很多，主要有＿＿＿、＿＿＿、＿＿＿和＿＿＿等。

问题 2. 系船柱布置的最基本原则是什么？

问题 3. 系船设施有哪几种？各用于什么情况？根据什么条件来选择系船设施？

码头系船设施种类很多，主要有系船柱、系船环、系船浮筒及快速脱缆钩和绞盘等。

模块一　系　船　柱

系船柱包括普通系船柱和风暴系船柱。

普通系船柱供靠泊船舶栓系缆绳之用。连片式码头系船柱中心位置距码头前沿线一般为0.5～1.2m；墩式码头系船柱的布置根据使用要求确定；邮轮码头和滚装码头系船柱的布置根据使用要求确定。间距一般为15～45m。对于集装箱码头，系船柱的间距一般取20m左右。当需要分层设置系船柱时，分层高度根据使用要求确定，内河直立码头可取3～4m。系船柱的布置应结合码头结构段一并考虑，对称布置。码头端部宜设置系船柱。为了防止船舶沿纵轴方向移动，系船柱的布置应使船舶首缆、尾缆与船舶纵轴所成角度小些，一般不小于25°，宜为30°～45°，如图6-2-1所示。在连续泊位的交界处，可设双头系船柱。当大型码头需停靠小型船舶时，可在大船系船柱之间加设小型系船柱或系船环。

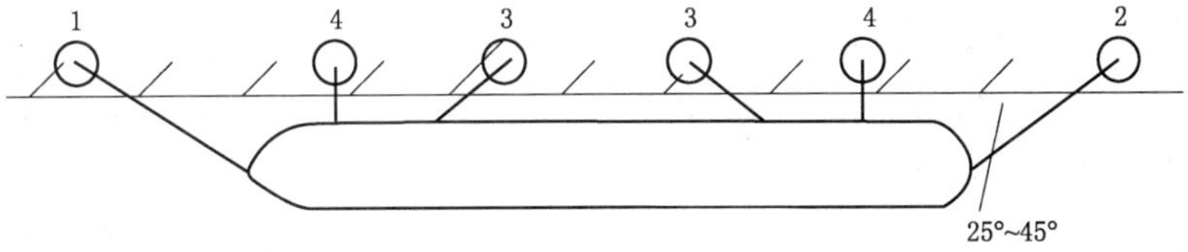

图6-2-1　船舶系缆示意图

1—首缆；2—尾缆；3—倒缆；4—横缆

风暴系船柱供大风时不离开码头的船舶系缆之用。风暴系船柱应具有足够的水平抗力，为了减小船舶的横向移动，风暴系船柱的位置应使船舶轴线与船缆所成的角度尽可能为直角。由于风暴系船柱平时不使用，故应将其设置在距码头前沿线较远且不影响码头装卸作业的地方。一个泊位宜设置两个风暴系船柱。对于强风风向固定且强风不可能是离岸风或强风时期船舶不离开码头的港口，也可以不设置风暴系船柱。有些码头将风暴系船柱和普通系船柱统一考虑，将全部或部分普通系船柱的吨位加大，兼作风暴系船柱使用。系船柱的布置是否合理，会直接影响所靠船舶的系泊安全和码头的正常运转。系船柱的布置应结合泊位功能、码头结构型式及结构分段等综合考虑。连片式码头系船柱布置间距应满足船舶系泊作业需要，最大间距不宜超过表6-2-1中的数值，泊位端部应设置系船柱。不同船长受力系船柱数目可参照表6-2-2确定。

表6-2-1　　普通系船柱布置间距　　单位：m

船舶总长	＜100	100～150	＞150
系船柱间距	20	25	30

表6-2-2　　不同船长受力系船柱数目

船舶总长/m	≤100	120～150	150～200	200～250	250～300
受力系船柱数目	2	3	4	5～6	7～8

系船柱布置的最基本原则是满足船舶靠离码头、停泊、移泊和掉头等作业安全可靠和使用方便的要求，应充分考虑泊位功能、停靠船舶的特点、护舷和码头受力情况等。

（1）由于大型或特殊船舶的干舷一般较高，建议系船柱布置应保证缆绳的垂直角度尽可能小，最好不小于25°，可只在码头前沿线布置用于系倒缆的系船柱。

（2）对于停靠大型或特殊船舶的泊位，应在船首和船尾集中布置系船柱，泊位中间可不布置系船柱。如果泊位兼顾停泊中、小型船舶，泊位前沿位置也要布置一排系船柱。系船柱间距可取规范规定的数值，系船柱数目根据计算确定。

（3）建议码头多采用倒缆系船柱，倒缆对于约束船舶沿码头方向的纵移效果明显，缆绳能充分发挥作用。在船舶干舷较高的情况下不存在缆绳交叉情况。另外，倒缆可以减少码头长度，减少投资，经济效益也比较明显。

（4）平行于码头前沿线方向的作用力主要由倒缆承担，设计缆绳及系船柱时可按全部由倒缆承担来计算；对于大型船舶特别是满载情况下，波浪和水流可能是系缆的控制因素；在迎岸风、离岸风、波浪流的不同组合下，不同的系泊方式及船舶吃水对系缆力的影响是不同甚至相反的，计算时应分不同荷载组合分别计算；对于潮差较大的港口，涨落潮对船舶吃水和缆绳的松紧及角度有很大的影响，同时应注意潮流对船舶特别是满载船舶的影响。

船柱由柱壳、锚杆、锚杆定位板、锚板、螺母及其垫圈、柱心填料等组成，如图6-2-2所示。安装以后，柱壳内浇筑混凝土。当锚杆直径小于36mm时，下端宜采用弯钩式；当锚杆直径大于36mm或结构中允许埋深不满足弯钩型式的埋深要求（30倍锚杆直径）时，下端宜采用锚板式。如图6-2-2所示。当采用弯钩锚杆时，埋入深度满足《水运工程混凝土结构设计规范》（JTS 151—2011）的要求；当采用锚板锚杆时，锚板边长、厚度和锚杆埋入深度满足《水运工程混凝土结构设计规范》（JTS 151—2011）的要求。锚板和锚杆应采用等强度焊接。大型系船柱宜采用钢质定位板，其厚度一般为6～8mm。当定位板兼作垫板时，其平面尺寸应与系船柱底盘相同，且应与锚杆焊接。

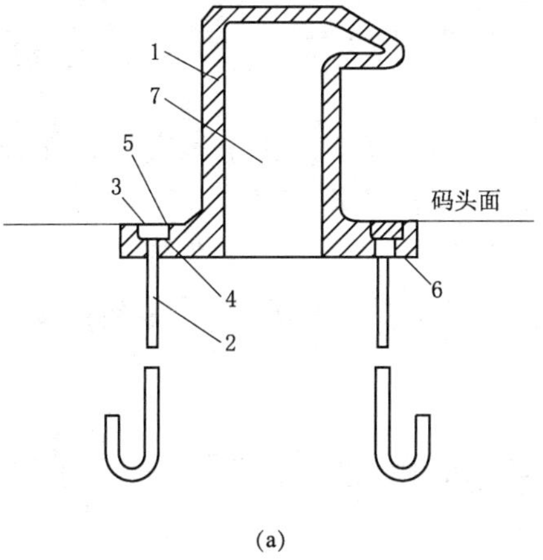

图 6-2-2　系船柱的组成示意图

(a) 锚杆下端采用弯钩式；(b) 锚杆下端采用锚板式

系船柱柱壳一般由铸铁制成，大吨位系船柱的柱壳可采用铸钢。系船柱可根据使用要求选用直柱形、双柱形或曲柱形，柱头的形状多按习惯选用，一般分为单挡檐型、羊角型和全挡檐型或其他型式，如图 6-2-3 所示。单挡檐型适用于一般的码

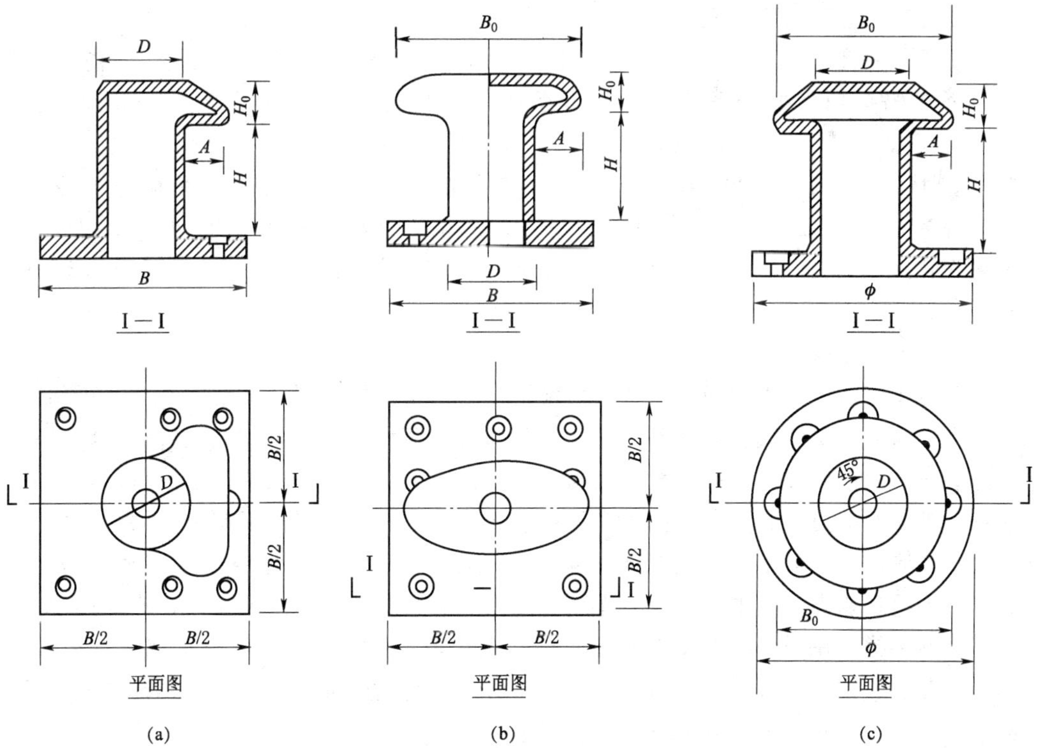

图 6-2-3　系船柱结构型式示意图

(a) 单挡檐型；(b) 羊角型；(c) 全挡檐型

头；羊角型适用于以河港为主的河港；全挡檐型适用于多向带缆情况，例如外海孤立建筑物以及纵、横两船位交角处等的系船柱。柱头宽度及高度应满足带缆要求和解缆方便。脖子过高会增加系缆力对码头产生的力矩，柱头过宽不便于解缆；脖子过矮及柱头过窄则容易造成压缆和脱缆。

系船柱的设计使用年限应根据码头主体结构的设计使用年限、附属设施类别及其设施更换和维护的难易程度确定。对于设计使用年限为 50 年的码头，系船柱柱壳的设计使用年限不应低于 25 年，用于固定系船柱的锚杆等的设计使用年限应与码头主体结构相同；对于临时码头，系船柱的设计使用年限应与码头主体结构相同。

模块二　系船环和系船浮筒

一、系船环

系船环主要用于直立式码头的小船带缆和斜坡码头的系船。系船环的承载能力较小，一般能承受 10～50kN 的系缆力，最大可达 150kN。

对于有小船停靠且水位变化较大的内河码头或潮差较大的沿海直立式小码头，由于船小甲板低，船在系船柱上带缆很不方便，而且缆绳的垂直角度也太大，因此在设计这种码头时，应在低水位以上每隔一定高度设置一定数量的系船环。内河的斜坡码头一般也都采用系船环带缆。

系船环一般沿码头长度方向每隔 10～15m 设置一个系船环。根据使用要求，可在码头顶面两个系船柱间设置系船环；也可在码头前沿竖直面上设一排或多排系船环，上面一排系船环一般设在码头顶面以下 1～2m 处，上、下排竖向间距一般为1.5～2.0m，最下面一排系船环设置在设计低水位附近。系船环应卧入码头立面内，以免与船舶相碰。系船环一般龛入码头顶面、直立墙面或坡面内。系船环常用铸钢制成，其结构有圆环形、带挂钩的圆环形及卡环形等形式。

二、系船浮筒

系船浮筒是浮于水面的圆筒状系船设施，是一密封的钢制筒，俗称水鼓，由系船环、筒体锚链和锚构成。系船环有平放式和插入式两种，用于系住舰船缆索，将系船力传给锚链的钢质环。筒体具有较大的正浮力，将锚链一端浮出水面连接系船环，并承受系船后的拉力，有陀螺形筒体、圆柱形筒体和方形筒体以及不旋转、倾斜小的偏心槽式筒体、可逆双锥圆柱式筒体、偏心水平可逆式筒体等。锚链连接锚与系船环、筒体，传递系船力，其本身受拉力作用。锚固定于海底，承受系船拉力，有铁质锚和钢筋混凝土锚。铁质锚有海军锚、霍尔锚、火箭埋设锚等，钢筋混凝土锚有梯形块、蛙块、叠块、排泥自沉锚等，可平放或埋入海底。常用的锚碇有沉锤式、锚链式和沉锤锚链式三种形式，如图 6－2－4 所示。

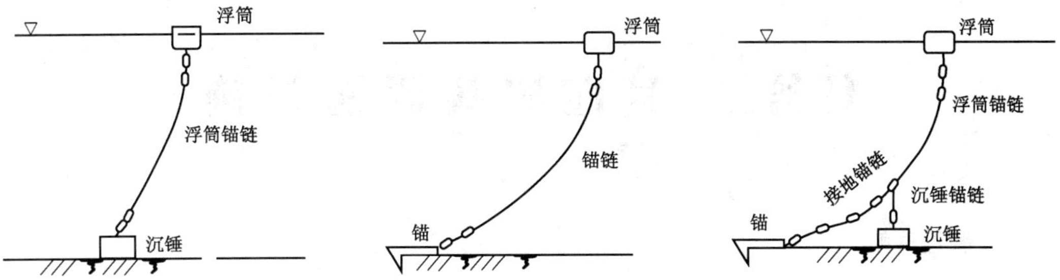

图 6-2-4　系船浮筒的锚碇形式
(a) 沉锤式；(b) 锚链式；(c) 沉锤锚链式

模块三　快速脱缆钩和绞缆装置

一、快速脱缆钩

快速脱缆钩是安装于码头用于船缆、系缆的专用设备，与系缆柱相比，减轻了工人劳动强度，提高了劳动效率、安全性和可靠性。

快速脱缆钩主要由脱缆机械及绞缆机械组成。特别适用于大型码头，要求操作人员少，风浪大，系缆及脱缆要求迅速的场合。在码头或船舶发生火灾险情等紧急情况时，需要船舶迅速离开停泊码头，此时操作人员操纵手柄使锁定机构快速脱开，系泊缆绳迅速脱钩解缆，从而保证码头和船舶的安全，避免巨大损失。快速脱缆钩是大型（5 万 t 级以上）油气码头必需的系缆设施。

二、绞缆装置

绞缆装置是大、中型码头必需的设施。绞缆装置包括：绞盘和绞车等。绞缆装置的规格、型式应根据设计船型、码头型式和功能要求等选定，辅助系统所用的绞缆装置可采用立式电动绞盘；移船所用的绞缆装置可采用卧式电动绞车。

绞缆装置一般选用 2～3 倍拖缆力的变速绞缆机，牵引速度一般为 10～30m/min。绞缆装置的受力方向应与牵引力方向一致。

绞缆装置的具体位置应根据码头的上部结构和安全使用要求确定。液体散货码头的绞缆装置应布置在接驳口水平距离 15m 外，在爆炸和火灾危险环境内应根据危险区域等级，采取相应的防爆、防火措施。

【学后思考】

1. 码头系船设施种类很多，主要有______、______、______和______等。
2. 系船柱布置的最基本原则是什么？
3. 系船设施有哪几种？各用于什么情况？根据什么条件来选择系船设施？

任务三 其他码头附属设施

【课程导航】

问题 1. 码头装卸运输机械轨道是指______、______、______、船机、火车和斜坡码头缆车等装卸运输机械。

问题 2. 码头前沿为船舶供水和供电等管线及修船、装码头等工艺管线有哪些要求?

问题 3. 登船梯、护轮槛、系网环和护栏有哪些要求?

码头上常用的其他附属设施包括轨道结构、码头供水供电管沟、爬梯和阶梯、登船梯、码头路面、护轮槛、系网环及雾天指示灯、靠泊仪等监控设施。

模块一 轨 道 结 构

码头装卸运输机械轨道是指门座起重机、装卸桥、装船机、船机、火车和斜坡码头缆车等装卸运输机械。行走的轨道结构包括钢轨、轨道基础和轨道联结扣件等。

一、钢轨

在码头上铺设的钢轨有起重机钢轨和火车钢轨，它直接承受起重设备和火车的压力。钢轨型号一般按照轮压的大小通过计算确定。钢轨一般采用竖向方法固定，图 6-3-1所示为火车轨道固定方法。

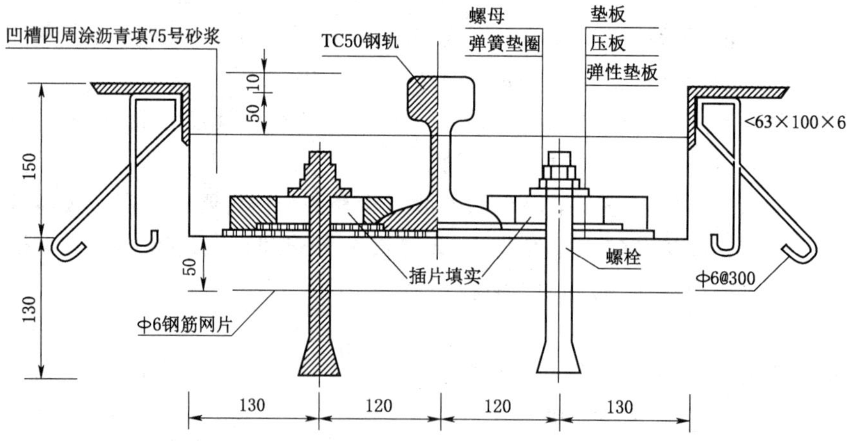

图 6-3-1 火车轨道固定（单位：mm）

目前某些港口的起重机轨道采用无缝钢轨，即轨道接头采用焊接，但我国目前尚无针对起重机轨道焊接的标准。各港口无缝钢轨的安装，有的是参照铁道部门行业标准或采用国外的技术标准。

二、轨道基础

轨道基础是指支撑钢轨及轨道联结件的结构，一般是轨道梁或轨枕。轨道的铺设主要有以下两种情况：一种是直接铺设在码头结构上，如高桩码头的门机轨道直接安装在轨道梁上；另一种是采用单独的轨道基础，包括轨枕道砟基础和钢筋混凝土基础梁。拟定轨道基础形式时，需考虑车轮荷载、基础的允许沉降量、维修的难易程度以及地基的状况等因素。为了避免因轨道沉陷和位移而造成的装卸机械不能正常运行情况发生，可在两轨道基础之间设置连系梁或连系杆以保持轨距不变，并定期检测钢轨的沉降状况并及时加以调整。

三、钢轨固件和车挡

为了将钢轨车固地固定在轨道基础上，必须用联结件进行固定。联结件包括：钢轨接头联结件、钢轨和轨道基础联结件。钢轨接头联结件包括接头夹板、弹性防松垫圈、接头螺栓、螺母等。轨道基础联结件包括橡胶垫板、螺旋道钉、扣板等。可根据钢轨型号和轨道基础型式参照国际现行有关标准选用。

为了安全，轨道式起重装卸机械轨道的两端和斜坡码头缆车道底端应设置车挡，如图 6－3－2 所示。车挡结构应按机械配套要求进行设计、制作与安装。有的门机有配套使用的车挡，可以直接使用。没有配套车挡的门机，需根据门机可能对车挡的撞击力来设计车挡。车挡结构可采用直立式或弯曲式。直接承受水平力作用的部分应设置橡胶垫板，当水平力较大时，宜选用较厚的橡胶垫板或其他缓冲装置。车挡可安装在钢轨上或混凝土基座上。车挡安装在钢轨上时，可采用焊接或用螺栓连接。独立混凝土基座稳定性验算包括抗滑、抗倾和地基承载力的计算。

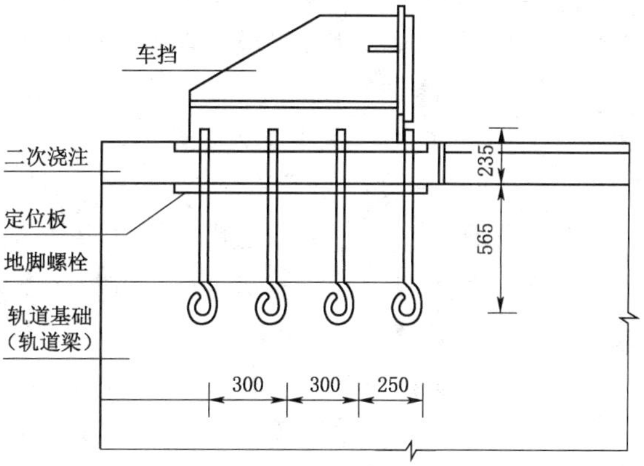

图 6－3－2　门机车挡

对门机码头而言，门机是码头生产作业的重要装卸机械，轨道沉陷造成门机不能正常行驶的情况时有发生，对码头生产作业影响很大。为了保证门机正常运行，根据施工和使用经验，对轨道定位板安装和使用有如下要求：

（1）轨顶需高出码头面上，不允许轨道有过大的沉降、横向移动和倾斜等。

（2）钢轨与钢筋混凝土轨枕或轨道梁间连接螺栓的安装宜使用后埋式，且宜用硫黄砂浆或高强胶泥等锚固螺栓，以方便维修。

（3）轨道凹宽度不宜过大，以减小运输机构通过时产生的振动，但应便于清扫和拆卸检修轨道锚固件。

（4）轨道凹槽槽侧底应设排水孔，排水要畅通，以防止钢轨、铁件的锈蚀，轨道凹槽外露边角宜设置护角钢。

(5) 钢轨安装后必须进行试用并再次拧紧连接件。

(6) 在凹槽内宜填充细粒沥青混凝土、砂浆或细石混凝土，填高不应影响机械行走。

(7) 为了保持轨距不变，必要时可在两轨轨道基础之间设置连系梁或连系杆，在轨道基础结构形式改变处，应进行特殊处理并设置过渡段，以免发生断轨。

(8) 码头面的排水应通畅，以免积水渗入轨道基础造成局部沉降，对门机车挡应进行经常性检修，确保车挡安全有效。

模块二　供水供电管沟

一般码头前沿都要求铺设为船舶供水和供电等管线，修船、舾装码头则需要有压缩空气、氧气、乙炔等工艺管线。这些管线都需要安放在专用的管沟内。对于重力式码头，通常将管沟设在胸墙内。对于高桩码头，可利用上部结构构件之间的空隙设置管沟，一般设置在前边纵梁（或靠船板）和起重机轨道梁之间。对于板桩码头，由于胸墙较窄，在胸墙内只可设置较小尺寸的管沟。

管沟按尺寸大小分为大尺寸管沟和小尺寸管沟。大尺寸管沟考虑便于工人在管沟内进行铺设和修理管线工作的需要，管沟的宽度不宜小于 1.0m，深度不宜小于 1.2m。小尺寸管沟，由于工人在地面上铺设和修理，尺寸相对可以较小，但宽度不宜小于 0.4m，深度一般采用 0.6m，且一般用于单一管线。

为了保证安全，水管和电缆应尽可能分沟设置，特别是乙炔管和氧气管严禁设在同一沟内。为了防止管沟被水淹没，管沟的底面高程宜高于平均高潮位。为了排除管沟内的积水，管沟应有一定的坡度并在沟底设置排水孔。为了检修的方便，小尺寸管沟的盖板应全部做成活动的；对于大尺寸的管沟一般是一部分盖板做成固定的，一部分做成活动的。设计管沟盖板尺寸时要考虑人工能够掀得动。

模块三　爬梯和阶梯

在水位差变化较大的港口，为了便于上下码头，通常都需要在码头前沿设置爬梯或阶梯。

根据需要，可在码头两端和中间设置爬梯。爬梯宜设置在码头前沿临水面的凹槽内或端部的侧面，凹槽深度可取 300～400mm，宽度不宜小于 600m。

当爬梯凸出码头前沿临水面时，爬梯与岸壁间距宜取 150～200mm。

爬梯可采用钢质或橡胶材料。爬梯宽度不应小于 500m，梯级间距一般为 250～300mm，爬梯下端不应高于设计低水位 0.5m。

爬梯应在码头面上设置扶手，并不应影响系缆、带缆作业。中、小型码头的爬梯可采用链式爬梯。

内河水位变幅大的码头，各层系靠船平台间应设置斜爬梯和护栏。

在上下人员频繁的小型码头，宜在码头前沿或端部不影响装卸作业的地段设置阶梯。斜坡式缆车客运码头和斜坡式货运码头应设置阶梯人行通道。

阶梯一般顺着码头长度方向顺级上下，水位变幅大的码头，应根据需要设置中间平台，平台的宽度宜取 1500mm。阶梯宽度根据交通量大小确定，货运码头可取 700～2000mm，客运码头可取 2000～5000mm。踏步高度宜取 150～200mm，宽度宜取 250～300mm。踏步应采用糙面，常采用浆砌块石、混凝土或钢筋混凝土结构。阶梯一般应凹于码头前沿线以内。

模块四　登 船 梯

登船梯是大型油气船舶在停靠码头作业过程中，装卸作业人员和船员安全顺利上下船舶的装置。传统的登船装置是依靠船舶自身携带的舷梯来完成。大型码头，特别是处于无掩护海域的墩式码头，码头面不是连续的，而且高程较高，船舶在作业过程中的颠簸、游动频繁，且幅度比较大。由于码头护舷大，停在码头上的船舷至码头岸线的距离较大。这种条件的船与岸联系是油船携带的舷梯难以解决的。大型油气码头为了加速船舶装卸作业和确保人员上下船的安全，以登船梯取代船舶舷梯。登船梯是大型油气码头必配的设施。

模块五　码 头 路 面

为了满足流动运输机械和进出港区车辆的行驶要求，采用一种合适的路面结构是非常重要的。码头路面具体采用何种路面结构应根据荷载情况、使用要求、机械和车辆的繁忙程度、码头结构型式、地基沉降和稳定性等确定。一般常用现浇混凝土路面、沥青路面、混凝土方块路面。海港码头广泛采用高强混凝土连锁砌块路面。

当地基比较稳定且沉降很小时，常采用现浇混凝土路面和沥青路面。对于南方雨水较多的地区和装卸量较大的码头，一般采用不易损坏的现浇混凝土路面，现浇混凝土路面常采用 C25 或 C30 混凝土，为防止因温度变化而引起裂缝，现浇混凝土路面应隔一定间距设置 10mm 宽的伸缩缝。

沥青路面对基础沉降的适应能力较强，且容易修补，但沥青路面的使用寿命较短，对接触应力大的静荷载和循环荷载的适应能力低，温度稳定性差，易受石油产品的侵蚀，在雨水较多地区受水浸泡后极易破坏，维护费用也较高。

在地基松软、沉降较大的码头陆域上可采用混凝土方块路面。这种路面结构一般是在碎石垫层上铺砌素混凝土方块；方块尺寸一般为 500mm×500mm 或 600mm×600mm，厚度根据设计荷载由计算确定。砌缝宽度约为 10mm，用粗砂填充。这种路面的优点是：能适应基层的不均匀沉降，并可掀起路面方块，加铺垫层以调整路面高程。缺点是：路面块容易活动翘起，高低不平，对于装卸量较大的货运码头不太适用，已逐渐被高强混凝土联锁块路面所代替。

联锁块的形式很多，常用的有 S 形、I 形、D 形，如图 6-3-3 所示，其尺寸规格可参考表 6-3-1。

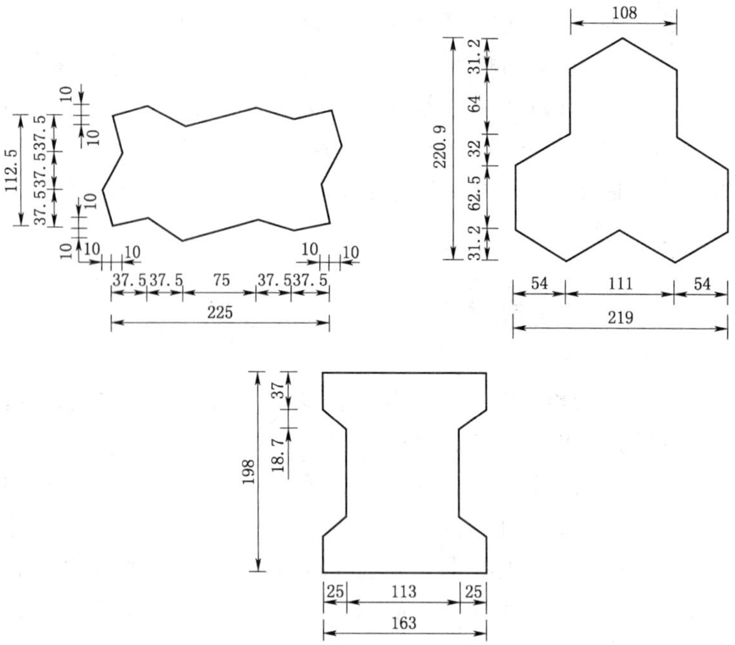

图 6-3-3　联锁块结构示意图

表 6-3-1　　联锁块厚度

结构型式	厚度/mm	每平方米块数	重度/(kN/m³)
S形	60、80	39	23
I形	80	35	23
D形	60	30	23

高强混凝土联锁块路面结构兼有沥青路面的柔韧性和混凝土路面的耐久性，能适应基层的少量不均匀沉降，维修费用低且方便，施工不受季节的影响，但路面的平整度较差，对基层的强度要求较高。在施工过程中要求在块料铺砌后，用平板式振动器振压以振实下面的砂层；同时使部分砂子从底部挤进块料之间的接缝内；然后在顶面扫入细砂，边扫边振使缝隙被细砂填满为止，从而形成砌块的联锁作用。由于这种面层在荷载作用下，块体之间的嵌锁作用增大从而使其扩散荷载的能力也大，并使彼此孤立的块体形成稳定的整体性结构。我国海港码头也多采用这种路面结构。

模块六　护轮槛、系网环和护栏

一、护轮槛

为了防止在码头上行驶的车辆不慎掉入水中，同时为了给站在码头前沿的人以安全感，常在码头前沿设置护轮槛。护轮槛在码头结构伸缩缝处应断开。当系船柱底盘与护轮顶面齐平时，护轮槛可连续布置；当系船柱底盘与码头面齐平时，为了不妨碍船舶系缆，应在系船柱附近断开护轮槛，断开范围根据设计船型及系缆角度确定，并用钢板护角。

护轮槛主要是对车辆、装卸机械、生产人员起安全防护作用，其断面形式有直角型、外坡型、内坡型。高度一般为150～300mm，底宽300～400mm。护轮槛因频繁受到机械和船舶撞击，很容易损坏，需经常维修加固。在使用和维修时可采用如下措施：①护轮槛可后移布置，但后移不宜大于500mm；或采用外坡型，以防船舶撞击；②护轮槛的边角应修圆，可采用钢板护角，断开端部可采用圆弧形钢板全包防护；③对于集装箱等大型专业化码头，可采用不连续布置的形式，或在需要的地方布置活动式护轮槛；④护轮槛应涂刷醒目标志，如采用黑和黄、红和黄、红和白等颜色油漆相间搭配标识，或采用荧光材料标识。

二、系网环

在装卸件杂货时，为避免货物不慎掉入水中，通常在船舶与码头之间系挂网兜，并在码头前沿设置系网环。系网环沿码头长度方向布置，间距一般为2～3m。为了不妨碍码头面上的交通和人行安全，系网环应卧入码头地面，避免被杂物掩埋和妨碍交通。码头无护轮槛时，系网环宜布置在距码头前沿线300～600mm范围码头面凹坑内；当码头有护轮槛时，系网环宜布置在护轮槛的内侧立面上，且宜采用螺栓式锚固。

三、护栏

码头引桥、操作平台、系靠船墩和码头其他需要防护的地方，宜设置固定式或活动式护栏，且不应影响装卸作业。

护栏可采用钢结构或钢筋混凝土结构，高度宜取1000～1200mm。开敞式油码头作业平台前沿设置护栏时，护栏高度不宜大于500mm，护栏的立柱间距宜为1500～2000mm。当采用钢结构护栏时，扶手横栏和立柱钢管直径应通过计算确定，并不宜小于48mm，下横栏钢管的直径不宜小于30mm。采用拉链时，链径不宜小于8mm。

模块七 其他附属设备

一、靠泊仪等监控设施

大型专业化码头宜配置靠泊仪等监控设施。靠泊仪不但可以监测船舶至码头的距离、靠泊的速度、船体与码头前沿线的夹角、船舶靠泊时的撞击能量，还可以通过其内置的计算机接口与其他监测仪器、电子传感器相连，将风速、风向、波速、波周期、潮位、流速、流向、船舶吃水、系缆力、护舷变形、输油臂的工作状态的记录等数据输入计算机处理，并将其结果在屏幕上进行图形和数据显示出来。

二、夜间和雾天指示灯

大、中型码头前沿宜设置夜间和雾天指示灯。指示灯可采用固定式或移动式，固定式指示灯可设在护轮槛上。

三、缆车断绳保护装置

对于有特殊使用要求的缆车，如客运缆车和集装箱缆车，为避免缆车在电气限位开关失效时造成绞车失控，钢丝绳被拉断，需在缆车道坡顶端设缆车断绳保护装置。

四、安全警示标志

码头上应设置下列明显的安全警示标志：①限制荷载标志；②非作业车辆停泊标

志；③集装箱码头行车道标志；④接电箱、上水栓井盖识别标志。

五、防风抗台装置

有防风抗台要求时，码头上应设置装卸运输机械防风抗台拉索的系拉装置和锚旋板的销旋装置。

【学后思考】

1. 码头装卸运输机械轨道是指______、______、______、船机、火车和斜坡码头缆车等装卸运输机械。

2. 码头前沿为船舶供水和供电等管线及修船、舾装码头等工艺管线有哪些要求？

3. 登船梯、护轮槛、系网环和护栏有哪些要求？

项目七　防波堤与护岸

防波堤是建造在开敞海岸、海湾或岛屿的港口用以防御波浪入侵，形成一个掩蔽水域所需要的水工建筑物。防波堤的主要功能是防御波浪对港域的侵袭，有的防波堤位于港口水域的外围，兼有导流、防漂沙、防冰凌入侵、堤内侧兼作码头的功能。

护岸是为了保护岸上设备、建筑物和农田等免遭波浪或水流的冲刷，需要在海岸、河岸、湖边或水库边而建造的。港口的护岸是用来保护除了码头岸线以外的其他陆域边界。护岸工程可以直接修建护岸结构工程，也可以做成丁坝或离岸堤这类间接防护工程。

【知识目标】

1. 掌握直立式防波堤的结构形式、特点、断面尺寸和构造要求。

2. 掌握斜坡式防波堤的结构形式、特点、断面尺寸和构造要求。

3. 熟知突堤与岛式防波堤沿纵轴线分段情况及各段特点。

4. 了解设计波浪的标准及确定方法。

5. 了解混凝土异形块体的构造和尺寸要求。

6. 了解半圆形结构防波堤、梳式防波堤、水平混合式防波堤的优缺点和适用范围。

7. 熟知斜坡式护岸的结构类型、断面形式和尺度要求。

8. 熟知直立式护岸的结构类型、断面形式和尺度要求。

9. 了解直立式加筋土岸壁的构造要求。

10. 熟知丁坝、顺坝、锁坝和潜坝的特点及构造要求。

【能力目标】

1. 能表述直立式防波堤的结构形式、特点、断面尺寸和构造要求。

2. 能表述斜坡式防波堤的结构形式、特点、断面尺寸和构造要求。

3. 能表述突堤与岛式防波堤沿纵轴线分段情况及各段特点。

4. 能说出了解设计波浪的标准及确定方法。

5. 能说出混凝土异形块体的构造和尺寸要求。

6. 能说出半圆形结构防波堤、梳式防波堤、水平混合式防波堤的优缺点和适用范围。

7. 能表述斜坡式护岸的结构类型、断面形式和尺度要求。

8. 能表述直立式护岸的结构类型、断面形式和尺度要求。

9. 能说出直立式加筋土岸壁的构造要求。

10. 能表述丁坝、顺坝、锁坝和潜坝的特点及构造要求。

【素养目标】

1. 有正确的学习观念和积极、认真、塌实的学习态度。

2. 具有钻研、独立思考的品质和探索、求知的科学精神。

3. 有良好的思想品德、道德意识和献身精神。

4. 具有环保意识。

5. 了解与码头附属设施有关的议题知识，了解相关的技术革新信息。

【思政导引】

通过探访超大工程建设现场，解密中国“智”造巅峰之作，致敬实干兴邦的中国建设者。

他们是把梦想变成现实的建设者！未来他们制造怎样的奇迹？世界拭目以待！

能吃土、能抗压、能让江河疏浚通达，能填海造陆使命必达。我是实力担当，我靠技术说话，我是中国建设者，我是传说中的造岛神器，我们为“中国精神”点赞！

【知识拓展】

观看《中国建设者》“造岛神器”。

任务一　防波堤的功能和分类

7-1
防波堤

【课程导航】

问题 1. 防波堤按照平面布置形式和结构形式如何分类？

问题 2. 防波堤按平面布置形式可分为________和________两类。

问题 3. 防波堤按结构形式可分为________、________和特殊形式三大类。

问题 4. 突堤沿纵轴线一般区分为________、________和________段；岛式防波堤沿纵轴线一般区分为________、________段。

问题 5. 突提和岛式防波堤的区别在哪里？

问题 6. 斜坡式防波堤与直立式防波堤的区别在哪里？

问题 7. 特殊形式防波堤的特点？

问题 8. 设计波浪的确定方法？

防波堤是建造在开敞海岸、海湾或岛屿的港口用以防御波浪入侵，形成一个掩蔽水域所需要的水工建筑物。防波堤的主要功能是防御波浪对港域的侵袭，保证港内具有足够的水深和平稳的水面，便于船舶停靠系泊、出入航行，顺利进行货物装卸作业和上下旅客。有的防波堤位于港口水域的外围，兼有导流、防漂沙、防冰凌入侵，或堤内侧兼作码头的功能。

模块一　防波堤的分类

防波堤通常按平面布置形式和结构形式分类。

一、按平面布置形式分类

防波堤按平面布置形式可分为突提和岛式防波堤两类。防波堤的一端与岸相连时称为突堤；防波堤的两端均不与岸相连时称为岛式防波堤（图 7-1-1）。

二、按结构形式分类

防波堤按结构形式可分为斜坡式、直立式和特殊形式三大类，如图 7-1-2 所示。

（1）斜坡式防波堤，如图 7-1-2（a）所示。

斜坡堤是一种古老而简单的形式，在港口工程中得到了广泛应用。它主要由天然块石或人工混凝土块体等散体材料堆筑而成，当水深和波浪较大时，常用人工块体护面，其坡度一般不陡于 1∶1。当波浪拍打在斜坡面上时发生破碎，大部分波能在斜坡面的行进过程中被吸收和耗散，使得堤前的反射波较小。

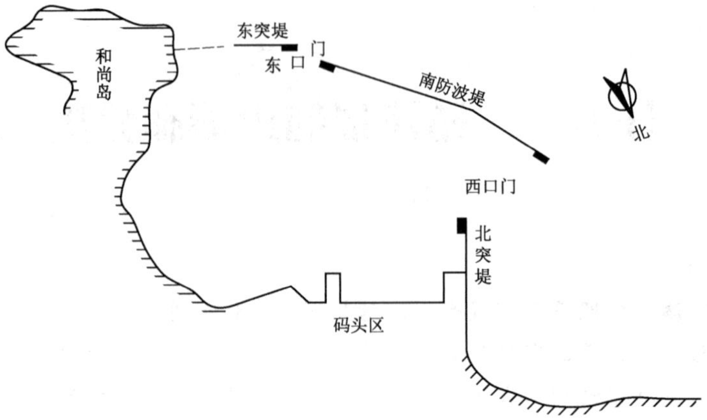

图 7-1-1　某港防波堤平面示意

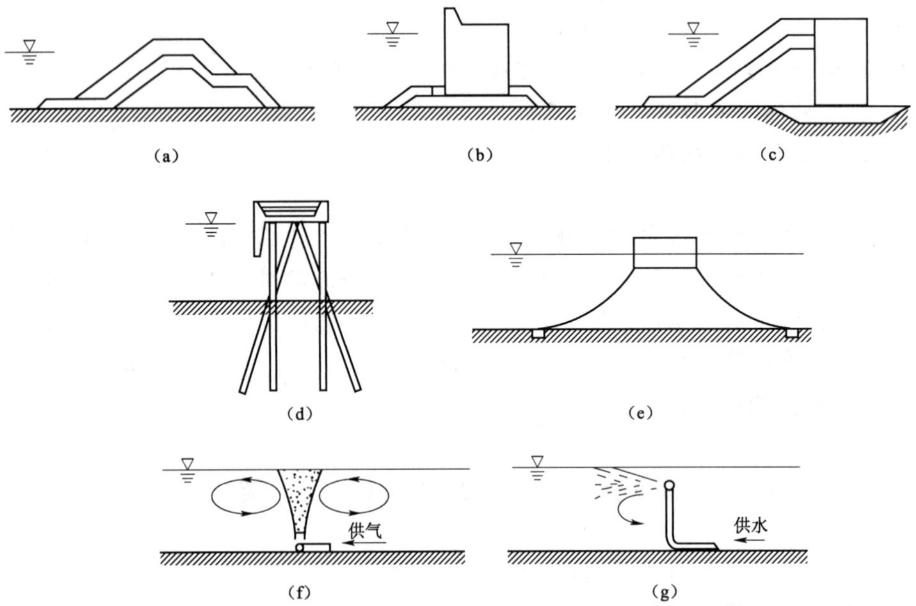

图 7-1-2　防波堤的结构形式
(a) 斜坡式；(b) 直立式；(c) 水平式；
(d) 透空式 (e) 浮式；(f) 压气式；(g) 水力式

斜坡式防波堤的优点是结构简单，波浪反射小，可以就地取材，施工方便，维修容易，整体稳定性好，对地基沉降不敏感，适用于各种地基情况。其缺点是由于堤的材料用量随水深的增加而有较大的增长，因而当水深较浅（10～12m）、地基较差和石料来源丰富的情况常常采用这种结构型式。但也有用于深水的情况，例如，葡萄牙锡尼斯港的防波堤长达 2km，水深最大处为 50m，防波堤外坡采用两层扭工字块体，单体重达 42t，是至今世界上最大的斜坡堤工程。斜坡式防波堤也可适应海底面不平整的岩石地基，而不需做特殊处理，适用于水深较小和软土地基的条件。

(2) 直立式防波堤，如图 7-1-2 (b) 所示。

直立堤的结构断面内外两侧均为直立或接近直立的墙面，由于墙前水深和波浪入射角度的不同情况，入射波在墙面上产生完全反射或部分反射，波浪反射比斜坡堤大。

直立堤主要有重力式和桩（包括板桩）式两种类型。重力式防波堤的基床埋设在原海底面以下时称为暗基床直立堤；当基床抛置在原海底面以上时称为明基床直立堤。

与斜坡堤相比，直立堤的优点是建筑材料用量较少，并且随着水深增大而增加的工程量不如斜坡堤明显，因此一般适用于水深较大的情况。直立堤的另一个优点是内侧可兼作码头供靠船用。但直立堤消能效果较差，并且在建造过程中一般需要大型专门的施工机械，施工技术也较复杂；重力式结构对地基的不均匀沉降较敏感，一般要求较好的地基条件，如果是软弱地基，需对软弱地基进行加固处理。直立堤一旦发生破坏，后果较严重，修复极其困难。因此，当直立堤前产生的破碎波浪较大时，常采用在堤前堆放人工块体的办法以减少作用在直立堤上的巨大的破波冲击压力，保持直立堤的稳定，从而形成水平混合式直立堤，如图 7-1-2（c）所示。

（3）特殊形式防波堤，如图 7-1-2（d）～（g）所示。

理论和实验研究表明，波浪的能量大部分集中在水体的表层，在表层 2 倍和 3 倍波高的水层厚度内分别集中了 90%和 98%的波能，由此产生了适应波能这一分布特点的特殊形式防波堤，包括透空式防波堤、浮式防波堤、压气式防波堤和水力式防波堤等。

这种类型防波堤的共同特点是抵挡和消耗水体表层的波能，而结构下部不破坏港口的自然状况，因此结构较简单，造价较低廉，施工速度快，便于拆迁。

这种类型防波堤的研究和实践相对还较缺乏，一般用于波高和波陡较小、水深较大的地方，以及作为短期或临时防护措施。

1）透空式防波堤。透空式防波堤由不同结构形式的支墩和在支墩之间没入水中一定深度的挡浪结构组成，如图 7-1-2（d）所示，利用挡浪结构挡住波能传播，来达到减小港内波浪的目的。它不能阻止泥沙入港，也不能减小水流对港内水域的干扰，一般适用于水深较大、波浪不大又无防沙要求的水库港和湖泊港。

2）浮式防波堤。浮式防波堤由浮体和锚链系统组成，如图 7-1-2（c）所示，利用浮体反射、吸收、转换和消散波能以减小堤后的波浪。其修建不受地基和水深的影响，修建迅速，拆迁容易，但由于锚链系统设备复杂，可靠性差，未得到广泛应用，仅用于局部水域的短期防护。

3）压气式防波堤。压气式防波堤是利用安装在水中的带孔管道释放压缩空气，形成空气帘幕来达到降低堤后波高的目的，如图 7-1-2（f）所示。其优点是不占空间、基建投资小、安装和拆迁方便，但仅适用于波长较短的陡波，应用上受到限制，而且动力消耗很大，运转费用很高。

4）水力式防波堤。又称喷水式防波堤，如图 7-1-2（g）所示，是利用在水面附近的喷嘴喷射水流，直接形成与入射波逆向的水平表面流，以达到降低堤后波高的目的。其优缺点同压气式防波堤。

斜坡式、直立式和特殊形式这三类防波堤中，斜坡式和直立式是最基本的形式；特殊形式防波堤的应用较少，也缺少实践经验。防波堤的结构形式根据自然条件、经济和技术因素、使用要求和施工条件经综合比较后加以确定。

模块二　沿防波堤纵轴线的分段及特点

防波堤的纵轴线由一段或几段直线组成，各段之间用圆弧或折线相连接。在布置防波堤时，防波堤轴线应避免向外拐折形成凹角，否则会造成波能集中。如堤轴线必须向外拐折时，则两段堤轴线的外夹角不宜小于150°。否则，宜对凹角处进行局部加强，以保证整个防波堤的安全。

沿突堤的纵轴线一般区分为三段：堤头段、堤身段和堤根段。岛式防波堤只有堤头段和堤身段。

堤头处的水深大，波浪大，水流流速大，受力复杂，堤前水底易被冲刷。此外，两个堤的堤头之间形成港口门，堤头断面形式对此处的波浪形态有很大影响，关系船舶进出港的安全。

堤头有斜坡式和直立式两种，各有优缺点。堤头的结构形式一般应与堤身相同，根据当地的地质、水文、施工和建材的条件选定，此时，施工也方便。但考虑到使用的要求，有时堤头也可采用与堤身不同的结构形式，多数是斜坡式堤身采用直立式堤头。直立式堤头形成的口门水面宽度较窄，有利于港内的掩护；其缺点是波浪反射较严重，船舶进出口门操纵困难。

堤根是突堤与岸的连接部分，一般处于浅水区，堤根段多采用斜坡式。如果为岩石海岸，堤根处水深较大，且堤身为直立式，也可采用直立式堤根。一般而言，防波堤建造后，堤根部分将很快被泥沙淤埋，波浪作用将逐渐减弱，因此不需加强防护。但对于岩石海岸，如岩岸较陡，堤根处水深较大，则可能由于波浪在海岸上的反射，造成堤根段的波能集中，此时应对堤根段和相邻的海岸地带采取加强措施。

堤身是防波堤的主体段，后文将着重介绍。

模块三　设 计 波 浪 的 确 定

防波堤是属于在海洋环境条件下工作的建筑物，它既受到海洋环境的作用，反过来对海洋环境条件也产生反作用。影响防波堤设计的海洋水动力条件包括潮汐、波浪、海流等，其中波浪对防波堤的设计具有特殊而重要的意义。波浪力是作用在防波堤上的主要荷载。设计防波堤时，首先要确定设计波浪要素，即波高 H、波长 L、波周期 T 以及波向。

一、设计波浪的确定方法

根据海浪的多年现场实测资料进行统计分析，可求得各种特征波和波浪要素特征值，由此确定设计波浪要素。实测波浪资料的统计分析包括两部分内容：一是利用多年的年最大值进行长期极值分布，由保证率来换算成多少年一遇的特征波，如50年一遇等，此处的年限称为重现期；二是将长期极值分布计算所得到的波，对应于一个波浪记录时间序列的各种累积频率、用一次记录的分布特性，可求得各种累积频率的波高，如 $H_{1\%}$ 等。这样得到不同重现期下，对应于不同累积频率的波浪参数，根据建筑物的不同部位、类型、修复的难易程度和设计内容等选用相应的设计标准。

海浪也可用海浪谱（波谱）加以描述。根据工程现场的海况，选用适当的波谱，也可求得各特征波高和其他波浪要素。

二、设计波浪的标准

设计波浪的标准包括设计波浪的重现期和设计波浪的波列累积频率。

设计波浪的重现期是指某一特定波列累积频率的波浪平均多少年出现一次，它代表波浪要素的长期（以几十年计）统计分布规律。重现期标准主要反映建筑物的使用年数和重要性。我国《港口与航道水文规范》（JTS 145—2015）规定，在进行直墙式、墩柱式、桩基式和一般的斜坡式建筑物的强度和稳定性计算时，设计波浪的重现期应采用 50 年；破坏后不致造成重大损失的斜坡式护岸等非重要建筑物，其设计波浪的重现期可采用 25 年；对于大水深的重要建筑物，当重现期 100 年的波高大于或等于重现期 50 年的同一波列累积频率的波高 1.15 倍时，其设计波浪的重现期可采用 100 年，且其极端高水位的重现期可相应调整为 100 年。

设计波浪的波列累积频率是指其在实际海面上不规则波列中出现的频率，它代表波浪要素的短期（以几十分钟计）统计分布规律。在该统计期内，可认为海面处于定常状态，或者说波浪要素的平均状态不随着时间而变化。设计波浪的波列累积频率标准主要反映波浪对不同类型建筑物的不同作用性质。《港口与航道水文规范》第 6.2.3 条规定，在进行直墙式、墩柱式、桩基式和一般的斜坡式建筑物的强度和稳定性计算时，设计波高的波列累积频率标准按照表 7－1－1 采用。当推算的波高大于浅水极限波高时，应采用极限波高。在进行斜坡式建筑物的护面块石、护面块体稳定性计算时，若平均波高与水深的比值大于等于 0.3，则 F 取 13%；若平均波高与水深的比值小于 0.3，则 F 取 5%。

表 7－1－1　　设计波列的累积频率标准

建筑物形式	部　　位	设 计 内 容	波列累积频率 F/%
直墙式、墩柱式	上部结构、墙身、墩柱、桩基	强度和稳定性	1
	基床、护底块石	稳定性	5
斜坡式	胸墙、堤顶方块	强度和稳定性	1
	护面块石、护面块体	稳定性	13 或 5
	护底块石	稳定性	13

【学后思考】

1. 防波堤按平面布置形式可分为________和________两类。
2. 防波堤按结构形式可分为________、________和特殊形式三大类。
3. 突堤沿纵轴线一般区分为________、________和________段；岛式防波堤沿纵轴线一般区分为________、________段。
4. 突提和岛式防波堤的区别在哪里？
5. 斜坡式防波堤与直立式防波堤的区别在哪里？
6. 简述特殊形式防波堤的特点。
7. 简述设计波浪的确定方法。

任务二　直立式防波堤

【课程导航】

问题1. 直立式防波堤的构造要求有哪些?

问题2. 重力式直立防波堤的墙身结构有哪些形式?

问题3. 直立式防波堤抛石基床、堤身结构及上部结构的要求有哪些?

模块一　直立式防波堤的结构形式

重力式直立防波堤主要由墙身、上部结构及基床组成。重力式防波堤以自重维持稳定，往往需要有强大的墙身，其墙身结构通常采用钢筋混凝土沉箱［图7-2-1（a）］、混凝土方块（或空心方块）［图7-2-1（b）、（c）］或大直径圆筒［图7-2-1（d）］。当地基只有较薄的软土层时，大圆筒也可不做基床而直接伸入地基中。

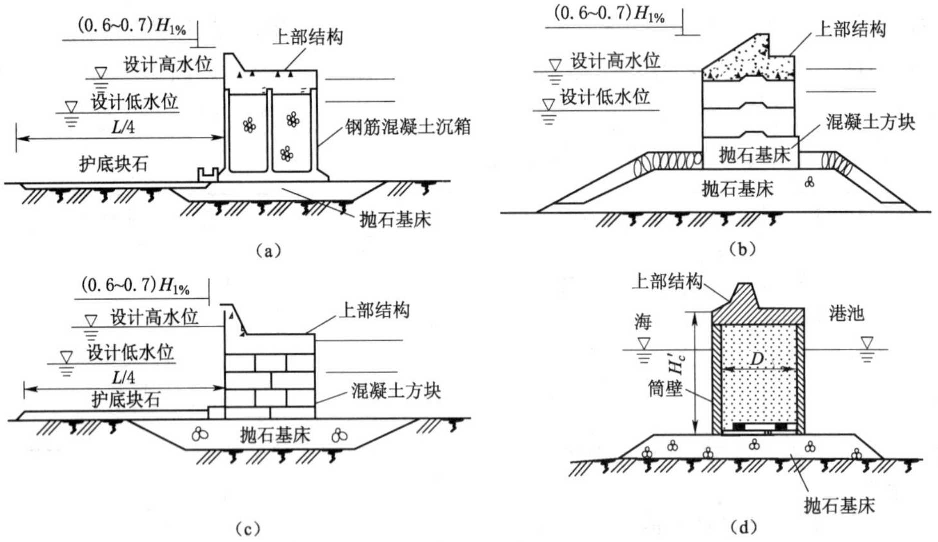

图7-2-1　重力式直立堤断面示意图

（a）钢筋混凝土沉箱；（b）（c）混凝土方块；（d）大直径圆筒

钢筋混凝土沉箱的整体性好，箱内填块石或砂料，可节省混凝土和造价；施工速度快，而且特别适合于外海作业的条件。但沉箱的预制和下水必须有大型专用设备。

混凝土方块墙具有坚固、耐久的优点，施工也较简便；但混凝土用量大，且整体性较差，对地基不均匀沉降敏感，也需要有起重船等大型设备。

由于实体式直立堤对波浪形成反射，堤前的波浪状况较为恶劣，且容易发生破碎，对堤身产生较大的波浪力，特别是会产生强烈的冲击波浪力。为了减小作用于堤体的波浪力（包括破波冲击力），或者减少堤顶的越浪量，从改进堤的上部结构、采用透空消波结构等方面着手开发了一些新的防波堤结构。

上部结构一般采用现浇或装配整体式混凝土结构，其港外侧的外形为直立面、弧面或削角斜面。弧面与直立面相比，可有效地减少波浪的越堤水量。削角斜面结构是20世纪60年代在丹麦首先采用的堤顶上部结构形式。这种结构对波浪的反射较小，作用在斜面上的波浪力垂直分力对防波堤的稳定性有利，因此这种结构的断面宽度比断面完全直立时小，如图7-2-1（b）所示。但这种结构的越浪量较直立面稍大。为了减少越浪量，可在斜面上采取加糙措施。现在我国采用削角直立堤的工程较多，例如葫芦岛港防波堤延长段、山海关船厂东防波堤和秦皇岛港扩建工程岛式防波堤等。另外，还可采取将防波堤顶部胸墙后移的做法，使得作用于胸墙的波浪力与作用于下部堤身的波浪力存在相位差，从而达到减小作用于防波堤上的总波浪力的效果；或者将后胸墙做成一排紧靠的开口圆柱，如图7-2-2所示，此开口圆柱可起蓄水作用，柱体中的水体可由底部孔口泄出流入港内，以达到减小冲击力和减少越浪量的目的。

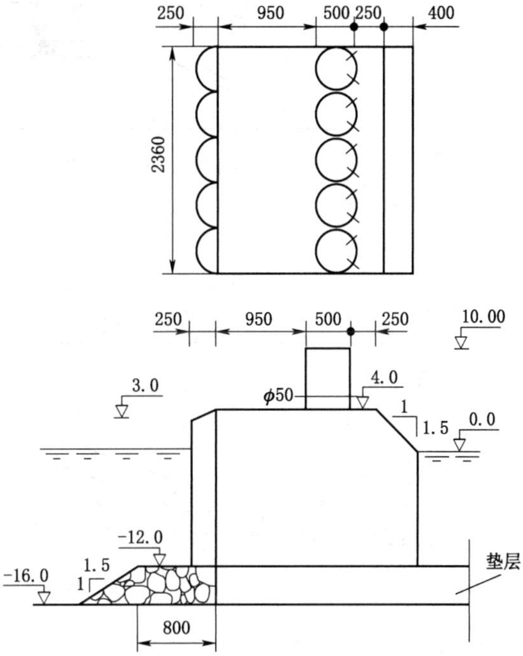

图7-2-2　开口圆筒形胸墙
（尺寸单位：cm；高程单位：m）

除了削角直立堤外，开孔直立堤是直立堤形式方面的重大进展。20世纪60年代加拿大首先采用迎波外壁开孔、前舱起消能室作用的沉箱防波堤。1975年我国在秦皇岛油港二期工程中建设了第一座开孔消浪直立堤，与一般开孔直立堤不同的是其消能室位于堤的内侧。1982年在天津新港防波堤工程中，结合削角方块和开孔消浪结构两者的优点，设计成功了一种新型的高基床上削角空心方块防波堤。图7-2-3所示为开孔直立堤断面图。为了提高透空沉箱对不同波频的减浪效果，人们还研发了曲面形透空堤（图7-2-4）、台阶形透空堤、半圆形防波堤等，其中，半圆形防波堤适用于较强破碎波作用的情况，在我国得到了实际应用。

桩式直立堤一般适用于地基较软弱的情况，最简单的形式是悬臂式单排管桩结构。我国援建的毛里塔尼亚友谊港近岸段防波堤采用了钢管桩，如图7-2-5所示。其他有的采用后张法预应力钢筋混凝土管桩，有的采用排桩、板桩、桩格等，用定位

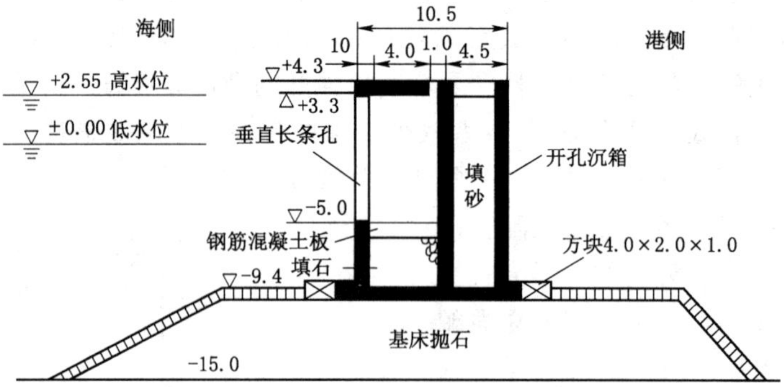

图 7-2-3　开孔直立堤断面图（单位：m）

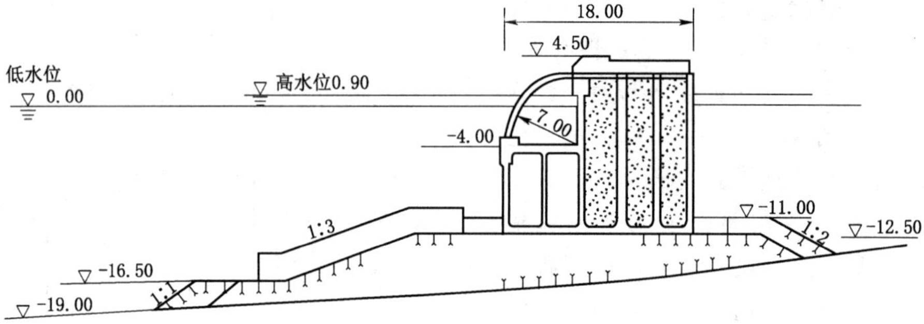

图 7-2-4　曲面形透空堤（单位：m）

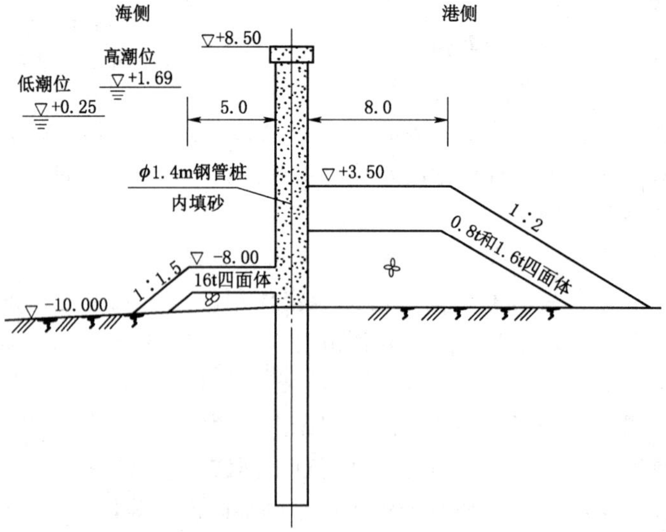

图 7-2-5　钢管桩直立堤断面示意（单位：m）

构件形成防波堤的堤两侧，中间为填料。薄壁通常打入地基中而不设基床，其入土部分及竖向填料共同维持堤的稳定（图 7-2-6、图 7-2-7）。

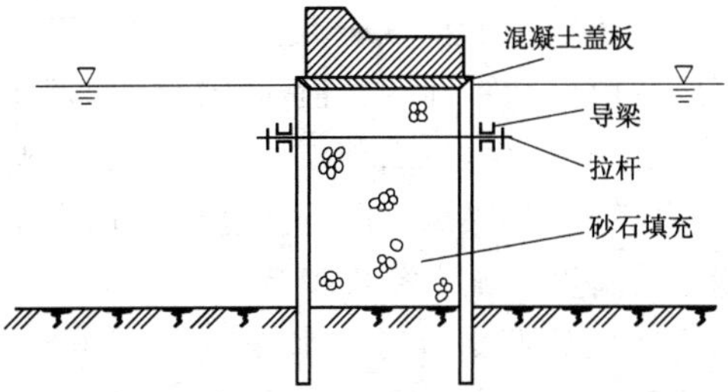

图 7－2－6　双层板桩防波堤示意

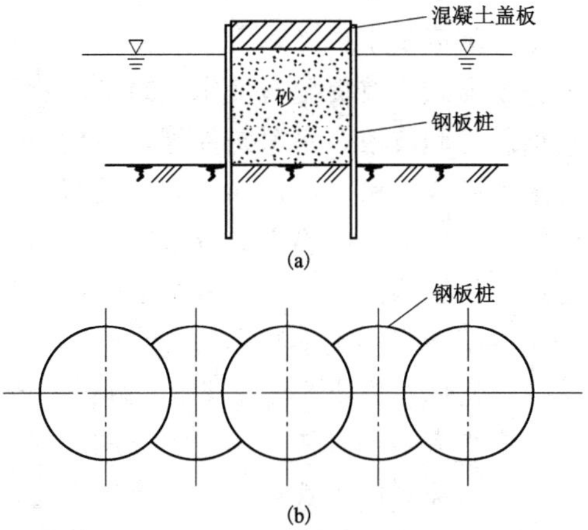

图 7－2－7　钢板桩格形结构防波堤示意
（a）防波堤横断面示意；（b）格形板桩平面结构示意

模块二　直立式防波堤的断面尺寸和构造

目前，工程应用中直立式防波堤以重力式直立堤居多。重力式防波堤的结构与重力式码头相近，主要由抛石基床、堤身和上部结构组成，但两者所处工作环境和使用要求不同，防波堤是在较深的海中，两面临水，而码头近岸，常常是一侧临水，因此在构造上也有所差异。图 7－2－8 所示为某海港防波堤。

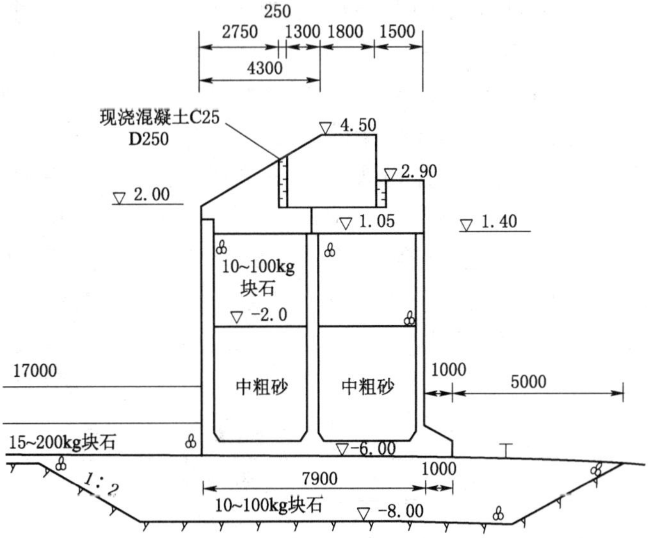

图 7－2－8　某海港防波堤（尺寸单位：mm；高程单位：m）

一、抛石基床

抛石基床便于整平，给堤底提供平整的基础，并扩大地基受力面以减小地基所受压力。重力式防波堤抛石基床有暗基床、明基床和混合基床三种形式，选用的依据是地基承载力和波浪、水深条件等，当地基为软弱土层时可采用换砂、设置砂垫层、布置排水砂井或深层水泥搅拌等方法进行地基加固处理。

抛石基床厚度的确定除应考虑地基承载力外，还应考虑在堤前形成的波浪形态和工程造价等影响因素。在非岩基上的抛石基床厚度应由计算确定，但对于黏土地基抛石基床厚度不应小于1.5m，砂土地基时不应小于1.0m（含碎石垫层0.3m）；在岩基上的抛石基床厚度不小于0.5m。抛石基床可采用10～100kg的块石，基床宜用重锤夯实或爆炸夯实，具体采用何种方式应根据基床的厚度和施工条件确定。

为了避免堤前出现近破波，应保证基床顶面在设计低水位时的水深不小于0.2～2.0倍的波浪破碎水深。为了保证抛石基床的完整性，要求明基床的外肩和内肩的宽度分别取0.6倍和0.4倍的堤身计算宽度，外边坡坡度一般为1∶2～1∶3，内边坡坡度一般为1∶1.5～1∶2.0，对于高基床的肩宽和边坡坡度应通过水工模型试验检验波态和基床石块确定。暗基床底宽度不宜小于直立堤墙底宽度加2倍的基床厚度。

当波浪较大而基床顶上水深较小时，根据计算需要可采用安放大块石或人工块体来保护基肩和边坡，人工块体可用混凝土实心方块、四脚空心方块和栅栏板等。直立堤基床向海一侧需建筑堤前护底，可采用1～2层块石，其厚度不应小于0.5m。当护底块石重量大于100kg时，或当地基为砂土时，应在护底块石层下设置不小于0.3m厚的碎石垫层。

二、堤身结构

堤身结构是指基床顶面以上、上部结构以下的部分，其高度既要考虑上部结构的现浇混凝土施工，又要兼顾沉箱内回填料的有效进行，一般以基床顶至施工水位以上0.3～0.5m为宜。

堤身结构是重力式防波堤的主体部分，主要形式有钢筋混凝土沉箱、混凝土方块和大直径钢筋混凝土圆筒等。防波堤用的沉箱与码头沉箱不同之处在于直立堤的迎浪面可有小的后倾；由于波浪作用较强，防波堤用的混凝土方块应有足够的重量，以免被波浪抽出，其重量不宜小于表7-2-1所规定的数值，若方块重量不能满足要求时，可以在方块中预留孔洞以便浇筑水下混凝土。方块体积应尽可能大以利于结构的整体性；为了增大方块的尺寸和减少混凝土用量，可以考虑采用空心方块或钢筋混凝土空箱，这样防波堤堤身则可能一层出水，有利于施工和结构的安全稳定。

表7-2-1　重力式防波堤方块最小重量

设计波高/m	方块重量/t	设计波高/m	方块重量/t
2.6～3.5	30	5.6～6.0	60
3.6～4.5	40	6.1～6.5	80
4.6～5.5	50	6.6～7.0	100

对于堤身混凝土方块，应尽量减小其尺寸的规格。方块长边尺寸与高度之比不应大于 3.0；短边尺寸与高度之比不宜小于 1.0，个别方块不应小于 0.8。

钢筋混凝土圆筒墙身，其壁厚可取 200～400mm，圆筒筒身宜为整体，当必须分节预制时，分节高度不宜太小且应保证上、下两节接触良好。筒内为砂石回填料，回填料宜采用级配较好的石料、中粗砂或含泥量小于 10%的石料、中粗砂或含泥量小于 10%的石渣。

坐床式圆筒直立堤为了增加抗倾能力，圆筒底脚可向外、向内或向两侧加宽(图 7－2－9)。

大直径圆筒防波堤具有沉箱式防波堤的一些优点，但因其为无底，因此必须处理好圆筒内漏砂问题，否则将影响防波堤抗倾抗滑的稳定性。对内部填砂的坐床式圆筒，应在圆筒底部设置倒滤层；对分节装配式圆筒，应在圆筒上、下节的接缝处设置倒滤层或采用其他防漏砂措施。

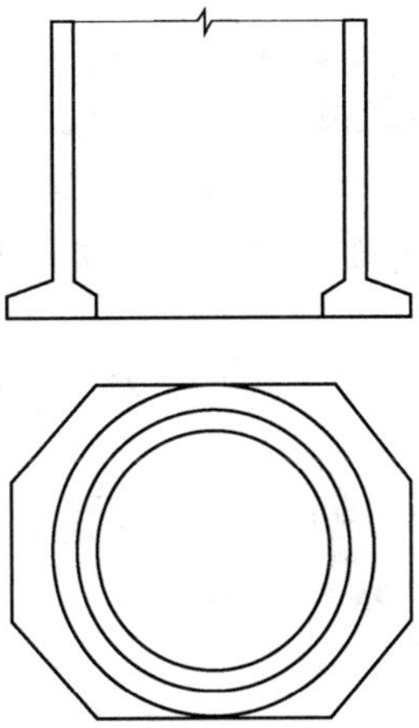

图 7－2－9　圆筒底部加强示意图

三、上部结构

防波堤上部结构可采用现浇或装配整体式混凝土结构，一般由平台和墙（挡浪墙）两部分整体浇筑而成。平台的作用是增强防波堤结构的整体性和保护堤身材料不被波浪淘刷，平台的顶面可兼作通道或其他使用。防波堤上部结构应有足够的刚度和良好的整体性，并与堤身连接牢固，保护堤体材料（例如沉箱内的填料等）不受波浪的冲刷而流失。其厚度不宜小于 1.0m，嵌入沉箱的厚度不宜小于 0.3m。

挡浪墙增加了堤迎浪面高程而降低了堤顶平台的高程。其作用是防止波浪水体大量越浪，并保证平台顶面的使用安全。防波堤的设计顶部高程以挡浪墙顶为准。若防波堤允许小量波浪越顶时，顶高程宜定在设计高水位以上 0.6～0.7 倍设计波高值处；当设计要求防波堤不允许越浪时，顶高程宜定在设计高水位以上 1.0～1.25 倍设计波高值处。防波堤迎浪面可考虑做成直立面、削角斜面或弧形面。

【学后思考】

1. 直立式防波堤的构造要求有哪些？
2. 重力式直立防波堤的墙身结构有哪些形式？
3. 直立式防波堤抛石基床、堤身结构及上部结构的要求有哪些？

任务三　斜坡式防波堤

【课程导航】

问题 1. 斜坡式防波堤的构造要求有哪些?

问题 2. 斜坡式防波堤的堤顶高程、堤顶宽度、斜坡坡度的拟定原则?

问题 3. 斜坡式防波堤的护面块体的支承棱体和肩台尺寸要求有哪些?

问题 4. 宽肩台斜坡式防波堤中宽肩台的作用?

模块一　斜坡式防波堤的结构形式

抛石防波堤是一种比较原始、简单的斜坡式防波堤，可分为不分级块石（图 7 - 3 - 1）和分级块石（图 7 - 3 - 2）两种。

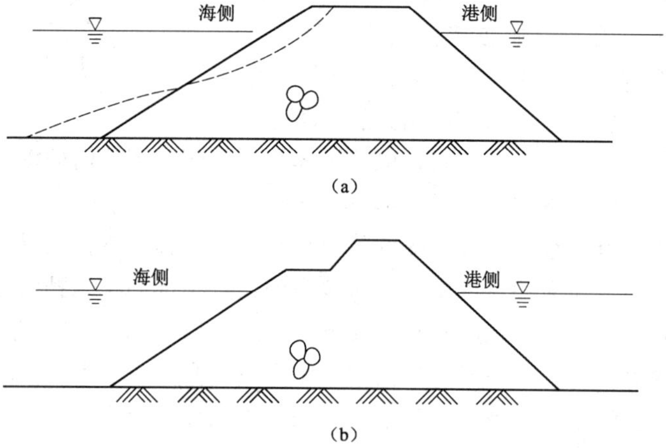

图 7 - 3 - 1　不分级块石斜坡堤

早期的防波堤为不分级块石防波堤，例如山东莱州海庙地区修建的渔港防波堤。建堤时采用开山所得块石不分级不分位置地随意抛填，所以大块石往往滚到坡底，而坡度也为自然坡。在受到波浪作用时，小块石被冲刷，使得堤身密实；但施工进展缓慢，用料太多，常受波浪作用而导致堤面坍塌，后来改用分级块石。

分级块石防波堤对块石分级使用，将较小的块石放在堤心或斜坡的下部，把大块石放于波浪作用强烈的堤顶和外坡上。分级只是将有用的大块石选出，其余的没有必要再分级了，所以分级不宜多。

为了更好地发挥大块石的抗浪能力，在施工水位以上可采用干砌块石。在有些地方由于石料好，石材加工能力强，亦可采用干砌条石护面。这些结构形式在山东省和福建省使用较多，尤其在小型地方港或渔港，可在波高不超过 3～4m 的情况下使用。

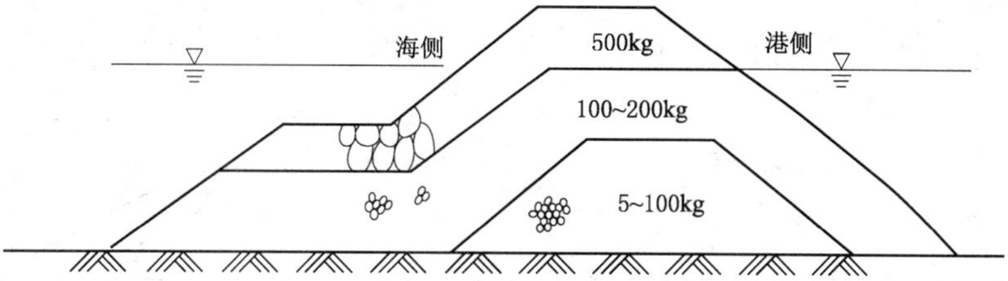

图 7－3－2　分级块石斜坡堤

当工程所在区域石料缺乏而波浪较大时，可采用抛填混凝土方块斜坡堤（图 7－3－3），混凝土矩形方块最早是用来代替天然块石作斜坡堤护面的人工块体。这种防波堤的外坡可建成 1∶1，块体大者可达 60～80t。其缺点主要是透浪系数大，水泥用量多，需大型起重设备，故目前很少应用。

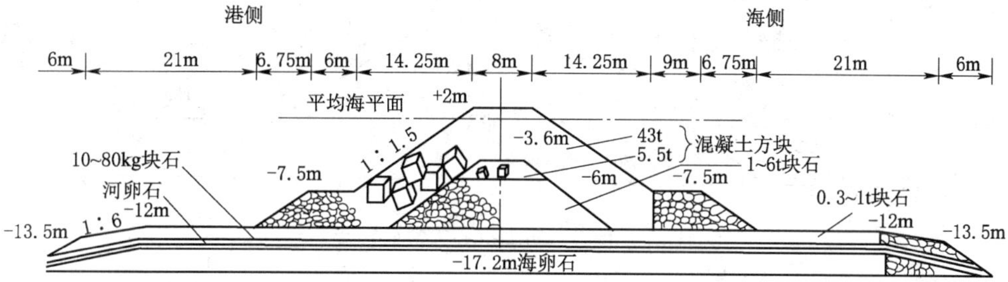

图 7－3－3　抛填方块防波堤

随着港口向深水发展，防波堤所处的水深越来越大，自 20 世纪 50 年代初期以来，世界各国都在研究开发消浪性能好、稳定性好的各种异型人工块体。1952 年，法国首先创制了四脚锥体，作为斜坡堤的护面，至今世界上已研制出百余种异型护面块体，但被广泛采用的仅有扭王字块体、扭工字块体、四脚锥体、四脚空心方块、栅栏板等几种。异型人工块体护面的斜坡堤是斜坡堤的基本形式，在我国扭工字块体、扭王字块体和四脚空心方块斜坡堤均已有很多工程应用实例，如图 7－3－4～图 7－3－6 所示。

宽肩台斜坡式防波堤是指在施工时护面块石顶部高程高于设计高水位，并堆筑成有相当宽度的肩台。它是 20 世纪 80 年代初发展起来的一种斜坡堤形式，其典型断面如图 7－3－7 所示。

宽肩台斜坡式防波堤的堤身由两部分石料筑成。堤心石采用重量较小、有一定级配的不分类石料；护面块石采用重量较大、有一定级配的不分类石料。该斜坡堤的主要特点有：①外坡允许变形。在防波堤建成后，若斜坡堤的护面块石重量不足时，在波浪作用下其外坡可能会发生变形，形成在静水位附近坡度较缓、而在其上下区域坡度较陡的 S 形剖面。只要把变形控制在设计允许范围内，就不至于影响防波堤应具有

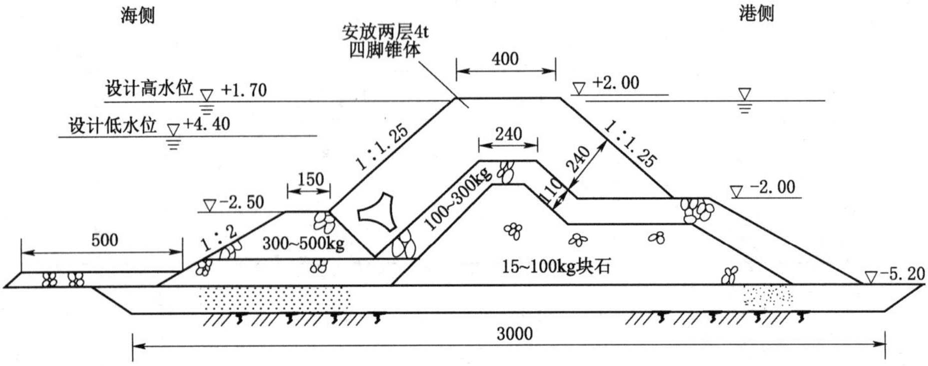

图 7-3-4　四脚锥体斜坡堤

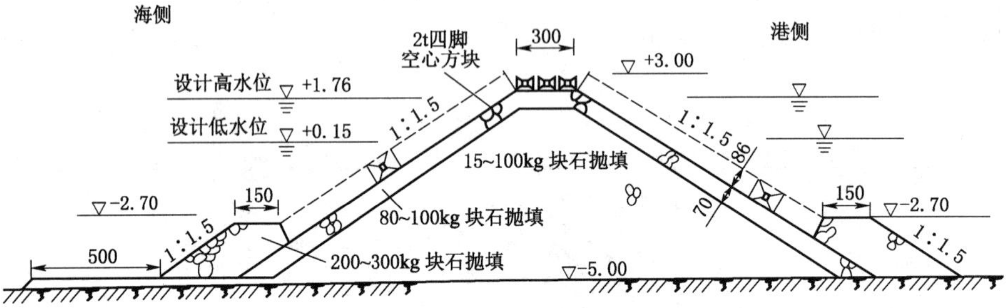

图 7-3-5　四脚空心方块斜坡堤

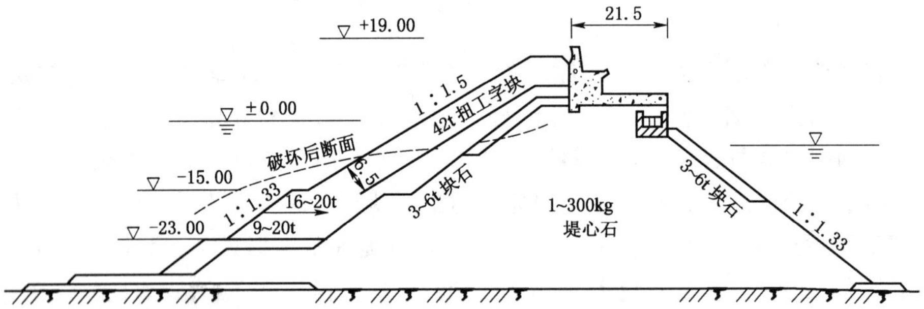

图 7-3-6　扭工字块体斜坡堤

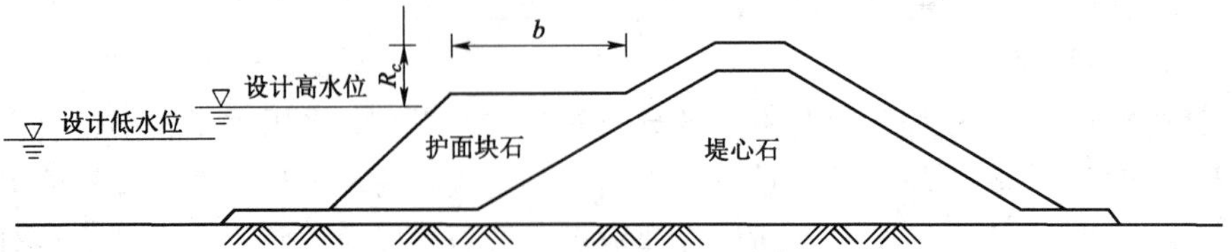

图 7-3-7　宽肩台斜坡式防波堤典型断面示意

的功能，而且在设计条件下也不需要维护。②宽肩台斜坡堤坡护面块石的重量一般仅为常规式斜坡堤护面块石重量的1/5以下。这是因为宽肩台斜坡堤的护面层比常规式厚很多，且透水性好；其次波浪越过空隙率较大的由护面块石组成的宽肩台时，波能损耗较大。③允许变形的外坡在波浪作用下形成一个与动力条件相适应的动态平衡剖面，其要求的稳定条件远低于常规式斜坡堤上护面块石的静态稳定条件。此外，宽肩台斜坡堤施工较简便、造价较低，在特大波浪作用时的损坏较轻，且有利于充分利用采石场的石料。鉴于上述优点，宽肩台斜坡堤在世界上得到了较广泛的应用。

模块二　斜坡式防波堤的断面尺寸和构造

一、斜坡式防波堤的断面尺寸

1. 斜坡式防波堤的堤顶高程

斜坡堤的堤顶高程根据港内要求的平稳程度确定。

（1）对于允许少量越浪的斜坡堤，堤顶高程宜定在设计高水位以上不小于0.6～0.7倍设计波高值处。

（2）对于不允许波浪越顶的斜坡堤（港内水域泊稳要求高或堤内侧兼作码头、堤顶作通道等），堤顶高程宜定在设计高水位以上不小于1.0倍设计波高值处。

（3）宽肩台抛石斜坡堤，宜按基本不越浪确定。

（4）对在堤顶外侧设胸墙的斜坡堤，胸墙顶高程宜定在设计高水位以上1.0～1.25倍设计波高值处。当堤顶不兼作通道时，胸墙的顶高程可适当降低。

（5）对于防护较高的斜坡堤，宜按波浪爬高计算确定其堤顶高程。

2. 斜坡式防波堤的堤顶宽度

斜坡堤的堤顶宽度可按1.10～1.25倍设计波高取值，且在构造上不得小于2m，并至少应能布置2排护面块体。对于从陆上推进施工的斜坡堤，堤顶宽度还应考虑施工机械的要求。对于有特殊要求的斜坡堤，堤顶宽度应按使用要求确定。

3. 斜坡式防波堤的斜坡坡度

在设计斜坡堤时应主要考虑外坡，内坡可陡于外坡。外边坡坡度的确定应考虑波浪要素、护面块体及其结构形式，一般取1∶1～1∶3。如果是宽肩台斜坡堤，肩台上、下的边坡可分别取为1∶1.5～1∶3和1∶1～1∶1.5。具体取值可参考表7-3-1。

表7-3-1　　　　**斜坡堤坡度参考值**

护面形式	坡度	护面形式	坡度
抛填或安放块石	1∶1.5～1∶3.0	安放人工块体	1∶1.25～1∶2.0
干砌或浆砌块石	1∶1.5～1∶2.0	抛填方块	1∶1.0～1∶1.25
干砌条石	1∶0.8～1∶2.0		

4. 护面块体的支承棱体和肩台尺寸

对港外侧设置水下抛石棱体的断面，棱体的顶面高程宜定在设计低水位以下约1倍设计波高值处；顶面宽度不宜小于2.0m；棱体厚度不宜小于1.0m。对抛填块体的断面，堤身在设计高水位处的宽度不宜小于 3.0 倍设计波高值。

肩台是在迎浪面斜坡上设置平台，可供施工使用，也具有消浪作用。若为施工用，其顶部高程常取施工水位，顶宽不宜小于 2m。若作为消浪使用的宽肩台，则斜坡堤的肩台顶高程宜取设计高水位以上 1.0～3.0m 处，顶宽一般可取 2.3～2.9 倍设计波高值，且不宜小于 6.0m。

二、斜坡式防波堤的构造

1. 护面块体

护面材料可选用抛填块石、安放块石、干砌块石、干砌条石、浆砌块石或混凝土人工块体等。若护面采用抛填块石、安放块石或混凝土人工块体，如图 7－3－8 所示，港外侧宜设置水下抛石棱体以支承护面，对地基较好的情况，也可不设置抛石棱体。

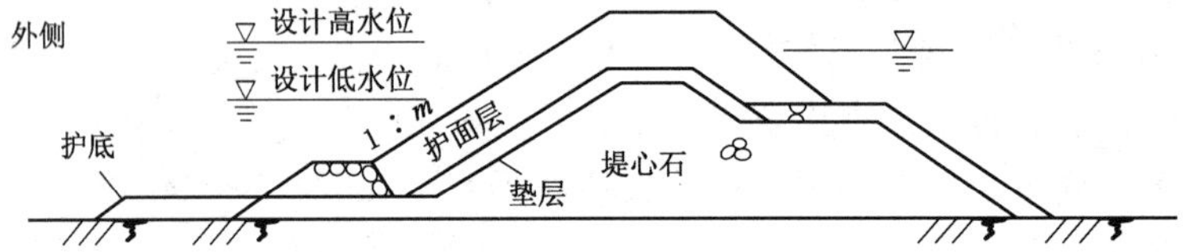

图 7－3－8　护面抛填块石的斜坡堤

当水上部分的护面采用干砌块石、干砌条石或浆砌块石时，断面的一般形式如图 7－3－9 所示，在施工水位附近设置肩台，用以支承水上的护面，肩台部分可安放大块石或混凝土方块。

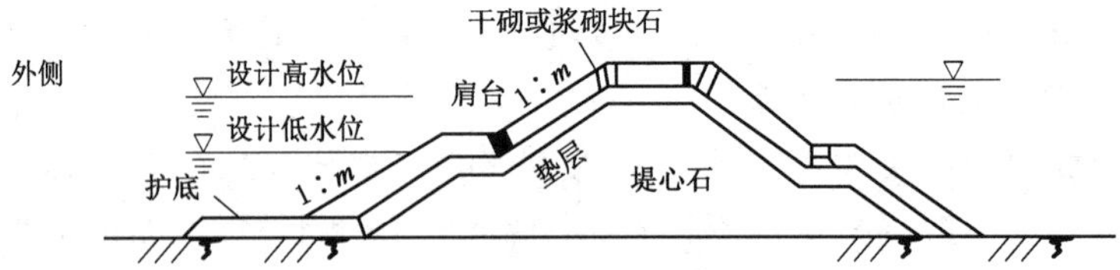

图 7－3－9　水上护面采用干砌块石的斜坡堤

当施工时期波浪经常较大、石料缺乏，且有足够起重能力时，可采用抛填块体的断面，如图 7－3－10 所示。

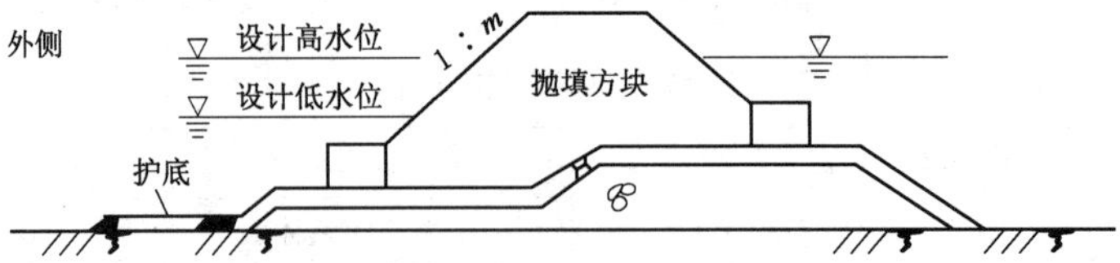

图 7－3－10　抛填块体的斜坡堤

当堤顶用作通道或堤内侧兼作码头时，宜在堤顶设置胸墙，如图 7－3－11 所示。

当石料来源丰富，利用块石作护坡，且采用陆上推进法施工时，可采用宽肩台抛石斜坡堤，如图 7－3－12 所示。

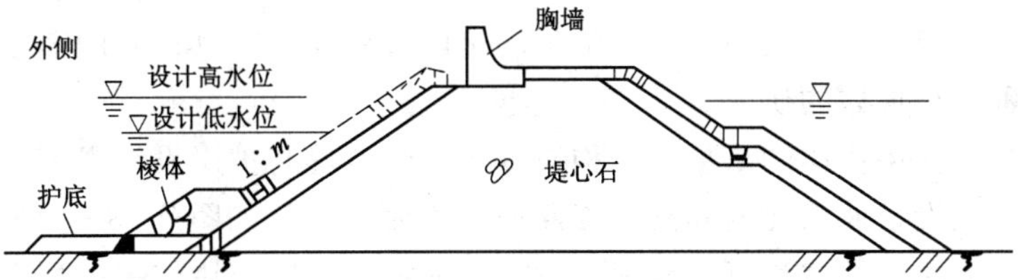

图 7-3-11　堤顶设置胸墙的斜坡堤

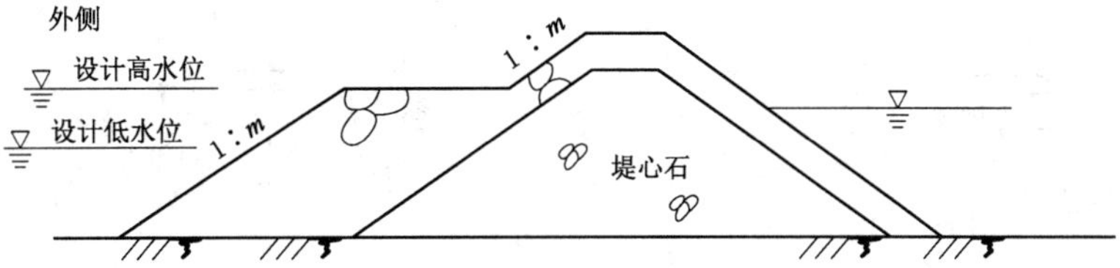

图 7-3-12　宽肩台抛石斜坡堤

当需要在深水或波浪较大的水域中修建防波堤时，各种混凝土制成的异型块体应运而生，如四脚锥体、三柱体、四足锥体、扭王字块体、六脚锥体、合掌块体、四脚空心方块体、栅栏板、铁砧块体和扭工字块体等 130 种，如图 7-3-13 所示为几种常见的异型块体。

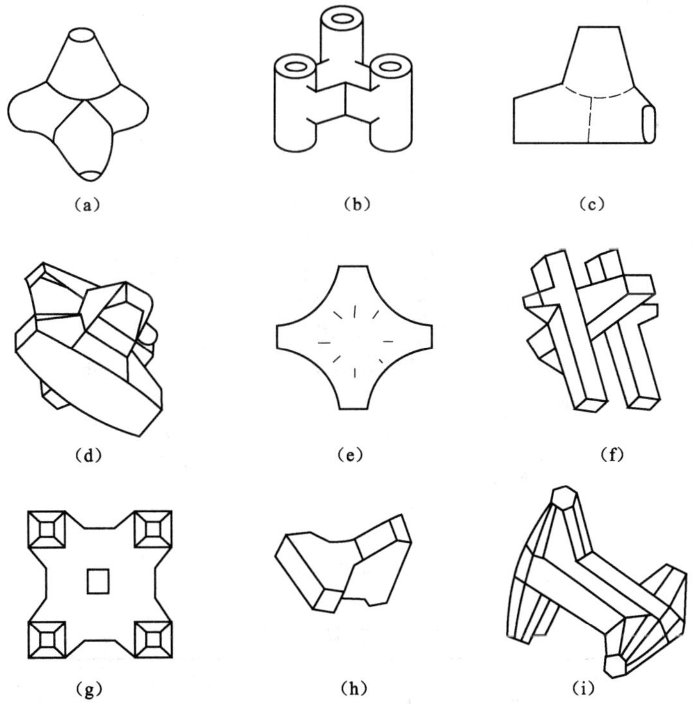

图 7-3-13　几种异型块体

(a) 四脚锥体；(b) 三柱体；(c) 四足锥体；(d) 扭王字块体；(e) 六脚锥体；(f) 合掌块体；(g) 四脚空心方块体；(h) 铁砧块体；(i) 扭王字块体

混凝土异型块体的自身稳定性好，用作护面材料时可增加防波堤表面的糙率和渗透性，提高了消浪能力。其中，应用最早的是四脚锥体，因其良好的消浪性能和稳定性推动了各种异型块体的研究。

常见的几种异型块体的重量和结构应遵照《防波堤与护岸设计规范》(JTS 154—1—2018)，依照设计波浪要素和防波堤断面计算而确定，如图 7-3-14～图 7-3-17 所示。常用护面块体的体积可按照表 7-3-2 确定。若护面块体采用规则安放时，应设置抛石或方块水下棱体。

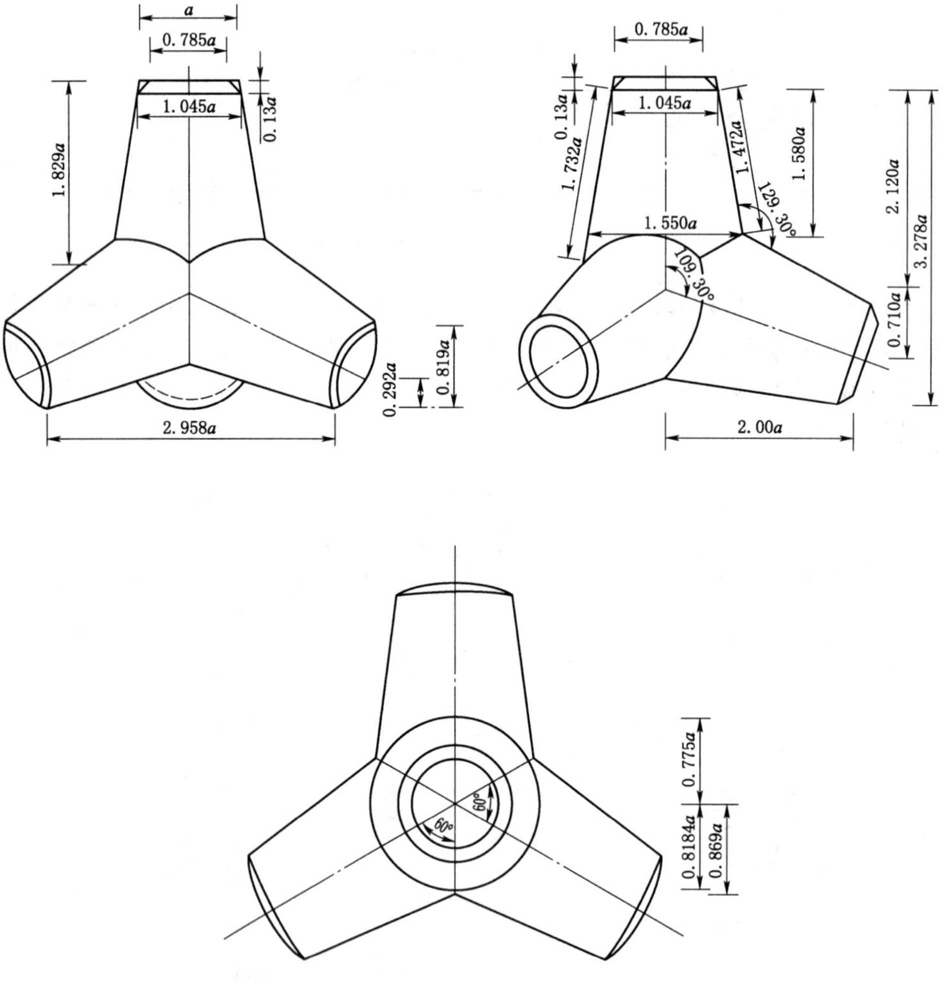

图 7-3-14　四脚锥体

a—四脚锥体基准尺寸

表 7-3-2　　　　护 面 块 体 体 积

块体	四脚锥体	四脚空心方块	扭工字块体		扭王字块体	
			A 型	B 型	A 型	B 型
V/m^3	$9.925a^3$	$0.299L^3$	$0.142h^3$	$0.160h^3$	$0.330h^3$	$0.265h^3$

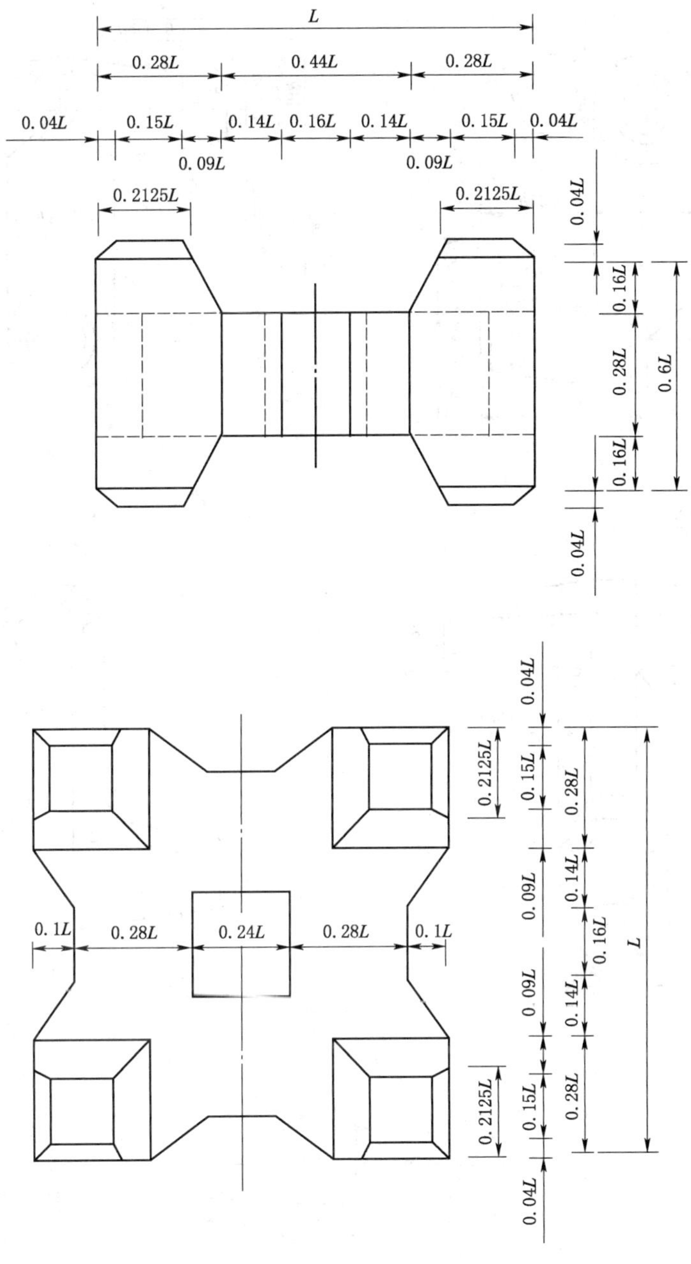

图 7-3-15 四脚空心方块体

L—四脚空心方块体边长

用四脚锥体或扭工字块体为护面，一般需要安放两层。对于采用两层扭工字块体护面的斜坡堤，当随机安放扭工字块体时，其上层应有 60%以上的块体以保证垂直杆件在堤坡下方、水平杆件在堤坡上方；当规则安放扭工字块体时，应使全部块体保证垂直杆件在堤坡下方、水平杆件在堤坡上方。当扭工字块体重量大于 20t、四脚锥体重量大于 40t 时，应考虑配置钢筋或采取其他加强措施。

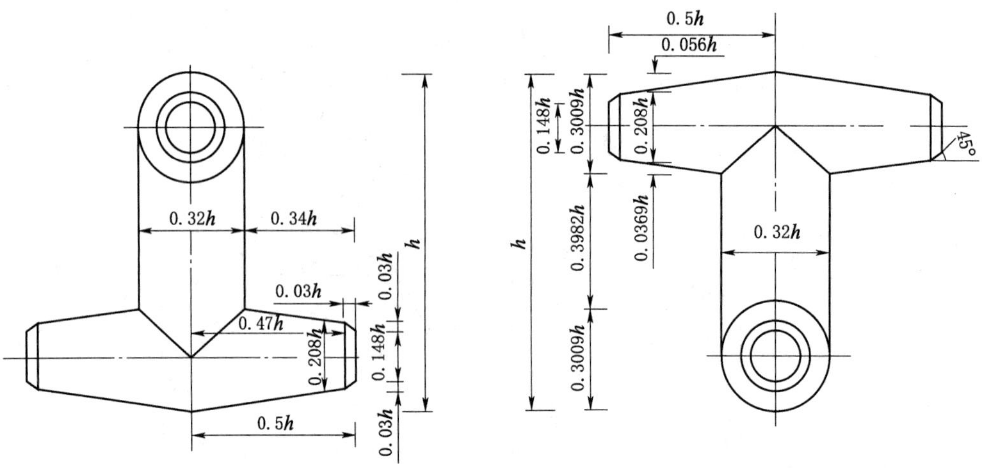

(a)

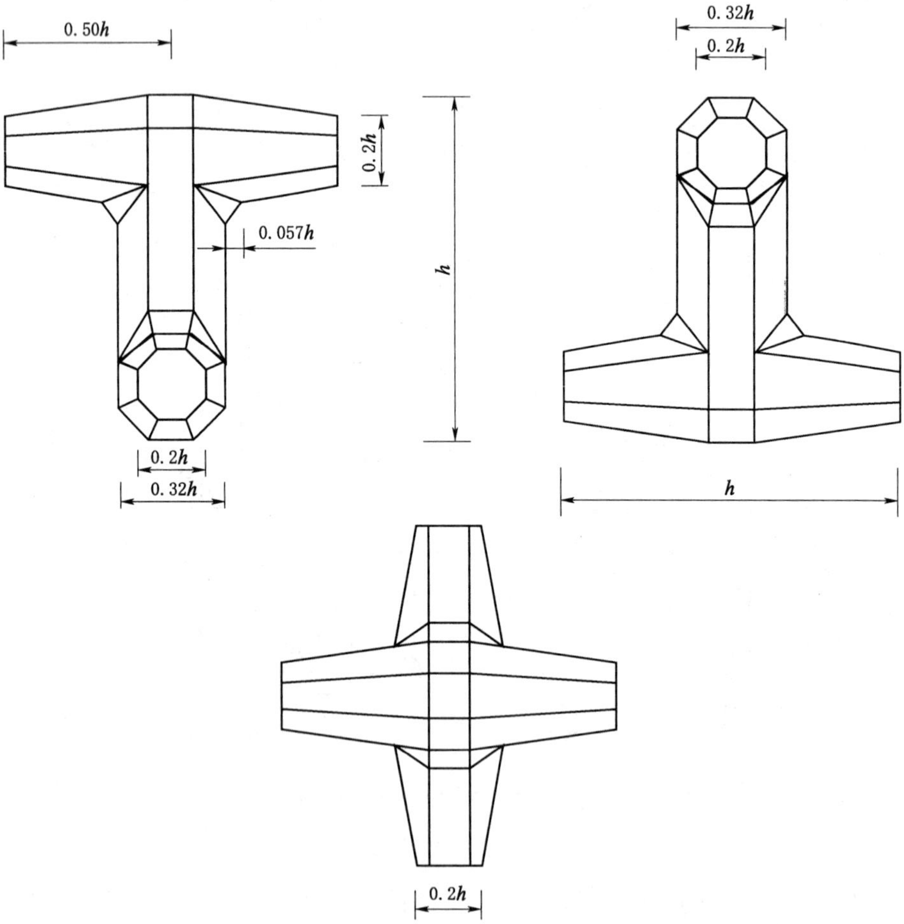

(b)

图 7-3-16　扭工字块体

(a) A 型扭工字块体；(b) B 型扭工字块体

h—扭工字块体正向高度

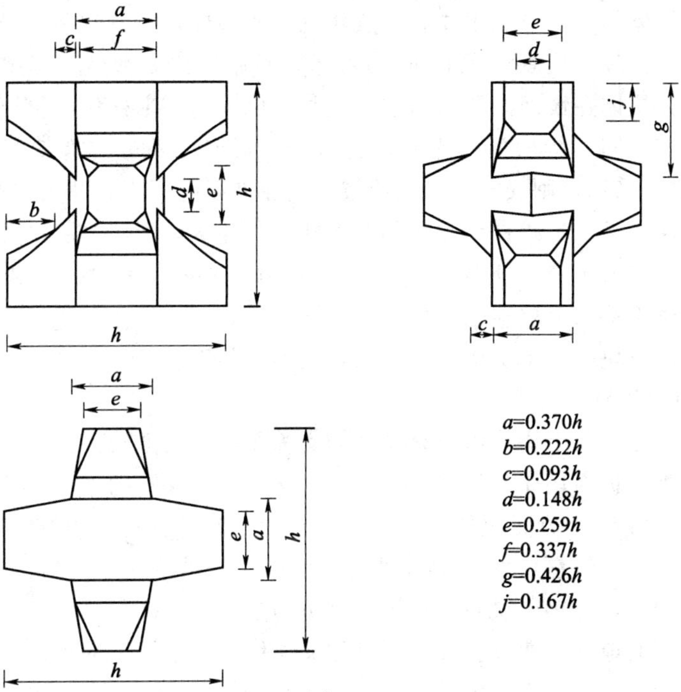

(a)

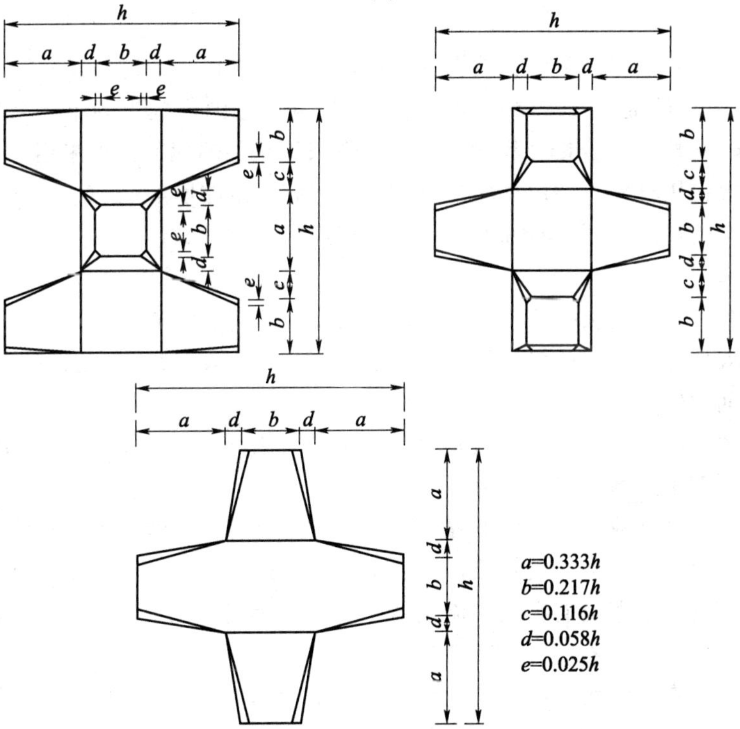

(b)

图 7-3-17　扭王字块体

(a) A 型扭王字块体；(b) B 型扭王字块体，宜用于重量 10t 以内

h—扭王字块体高度

扭工字块体的安放方法主要有定点随机安放和规则安放两种。当采用定点随机安放时，一般先按设计模块体数量的95%计算网点的位置和数量，用定点、定数的方法随机摆放，块体在坡面上可斜向放置，并使块体的一半杆件与垫层接触，但相邻块体的摆向不宜相同，待摆放完成后进行检查，对厚度不够或有遗漏处，再用预留的5%块体补放。采用规则安放时，应使腰杆处在坡面的下方，并压在前块体的横杆上；横杆落在垫层块石上，腰杆跨在相邻的横杆上，并尽量不使垫层块石外露。

四脚锥体安放方法：下层正放，一行一脚向坡顶，另一行两脚向坡顶，相间放置，彼此紧密连接，上层插空正放。

四脚空心方块一般单层铺放，护面坡度不宜陡于1∶1.25。

2. 护面块体的垫层块石

护面的异型混凝土块体需要有良好的支撑面，且空隙较大，为了保护堤心石不被波浪冲散，需在护面块体下设置两层块石垫层。垫层块石的大小与外坡护面块体重量有关，一般不宜小于护面块体重量的1/20～1/10，同时，考虑施工的方便和效率，块石也不宜太大，但垫层块石重量不得小于护面块体重量的1/40。对于四脚空心方块和栅栏板护面，其垫层块石应按不超过护面空隙尺度确定。

在可冲刷的地基上建造斜坡堤，其护面块体或水下棱体的大块石均不应直接抛于海底面上，而应在海底面上铺设一层厚度不小于0.5m的10～100kg重的块石垫层。

3. 堤心石

堤心石的主要作用是构成斜坡堤的基本轮廓，并支撑主要防浪层（护面块体、垫层块石）。斜坡堤的堤心石用量很大，一般采用重量范围比较大的不分级块石，通常为10～100kg的块石。若在工程量较大，石料来源缺乏的地区，可采用开山石、石渣或袋装砂土等代用材料。代用材料与垫层块石间宜有足够厚度的10～100kg块石，开山石应有适当的级配，开山石和石渣的含泥量应小于10%。

4. 堤底垫层

对于不允许波浪越顶的斜坡堤，堤内坡坡度可陡于外坡坡度，同时内坡护面块石也可小于外坡块石；当防波堤允许少量波浪越顶时，内坡常在某个水位以上采用与堤外相同的护面块体。

为了改善软弱地基的承载力或透水性，需要设置堤底垫层，一般可用碎石或砂，铺设范围和厚度由地基的稳定计算而定。

对于建在可冲刷地基上的斜坡堤，其护面块体或水下棱体的大块石均不应直接抛于海底面上，而应设置护底块石层，护底块石层的设置应符合下列要求：①斜坡堤护底块石层的宽度应根据堤前水深和流速大小确定，堤身段可采用5～10m，堤头段可用10～15m；②护底块石可采用1～2层，厚度不宜小于0.5m，重量在10～100kg。对于砂质海底，在护底块石层下宜设置厚度不小于0.3m的碎石层；③斜坡堤前砂质海底的护底范围，应根据其冲刷形态和冲刷深度确定。

5. 胸墙

胸墙可以现场建筑，也可以由浆砌块石构成。通常采用梯形断面。胸墙的形式有L形、反L形、弧形等，如图7-3-18所示。

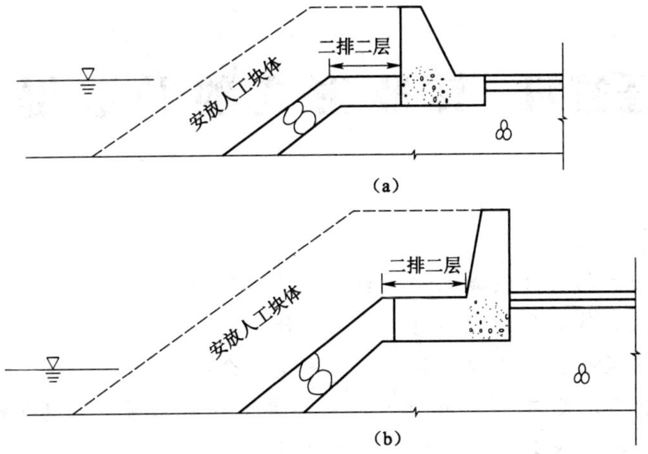

图 7-3-18　堤顶胸墙

(a) L形胸墙；(b) 反L形胸墙

【学后思考】

1. 斜坡式防波堤的构造要求有哪些？
2. 简述斜坡式防波堤的堤顶高程、堤顶宽度、斜坡坡度的拟定原则。
3. 斜坡式防波堤的护面块体的支承棱体和肩台尺寸要求有哪些？
4. 简述宽肩台斜坡式防波堤中宽肩台的作用。

任务四　其他形式的防波堤*

【课程导航】

问题 1. 半圆形结构防波堤优缺点和适用范围是什么?

问题 2. 梳式防波堤优缺点和适用范围是什么?

问题 3. 水平混合式堤优缺点和适用范围是什么?

问题 4.《中国建设者》"造岛神器"主要讲了哪些问题?体现了什么精神?其中提到的"华龙一号""天鲸号"的功能分别是什么?

随着全球经济一体化的进程，降低水运成本，船舶大型化，海岸自然资源被不断开发利用，新建港口向着环境不利的海域发展，在水深浪大、地质条件复杂的海域建设防波堤已经成为不可避免的趋势。所以寻求更为合理、可靠的结构形式和可行的施工方法，既要保证其使用功能，又要降低造价，已被世界各国工程界所重视。半圆形结构防波堤和梳式防波堤就是应运而生的两种结构新形式。此外，还出现了适用于加固已有直立堤的水平混合式防波堤等。

模块一　半圆形结构防波堤

人们在 1985 年开发了一种新结构形式——半圆形防波堤（图 7-4-1），于 1993 年在日本宫崎港建造了半圆形防波堤的试验堤。

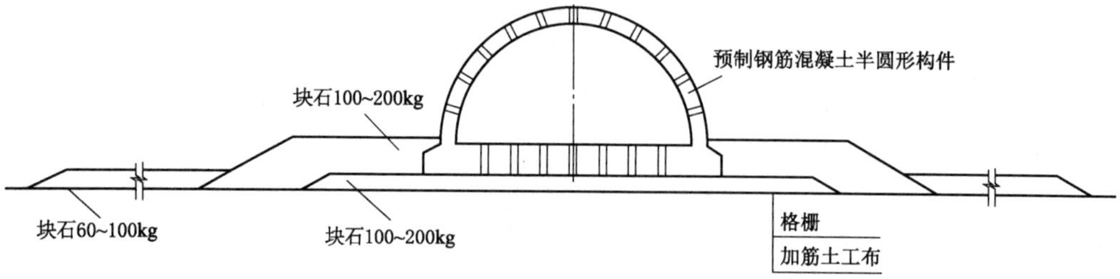

图 7-4-1　半圆形混合结构防波堤横断面图

建于 1997 年的天津港南疆横堤工程是我国最早建成的半圆形防波堤，其堤身断面如图 7-4-2 所示。横堤全长 527m。该防波堤的设计波高 $H_{1\%}=2.7$m，$T=7.2$s。半圆形防波堤的堤顶高程为 5.5m，半圆形构件的半径为 4.5m，拱圈厚 550mm，底板厚 750mm。拱圈临海一侧开设直径 150mm 的泄气孔，开孔率约为 5%。底板上开设有直径 250mm 的泄压孔，开孔率为 11%。受起重能力限制，半圆形构件的纵向长度为 2.4m，每个构件约 80t。天津港南疆半圆形防波堤经受了 1997 年 11 号台风的考验（堤身未发生位移），而且比传统的斜坡式防波堤节约投资 21%。

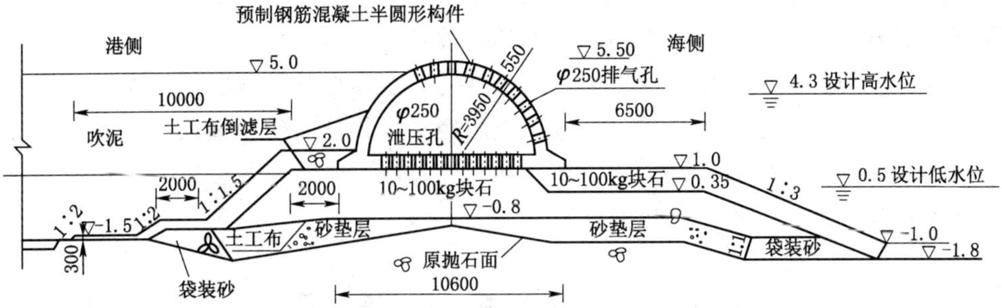

图 7-4-2　天津港南疆半圆形防波堤堤断面图（尺寸单位：mm；高程单位：m）

1998 年建设的长江口深水航道治理工程一期工程，其中南导堤有 17.5km 的堤段采用了半圆形结构，如图 7-4-3 所示。该半圆形导堤的堤顶高程为 2.0m，设计采用半径为 4.0m 的半圆形构件，构件高 4.5m，坐落在高程为－2.5m 的抛石基床顶面。拱圈厚 750mm，底板厚 1250mm。半圆形构件的纵长为 4.0m，每个构件的拱圈外有 3 排 5ϕ300mm 的泄气孔，开孔率 4.7%；底板上设有 5 排 9ϕ300mm 的泄气孔，开孔率为 11.3%。每个构件 180t。半圆形构件底板部位的内、外两侧有 100～200kg 的块石棱体。

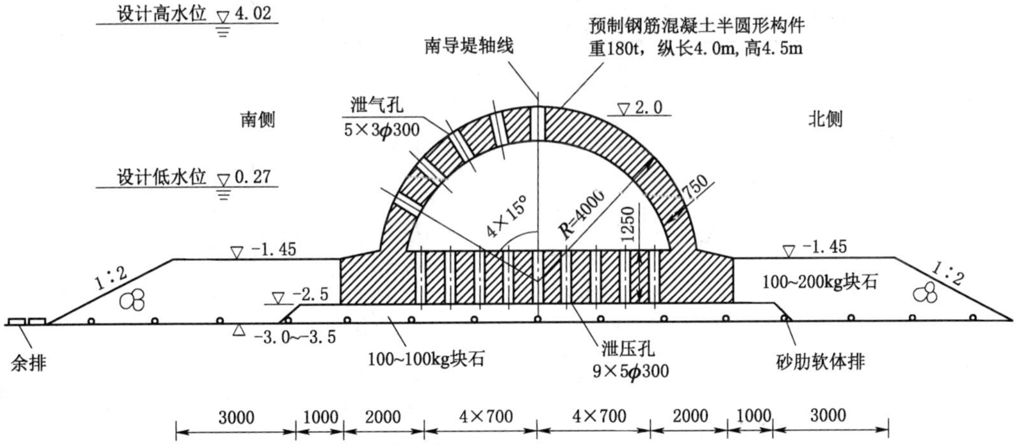

图 7-4-3　长江口南导堤半圆形堤断面图（尺寸单位：mm；高程单位：m）

半圆形结构的堤身为由半圆形拱圈和底板组成的预制钢筋混凝土构件，堤身坐落在抛石基床上。这种结构的优点是：①作用在半圆形构件上的波浪力均指向圆心，所以总水平力较小；②底板上压强分布较均匀；③底板设置泄压孔使得浮托力大大减小；④外半圆形构件安放后，无后续的填石、现浇混凝土等工序，安放后即可承受大浪作用，施工简便；⑤必要时可以吊起，移位安放；⑥较美观。半圆形结构防波堤的缺点是越浪，且堤内波高较大。半圆形结构防波堤适用于水深不大（一般小于 10m）

的波浪破碎区。

对于半圆形结构防波堤，要考虑直径大小，采用不同的直径会对整个结构的经济合理性产生较大影响。若半径小，将增加抛石基床和两侧护肩的高度；若半径大，会增加钢筋混凝土的用量及减小半圆形构件的分段长度，增加吊运安装个数，增大抛石基床宽度。另外，还要根据半圆形结构所受外力大小和地基承载能力考虑是否需要设置前后趾。因此在实施防波堤时，需进行技术经济比较，优化断面尺寸。此外，在半圆形构件底板部位两侧抛石，抬高坡肩（如长江口深水航道南导堤）产生土抗力，对增加半圆形构件的抗滑稳定性也非常有利。

模块二　梳式防波堤

梳式防波堤是在我国大连港大窑湾防波堤建设过程中开发研究出来的新形式防波堤。在开辟大连市大窑湾港区时，需建设3座防波堤。若建设传统的直立式实体防波堤，将使得口门处流速超过国际公认的允许流速，设计波高将增加50%，且需对软弱土层进行大挖大填，导致工程投资大幅度增加。为了在保证防波堤使用功能的前提下降低造价，开发了梳式防波堤。

梳式防波堤是指将传统的方沉箱防波堤中的方沉箱按适当比例取出代之以沉箱翼板，在平面上形成梳齿状的直立防波堤，如图7-4-4所示。

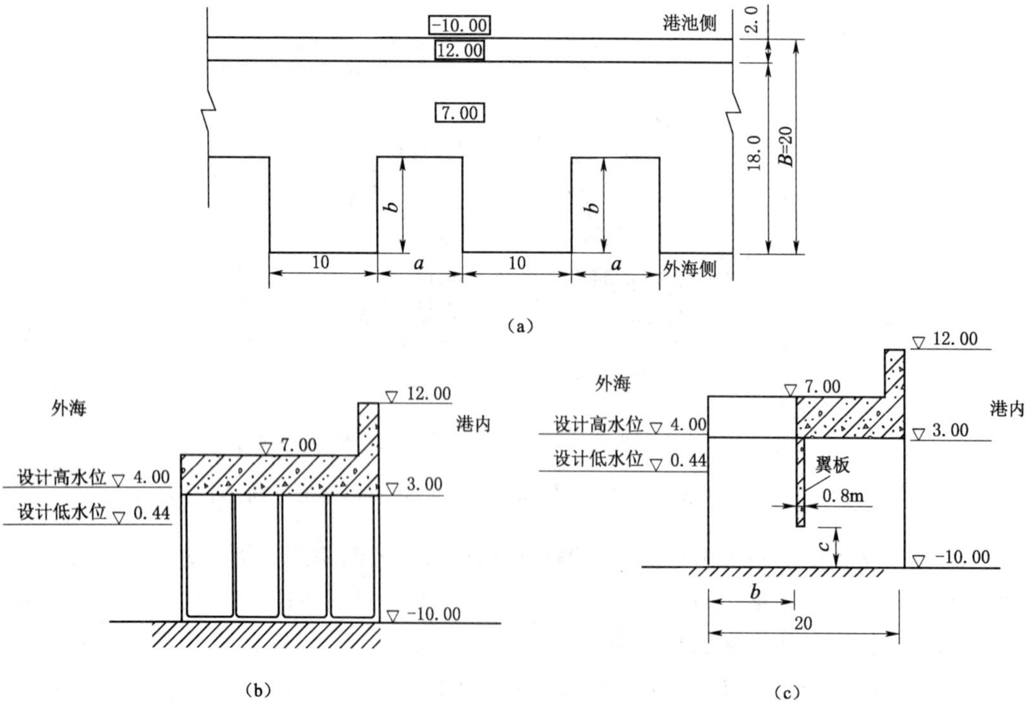

图7-4-4　梳式防波堤结构示意（高程单位：m）

(a) 梳式结构平面示意图；(b) 沉箱主体断面示意图；(c) 翼板断面示意图

大窑湾梳式岛堤长 643.75m，堤顶高程 9.0m，堤底高程-11.0m。堤身主体采用矩形钢筋混凝土沉箱。沉箱主尺度：长（堤轴线方向）×宽×高＝12.0m×16.0m×14.0m。两侧各设宽 3.0m 翼板，板顶与箱顶齐平，板底高程－3.0m。箱体质量为 1600t。翼板底至海底 7m，即形成 6m×7m 的空洞。由于波浪能量的 98%集中在水面下 3 倍波高范围内，空洞的存在对防止波能进入港内影响不大（为了消除此影响，保证防波堤的使用功能，堤顶加高 1m，但总水平力却大为降低），但可以透流，降低口门流速，进行水体交换，保护海洋环境。沉箱顶高程 3.0m，其上设现浇混凝土胸墙，胸墙采用阶梯形。沉箱底下设抛石基床至砂卵石持力层顶面，持力层下卧次生红色亚黏土原状保留。断面示意图如图 7-4-5 所示。

梳式防波堤在大窑湾岛堤建设中得到了成功应用。该防波堤建成后，消减波浪力 27%～38%，降低反射系数到 0.4 以下，并有效地降低地基应力，大幅度减少了工程投资，具有消浪、轻型、便于透流等特点。

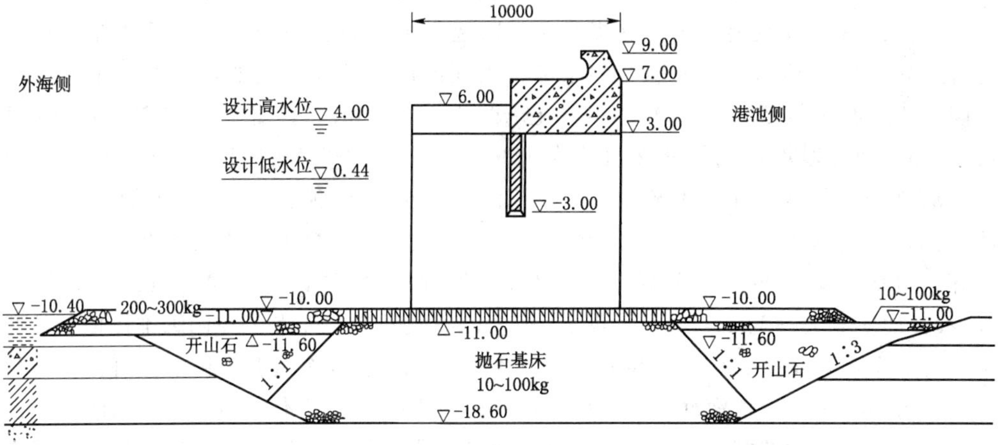

图 7-4-5　大连港大窑湾岛堤断面示意（尺寸单位：mm；高程单位：m）

模块三　水平混合式防波堤

水平混合式堤是一种在直立墙前有斜坡掩护棱体的防波堤，如图 7-4-6 所示。水平混合式防波堤可减小作用在直立墙上的波浪力，可用于设计波浪很大或者波浪在直立堤前破碎产生很大冲击压力的情况，适用于加固已有的直立堤。水平混合式防波堤在我国烟台港东防波堤得到了实际应用。

烟台港东防波堤建于 1915—1920 年，总长 792m。堤身结构原为斜砌方块直立堤，方块及上部结构均由浆砌块石筑成，堤头则采用钢筋混凝土沉箱。该防波堤在施工期就遭受到一次大风浪的袭击，致使已安放的 80m 左右长的方块堤身受到严重损坏。历年来进行了不断修补，但修补措施均不是很有成效，导致这座直立堤的质量状况日益恶化。为了彻底修复和加固该防波堤，进行了水工模型试验。研究表明，需在堤前抛筑一个顶部高出设计高水位的较大棱体，最后形成了水平混合式堤，其斜坡护

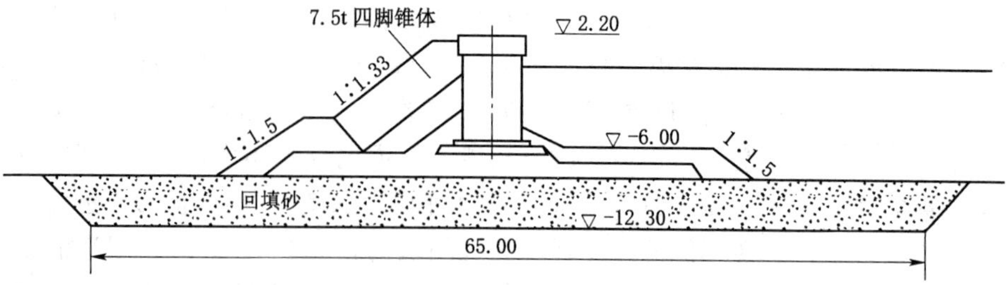

图 7-4-6 水平混合式防波堤断面示意
（尺寸单位：cm；高程单位：m）

面采用了两层 2.5t 的扭工字块体。

但值得注意的是，水平混合式堤中斜坡棱体必须有足够的顶高，斜坡棱体采用的块体必须有足够的稳定性。因为强烈破波的实际波况有时会超过设计波况，如果人工块体失稳以致破断，则直立堤身不仅将遭受强大破波冲击力，而且块体滚动将对直立堤产生强烈的冲击而引起整个堤身断面的严重破坏。例如，日本六小河原港东防波堤为一岛堤，在 1991 年初已建成 1821.5m，其北段 1037.4m，南段 784.1m，南北段堤轴线的外夹角约为 139°，形成朝向外海的凹角。该岛堤为沉箱直立堤结构，但在凹角的两侧各 150m 范围，在沉箱外侧抛放由 50t 四脚锥体构成的棱体，形成水平混合式堤。1991 年 2 月在一次大风暴打击下，该岛堤受到了严重损坏，包括北端、凹角、南端 3 个部位。其中凹角堤的设计波高为 13.0m、周期 13.0s，面实测波高为 14.8m、周期 13.4s。凹角段破坏主要发生在四脚锥体掩护的北端，有 3 个沉箱发生了位移，位移量为 0.4～9.4m，有 6 个沉箱外侧的四脚锥体棱体被波浪打散，另外堤前海底也有冲刷。图 7-4-7 所示为日本六小河原港东防波堤凹角最北端位移最大的沉箱处的破坏情况。其破坏原因是实际波浪超过设计值，堤前棱体被破坏，沉箱在强大的冲击波作用下发生位移；同时流动的四脚锥体在冲击水流带动下强烈撞击沉箱，造成沉箱开裂；沉箱在位移过程中又再使钢筋逐渐被拉断；最终将上部沉箱与下部沉箱完全断开并掉入水中。这种破坏事例虽然十分罕见，但却是需要牢记的教训。

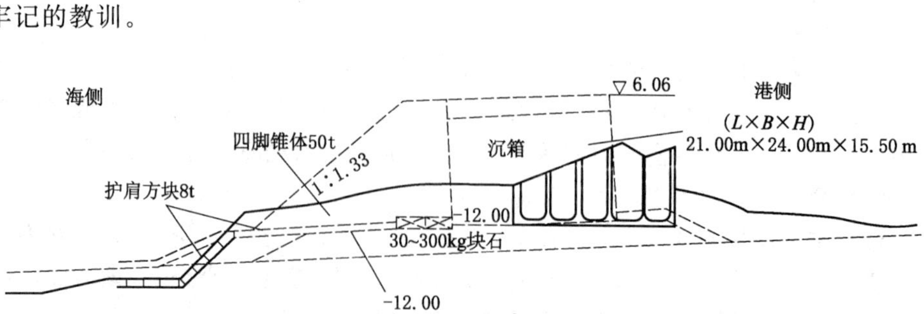

图 7-4-7 水平混合式防波堤破坏实例（高程单位：m）

【学后思考】

1. 半圆形结构防波堤的优缺点和适用范围是什么？

2. 梳式防波堤的优缺点和适用范围是什么？

3. 水平混合式防波堤的优缺点和适用范围是什么？

4.《中国建设者》“造岛神器”主要讲了哪些问题？体现了什么精神？其中提到的“华龙一号”“天鲸号”的功能分别是什么？

任务五　护岸工程的分类

7－2
护岸工程

【课程导航】

问题1. 护岸工程在结构上可分为哪些形式?

问题2. 如何拟定斜坡式护岸顶部高程?

问题3. 斜坡式护岸的构造要求有哪些?

问题4. 直立式护岸由哪几部分组成? 有哪几种结构形式? 其各自的优缺点是什么?

问题5. 直立式加筋土岸壁一般由预制的钢筋混凝土面板、______、胸墙(或帽梁)、______、基床、倒(反)滤层等部分组成。

问题6. 丁坝、顺坝、锁坝和潜坝的区别? 各自的特点?

问题7. 丁坝由哪几部分组成? 其各自的结构要求有哪些?

问题8. 顺坝如何分类? 其作用是什么?

问题9. 锁坝如何分类? 其结构如何拟定?

为了保护岸上设备、建筑物和农田等免遭波浪或水流的冲刷，需要在海岸、河岸、湖边或水库边建造护岸工程。而港口的护岸则是用来保护除了码头岸线以外的其他陆域边界。

由于堤岸侵蚀的原因不同，护岸工程可有两种，一是直接防护，即修建护岸结构，防止岸坡侵蚀坍塌；二是间接防护，主要是修建与岸成一定夹角的丁坝或与岸平行但与岸有一定距离的离岸堤。这些护岸建筑物可用于防护海岸、河岸、湖岸或库岸免遭波浪或水流的冲刷，而港口的护岸则是用来保护除了码头岸线以外的其他陆域边界。在实际工程中常常是几种防护形式组合应用，例如由丁坝和潜堤组成锁坝，促使泥沙在护岸段落淤积保护堤岸。

模块一　护岸工程的类型

护岸工程在结构上可分为斜坡式、直立式、斜坡式与直立式组合的形式。影响护岸结构选型的条件有地质、水深、潮差、波浪等自然条件以及石料来源、使用要求和施工条件等因素。

当岸坡较缓、水深较浅、地基较差、石料来源丰富、用地不紧张的地段和就地修坡的岸坡宜采用斜坡式护岸。

对岸坡较陡、水深较大、地基较好、岸线纵深较小或两岸占地受限制的地段，多采用直立式护岸。

根据工程所在地段的具体条件，也可采用斜坡式和直立式组合的结构形式，并根据其结构特点按斜坡式或直立式护岸设计：①当直墙高度较小时，并以抛石斜坡为主体时，可按带胸墙的斜坡式护岸进行设计；②当直墙高度较大时，可按明基上的直立式护岸进行设计。护岸工程按照建筑物布置形式可分为丁坝、顺坝、锁坝、潜坝等。

为了使护岸工程做到经济合理，安全可靠，护岸应根据水深、波浪、水流、地质和地形等条件的变化进行分段，各分段可采用不同的断面尺寸或不同的结构形式。但无论采取何种形式和断面，都必须注意：①有利于岸滩稳定；②减少波浪集中；③避免相邻构筑物的连接处形成薄弱点；④与邻近地区建筑物和环境相协调；⑤易于修复和加固。需要特别指出的是：应避免由于护岸建设导致改变原有的水流流态，而对岸滩稳定造成的不良影响；当护岸轴线向岸外拐折时在凹角处会造成波能集中，引起该处堤身的严重破坏。

一、斜坡式护岸

按斜坡式护岸所采用的材料分类，将原有河岸做适当削坡、修整，岸坡材料为河道开挖成形前的原状土，或成为填筑岸坡所用的土壤，该土质岸坡称为土坡。以块石、混凝土预制板、混凝土预制块体、混凝土现浇大板、现浇模袋混凝土形成平缓岸坡后，避免水流淘刷，具有防护功能的护岸称为斜坡式人工护岸。

斜坡式护岸按布置方式分类，可分为连续式和间断式。将河岸连续防护起来的护岸工程称为连续护岸，长度可达几千米甚至更长；将河岸间断防护起来的护岸工程称为间断护岸。

1. 斜坡式护岸的断面形式和尺度

斜坡式护岸可分为堤式护岸（图 7-5-1）和坡式护岸（图 7-5-2）两类。堤式护岸是在水上先筑成岸堤，然后回填形成陆域，并对岸堤进行防护，一般由堤身、护肩、护脚和护底结构组成。坡式护岸是对陆域已有的自然岸坡或陆域向水侧回填形成的自然岸坡进行防护，一般由岸坡、护肩、护面、护脚和护底结构组成。

斜坡式护岸顶部高程主要与护岸防护的后方场地的设施、建筑物等周围环境和排水能力有关。一般而言，对于沿海港口除重要的地方不允许上浪外，沿海护岸后方都允许少量上浪。护岸的断面形式对上浪影响很大。因此，为了能够做到经济合理，最好进行模拟试验来确定岸顶高程。

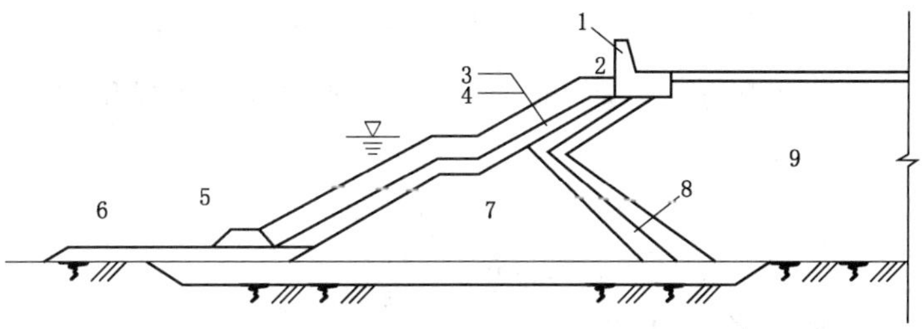

图 7-5-1　堤式护岸示意图

1—胸墙；2—护肩；3—护面层；4—垫层；5—护脚；6—护底；7—堤身；8、9—回填料

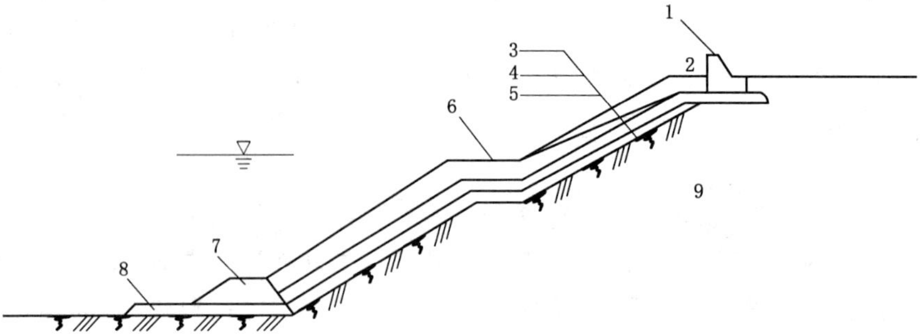

图 7-5-2　坡式护岸示意图

1—胸墙；2—护肩；3—护面层；4—垫层；5—倒（反）滤层；6—肩台；7—护脚；8—护底；9—岸坡

当不具备试验条件、且波浪正向或波向线近似与堤轴线垂直时的波浪作用、防波堤堤面坡度为 1∶1～1∶5、堤前相对水深 d/H 为 1∶1～1∶5、堤前海底坡度$i \leqslant 1/50$ 时，可按下列规定确定。

（1）对于允许越浪的沿海护岸，如果不设胸墙，则岸顶高程不宜低于设计高水位以上 0.8 倍设计波高，并应高于极端高水位。对于内河航道和内河港口护岸，护岸顶高程应分别按照设计最高通航水位和极端高水位加 0.1～0.5m 超高值确定，航道滩涂护坡顶高程应与滩面相平或略高于滩面。对于不同防护要求的斜坡式护岸，其允许越浪量可按照表 7-5-1 确定；对于特殊情况，经过专题论证，其允许越浪量可适当增减。

表 7-5-1　　允 许 平 均 越 浪 量

防　护　对　象	防护设施	越浪量控制标准 /［m^3/（m·s）］	设计条件
掩护后方危化品罐区、岸顶铺设管线等重要设施	岸顶有防护	0.005	计算高水位及对应的设计波浪
掩护后方罐区和较重要的基础性设施	岸顶有防护	0.010	
后方人员和公用设施密集的区域	岸顶及内坡有防护	0.020	
后方人员不密集或有堆场、仓库等一般性设施	岸顶及内坡有防护	0.050	

注　1. 护岸顶部允许越浪量的选取，应结合工程总体布置、排水设施及结构型式和断面尺寸等统筹考虑。
2. 恶劣天气时，为了保证安全，岸顶通道上的人员、车辆均不得通行。

（2）对于不允许越浪的沿海港口护岸，无胸墙时的岸顶高程和有胸墙时的墙顶高程可按式（7-5-1）确定。

$$Z_c = H_\omega + R + \Delta \tag{7-5-1}$$

$$R = K_\Delta R_1 H_w \tag{7-5-2}$$

$$R_1 = K_1 \tanh(0.432M) + [(R_1)_m - K_2]\, R(M) \tag{7-5-3}$$

$$M = \frac{1}{m}\left(\frac{L}{H}\right)^{1/2}\left(\tanh\frac{2\pi d}{L}\right)^{-1/2} \tag{7-5-4}$$

$$(R_1)_m=\frac{K_3}{2}\tanh\frac{2\pi d}{L}\left[1+\frac{4\pi d/L}{\sinh\frac{4\pi d}{L}}\right] \tag{7-5-5}$$

$$R(M)=1.09M^{3.32}\exp(-1.25M) \tag{7-5-6}$$

$$R_{1\%}=K_\Delta K_U R_1 H_{1\%} \tag{7-5-7}$$

式中　Z_c——岸顶或墙顶高程，m；

H_ω——设计高水位，m；

R——波浪爬高，m，从净水位算起，向上为正，对于规则波，按式（7-5-2）～式（7-5-6）计算；对于不规则波，按式（7-5-7）计算；

Δ——富裕值，m，根据使用要求和护岸的重要性进行确定；

R_1——取 $K_\Delta=1$、$H=1$m 时的波浪爬高，m，计算时波坦取 $L/H_{1\%}$；

$(R_1)_m$——相对于某一 d/L 时的爬高最大值，m；

M——与斜坡的 m 值有关的函数；

$R(M)$——爬高函数；

K_1、K_2、K_3——系数，由表 7-5-2 查得；

K_Δ——与护面结构形式有关的糙渗系数，可按表 7-5-3 查得；

K_U——与风速有关的系数，按表 7-5-4 查得，波速 $C=L/T$（m/s）；

$R_{1\%}$——累积频率为 1%的爬高，m，如果要拟定其他累积频率的爬高 $R_{F\%}$，则可将 $R_{1\%}$乘以表 7-5-4 中的换算系数 K_F；

H——波高，m；

L——波长，m；

d——静水面到坡脚底部的垂直距离，m；

m——斜坡的坡度系数，m；

$\tanh(x)$——双曲正切函数，$\tanh(x)=\frac{e^x-e^{-x}}{e^x+e^{-x}}$；

$\sinh(x)$——双曲正弦函数，$\sinh(x)=\frac{e^x-e^{-x}}{2}$。

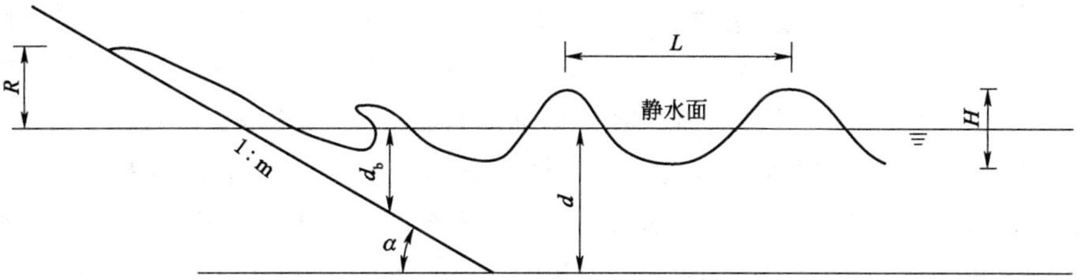

图 7-5-3　波浪在斜坡前的相关参数示意图

表 7-5-2　　系数 K_1、K_2、K_3 值

系　数	K_1	K_2	K_3
值	1.24	1.029	4.98

表 7-5-3　　　　糙渗系数 K_Δ 值

护面块体及结构形式	K_Δ	护面块体及结构形式	K_Δ
整片光滑不透水护面（沥青混凝土）	1.00	块石（抛填二层）	0.50～0.55
混凝土护面	0.9	混凝土方块（抛填二层）	0.50
砌石	0.75～0.80	扭王字块体	0.47
块石（安放一层）	0.60～0.65	四脚锥体（安放二层）	0.40
四脚空心方块（安放一层）	0.55	扭工字块体（安放二层）	0.38

表 7-5-4　　　　系数 K_U 值

U/C	≤1	2	3	4	≥5
K_U	1.00	1.10	1.18	1.24	1.28

表 7-5-5　　　　系数 K_F 值

$F/\%$	0.1	1	2	4	5	10	13.7	20	30	50
K_F	1.17	1	0.93	0.87	0.84	0.75	0.71	0.65	0.58	0.47

（3）内河港口护岸的顶部高程应按设计高水位加 0.1～0.5m 超高确定。护岸的边坡一般采用 1∶1.5～1∶3.5。沿海港口的护岸采用变坡或不同的护面块体时，其分界点宜定在设计低水位以下 1 倍波高值处。为了防止沥水渗入护面形成压力，在护坡的顶部设置护肩，其宽度为 1.0～3.0m，厚度根据使用要求确定。对于允许少量越浪的护岸，其临岸地面应设置排水坡。

根据护坡坡体的稳定需要，护脚可选择抛石棱体、方体棱体、脚槽、基础梁或板桩等形式。当海岸受波浪作用为主时，一般在设计水位上、下 1 倍设计波高范围内的护面块体受到波浪的作用最为剧烈。所以，当护脚采用抛石棱体时，棱体顶面高程宜按照低于设计水位减 1 倍设计波高值确定，内河航道护岸棱体顶高程宜取设计最低通航水位或多年平均枯水位。棱体的顶宽不宜小于 2.0m，厚度不宜小于 1.0m，外坡坡度不宜陡于 1∶1.5。

根据需要设置胸墙（或挡浪墙）和肩台。当设置胸墙（或挡浪墙）时，可采用 L 形或反 L 形。胸墙顶与墙后路面的高差不宜超过 1.5m。当胸墙前斜坡护坡为块石或人工块体时，墙前坡肩宽不应小于 1.0m，且至少能安放一排护面块体。当护岸设置肩台时，肩台宽度不宜小于 2.0m，肩台顶部高程根据护岸整体稳定和施工条件确定。

堤式护岸的堤身顶宽是指填筑的堤心料的宽度，主要根据施工条件确定。当护岸顶部设置胸墙时，堤顶宽度应大于胸墙底宽；当采用陆上推进法施工时，应考虑在堤顶通行施工机械的要求，一般不小于 4.0m；当采用水上抛筑堤身时，顶宽可小些；同时还要考虑施工期波浪对堤顶宽度的稳定要求。

当内河航道船行波作用较大时，护坡防护范围可取设计最高通航水位以上 1.5 倍波高值至设计最低通航水位以下 1.5 倍波高值之间。

2. *斜坡式护岸的构造*

斜坡式护岸的护面结构可采用抛投块石、混凝土人工块体、干砌块石、干砌条石、浆砌块石、栅栏板、混凝土板及模袋混凝土等材料。护面层的厚度与采用护面的结构有关，不宜小于表 7-5-6 所列数值。

表 7-5-6　　面层厚度

护面结构	现浇混凝土板块、预制混凝土板块	模袋混凝土	浆砌块石	干砌块石	水下抛石
厚度/mm	80	150	300	300	600

斜坡式护岸护面垫层块石的重量可取式（7-5-10）计算的护面块体重量值的1/20～1/10。对于规则安放的护面块体，其下垫层块石重量可适当减小至1/40～1/20。当采用四脚空心方块和栅栏板护面时，其垫层块石不应小于护面结构的空隙尺度。海港护岸的块石垫层厚度不宜小于400mm，内河航道和港口护坡的块石垫层厚度不宜小于200mm。必要时，可增设土工织物垫层。

为了防止岸坡不均匀沉降造成护面层断裂，在浆砌块石、现浇混凝土板和模袋混凝土护面上需设置纵、横变形缝。在港口及航道护岸中，变形缝的纵向间距一般为5～10m；横向间距一般取3～5m左右。为了减少岸坡内的渗流水压，在浆砌块石、现浇混凝土板和模袋混凝土护面上需设置排水孔。排水孔的位置应避开板块中轴，其纵横间距可取2～5m，孔径可取50～100mm，并应设置倒（反）滤层。

对于内河航道护岸，应在肩台处设置格梗，格梗埋深不宜小于0.5m，护坡应封顶，封顶宽度可取0.5～1.0m。

对于易冲刷地基上的护岸，应采取护底措施。护底可防止护岸坡脚地基土被冲刷后造成护面层和抛石棱体的下滑或局部坍塌。护底的范围可根据波浪、水流、冲刷强度和土质条件确定。护底宜采用块石、软体排或石笼等结构。采用块石护底时，海港护岸工程的护底块石层的宽度、层数、厚度等与防波堤相同；内河航道及港口护岸工程的护底宽度可根据冲刷范围、深度和岸坡稳定性要求确定，护底块石层的厚度不宜小于2倍的护底块石粒径。对于在可冲刷地基上的斜坡式护岸，当采用抛石棱体护脚时，在其棱体底面应设置厚度不小于0.5m的10～100kg重的块石垫层或土工织物软体排。

护岸结构还应设置倒（反）滤层，可采用分层倒（反）滤层、混合倒（反）滤层和土工织物倒（反）滤层。在施工水位以上宜采用分层倒（反）滤层，其中碎石层厚度不宜小于200mm，粗砂或中砂层厚度不宜小于150mm。当采用混合倒（反）滤层时，其厚度不宜小于400mm。在施工水位以下可采用级配良好的混合倒（反）滤层，厚度不宜小于600mm。当采用土工织物倒滤层时，选取的倒滤层材料应按照现行行业标准《水运工程土工合成材料应用技术规范》（JTS/T 148—2020）的有关规定。

铁丝网护垫、铰接式联锁块等护面结构下面宜设置土工织物倒滤层。

生态袋护坡在袋子之间应设置排水连接扣。

允许越浪和基本不越浪的护岸，护肩及临岸地面均应满足极端高水位条件下的波浪、水流冲击的稳定，并应设置集水、排水设施。在内河航道护岸上部斜坡受雨水冲刷严重时，宜在坡顶、平台内侧或与其他建筑物结合部位设置排水设施。

对不允许越浪的护岸，岸顶应设置防浪胸墙。胸墙或防浪胸墙应设置变形缝。变形缝间距根据气温、结构型式和地质条件等确定，一般取 5～15m，缝宽取 20～40mm。

斜坡式护岸在特殊情况时的构造处理。在斜坡式护岸与直立式护岸的连接处，结构应采取加强措施。

3. 斜坡式护岸的计算*

斜坡式护岸设计的内容包括：①护面块体的稳定重量和护面层厚度；②栅栏板、预制面板和现浇混凝土板的强度；③护底块石的稳定重量；④胸墙的抗滑、抗倾稳定性及结构强度；⑤整体稳定性；⑥地基沉降计算；⑦裂缝宽度验算。其中：①～⑤项按照承载能力极限状态进行计算；⑥～⑦按照正常使用极限状态进行计算。以上计算中均应以计算水位对应的设计波要素所确定的波浪力作为标准值。计算水位取值要求见表 7－5－7。

表 7－5－7　　斜坡式护岸在各种组合工况时的计算水位取值

<table>
<tr><th rowspan="2">序号</th><th rowspan="2">极限状态</th><th rowspan="2">工况</th><th rowspan="2">护岸</th><th colspan="6">计 算 水 位</th><th>说 明</th></tr>
<tr><th>设计高水位</th><th>设计低水位</th><th>极端高水位</th><th>极端低水位</th><th>设计最高通航水位</th><th>设计最低通航水位</th><th></th></tr>
<tr><td>1</td><td rowspan="7">承载能力极限状态</td><td rowspan="3">持久组合</td><td>沿海港口护岸</td><td>√</td><td>√</td><td>√</td><td>√</td><td></td><td></td><td></td></tr>
<tr><td>2</td><td>内河港口护岸</td><td>√</td><td>√</td><td></td><td></td><td></td><td></td><td rowspan="2">内河护岸同时应考虑：(1) 与地下水位相结合的某一不利水位；(2) 当有排洪要求时应考虑最高洪水位</td></tr>
<tr><td>3</td><td>内河航道护岸</td><td></td><td></td><td></td><td></td><td>√</td><td>√</td></tr>
<tr><td>4</td><td rowspan="3">短暂组合</td><td>沿海港口护岸</td><td>√</td><td>√</td><td></td><td></td><td></td><td></td><td>施工期短暂状态下的某一不利水位</td></tr>
<tr><td>5</td><td>内河港口护岸</td><td>√</td><td>√</td><td></td><td></td><td></td><td></td><td></td></tr>
<tr><td>6</td><td>内河航道护岸</td><td></td><td></td><td></td><td></td><td>√</td><td>√</td><td></td></tr>
<tr><td>7</td><td>偶然组合</td><td colspan="8">地震组合应按现行行业标准《水运工程抗震设计规范》（JTS 146—2012）中的有关规定执行。</td></tr>
<tr><td>8</td><td>正常使用极限状态</td><td colspan="9">作用组合时可不计算极端高水位和极端低水位的工况。</td></tr>
</table>

斜坡式护岸在承载能力极限状态和正常使用极限状态中设计波高的选取应符合下列规定：

①持久状况下极端高水位和设计高水位时，波高采用相应的设计波高。

②持久状况下设计低水位时，当有推算的外海设计波浪时，按照设计低水位进行

波浪浅水变形分析，求出设计波高；当只有建筑物附近不分水位统计的设计波浪时，取与设计高水位时相同的设计波高但不超过低水位时的浅水极限波高。

③持久状况下极端低水位时，不考虑波浪的作用。

④短暂状况，对未成型的斜坡式护岸进行施工期复核时，波浪的重现期可采用2～5年。

⑤地震状况，在进行斜坡式护岸整体稳定性计算时，考虑地震作用的组合，不考虑波浪的作用。

⑥偶然状况，有特殊要求时按照相应的设计条件确定设计波高。

（1）护岸胸墙的抗滑、抗倾稳定性验算。护岸胸墙和挡浪胸墙的抗滑及抗倾稳定计算原理与斜坡式防波堤的堤顶胸墙计算类似，但荷载不同：

1）沿墙底抗滑稳定性的承载能力极限状态时可以按照式（7-5-8）计算：

$$\gamma_0\gamma_P P\leqslant(\gamma_G G-\gamma_u P_u)f+\gamma_E E_b \tag{7-5-8}$$

式中　γ_0——结构重要性系数，根据安全等级一级、二级、三级分别取1.1、1.0、0.9；

γ_P——水平波浪力的分项系数，按照表7-5-8确定；

P——作用在胸墙海侧面上的水平波浪力标准值，kN/m；

γ_G——自重力分项系数，取1.0；

G——胸墙自重力的标准值，kN/m；

γ_u——波浪浮托力分项系数，按照表7-5-9取值；

P_u——作用在胸墙底面上的波浪浮托力的标准值，kN/m；

f——胸墙底面摩擦系数设计值，按照表7-5-10取值；

γ_E——土压力的分项系数，取1.0；

E_b——胸墙底面埋深大于或等于1m时，内测面地基土或填石的被动土压力，kN/m，可以按照有关公式计算并乘以折减系数0.3作为标准值。

2）沿墙底抗倾覆稳定性的承载能力极限状态时可以按照式（7-5-9）计算：

$$\gamma_0(\gamma_P M_P+\gamma_u M_u)\leqslant\frac{1}{\gamma_d}(\gamma_G M_G+\gamma_E M_E) \tag{7-5-9}$$

式中　γ_0——结构重要性系数，根据安全等级一级、二级、三级分别取1.1、1.0、0.9；

γ_P——水平波浪力的分项系数，按照表7-5-8确定；

M_P——水平波浪力的标准值对胸墙后趾的倾覆力矩，kN·m/m；

γ_u——波浪浮托力分项系数，按照表7-5-9取值；

M_U——波浪浮托力的标准值对胸墙后趾的倾覆力矩，kN·m/m；

γ_d——结构系数，取1.25；

γ_G——自重力分项系数，取1.0；

M_G——胸墙自重力标准值对胸墙后趾的稳定力矩，kN·m/m；

γ_E——土压力分项系数，取1.0；

M_E——土压力标准值对胸墙后趾底面的稳定力矩，kN·m/m。

表 7-5-8　稳定验算时作用分项系数

组合工况	永久作用		可变作用	
	γ_E	γ_{PW}	γ_E	γ_{PR}
持久作用	1.35	1.05	1.35（1.25）	1.40（1.30）
短暂作用	1.35	1.05	1.25	1.30

注　持久组合若采用设计水位时取大值；若采用极端水位时取括号内小值。

表 7-5-9　水平波浪力和波浪浮托力分项系数

稳定工况	水平波浪力分项系数γ_P		波浪浮托力分项系数γ_u	
	持久组合	短暂组合	持久组合	短暂组合
抗滑	1.3	1.2	1.1	1.0
抗倾	1.3	1.2	1.1	1.0

注　1. 持久组合采用设计高、低水位时，按照表取值。
2. 持久组合采用极端高水位时，取短暂组合值。

表 7-5-10　摩擦系数设计值

材料		摩擦系数
混凝土面与混凝土面		0.55
浆砌石面与浆砌石面		0.65
墙底与抛石基床顶面	墙身为预制混凝土结构	0.60
	墙身为浆砌石方块结构	0.65
抛石基床底面与地基土顶面	地基为细砂～粗砂	0.50～0.60
	地基为粉砂	0.40
	地基为砂质粉土	0.35～0.50
	地基为黏土、粉质黏土	0.30～0.45

注　1. 混凝土或浆砌石的胸墙与有预埋露头块石的卸荷板之间、混凝土胸墙与有伸出露头钢筋的预制件之间摩擦系数可采用 1.0。
2. 当地基为抛石体时，抛石基床底面的摩擦系数可根据地基密实情况确定，当有夯实处理时可取 0.85，当无夯实处理时可取 0.75；当基床底面难以避免落淤时，抛石基床底面与抛石体之间的摩擦系数可适当降低。

（2）单个护面块石和护面块体的稳定重量。斜坡式护岸在波浪作用下护面体有可能会被冲毁，因此护岸上的护面块体应有一定重量。

1）当波向线与斜坡堤纵轴线法线的夹角小于 22.5°，且堤前波浪不破碎，斜坡堤堤身外坡护面在计算水位上、下 1.0 倍设计波高之间的护面块体，单个护面块体的稳定重量可以按照式（7-5-10）和式（7-5-11）计算。对于设计波浪平均周期大于 10s 或设计波高与设计波长之比小于 1/30 的坦波，块体重量应适当加强，并需要进行模型试验验证。

$$W=0.1\frac{\gamma_b H_{设}{}^3}{K_D\ (S_b-1)^3\cot\alpha} \tag{7-5-10}$$

$$S_b=\frac{\gamma_b}{\gamma} \tag{7-5-11}$$

式中 W——单个护面块石、块体的稳定重量，t；

γ_b——块石、块体材料的重度，kN/m^3；

$H_设$——设计波高，m；

K_D——块体稳定系数，可以按照表 7-5-11 确定；

α——斜坡与水平面的夹角，(°)；

γ——水的重度，kN/m^3。

表 7-5-11　　稳定系数 K_D

护面形式		护面块体容许失稳率 n/%	K_D
护面块体	构造形式		
块石	抛填 2 层	1～2	4.0
	安防 1 层	0～1	5.5
方块	随机安放	1～2	—
四脚锥体	随机安放 2 层	0～1	8.5
四脚空心方块	规则安放 1 层	0	14
扭工字块体	随机安放 2 层	0	15～18
	规则安放 2 层		
扭王字块体	随机安放 1 层	0	15～18
	规则安放 1 层		

注 1. 规则安放扭工字、扭王字块体的构造形式，块体应置于斜坡堤外坡肩台以上。
2. 对于情况特殊、现场自然条件复杂时，K_D应取小值。

2）当波向线与斜坡堤纵轴线法线的夹角大于 22.5°时，护面采用块石和四脚空心方块的稳定重量可适当折减，其护面块体重量可以按照式（7-5-10）计算，但是公式中的K_D应以$K_{D\beta}$代替，$K_{D\beta}$可以近似按照式（7-5-12）计算。

$$K_{D\beta}=\frac{K_D}{\cos^k(\beta-22.5^\circ)} \tag{7-5-12}$$

式中 $K_{D\beta}$——斜向波作用时护面块石或四脚空心方块的稳定系数；

K_D——正向波作用时的护面块石或四脚空心方块的稳定系数；

k——实验参数，按照表 7-5-12 采用；

β——波向线与斜坡堤纵轴线法线的夹角（°），适用于 22.5°～67.5°。

表 7-5-12　　实验参数 k

护面形式	四脚空心方块	块石（抛填 2 层）
k	1.47	1.55

(3) 斜坡式护岸在波浪作用下，干砌块石、浆砌块石和干砌条石的护面层按照厚度控制，其厚度应按照下列规定拟定。

1）干砌块石、浆砌块石护面层的厚度可按式（7-5-13）计算。

$$h=1.3\frac{\gamma}{\gamma_b-\gamma}H(K_{md}+K_\delta)\frac{\sqrt{m^2+1}}{m} \tag{7-5-13}$$

$$m = \cot\alpha \tag{7-5-14}$$

式中　h——护面层厚度，m；

γ——水的重度，kN/m^3；

γ_b——护面块石的重度，kN/m^3；

H——设计波高，m，当 $d/L \geqslant 0.125$ 时采用 $H_{4\%}$，当 $d/L < 0.125$ 时采用 $H_{13\%}$，d 和 L 分别为堤前水深（m）和设计波长（m）；

K_{md}——与 m 值和 d/L 值有关的系数，按照表 7-5-13 确定；

K_δ——波坦系数，按照表 7-5-14 确定；

m——坡度系数；

α——斜坡与水平面的夹角，(°)。

表 7-5-13　　参　数　K_{md}

d/L	m		
	1.5	2.0	3.0
1.5	0.311	0.238	0.130
2.0	0.258	0.180	0.087
2.5	0.242	0.164	0.076
3.0	0.235	0.156	0.070
3.5	0.229	0.151	0.067
4.0	0.226	0.147	0.065

表 7-5-14　　参　数　K_δ

L/H	10	15	20	25
K_δ	0.081	0.122	0.162	0.202

2）对于 $d/H=1.7\sim3.3$ 和 $L/H=12\sim25$ 的情况，干砌条石护面层的厚度可按式（7-5-15）计算。

$$h = 0.744\frac{\gamma}{\gamma_b-\gamma}H\left(0.476+0.157\frac{d}{H}\right)\frac{\sqrt{m^2+1}}{m+A} \tag{7-5-15}$$

$$m = \cot\alpha \tag{7-5-16}$$

式中　h——干砌条石护面层厚度，即条石长度，m；

γ——水的重度，kN/m^3；

γ_b——护面条石的重度，kN/m^3；

H——设计波高，m，当 $d/L \geqslant 0.125$ 时采用 $H_{4\%}$，当 $d/L < 0.125$ 时采用 $H_{13\%}$，d 和 L 分别为堤前水深（m）和设计波长（m）；

d——堤前水深，m；

m——坡度系数，取 0.8～1.5；

A——系数，若斜缝干砌可取 1.2，若平缝干砌可取 0.85。

3）对于满足 $d/H=1.7\sim3.3$ 和 $L/H=12\sim25$，且坡度系数为 2～3 的加糙干砌条石护面，其加糙干砌条石护面层的厚度可按式（7-5-13）计算，但应乘以折减系数。当平面加糙度为 25%时，条石凸起高度宜取条石计算厚度的 1/3，折减系数可取 0.85。

（4）模袋混凝土护面厚度。若采用模袋混凝土，则其厚度可以按照现行行业标准《水运工程土工合成材料应用技术规范》（JTS/T 148—2020）的有关规定确定。

（5）内河航道及港口护岸的护面块石粒径和块石稳定重量计算。

1）水流作用时，块石粒径可根据工程经验确定。当流速>3m/s 时，可以按照式（7-5-17)估算；当流速≤3m/s 时，护面块石的稳定重量可取 100～200kg。

$$d_w=0.04V_F^2 \tag{7-5-16}$$

式中　d_w——块石稳定粒径，m；

V——表面流速，m/s。

2）受流木、冰凌和船行波等影响的护岸，块石粒径应综合考虑确定。

（6）内河航道及港口护岸的混凝土板护面厚度计算。若内河航道及港口护岸采用混凝土板护面，当护岸坡度为 1∶2～1∶5 时，在波浪浮托力作用下，面板厚度可以按照式（7-5-17）计算。

$$t=0.07\eta\cdot H\cdot\sqrt[3]{\frac{L}{B}}\cdot\frac{\gamma}{\gamma_b-\gamma}\cdot\frac{\sqrt{m^2+1}}{m} \tag{7-5-17}$$

式中　t——混凝土护面板厚度，m；

η——系数，对于整体式大块面板取 1.0，对于装配式护面板取 1.1；

H——设计波高，m，取 $H_{13\%}$；

L——波长，m；

B——沿坡向护面板长度，m；

γ——水的重度，kN/m^3；

γ_b——护面板的重度，kN/m^3；

m——坡度系数。

（7）当护岸水下护脚抛石棱体的顶面高程在设计低水位以下约 1.0 倍设计波高值处时，棱体的块石重量可取式（7-5-10）计算的块石重量的 0.3～0.4 倍。

（8）护岸护底块石的稳定重量，可以根据坡脚前最大波浪底流速按照表 7　5-15 确定。

表 7-5-15　　堤前护底块石的稳定重量 W

堤前最大波浪底流速 V_{max}/(m/s)	护底块石的稳定重量 W/kg	堤前最大波浪底流速 V_{max}(m/s)	护底块石的稳定重量 W/kg
2.0～2.5	60～100	3.6～4.0	300～400
2.6～3.0	100～200	4.1～4.5	400～600
3.1～3.5	200～300	4.6～5.0	600～800

注　1. 对于破碎波区的堤前护底块石的重量宜适当加大。
2. 对于有水流共同作用时的堤前护底块石的重量宜适当加大。

（9）海港斜坡式护岸坡脚前最大波浪底流速可以按照式（7-5-18）计算。

$$V_{max}=\frac{\pi H}{\sqrt{\frac{\pi L}{g}\cdot\sin\frac{4\pi d}{L}}} \tag{7-5-18}$$

式中　V_{max}——斜坡式护岸坡脚前最大波浪底流速，m/s；

H——设计波高，m；

L——计算波长，m；

g——重力加速度，取 $9.81m/s^2$；

d——堤前水深，m。

（10）土工织物软体排护底稳定验算应符合现行行业标准《水运工程土工合成材料应用技术规范》（JTS/T 148—2020）的有关规定确定。

（11）建设于可冲刷地基上的斜坡式护岸，其岸前防护宽度的拟定应符合下列规定。

1）斜坡式护岸前的防护宽度应 $B \geqslant 0.25$ 倍波长 L，且＝设计水位与坡面交线至坡脚前护底边缘的距离；当有水流共同作用时，防护宽度应适当加宽。

2）坡脚前的护底宽度，在堤身段≥5m，在堤头段≥10m；对于深水处的护岸，护底宽度应适当加宽。

3）对于建在沙质海底上的斜坡式护岸，岸前的防护宽度可以按照《防波堤与护岸设计规范》（JTS 154—2018）的有关规定进行复核，必要时可采用物理模型进行验证。

（12）斜坡式护岸整体稳定性和地基沉降计算应按照现行行业规范《水运工程地基设计规范》（JTS 147—2017）的有关规定确定；当进行整体稳定性计算时，可以不计波浪的作用。

二、直立式护岸

1. 直立式护岸的形式

直立式护岸按断面形式不同分为 4 种结构，即：重力式护岸、衡重式护岸、悬臂式护岸、后仰重力式护岸等。直立式护岸的形式中，常见的墙体结构有现浇混凝土结构、浆砌块石结构、混凝土方块结构、板桩结构、加筋土岸壁结构、扶壁结构、沉箱结构，如图 7-5-4 所示。

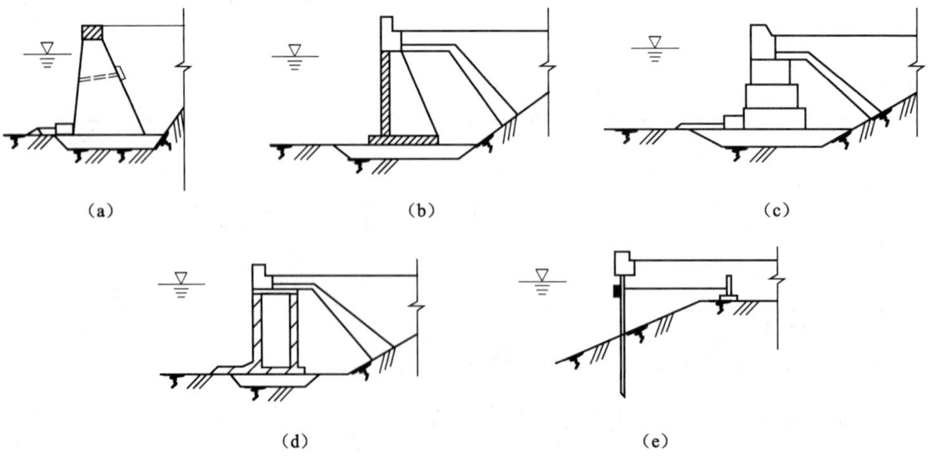

图 7-5-4　直立式护岸墙体结构断面示意图

（a）现浇混凝土和浆砌块石结构；（b）扶壁结构；（c）方块结构；（d）沉箱结构；（e）有锚板桩结构

当具备干地施工条件时，直立式护岸上部结构可采用现浇混凝土或钢筋混凝土结构，如图 7-5-4（a）所示，也可采用地下墙式护岸，结构临水面根据挡浪情况可采用直立面或弧面。扶壁、方块、沉箱等预制混凝土结构，如图 7-5-4（b）、（c）、（d）所示，适用于需水下施工的情况。

板桩结构也常用于直立式护岸工程，当护岸高度较小时，墙体可采用无锚板桩结构；当护岸较高时，则宜采用有锚板桩结构，如图 7-5-4（e）所示。

当我国部分内河护岸采用了加筋土岸壁，如图 7-5-5 所示。这种型式结构简单、工程造价低、施工速度快，对地基承载力的要求不高。1998—1999 年，厦门市沿海也采用了新型直立式结构护岸——天力消浪方块直立式护岸，如图 7-5-6 所示。

对于直立式沉井护岸，沉井可采用单列布置，埋深不宜小于 2m；沉井之间可采用对头接型式，垂直缝的宽度不小于 50mm，其空腔宽度可采用400mm～500mm，且在空腔内设置倒（反）滤设施；沉井盖板平台高程应根据地形地质条件、施工水位等综合确定。

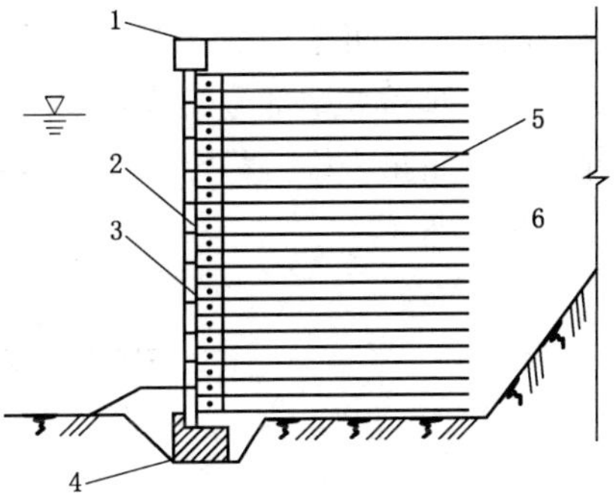

图 7-5-5　加筋土岸壁结构断面示意图

1—胸墙或帽梁；2—墙面板；3—倒（反）滤层；4—基础；5—加筋体；6—回填料

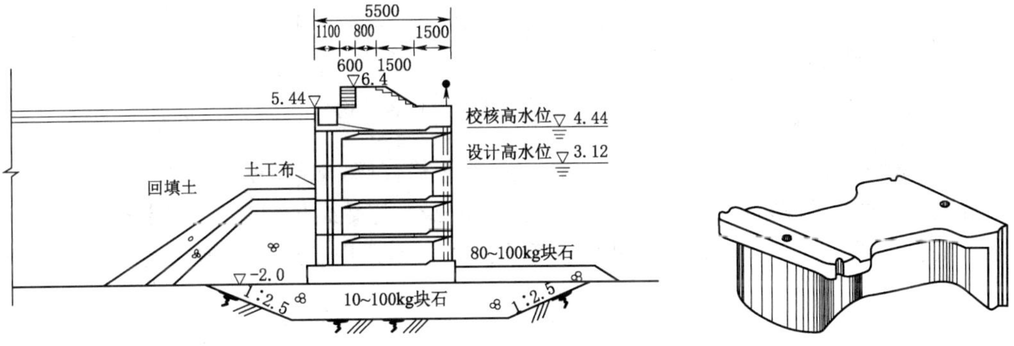

(a)　(b)

图 7-5-6　天力消浪方块直立式护岸示意图（尺寸单位：mm；高程单位：m）

（a）护岸断面图；（b）天力消浪方块示意图

墙体高度大于 2.5m 时，在墙顶上根据安全需要应设置高度不小于 1.2m 的护栏。

直立式护岸需要设置踏步时，不应影响航道宽度，并应减少对行洪断面的不利影响。

护岸结构设置景观亲水平台时，亲水平台高程需要考虑淹没时间等因素综合考虑确定，亲水平台应方便人员上下。

直立式护岸设计时设计波浪重现期应采用 50 年，特殊情况或大水深、重要建筑物设计波浪重现期应采用 100 年或以上。设计波高累积频率应按照表 7-5-16 采用，且设计波高均不应超过浅水极限波高。

表 7-5-16　　直立式护岸设计波高累积频率 F

设计内容	设计波高累积频率 F	设计内容	设计波高累积频率 F
确定断面主尺寸	1%	波浪力计算	1%
抗倾和抗滑稳定性验算	1%	明基床护肩、护坡、护底结构稳定性验算	5%

（1）重力式护岸。重力式护岸是平原航道上较为普遍的结构型式。当具备干地施工条件时，墙体可采用现浇混凝土或浆（灌）砌块石结构，由混凝土底板、浆砌块石墙身和混凝土顶盖 3 个部分组成，如图 7-5-7 所示。与码头上的岸壁结构一样，主要是依靠自身的重量来维持稳定。当墙体采用预制混凝土方块结构时，垂直缝应相互错开。

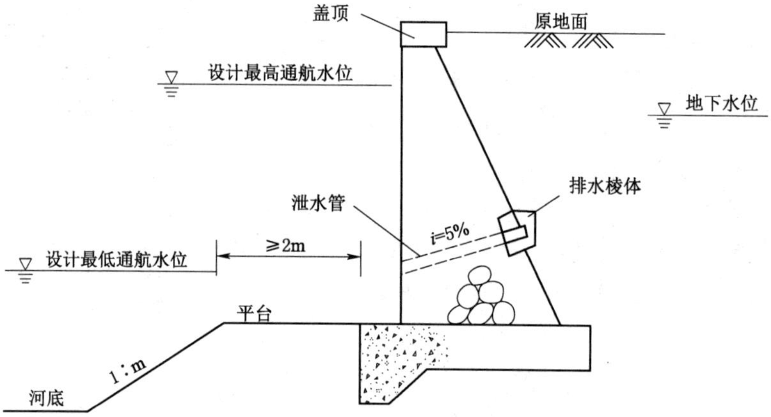

图 7-5-7　重力式浆砌块石结构

（2）衡重式护岸。衡重式护岸一般适用于地基较好，开挖基坑边坡较陡的情况。由混凝土底板、浆砌石块石墙身、混凝土顶盖三个主要部分组成，如图 7-5-8 所示。底板较重力式护岸短，墙身断面较重力式小，不适用于地震高烈度地区。

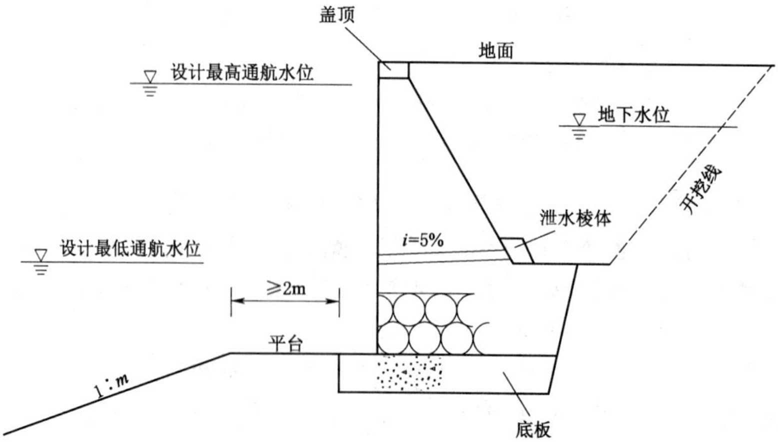

图 7-5-8　衡重式浆砌块石结构

（3）悬臂式护岸。悬臂式护岸对地基的适应能力较强，由钢筋混凝土悬臂墙身以及泄水管、反滤层等设施组成，如图 7-5-9 所示。

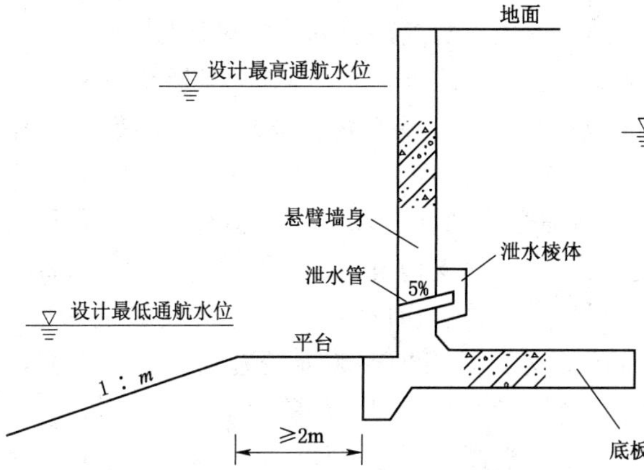

图 7-5-9　悬臂式混凝土结构

（4）后仰重力式护岸。后仰重力式护岸结构适用于原土坡坡面能保持自身稳定的河岸，由浆砌石墙身、混凝土顶盖和铰接齿板等组成，如图 7-5-10 所示。

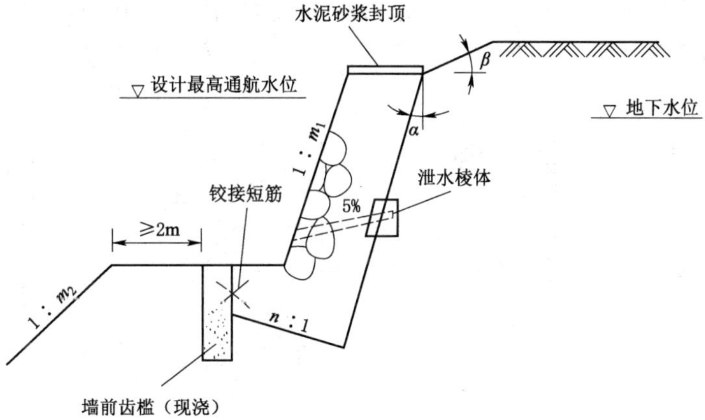

图 7-5-10　后仰重力式浆砌石结构

2. 直立式护岸工程的顶部高程

（1）当允许上浪时，海港护岸顶高程宜定在设计高水位以上不低于 0.7 倍设计波高处，并应高于极端高水位。

（2）当不允许上浪时，海港护岸顶部高程可定在设计高水位以上 1.0～1.25 倍设计波高处，并应高于极端高水位加超高值 0.1～0.5m。

（3）内河航道和内河港口护岸顶部高程应分别按照最高通航水位和设计高水位加 0.1～0.5m 超高值计算，取大值。

对于不同防护要求的直立式护岸，其允许越浪量可按照表 7-5-1 确定；对于特殊情况，经过专题论证，其允许越浪量可适当增减。

3. 加筋土岸壁

直立式加筋土岸壁一般由预制的钢筋混凝土面板、加筋体、胸墙（或帽梁）、填料、基床、倒（反）滤层等部分组成，如图 7-5-4 所示。

加筋土岸壁的墙面板挡土形成直立墙面。加筋材料是与填料产生摩擦力并承受水平拉力而维护加筋土内部稳定的重要构件，它与填料一起形成柔性的复合加筋体。加筋体通过加筋材料与墙面板连在一起，从而维持岸壁的外部稳定。加筋土岸壁的断面根据岸高、地形、地质和稳定等条件采用矩形、梯形、倒梯形和锯齿形等形式，如图 7-5-10 所示。这些断面是指墙面板和加筋土体构成的几何图形，它控制着加筋土构筑物的整体稳定性。当对加筋土构筑物进行整体稳定性验算时，将加筋土视为重力式刚性体系。当地形平坦时，采用梯形断面，符合重力式墙的稳定性要求。当原岸坡较陡，大断面开挖有困难时，采用梯形断面较合适，施工方便，而且工程量较小。采用锯齿形断面主要是为了满足高大岸壁的稳定性要求。

加筋土岸壁基础宜采用钢筋混凝土条形结构，主要考虑使墙面板的安砌质量和整体性得到保证，同时可减少墙面板的不均匀沉降。为了保证护岸工程有较高的安全度，条形基础的宽度不应小于 500mm，厚度不应小于 400mm。

加筋土面板的尺度，根据我国的工程实践，长度宜取 0.8～2.0m，宽度宜取0.5～0.6m，厚度应由结构受力计算确定，一般取为 0.15～0.25m。面板背后需埋设钢拉环或穿筋孔。为了使筋材在土体中分布均匀，充分发挥筋土之间的相互作用，拉环或穿筋孔的位置分布应左右均匀，上下层间交错，面板组砌也应上下错缝，相邻面板宜设置企口连接。

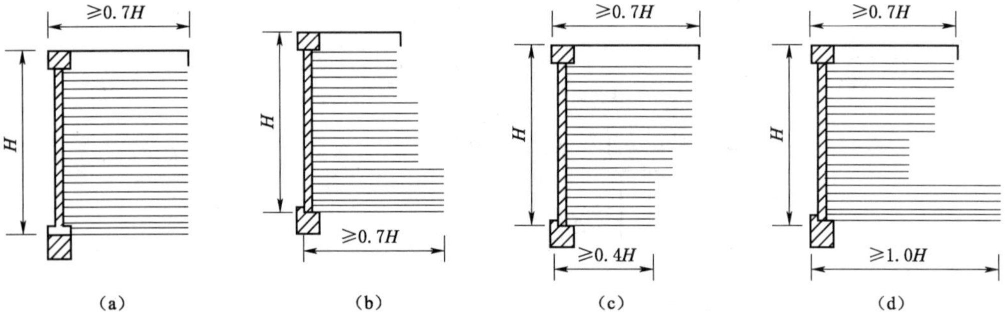

图 7-5-11　加筋土岸壁断面形式示意图
(a) 矩形；(b) 梯形；(c) 倒梯形；(d) 锯齿形

对加筋土岸壁加筋材料的要求：可采用强度高、延伸率小、抗老化、与填料之间有较大摩擦系数的土工带。对加筋土填料的要求：应选择水稳定性好、易压实的土类，严禁采用腐殖土和生活垃圾。填料的压实度，在距面板 0.8m 以外位置处压实度不应小于 93%；在距面板 0.8m 以内位置处压实度不应小于 90%。

加筋土岸壁的面板及基础长度方向上必须设置沉降缝，沉降缝为竖向设置的通缝。沉降缝间距应根据地基条件确定，在岩石地基上一般为 20～30m，在土基上不宜大于 15m。沉降缝的缝宽一般为 20～30mm，缝内填充弹性材料。加筋土岸壁的面板还应设置排水缝或排水孔，可避免面板后的剩余水压力过大，有效地保障护岸稳定。

排水缝或排水孔的间距一般为4～6m。为了防止回填土料不从缝中流失，排水缝处面板内侧应贴铺无纺土工布滤层并设置厚度不小于300mm的碎石排水层。

加筋土岸壁的设计计算和验算包括：①内部稳定计算（加筋材料拉力和锚固长度计算）；②外部稳定计算（加筋土基底及变截面上的抗滑移验算、抗倾覆验算、地基承载力验算、整体抗滑动验算）；③沉降量计算；④墙面板计算。其中外部稳定验算及沉降量计算可分别按《码头结构设计规范》（JTS 167—2018）和《水运工程地基设计规范》（JTS 147—2017）的有关规定进行，在计算时将加筋体视为重力式刚性墙。其他可按《水运工程土工合成材料应用技术规范》（JTS/T 148—2020）的有关规定进行。

4. *直立式护岸的计算**

重力式直立护岸设计的内容主要包括：①对墙底面和墙身各水平缝及齿缝计算面前趾的抗倾稳定性验算；②沿墙底面和墙身各水平缝的抗倾稳定性验算；③沿基床底面的抗滑稳定性验算；④基床和地基承载力计算；⑤整体稳定性验算；⑥构件的强度计算；⑦明基床的护肩块石和护底块石的稳定重量计算；⑧地基沉降计算；⑨裂缝宽度验算。其中：①～⑦项按照承载能力极限状态进行计算；⑧～⑨按照正常使用极限状态进行计算。以上计算中均应以计算水位对应的设计波要素所确定的波浪力作为标准值。波浪力的计算应按照现行行业标准《港口与航道水文规范》（JTS 145—2015）的相关规定。计算水位取值要求见表7-5-17。

表7-5-17　斜坡式护岸在各种组合工况时的计算水位取值

序号	极限状态	工况	护岸	计算水位						说　明
				设计高水位	设计低水位	极端高水位	极端低水位	设计最高通航水位	设计最低通航水位	
1	承载能力极限状态	持久组合	沿海港口护岸	√	√	√	√			
2			内河港口护岸	√	√					内河护岸同时应考虑：①与地下水位相结合的某一不利水位；②当有排洪要求时应考虑最高洪水位
3			内河航道护岸					√	√	
4		短暂组合	沿海港口护岸	√	√					施工期短暂状态下的某一不利水位
5			内河港口护岸	√	√					
6			内河航道护岸					√	√	
7		偶然组合	地震组合应按现行行业标准《水运工程抗震设计规范》（JTS 146—2012）中的有关规定执行							
8	正常使用极限状态	作用组合时可不计算极端高水位和极端低水位的工况								

直立式护岸在承载能力极限状态和正常使用极限状态中设计波高的选取应符合下列规定：

(1) 持久状况下极端高水位和设计高水位时，波高采用相应的设计波高。

(2) 持久状况下设计低水位时，当有推算的外海设计波浪时，按照设计低水位进行波浪浅水变形分析，求出设计波高；当只有建筑物附近不分水位统计的设计波浪时，取与设计高水位时相同的设计波高但不超过低水位时的浅水极限波高。

(3) 设计高水位护岸前波态为立波，而在设计低水位已为破碎波时，对设计低水位至设计高水位之间可能产生最大波浪力的水位进行计算。

(4) 持久状况下极端低水位时，不考虑波浪的作用。

(5) 短暂状况时，对未成型的直立式护岸进行施工期复核时，波浪的重现期可采用5～10年。

(6) 地震状况，不考虑地震作用与波浪的组合。

(7) 偶然状况，有特殊要求时按照相应的设计条件确定设计波高。

重力式直立护岸的计算应符合现行行业标准《码头结构设计规范》(JTS 167—2018) 的有关规定。地基承载力验算、整体稳定性验算和地基沉降计算应按现行行业标准《水运工程地基设计规范》(JTS 147—2017) 的有关规定执行。地基承载力验算和整体稳定计算应计入波浪力作用。地基沉降计算，当沿护岸长度方向地基压缩层厚度和土的压缩系数有较大变化时，应分段计算沉降量。计算断面平均沉降量的限值，方块、浆（灌）砌块石和扶壁式结构不宜超过250mm；沉箱结构不宜超过300mm。

当直立式护岸墙体采用混凝土或浆（灌）砌块石结构时，迎水面不应出现拉应力，墙体背面的拉应力不应大于0.05MPa。板桩墙护岸的计算内容和方法应符合现行行业标准《码头结构设计规范》的有关规定。加筋土护岸计算内容和方法应按现行行业标准《水运工程土工合成材料应用技术规范》(JTS/T 148—2020) 的有关规定执行。建于可冲地基上的直立式护岸，其墙前防护宽度的确定可按第5.3.18条规定执行。

对于建设在易冲刷地基上的直立护岸，护岸前的防护宽度应根据海底土质、波浪要素、水流强度确定。直立护岸墙前的防护宽度应大于0.25倍波长，防护宽度为设计水位与直墙面交线至基床前护底边缘的距离；当有水流共同作用或远破波作用时，防护宽度应适当加宽。基床前护底的宽度，在堤身段≥10m，在堤头段≥15m；对于深水处的护岸，护底宽度应适当加宽。

对于建在沙质海底上的直立式护岸，护岸前的防护宽度可以按照《防波堤与护岸设计规范》(JTS 154－2018) 的有关规定进行复核，必要时可采用物理模型进行验证。

5. *直立式护岸的构造*

直立式护岸沿长度方向应设置变形缝。变形缝间距根据气温情况、结构型式、地基条件和基床厚度等确定，其间距可取10～25m，缝宽可取20～50mm，并做成上下垂直通缝。现浇混凝土或浆（灌）砌石护岸结构的变形缝宜采用弹性材料填充。

对于建造在岩石地基上的现浇混凝土和浆（灌）砌石结构，当基岩面向水域倾斜时，应将基岩面做成阶梯形，且最低一层台阶宽度不宜小于1.0m。对于造在岩石地基上的预制方块结构、扶壁结构或沉箱墙体结构，应在岩石岩面上采用二片石、碎石进行整平，其厚度不宜小于0.3m。

对于建造在非岩石地基上的现浇混凝土和浆（灌）石结构，当地基承载力不足时应进行地基处理。当地基承线力足够时，宜设置 0.1～0.2m 厚的碎石垫层或混凝土垫层，其埋置深度应达到冲刷线以下，且埋深不宜小于 0.5m。

当直立式护岸采用水下安装的预制结构时，应设置抛石基床。抛石基床应根据水深、地形和地基等情况，采用明基床、暗基床或混合式基床。基槽底宽不宜小于墙体底宽加 2 倍基床厚度。若基槽开挖位置距离岸边较近，则开挖坡度应根据稳定计算确定。当直立式护岸墙体前底流速大、地基土易被冲时，应采取适当加大抛石基床外肩宽度、放缓边坡、增加埋深或增加护底宽度等防冲刷措施。对于易受到破碎波冲刷的直立式护岸，其基础埋置深度应达到冲刷线以下 0.5～1.0m。对于冰冻地区的直立式护岸，其基础最小埋置深度应在冻结深度以下。

对于直立式实心混凝土护岸，其实心方块平面尺寸应满足：①长边/高度≤3；②短边/高度≥1。对于一次出水的单层空心块体护岸，块体间垂直缝设计宽度不应大于高度的 4‰，同时应≥40mm。当墙背后无抛石棱体时，应在垂直缝处设置倒滤空腔。

若直立式护岸选用素混凝土空心块体，其空心块体的立壁厚度≥400mm，空心块体断面前趾应采用钢筋混凝土结构。无底空心块体宜在顶层及底层配置钢筋混凝土圈梁，并应在腔内回填块石。对于卸荷板式直立护岸，卸荷板应采用钢筋混凝土结构。

对于预制扶壁结构，应满足下列要求：①胸墙底面高程高于或等于施工水位，扶壁顶面宜嵌入上部结构不少于 100mm；②扶壁结构的宽度由结构稳定性和地基承载力确定；③扶壁结构长度由起重设备能力确定，同时≥高度的 1/3；④扶壁间垂直缝设计宽度宜取扶壁高度的 4‰，同时≥40mm；⑤扶壁背后无抛石棱体时，应设置倒（反）滤井；⑥内河航道和港口护岸现浇扶壁垂直缝缝宽≥20mm。

现浇混土和浆（灌）砌石护岸的趾长与趾高的比值，混凝土宜取 0.7～1.0；浆（灌）砌石宜取 03～0.5。现浇混凝土和浆（灌）砌石墙体应设置排水孔，其大小和位置应根据水位变化情况、填料透水性能和断面形状确定，最下一层排水孔应低于设计低水位，排水孔孔径≥50mm。排水孔后应设置倒（反）滤设施。浆（灌）砌石墙体顶部，应设置现浇混凝土压顶，压顶的高度和宽度均≥0.3m。

对于沉箱式直立护岸，沉箱底宽应由墙体稳定性和地基承载能力确定，沉箱长度宜根据施工设备能力要求的最小尺寸及护岸的变形缝间距确定。沉箱内的填料采用砂或块石，上部结构底部宜嵌入箱内不少于 300mm。沉箱间垂直缝的宽度宜采用沉箱高度的 4‰，但不宜小于 50mm。

直立式护岸墙后填土或回填砂土时，墙后垂直缝及两侧宜设置土工织物倒滤层，其每侧土工织物的宽度≥0.5m。当墙后设置抛石棱体时，其后方应设置倒滤层，在施工水位以上部位可采用分层倒（反）滤层（其中碎石层厚度≥200mm，粗砂或中砂层厚度≥150mm）；也可采用混合倒（反）滤层时，其厚度≥400mm；在施工水位以下可采用级配良好的混合倒（反）滤层（厚度≥600mm）；当采用土工织物倒滤层时，选取的倒滤层材料应按照现行行业标准《水运工程土工合成材料应用技术规范》（JTS/T 148—2020）的有关规定。

钢混凝土板桩的缝宽宜为 20mm～30mm。板桩榫槽应采取防漏土措施。

对于板桩护岸的钢拉杆的要求：①钢拉杆应采用延伸率≥18%并且易于焊接的钢材；②钢拉杆间距可采用1.0m～3.0m；③当钢拉杆的长度>12m时，宜采用张紧器连接，并在靠近前墙和锚碇结构的两端各设1个竖向铰；当钢拉杆总长度<12m时，可只在靠近前墙处设1个竖向铰；④若张紧器两侧的拉杆长度>12m时，宜分节制作，每节长度≤12m，分节之间可采用螺纹连接或焊接；⑤各钢构件均应采取防腐措施。

锚碇墙和锚碇板的高度。锚碇墙和锚碇板的高度应由稳定计算和变形确定，宜采用1.0～3.5m。锚碇墙和锚碇板的厚度应由强度计算确定，同时≥0.15m。

锚碇墙或锚碇板前宜采用承载能力较大的密实材料换填，一般采用块石或灰土，也可采用其他夯实或振实的土料。

加筋土岸壁的构造：①加筋土岸壁的基础宜采用钢筋混凝土条形结构，宽度≥500mm，厚度≥400mm，埋深应满足冲要求；②面板长度宜取0.8～2m，高度宜取0.5～0.6m，厚度应由结构受力计算确定，同时≥0.2m；③面板背面应埋设钢拉环或穿筋孔，其位置应使上、下相邻层的预埋钢拉环或穿筋孔在水平方向相互错开；④面板组砌应上下错缝，相邻面板宜设企口连接。当采用平口时，宜穿销连接，插销宜采用ϕ10～12mm的钢筋，插销孔应使用砂浆填满。

加筋土岸壁的加筋材料宜采用强度高、延伸率低、抗老化、与填料之间有较大摩擦系数的土工带。加筋体填料应选择水稳定性好、易压实的土类，严禁采用腐殖土和生活垃圾。在距离面板0.8m以外范围时，加筋体填料的压实度≥93%；在距离面板0.8m以内范围内，加筋体填料的压实度≥90%。加筋土岸壁面板应设置排水缝或排水孔，间距取4～6m；排水缝处面板内侧应贴铺无纺土工布滤层并设置厚度≥300mm的碎石排水层。

直立式护岸特殊情况时的构造处理。在直立式护岸与斜坡式护岸的连接处，结构应采取加强措施。

模块二 丁坝、顺坝、锁坝和潜坝

护岸工程按照建筑物的布置型式可分为丁坝、顺坝、锁坝和潜坝等。

一、丁坝

丁坝坝根与河岸连接，坝头伸至整治线上，坝轴线与水流方向正交或斜交，角度在40°～135°，在平面上与河岸构成丁字形的护岸工程。丁坝的主要作用是：①未淹没时束窄河床，增大流速冲刷浅滩，淹没时形成环流，横向导沙，促使泥沙在坝格内淤积，从而使海（河）滩拓宽，以达到保护岸滩的目的（丁坝在斜向波浪作用下可以起到拦截泥沙的作用，但在正向波浪作用时其拦泥效果甚微）；②在分汊河道的进口处，调整分流比、分沙比；③增大通航汊道的通过流量。

（一）丁坝的组成

丁坝一般采用多条丁坝组成丁坝群。丁坝可分为透水的和不透水的，也可分为高丁坝和低丁坝。当允许部分泥沙透过坝体或随波浪水流越过坝顶，以减少对下游岸边的侵蚀时，可做成透水丁坝或低丁坝；否则可采用不透水的高丁坝，其坝顶宜与滩肩齐平。

丁坝一般沿长度可分为三段：①坝根段，是指坝体与河岸或洲滩的连接部位，其坝顶沿坝身长度方向为水平面，根部切入滩肩内，坝高至少要等于滩肩高；②中间段，其顶面顺坝身长度方向倾斜，坡度大致等于原滩面的坡度；③坝头段，坝头是丁坝伸入江中的最前沿，是受水流冲击力最大的部位。其顶面是水平的，顶高略高出平均低水位，坝头一般延伸至常浪破碎的地方。

丁坝由坝根、坝头、坝体、坝面和护底组成，如图7-5-12所示。

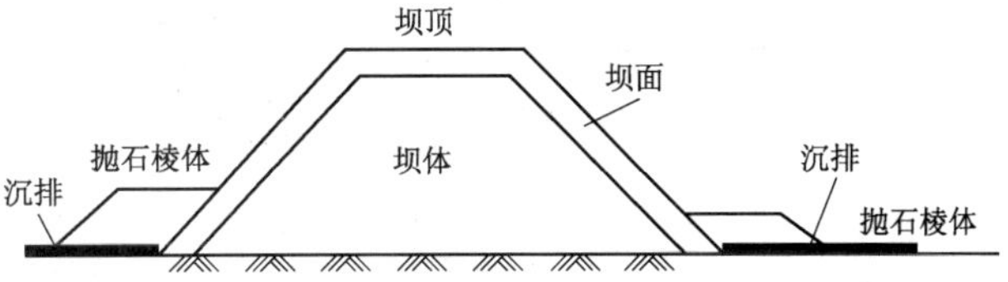

图7-5-12 丁坝断面结构示意

（1）坝根是指坝体与河岸或洲滩的连接部位，当水位淹过坝顶以后，在坝根的上、下游会形成回流及螺旋流。如果河岸或洲滩不具备很强的抗冲刷性，在连接处容易被水流淘刷，使得坝体与岸坡分离，不仅使整治建筑物失去作用，而且可能使岸坡大面积坍塌、农田冲毁，造成严重后果。因此，对坝根的处理要特别重视。

（2）坝头是丁坝伸入江中的最前沿，是受水流冲击力最大的部位。

（3）坝体是坝的主要结构，除了采用抛填石块外，近年来土木织物填充袋、模袋混凝土及混凝土构件也得到不同程度的应用。

（4）坝面也称护面，在整治水位上、下最容易受流木、流冰的撞击而损坏。因此，在流速较大的河流及有流木、流冰的河流，坝面都应采取特别的防护措施。

（5）护底是坝的基础，一般采用柴排或土工织物排结构，要求优先用能适应较大河底、较大变形且对环境影响较小的土工织物软体排。在石料充足且价格较低、河床抗冲性较好和地形起伏较大的地区宜采用抛石护底，石块大小应能满足抗冲稳定的需要，另外，在波浪比较大的地区，有时采用护脚结构型式，防止坝底被淘刷，护脚结构型式可参照护岸结构设计。

（6）反滤层。由于丁坝越来越被广泛建造在波浪较大的地区，故在坝体和坝间根据需要，设置块石，土工织物等作为反滤层，以保护坝体填料防脱空。

（二）丁坝的布置

丁坝各段的分界点、丁坝长度及丁坝的间距，可根据波浪作用下的淤积过程，通过绘制波浪的折射图和整体物理模型试验来确定。图7-5-13表示了丁坝的促淤过程。丁坝建成后，坝格内的淤积是逐个往下发生的。当上游坝格未淤满前，下游坝格内不会淤积。此时，在波浪作用下，坝格内的岸线将进行调整，如果时间足够，调整后的岸线应与主波向垂直，如图7-5-13的实线 fg，且图中面积 a 等于面积 b。因此丁坝的堤根至少应伸到 f 点，以防止水流绕过堤根。fg 曲线可用绘制波浪折射图得到。上游的坝格淤满后，下游

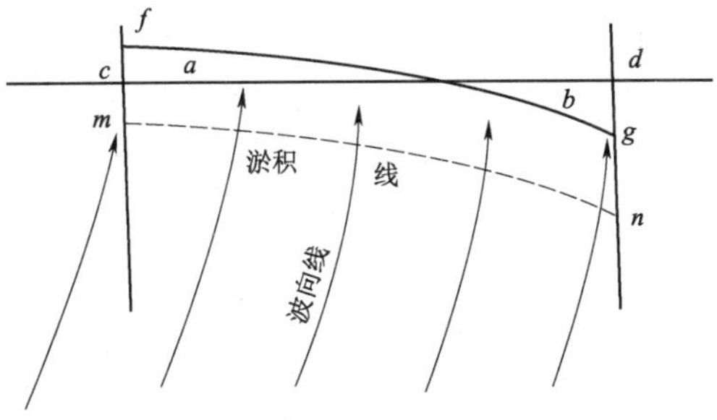

图7-5-13 丁坝坝格的淤积过程示意

的坝格开始淤积，坝格内岸线向前推进至 mn 的位置，由海滩需要增加的宽度而定，mn 线确定之后，即取 n 点作为里段与中段的分界点（图 7－5－14）。然后作 np 平行于原海滩坡度与外段顶面 pr 线交于 p 点，np 即为中间段。这样就得到了丁坝坝顶各点 f、n、p、r 的位置。在坝格淤满后，丁坝上游侧的新海滩剖面为 nps。

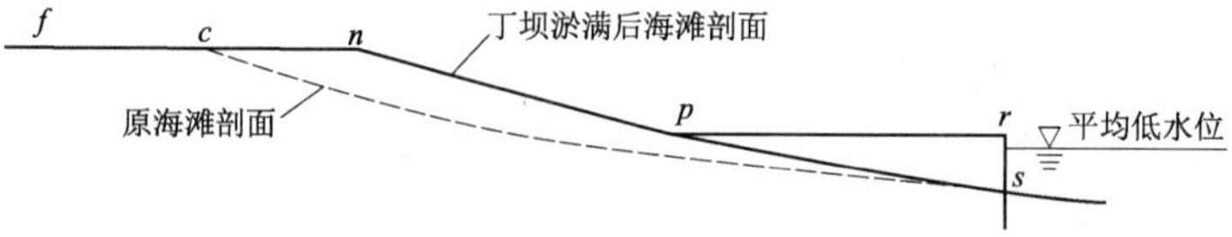

图 7－5－14　丁坝纵剖面示意

平原河流丁坝宜正交或下挑布置，丁坝群首座丁坝可下挑布置；具有双向水流的浅滩，丁坝宜正交布置；山区河流的卵石滩宜布置成下挑丁坝、带勾头的正交或下挑丁坝。

抬高水位、调整比降的对口丁坝、护岸的短丁坝和加高心滩与顺坝相连的短丁坝，宜与水流正交。

1. 确定丁坝间距的原则

丁坝间距的大小，直接关系到工程效果和工程量，间距过大，丁坝之间不能互相掩护，达不到控制整治线的目的；若间距太小，则丁坝数目增多，造成浪费。因此必须依照以下原则合理确定丁坝间距。

（1）为防止坝头、坝根受到冲刷，应使下一道丁坝的水刚好达到上一道丁坝，同时应使水流绕过坝头后形成的扩散水流边线能达到下一条丁坝有效长度范围内，避免坝根冲刷。

（2）能控制整治线的各个部位，使各条丁坝后的回流区边线的连线组成趋近于整治线的平滑曲线，不致因丁坝间距过大影响束水冲沙效果。

（3）应防止坝田内产生较大的流速，影响坝田淤积。

2. 确定丁坝间距的方法

确定丁坝间距的方法有很多种，现简要介绍以下两种方法。

（1）经验取值方法。基于防止坝田产生较急水流和促进坝田淤积的要求，一般认为，坝田间距 D 以取上游坝长 L 的 1～4 倍较适宜。根据了解，日本取用：顺直河段 $D=(1.7\sim2.3)L$，凹岸 $D=(1.4\sim1.8)L$，凸岸 $D=(2.8\sim3.6)L$；英国认为 $D=(1.0\sim1.5)L$ 较适宜；美国常用 $D=1.5L$；而德国则取值 $D=(2\sim4)L$。我国现行规范根据各地实践经验明确，丁坝群中的两坝间距可按表 7－5－18 选取，表中 L 为上一座丁坝过水断面上的有效投影长度，顺坝内侧的坝格间距可按照凸岸丁坝间距确定。当整治线方向与洪水主流向夹角较大或有流冰时，丁坝间距可缩小。在砂质海岸上丁坝的间距可取 1～3 倍的坝长。

表 7－5－18　　丁　坝　间　距

所处位置	凸　岸	凹　岸	顺直段
一般丁坝	$(1.5\sim3.0)L$	$(1.0\sim2.0)L$	$(1.2\sim2.5)L$
护岸丁坝		$(0.8\sim2.0)L$	

（2）推求“尖灭点”位置的方法。从水流经丁坝后的收缩和扩散规律，推求收缩水流的“尖灭点”。如图 7-5-15 所示，A 为坝头，B 为尖灭点。B 点以上为上游水流向河心收缩，B 点以下为水流向河心扩散，若在 B 点不建坝约束水流，水流分散就无力冲刷河床，河槽中将出现新的沙洲或浅滩。由于在整治线范围内水流为变速流，目前尚无法建立理论关系式，故其计算方法仍是以经验为主，其公式为

$$D=\mu L\sin\beta \tag{7-5-18}$$

式中　D——尖灭点与其上游坝的距离，即坝间距；

L——上游丁坝过水断面上有效投影长度；

β——丁坝轴线与水流方向的夹角；

μ——系数，按表 7-5-19 确定。

以上计算适用于顺直段。在弯段，凹岸坝距应减少 0.4～0.7 倍，凸岸应加大 0.3～1.0 倍。同时还需考虑因建坝而引起的壅水，分析其流速是否会减小至泥沙启动流速以下，若有可能时，坝距应缩小。

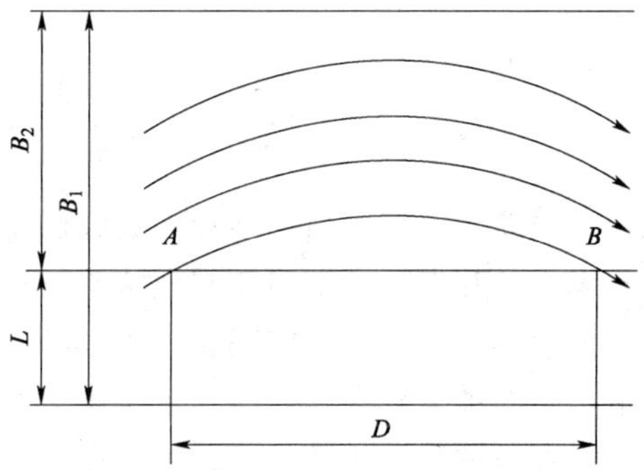

图 7-5-15　尖灭点法计算示意

表 7-5-19　　系数 μ 的取值

$\frac{L\sin\beta}{B_1}$	0.49	0.3	0.25	0.2	0.1
μ	2.9	4.2	5.0	6.3	10.5

注　B_1 为原河床宽度。

（三）丁坝的结构设计

1. 丁坝坝体的结构形式

（1）常规丁坝。

1）抛石、砌石结构。抛石坝是航道整治工程中最常用的建筑物，常选择有一定级配的坚硬、未风化且不溶于水的块石。水下部分采用人工或专业机械抛筑，水上部分的边坡和坝面采用人工砌筑。

抛石坝体施工简单，经久耐用，维修方便，易于就地取材，所以是当前国内外采用最普遍的一种形式；缺点是抛石坝坝头和坝基下河床易冲刷，造成损毁。

水流作用下块石粒径宜根据经验或模型试验确定。

当流速大于 3m/s 时也可按下式估算，即

$$d=0.04v_f^2 \tag{7-5-19}$$

式中　d——块石等容粒径，m；

v_f——建筑物处的最大表面流速，m/s。

2）石笼、填充袋填心混合结构。石笼填心混合结构一般将石笼作为坝心，外面抛块石防护。充填袋填心混合结构物则是利用水力机械将泥沙充填在土工织物编织袋内，待灌满泥沙扎紧袋口后抛入河中形成坝体填心部分，然后构建抛石护面的整治建筑物。充填袋填心建筑物断面形状如图 7-5-16 所示。

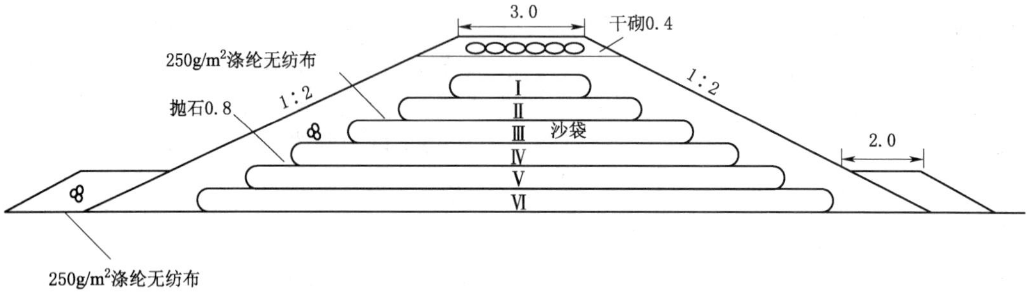

图 7-5-16 充填袋填心坝断面示意（尺寸单位：m）

（2）新型丁坝。随着整治建筑物施工工艺的不断提高，新型的丁坝结构也在不断得到应用，其中桩式丁坝和其他特殊结构丁坝日益被推广。抛石丁坝有其缺点：①抛石丁坝坝基偏高，当河床刷深，坝脚挂空后，导致护面开裂破损，在水流的强动力作用下，块石被大量淘走，破坏了丁坝，维修工程量大，费用高；②抛石丁坝主体结构松散，坝身整体性较差，一旦护面或坝头结构遭破坏，块石被迅速冲失，很快延及整个坝体，导致整条丁坝被破坏；③抛石坝混凝土护面只能浇筑在水面以上部分，一般坝面只能比施工时低水位高 1.5～2.0m，试验表明，丁坝的防冲效果弱，坝头局部冲刷严重。

1）桩式丁坝。桩式丁坝是将桩打入河床中采用不同的护底措施作为丁坝的一种新型结构型式。

a. 最典型的板桩式丁坝是将预制钢筋混凝土板桩连续施打成排，桩顶用梁现浇连成整体的新型丁坝。为减少局部冲刷，各板桩之间留有一定的间隙，使坝身和坝头均有 15%左右的透水率。从板桩式丁坝与抛石丁坝比较来看，虽然板桩式丁坝与抛石丁坝平均促淤效果差别不大，但在丁坝附近的局部形态却有很大的不同，抛石丁坝的坝头冲刷坑不仅要比板桩式丁坝的深，且坝头冲刷坑范围也要大许多。

b. 将预制的混凝土桩沿坝轴线每隔 2m 左右打入土中，在桩与桩之间用螺栓锚住钢筋混凝土板，组成的坝体为桩板式结构，图 7-5-17 所示为上海川沙海塘护岸丁坝的混凝土板桩式结构示意图，这种结构对淤滩保海塘起到了很好的作用。

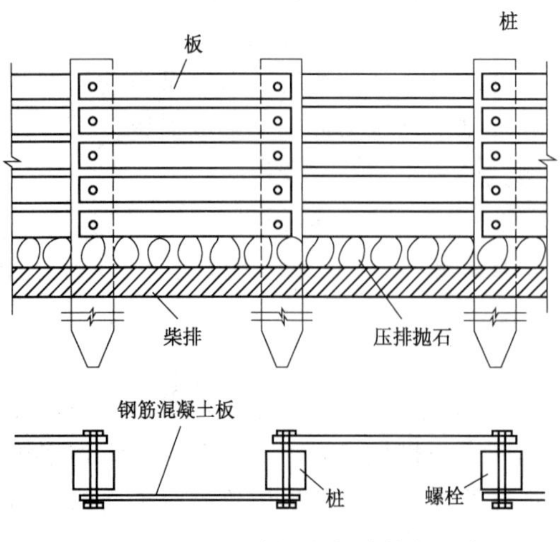

图 7-5-17 混凝土板桩式结构示意

法国河流整治也曾采用桩板式结构，如在小罗纳河 20km 的整治河段上，使用了 187 组板桩坝，采用钢桩挂混凝土板，起转流导沙作用，取得了成功。

c. 桩体实体建筑物就是建筑物中

桩与钢筋混凝土板桩紧密相连，形成堵墙式的结构物。为了防止柱式建筑物从底部被淘刷，沿着坝轴线设置为 3～4m 梢排带，也可利用浮梢。

d. 桩土混合结构。它是由打入土中的桩与桩紧密相连组成实体墙，为了避免水流冲刷桩基，采用柴排已不起作用，可用碎石增强基床或在墙体两侧筑土料棱体，上铺碎石护面形成实体建筑物，断面如图 7－5－18 所示。桩土混合结构可作丁坝、锁坝和顺坝用。

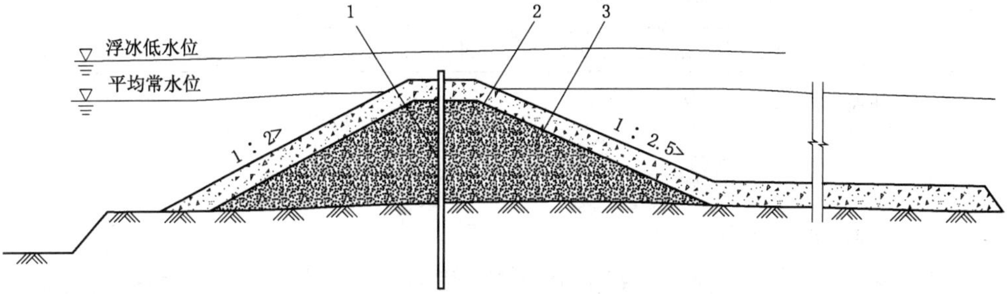

图 7－5－18 桩土混合结构

1—桩；2—护面块体；3—堤心石

2）沉箱式结构。钢筋混凝土沉箱的设计可参考港口工程的做法。如图 7－5－19所示，趁高潮位或高水位时，浮运到施工地点，将箱内填土下沉，组成丁坝。

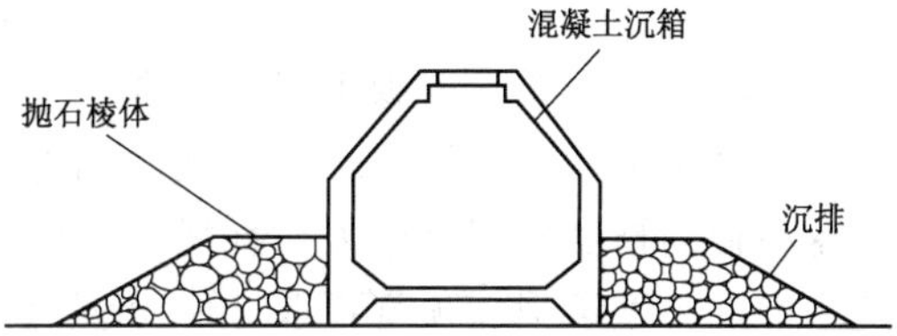

图 7－5－19 混凝土沉箱式坝

3）人工块体混合结构。在河口开敞水域，受径流、潮汐、风浪动力条件影响，建筑物受力条件异常复杂，而且河口基础条件差，施工难度大。为了适应河口地区水动力条件，河口整治工程中常采用人工块体混合结构。

勾连块体混合坝是长江口整治设计的一种断面型式。堤心用 10～100kg 小块石充填，垫层用 100～150kg 的块石抛筑，护面用 4t 重的勾连块体保护，两侧堤脚用 150～300kg 的大块石护脚。该种型式使用石料较多，要求较高，在石料货源充足的条件下可以优选优用，具体型式如图 7－5－20 所示。长江口深水航道整治二期工程采用的勾连块体重量为 6～10t。这种结构型式类似于港口工程中的斜坡防波堤结构。

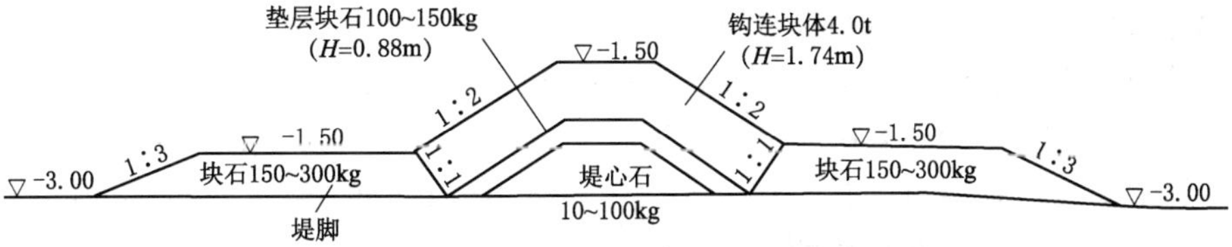

图 7－5－20 勾连块体混合坝（H 为垫层块石厚度）

4）半圆形混合结构。半圆形混合堤是长江口整治工程的推荐结构型式，是利用预制半圆形构件，卧放在堤轴线上。该形式利用半圆体构件上设置的圆形小孔，减小潮流、风浪的浮托力，使坝体稳定，其基本结构形式如图7－5－21所示。

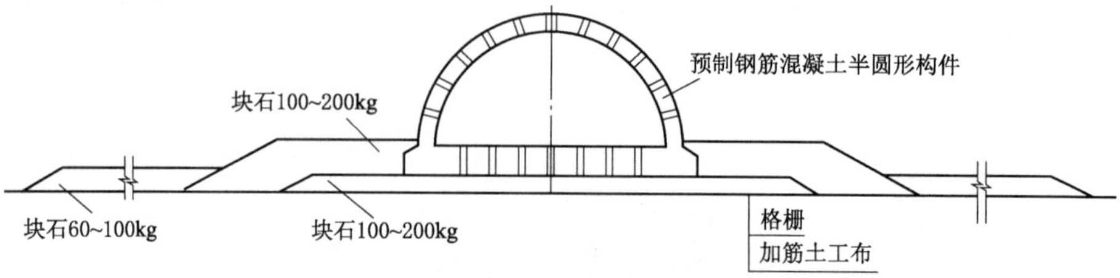

图7－5－21　半圆形混合结构断面图

2. 丁坝坝体的构造

(1) 块石丁坝坝体结构。块石丁坝的梯形横断面，建筑物偏于上游一面的斜坡，称为迎水坡，迎水坡坡度可取1∶1.0～1∶1.5；建筑物偏于下游一面的斜坡，称为背水坡，背水坡坡度可取1∶1.5～1∶2.0。

坝顶宽可取1～3m，在流速大或有流冰的地区，可取较大值，特殊情况也可适当加宽。

坝体应按设计要求嵌砌牢固，并进行埋坡和坝面平整。

潜丁坝坝顶常年淹没在水下，受水的冲蚀作用大，加之潜丁坝全部为水下施工，坝顶宽高程的精度控制难度大，且坝顶无法采取防护措施。因此，潜丁坝的断面尺寸应适当加大。潜丁坝坝顶宽可取2～5m，迎水坡坡度可取1∶1.5～1∶2.0，背水坡坡度可取1∶2.0～1∶2.5。护底的范围可按表7－5－20选取。

表7－5－20　　丁坝护底范围取值

河段土质	护底外缘线范围			说　明
	距迎水坡脚/m	距背水坡脚/m	距坝头向河坡脚/m	
容易冲刷	2～4	5～10	5～12	
特别容易冲刷	10～20	20～30	30～60	必要时，通过计算或模型试验确定

(2) 充填袋填心坝坝体结构。充填袋填心坝的断面尺寸可略大于抛石丁坝，坝体的梯形横断面，迎水坡坡度可取1∶1.5～1∶2.0，背水坡坡度可取1∶2.0～1∶2.5，坝体顶宽可取2～4m，特殊情况也可适当加宽。

充填袋外宜加盖无纺土工布，外层采用块石护面，块石厚度可取0.7～1.0m。受波浪影响较大的地区尚应采用人工块体护面。

坝体坡脚应设置抛石棱体，棱体高度宜取1.0～1.5m，迎水面的棱体顶宽宜取1.0～1.5m，背水面的棱体顶宽宜取1.5～2.0m。

对于特殊结构的丁坝坝体结构设计可参考块石丁坝和充填袋填心坝坝体的一些参数选取，根据具体条件进行设计，必要时进行河工模型实验。

3. 丁坝的防护措施

(1) 坝面防护。山区河流丁坝坝面的破坏一方面是水流的冲蚀；另一方面是流木的撞击力。平原河流由于流速较小，丁坝坝面一般不容易破坏，在潮汐河口，受风浪和潮流的影响，坝面需要采取特殊的防护措施。要保持坝面稳定主要应发挥整体作用，坝面宜采用较大的块石或浆砌条石和浆砌块石护面。流冰河段坝面的防冰措施，可采用灌注素混凝土或铁丝笼装块石将坝面块石连接成整体。

(2) 坝头防护。丁坝坝头处水流湍急，承受的动水压力大，并产生绕过坝头的螺旋流，在坝头以下形成冲刷坑，可能引起坝头块石部分坍落。为保持坝头相对稳定和丁坝长度不缩短，设计时宜将坝头平面布置成圆滑曲线，放缓坝头向河坡，向河坡坡度宜取1∶2.5～1∶5.0。

根据水流对坝头的作用情况，距坝头5～15m的坝体可加宽1～3m（图7－5－22），充填袋填心坝坝头加宽段应全部采用块石。在潮沙河段或流向顺逆不定的河段，宜沿坝轴线对称加宽。

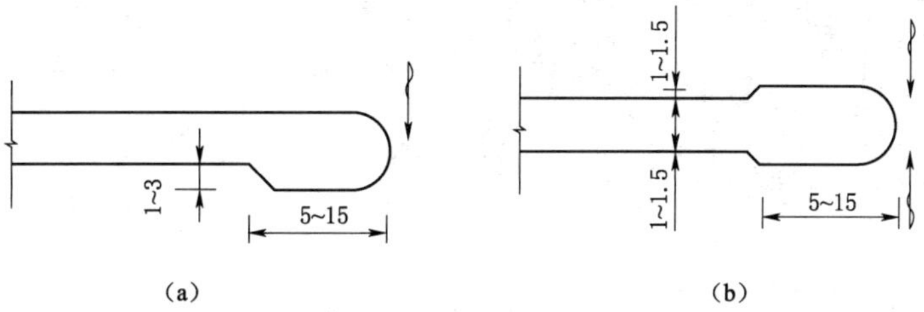

图7－5－22　坝头加宽示意（单位：m）

(3) 坝根处理。为了防止中水、洪水位时坝根被水流冲刷，使坝根与岸坡的连接切断，导致丁坝坝根损毁与岸坡垮塌，要做好坝根的处理。

丁坝坝根宜采用喇叭形接岸。当河岸易冲蚀且水流作用较强时，坝根应嵌入岸坡内，并应有适量的护坡，防止根部被水流冲刷。

坝根护坡长度应根据河岸地质和水流情况确定，上游护坡长度可取5～20m，下游护坡长度可取10～30m，特殊情况可适当增减。

坝根护坡高度应根据地质和地形情况确定，护坡高出坝根顶部不宜少于1.0m。坝根接岸的岸坡坡度不宜陡于1∶1.5。

(4) 坝顶的纵坡和护底措施。为使被整治河段的横断面面积随水位涨落而逐渐变化，丁坝应有从河岸向河心倾斜的纵向坡度。坝顶纵坡坡度可取1∶100～1∶300，特长的丁坝应结合滩岸高程调整纵坡。需要在不同水位下发挥作用的丁坝，坝顶可分段采用不同的高程或不同的纵坡坡度。对有排冰或其他要求的航道，丁坝坝顶可设为平坡。

在河床易冲刷变形的河段，丁坝应采取护底措施。丁坝的护底范围应按表7－5－12选取。

二、顺坝

顺坝又称离岸堤，是坝根与河岸或江心洲相接，坝身轴线与整治线走向一致的护岸工程。由于离岸堤平行于岸线，与岸线有一定距离，既能拦截沿岸输沙，又对正向入射的波浪有较好的促淤效果。离岸堤一般布置在破碎波带内，建于破碎波带以外的离岸堤即为岛式防波堤，其目的不是促淤而是防波浪的侵袭。在平原河流上多用于束窄河床，增大航槽流速或引导水流冲刷航槽，以保持航槽稳定；堵塞支汊，增大通航汊道的通过流量；在江心洲头和洲尾，调整分流分沙比、汇流处的交汇角。

离岸堤一般分段间隔布置（图 7－5－23），来波的部分波能被离岸堤阻挡，另一部分波浪经过离岸堤之间绕射进入堤后水域，使泥沙在堤后淤积并逐渐淤宽，最终形成“陆连岛”。离岸堤对于以正向波为主的海岸防护和促淤最为有效。

以促淤为主要目的的离岸堤，其所在位置的水深一般都较浅，小则 1m，多则数米；堤长可取为 2～6 倍波长，堤的间距可取为 1 倍波长，离岸的距离可取为 0.3～1.0 倍波长。堤顶高程可取为高水位以上 0.5 倍波高或 1.0～1.5m。

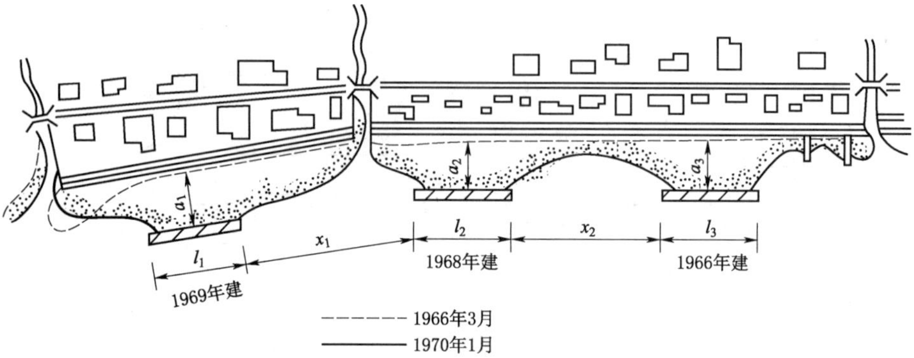

图 7－5－23 离岸堤平面示意

（一）顺坝的分类

顺坝按其作用可分为导流顺坝、洲头顺坝、洲尾顺坝、固滩顺坝和封弯顺坝。

1. 导流顺坝

导流顺坝的坝轴线与整治线走向一致，可根据需要布置为直线或平缓曲线，坝根与河岸相连，坝头宜接近下深槽，以引导水流由上深槽平顺过渡到下深槽。当浅滩过渡段区较长时可与丁坝群结合，用以缩窄河床，冲刷航槽，如图 7－5－24 所示。

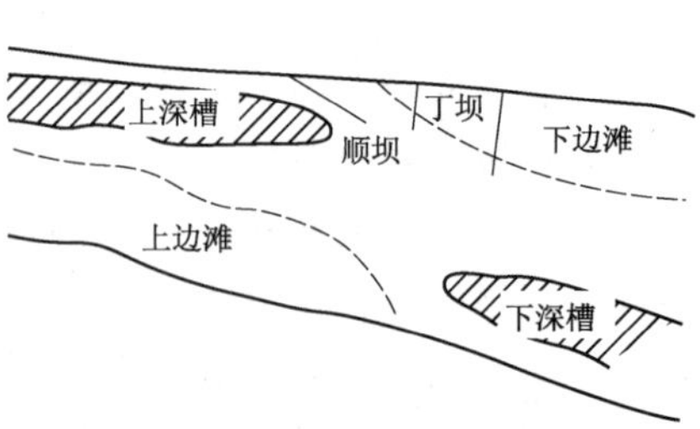

图 7－5－24 导流顺坝与丁坝群示意

2. 洲头顺坝

布置在江心洲洲头，坝根与江心洲相连，坝身向上游延伸的顺坝称为洲头顺坝，如图 7－5－25所示。主要用于调整两条汊道的分流、分沙比，拦截洲头横流，从而改善汊道进口流态。

3. 洲尾顺坝

布置在江心洲洲尾，坝根与江心洲相连，坝身向下延伸的顺坝称为洲尾顺坝，如

图 7－5－25 所示。洲尾顺坝主要促使两汊水流在洲尾平顺汇合，减少两汊水流相互顶托作用，防止汊道出口淤积出浅，并可拦截洲尾横流，改善流态。

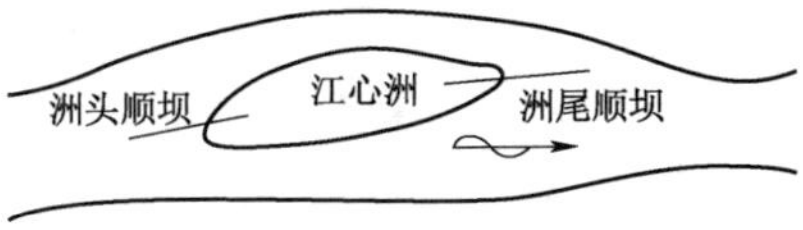

图 7－5－25　洲头顺坝、洲尾顺坝群示意

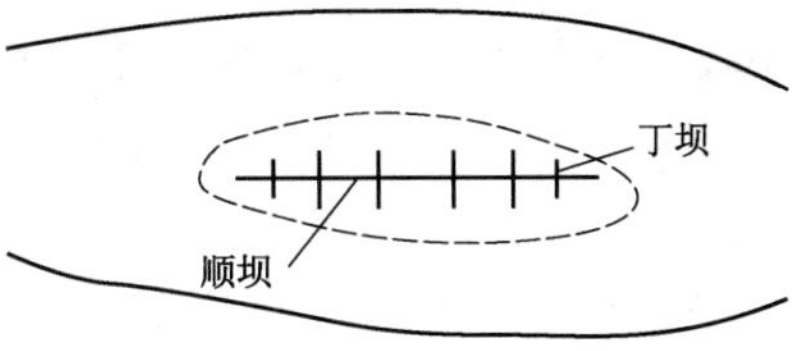

图 7－5－26　固滩顺坝示意

4. 固滩顺坝

在平原河流的汊道浅滩上，为稳定和加高低矮而且游移不定的河心沙滩，可布置一道适当长的顺坝，并在其两侧加筑与顺道相连的短丁坝，形成类似鱼骨状的组合坝，以加高河心沙滩，促进泥沙淤积，如图 7－5－26 所示。

5. 封弯顺坝

在河道过于弯曲、水流扫弯的滩险，可在凹岸布置封弯顺坝，在凸岸一侧开挖新航槽，改变河床的平面形态，增大弯曲半径，如图 7－5－27 所示。

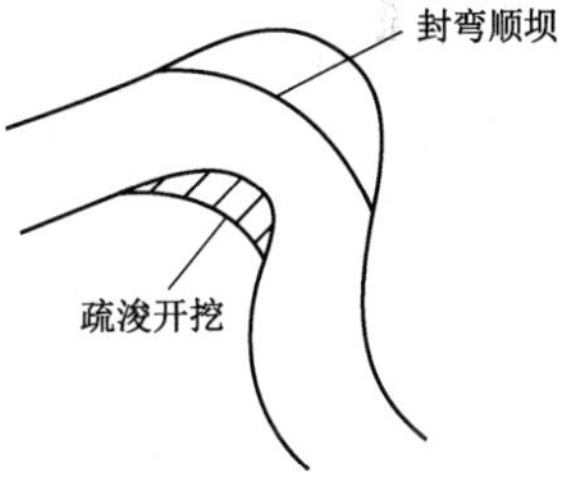

图 7－5－27　封湾顺坝示意

（二）顺坝的作用

顺坝的主要作用是：①调整水流流向，使水流沿规划的整治线平顺流动；②束窄河床，增加航槽流速；③形成有利的环流，控制横向输沙；④调整汊道分流比，改善流态；⑤有时用于封堵汊道，增加通航汊道流量。

顺坝对水流结构改变不太大，沿坝水流平顺，在平原河流和山区河流整治工程中，使用都较为广泛。但顺坝一旦建成，就很难改动，因此在确定坝位、线形时应特别慎重。另外，水流经过顺坝坝头后迅速扩散，流速降低，容易形成“关门浅”。根据河流的具体情况，有的地区多用顺坝，如四川的岷江、嘉陵江等。

（1）调整急弯，规顺岸线。在山区航道整治中，对于航道过于弯曲的河段，用顺坝封弯来修整不规则的枯水岸线，使之形成新的河岸，平顺水流，改善流态，可以使碍航因素得以改善。

（2）堵塞支汊，调整分流分沙比。在分汊河段上布置顺坝，堵塞支汊，增加主航槽枯水流量，调整分流分沙比。

（3）拦截洲头横流，改善汊道进口流态。在分汊河段，往往存在两汊道水面高程不一致，在江心洲头部产生横流，妨碍船舶航行。在江心洲头部布置洲头顺坝，拦截横流，使汊道进口水流平顺。

（4）调整汇流处的交汇角，改善汇流条件。在分汊河段汇流处，受两汊水流相互顶托影响，在口门处易产生淤积碍航，或因两汊水面高程的差异，产生碍航横流。在江心洲尾部布置洲尾顺坝，可调整汇流处的交汇角，改善汇流条件，平顺水流，减小淤积。

(5) 用于丁坝上游，以改善丁坝坝头水流条件。在丁坝群上游第一道丁坝，一般采用下挑丁坝。根据河道条件，在丁坝群的上游也可布置顺坝、改善丁坝群的水流条件。在岷江朱石滩整治中，右岸丁坝群的上游布置了一条长顺坝，不仅航道尺度达到设计要求，而且横比降减小，整治效果好。

(三) 顺坝的布置原则

1. 导流顺坝、封弯顺坝的布置

(1) 顺坝坝身一般沿整治线方向布置，且常布置在主导河岸一侧。

(2) 轴线与水流交角不宜过大，当洪水、中水、枯水流向不一致时，封弯顺坝的坝轴线宜与中水流向一致，以避免中水位时水流漫顶产生“滑梁水”，导致航行事故。

(3) 浅滩不宜在两岸同时布置顺坝，否则施工后，若发现整治宽度不合适，难以改动。一般可在主导河岸一侧布置顺坝，另一岸布置丁坝。

(4) 平面形态应为平缓的曲线或直线构成，坝根应与河岸平缓连接，坝起点的位置应在水流转向点以上，当顺坝与河岸岸线间距较大时，若用顺坝平缓与岸线连接，坝身过长时，可用丁坝与河岸连接，形成丁顺坝型式，以节省工程量。

(5) 顺坝坝头宜接近下深槽，避免坝头附近出浅。坝头轴线应平顺，不能向航道内、外挑出，以免造成不良流态，威胁航行安全。

(6) 为加速顺坝坝田淤积，可在顺坝与原河岸之间建格坝，格坝坝根与原河岸连接，其高程比顺坝顶略低，顺坝内侧的格坝间距可按凸岸丁坝间距确定，如图7-5-28所示。有条件时可将浅滩上挖出的砂卵石吹填坝格。

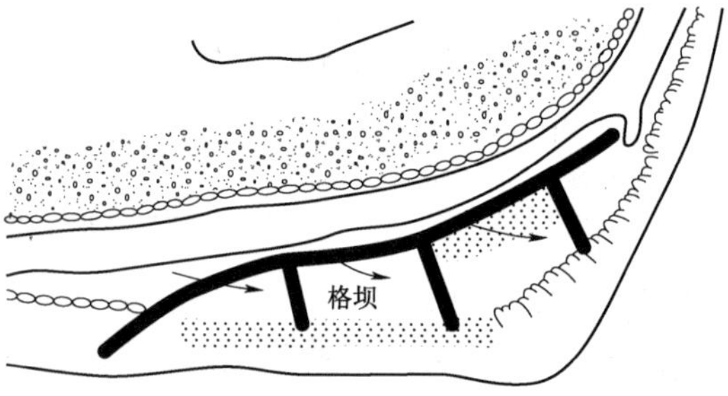

图7-5-28 顺格坝组合应用示意

2. 洲头顺坝、洲尾顺坝的布置

(1) 以拦截横流为主的洲头顺坝，坝头应该布置在能拦截有害横流处，与江心洲地形平顺衔接，以避免水流绕过坝头后再次产生分流，在靠近坝体一带形成回流、漫水，使得泥沙淤积而碍航。

(2) 以调整分流分沙比为主的洲头顺坝，坝轴线的位置应根据分流分沙比的需要，由计算或模型实验确定。

(3) 洲尾顺坝坝头宜接近下深槽或水流已经平顺的地方，避免泥沙淤积形成拦门沙。

3. 固滩顺坝的布置

固滩顺坝上下两端坝头的位置应分别按有利于控制分流分沙比和汇流条件的原则合理确定，顺坝两侧还应布置一定数量的短丁坝，组成鱼骨坝，其宜与水流正交。

(四) 顺坝的结构设计

1. 顺坝材料选用和结构型式

顺坝整体受力没有丁坝大，但靠航槽一侧所受的水流冲刷力仍然很大。故顺坝的结构组成和坝体结构型式均可参照丁坝。抛石丁坝和充填袋填心坝的材料可按丁坝要求选用。

2. 顺坝的构造设计

抛石顺坝的横断面多为梯形，由于顺坝受力没有丁坝大，故块石顺坝坝顶宽度宜取1～2m，边坡坡度宜取1∶1.0～1∶2.0。充填袋填心坝坝顶宽度取1.5～3.0m，边坡坡度一般取1∶1.5～1∶2.0。

洲头分流、洲尾导流或封弯导流等顺坝，应根据不同的受力情况，增加坝顶宽度和放缓边坡。

顺坝纵坡坡度宜与建坝后整治水位时的水面比降一致。洲头顺坝的纵坡宜采用与水面比降相反的坡度。

顺坝的坝根护坡设计、顺坝的坝面结构和丁坝的有关规定一致。

在江心洲尾处，由于洲尾两股支汊水流相互碰撞，流速减小，能量降低，同时导流顺坝沿水流动力轴线布置，受力较丁坝小，故洲尾顺坝和导流顺坝坝头可不加宽，其坝头坡度可取1∶2.0～1∶3.0。洲头顺坝坝头可根据水流条件适当加宽，坡度适当放缓。充填袋填心坝坝头部分应全部采用块石结构。

在易冲刷变形的河段，顺坝宜采取护底措施。护底结构应符合丁坝的规定。护底范围可伸出边坡坡脚外5～15m，伸出坝头坡脚外10～20m。

三、锁坝

坝的两端分别与两侧河岸相连接的横向护岸工程称为锁坝。锁坝的作用是：堵塞支汊，集中流量冲刷汊道，满足航深的要求；潜锁坝主要壅高上游水位，调整流速、比降。

（一）锁坝的分类

根据锁坝的不同作用，可将锁坝分为堵汊锁坝、导流锁坝和潜锁坝（暗锁坝）三大类。前两者分别建在支汊内和支汊进口处，后者建在主河槽内，为锁坝的一种特殊型式。

1. 堵汊锁坝

布置在分汊河道中的支汊锁坝，坝轴线与水流的方向正交，为了堵塞支汊或限制串沟发展，集中流量冲刷通航汊道，增加航道的深度，故称堵汊锁坝。

2. 导流锁坝

布置在支汊入口处，坝轴线与水流的夹角较小，形同顺坝的锁坝即为导流锁坝，又称堵顺坝。

3. 潜锁坝（暗锁坝）

在单一河道或分汊河道的通航主汊中修建的跨越两岸的潜堤称为潜锁坝，又称壅水潜坝。对于急流滩，主要用于抬高水位、减缓流速、较小比降、促淤扞沙、减小过水断面和消除不良流态等。

（二）锁坝的平面布置原则

1. 锁坝的坝位

锁坝的坝位应根据航运、防洪、工农业用水等实际情况，并结合地形、地质、水流、泥沙、工程结构及施工条件等各方面因素综合考虑确定。

平原河流上的锁坝，宜建在汊道的中、下段，并与汊道主流向正交。当汊道的水面落差超过 0.8m 时，宜分别在汊道的中上段和中下段建锁坝；山区河流上的锁坝，宜建在汊道的上、中段。

2. 锁坝的方向

堵汊坝坝轴线一般与水流正交，以避免因斜交而产生对一端坝根的集中冲刷。导流锁坝的方向应根据滩险地形而定，坝轴线与水流的交角宜尽量减小。壅水潜锁坝的坝轴线应与水流正交，以充分发挥潜锁坝的壅水作用。

3. 锁坝数量的确定

(1) 当汊道较长、比降较大、总落差较大时，为了保证锁坝的安全，可修建几座锁坝，使每座锁坝承受的水位落差为总落差的一部分。锁坝的数目 n 可由下式确定，即

$$n=\frac{\Delta Z}{\Delta h} \tag{7-5-20}$$

式中 ΔZ——设计水位时江心洲头至洲尾的水位总落差；

Δh——一条锁坝所担负的落差，通常为 0.5～0.8m。

(2) 主航道上的壅水锁坝坝顶上水深较大，锁坝的作用范围很有限，壅水锁坝的数量应通过水力计算或模拟实验确定。

(三) 锁坝的结构

锁坝由坝体、坝面、坝根和护底组成。锁坝可根据实际工程的需要，采用与丁坝相同的坝体结构型式。

1. 锁坝的断面尺寸

锁坝的断面型式一般为梯形，坝顶宽 2～5m，在一些中、小河流的低水锁坝，坝顶宽可取 1～3m；迎水坡坡度 1∶1.5～1∶2.0，背水坡坡度 1∶2.0～1∶3.0。潜锁坝全部在水下施工，尺寸控制比较难，坝顶宽度和边坡可取偏大值。

2. 锁坝的坝根结构

锁坝上下游河岸应设置护坡，上游护坡长度可取 10～15m，下游护坡长度应通过水力计算确定，但不应小于 15m。护坡高出坝根不宜小于 1.0m。

当坝根与砂卵石江心滩相连接时，应在江心滩上开槽，将坝根嵌入一定长度，必要时应进行防渗处理。坝根护岸范围可适当延长。

3. 护底结构

锁坝坝下应采用柔性防护结构形式，护底设计可参考丁坝。护底外缘线至坝脚的距离，上游面可取坝高的 1.5 倍，下游面可取坝高的 3～5 倍，也可采用式 (7-5-21) 和式 (7-5-22) 进行计算。距坝脚 0.5 倍坝高的范围内应重点加强防护。

$$L=m\Delta h_p \tag{7-5-21}$$

$$\Delta h_p=0.33p\left(\frac{h}{d}\right)^{0.33}\left(\frac{\Delta h}{h}\right)^{0.35} \tag{7-5-22}$$

式中 L——护底伸出长度，m；

m——护底稳定边坡系数，取2.0～2.5；

Δh_p——原河床床面起算的冲刷坑最大深度，m；

p——自河床起算的坝高，m；

h——坝下冲刷前水深，m；

d——床砂中值粒径，m；

Δh——锁坝上下游水位差，m。

堵汊锁坝坝顶高程一般可采用经验判断或水力计算的方法确定，可参考有关文献，复杂而重要的工程项目还可通过模型试验予以优化。

4. 坝顶纵坡

锁坝坝顶一般为平坡，必要时可设不陡于1∶10的纵坡，减弱水流对坝下接岸段的冲刷。

（四）锁坝稳定计算*

锁坝应进行块石粒径的验算和锁坝抗滑稳定计算，以便加强锁坝的上、下河岸和边坡的防护措施。坝体块石粒径验算与丁坝相同。

（1）锁坝最危险的滑动面。对于泥质基础，按圆弧滑动计算；若是沙质基础为AO，若是卵石基础为AE，如图7-5-29所示。

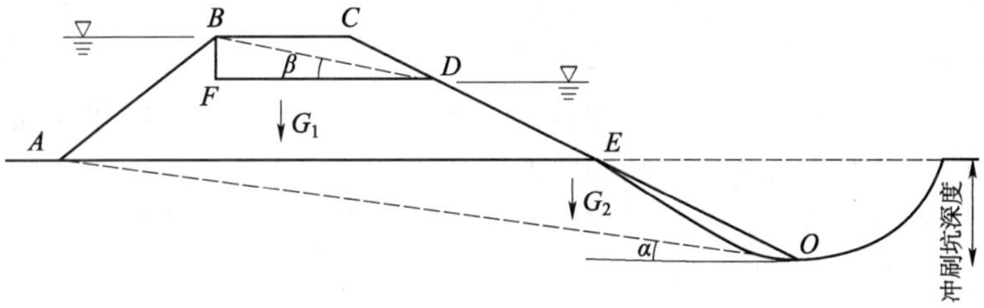

图7-5-29　锁坝抗滑稳定计算断面示意

（2）计算工况。在计算时，应考虑在各级水位下荷载的不利组合，验算其稳定性。

（3）抗滑稳定性验算。沙质基础上锁坝的平面滑动稳定可按下列公式计算。

1）作用力。

a. 锁坝单位长度自重G_1，即

$$G_1 = A_1(\gamma_s - \gamma) + A_0\gamma_s \tag{7-5-23}$$

式中　A_1——浸润线以下锁坝横断面$ABDE$面积，m^2；

A_0——浸润线以上锁坝断面BCD的面积，m^2；

γ_s——块石重度，kN/m^3；

γ——水的重度，kN/m^3。

b. 滑动棱体基础土的单位长度重度G_2，即

$$G_2 = A_2(\gamma_2 - \gamma) \tag{7-5-24}$$

式中　A_2——基础土断面的面积，m^2；

γ_2——基础土壤重量，kN/m^3。

c. 渗流压力 G_{φ}，即

$$T_{\varphi}=A_3\gamma J_{\varphi} \tag{7-5-25}$$

$$J_{\varphi}=\tan\beta=BF/DF \tag{7-5-26}$$

式中 A_3——渗流面 $ABDEO$ 的面积，m^2；

J_{φ}——渗流水力坡度。

2）锁坝抗滑稳定性。锁坝抗滑稳定系数 k 不应小于 1.2，k 按下式计算，即

$$k=\frac{(G_1+G_2)\cos\alpha\tan\varphi}{T_{\varphi}+(G_1+G_2)\sin\alpha} \tag{7-5-27}$$

式中 φ——基础土壤的内摩擦角，(°)；

α——锁坝滑动面与水平面交角，(°)。

（4）卵石基础上锁坝的平面滑动稳定可参照沙质基础上平面滑动计算。

四、潜堤

潜堤又称潜坝，潜堤是坝顶终年潜没于水下的建筑物，一般多在高潮时淹没，低潮时露出，其堤顶多在平均水位附近。港口工程中的潜堤起消浪减淤作用，既可阻挡部分波浪袭击海岸，又可让一部分泥沙随波浪越过堤顶进入堤后淤积，既保滩又促淤，有效地阻拦或减少泥沙进港。航道工程中的潜堤的主要作用是壅高上游水位，调整比降，增加水深，也可以促淤赶沙、减少过水断面和消除不良流态等。在滩涂围垦工程中需要满足加速淤积，发挥保滩促淤的作用。

离岸的潜堤距岸边应有合适的距离，一般采用 12～20 倍的设计波高值；潜堤处的水深也多选择在不少于 1 倍波高的地方。

潜堤一般不单独使用，多与丁坝结合考虑。否则，它不仅不能改善海（河）岸的冲刷，而且将使岸滩的冲刷更加恶化。

丁坝与潜堤结合布置，称为锁坝（图 7-5-30）。锁坝可由潜堤带一条丁坝或带两条以上的丁坝组合而成。

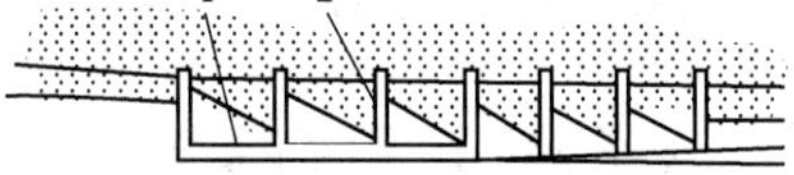

(a)

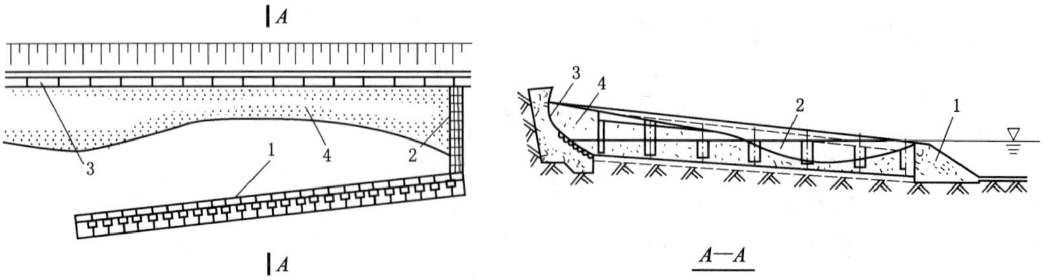

(b)

图 7-5-30 带丁坝的潜堤示意

(a) 带多条丁坝的潜堤；(b) 带一条丁坝的潜堤

1—潜堤；2—丁坝；3—岸墙；4—淤滩

对于潜堤加一条丁坝组成的锁坝，可用于沿岸有较强大的泥沙流的情况，此时，在平面上潜堤和丁坝可布置成L形，其开口面向泥沙流的来向。

对于潜堤加多条丁坝组成的锁坝，可用于沿岸有砂质泥沙流的情况，此时，在平面布置上潜堤和丁坝将成为封闭型。这种布置的防浪和淤积效果较好，但闭合水域内的水质将会越来越差，尤其在坝身不透水时更严重。

丁坝、离岸堤和潜堤结构设计的原则和方法，可参照防波堤，但应注意以下几点：①上述建筑物多属于临时性或半永久性建筑物，一旦新的岸滩形成以后将失去原有的作用，因此在设计时一般可采用较低的设计标准；②上述建筑物往往地区性很强，许多地区根据自己长期的工程经验，形成一些独特的但并不一定合理的习惯做法，需在深入调查研究基础上，总结、提炼或加以改进；③对于丁坝、离岸堤或潜堤，堤头和坝头部分是受力最大和最复杂的部位，另外潜堤的堤顶部位也是一个薄弱环节，设计、施工时应从结构和构造上适当加强。

【学后思考】

1. 护岸工程在结构上可分为哪些形式？
2. 如何拟定斜坡式护岸顶部高程？
3. 斜坡式护岸的构造要求有哪些？
4. 斜坡式护岸设计的内容包括哪些？如何拟定？
5. 堤式护岸由哪几部分组成？
6. 直立式护岸有哪几种结构形式？其各自的优缺点是什么？
7. 直立式加筋土岸壁一般由预制的钢筋混凝土面板、______、胸墙（或帽梁）、______、基床、倒（反）滤层等部分组成。
8. 丁坝、顺坝、锁坝和潜坝的区别是什么？各有何特点？
9. 丁坝由哪几部分组成？其各自的结构要求有哪些？
10. 顺坝如何分类？其作用是什么？
11. 如何进行顺坝的结构设计？
12. 锁坝如何分类？其结构如何拟定？

项目八　通航建筑物

在航道、河道中修建拦河水利枢纽工程致使水流被截断并形成一定的上、下游水位落差，为了顺利通航，需要修建船闸、升船机等通航建筑物。在以下情况时可修建通航建筑物：①在航道、河道中拦河筑坝，形成上、下游水位差；②在渠化河道时，为了克服水浅流急的自然状态，以增加水深、减小流速，而进行分级筑坝；③开通运河，遇到地面高差过大或坡度过陡时，为了保持一定的水面坡度，需要将高差集中。

【知识目标】

1. 了解船闸、升船机的历史发展。

2. 熟知船闸、升船机的工作原理、组成、特点、类型、结构形式及适用条件。

3. 熟知引航道的作用、平面形状分类。

4. 了解引航道中的防护建筑物、导航建筑物及靠船建筑物的作用等基本知识。

5. 了解船闸与其他建筑物的布置关系。

【能力目标】

1. 能说出船闸、升船机的工作原理、组成、特点、类型、结构形式及适用条件。

2. 能说出引航道的作用、平面形状分类。

3. 能说出引航道中的防护建筑物、导航建筑物及靠船建筑物的作用等基本知识。

【素养目标】

1. 有正确的学习观念和积极、认真、踏实的学习态度。

2. 具有钻研、独立思考的品质和探索、求知的科学精神。

3. 有良好的思想品德、道德意识和献身精神。

4. 具有环保意识。

5. 了解与码头附属设施有关的议题知识，了解相关的技术革新信息。

【思政导引】

人类社会的发展离不开对自然资源的利用和对自然环境的改造，超级装备让人类获得超越自身的能力。工程机械制造水平和能力，成为衡量一个国家工业水平的关键指标。

中国，已经是全球工程机械最大的制造基地。这是中国迈向制造强国最有可能率先跻身最先进行列的领域。全球工程机械企业50强，中国已经拥有12席。留给中国国人的，眼下却是更极端的工况、更难挑战的技术。依托超强的装备体系实力，一批强悍的基建神器正锻造出一支通达天下的超强战队。

【知识拓展】

观看《大国重器》“通达天下”。

任务一　船　　闸

【课程导航】

问题 1. 船闸按照设计客货运量分为几级？

问题 2. 试阐述船闸的工作原理？

问题 3. 船闸由哪几部分组成？

问题 4. 船闸分别按照闸室级数、船闸线数、闸室形式和地理位置不同如何分类？各自的适用条件有哪些？

问题 5. 单线船闸引航道的平面形状有哪几类？

问题 6. 引航道的作用是什么？如何分类？

问题 7. 在船闸引航道中的主要建筑物有哪些？

问题 8. 在水利枢纽中布置船闸，应注意哪些问题？

问题 9. 在引航道中的防护建筑物的作用是＿＿＿＿＿＿＿＿＿＿？

问题 10. 在引航道中的导航建筑物的作用是＿＿＿＿＿＿＿＿＿＿？

问题 11. 在引航道中的靠船建筑物的作用是＿＿＿＿＿＿＿＿＿＿？

问题 12. 按照船闸闸室的断面形状，闸室分为哪两类？

在天然河流由于调节流量、渠化通航以及在运河上因地形条件及水面坡度的限制以及修建拦河闸、拦河坝处，形成集中水面落差，为了保障通航，须借助专门的通航建筑物使船舶直接通过落差。现代通航建筑物应用最多的是船闸。

船闸是利用向两端有闸门控制的航道内灌、泄水，以升降水位，使船舶能克服航道上的集中水位落差的厢形通航建筑物。通过闸室内的水位自动下降至与下游水位齐平，或闸室内的水位自动上升至与上游水位齐平，从而消除集中水位落差，让船只能够顺利从上游驶向下游或从下游面驶向上游。与升船机相比，船闸通航能力较大，应用较为广泛。

模块一　船闸的发展历史

中国是建造船闸最早的国家。秦始皇三十三年（公元前 214 年）凿灵渠，设置陡门，又称斗门（今名闸门），用以调整斗门前后的水位差，使船舶能在有水位落差的航道上通行。这种陡门构成单门船闸，简称单闸，又称半船闸。南朝宋景平年间（423—424 年），在扬子津（今江苏省扬州市扬子桥）河段上建造了两座陡门，顺序启闭这两座陡门，控制两陡门间河段的水位，船舶就能克服水位落差上驶或下行。宋雍熙年间（984—987 年）在西河（今江苏省淮安至淮阴间的运河）建造两个陡门，间距 50 步（约合 76m)，陡门上设有输水设备，这就是中国历史上有名的西河闸，是现代船闸的雏形。

在欧洲，单闸在 12 世纪首次出现于荷兰。1481 年意大利开始建造船闸。进入 20 世纪，在美国、德国、苏联和中国等国家都建有大量现代化船闸。20 世纪后，在美国、苏联和西欧各国，随着河流的开发和航运的发展，船闸的数量逐渐增多，技术上也不断改进。内河船闸尺度已达闸室长度 360m、闸室宽度 34.5m、门槛水深 5m，可通过 2 万 t 级的顶推船队。

世界上最大的船闸三峡船闸修建于三峡大坝左侧的山体中，船闸总长 6442m、宽 38.5m、门槛水深 114m。其中上游引航道 2113m，下游引航道 2708m，船闸主体段 1621m。船闸主体段闸首和闸室分南北两线，都是在山体岩石中开挖出来的。每线船闸主体段由 6 个闸首和 5 个闸室组成，每个闸室长 280m、宽 34m，闸室坎上最小水深 5m。三峡船闸可通过万吨级船队，设计单向年通过能力 5000 万 t。

模块二　船　闸　分　级

根据船闸的设计客货运量，按照通过船闸的最大船舶吨级或组成船队的最大驳船吨级，由高到低船闸分为 7 级，见表 8-1-1。设计最大船舶吨级指的是最大船舶载重吨（DWT）；当为船队通过时，指的是船队的最大驳船载重吨（DWT）。

表 8-1-1　　船 闸 分 级

船闸级别	Ⅰ	Ⅱ	Ⅲ	Ⅳ	Ⅴ	Ⅵ	Ⅶ
设计最大船舶吨级/t	3000	2000	1000	500	300	100	50

船闸水工建筑物应根据船闸级别及建筑物在工程中的作用，按照表 8-1-2 划分为 5 级。

表 8-1-2　　船闸水工建筑物级别划分表

船闸级别	水工建筑物级别		
	永久建筑物		临时建筑物
	闸首、闸室	导航、靠船建筑物	
Ⅰ	1	3	4
Ⅱ、Ⅲ	2	3	4
Ⅳ、Ⅴ	3	4	5
Ⅵ、Ⅶ	4	5	—

在综合性枢纽中，位于挡水前沿的闸首和闸室等挡水建筑物的级别应与枢纽中其他挡水建筑物级别一致。

2 级及以下永久建筑物符合下列情况之一者，其级别可提高一级：

(1) 水头超过 15m。

(2) 建筑物失事后，将对下游工矿企业、城乡居民的生活和生产造成重大损失。

(3) 工程地质条件特别复杂。

(4) 建筑物采用实践经验较少的新结构或新材料。

临时建筑物符合下列情况之一者，其级别可提高一级：

(1) 临时建筑物失事后，将对下游工矿企业、城乡居民生活和生产造成重大损失。

(2) 临时建筑物失事后，将引起工程工期严重延误。

模块三　船闸的工作原理

当船舶从下游驶向上游时，其过闸程序如图 8-1-1 所示。

(1) 关闭闸室上、下游闸门及上游进水阀门。

(2) 开启下游泄水阀门，将闸室内的水位泄放到与下游水位相齐平。

(3) 开启下游闸门，让船只从下游引航道驶进闸室内。

(4) 随即关闭下游闸门及下游泄水阀门。

(5) 打开上游灌水阀门向闸室内灌水，待闸室内水位上升至与上游水位相齐平。

(6) 打开上游闸门，船只由闸室驶出，进入上游引航道。

船舶从上游驶向下游时，其过闸程序则与此相反。

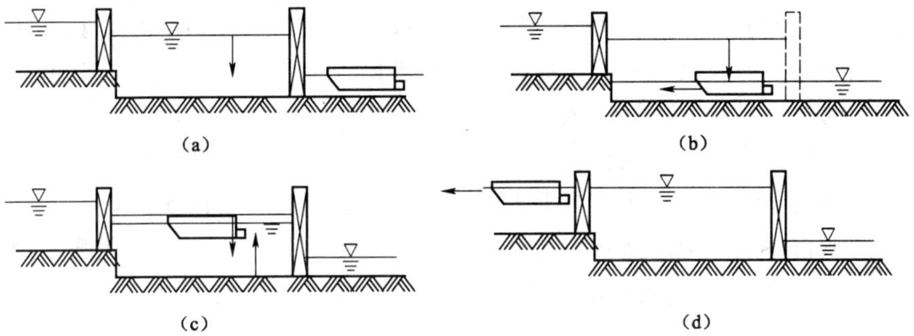

图 8-1-1　船闸工作原理示意

船闸一般由设在闸首边墩上的中心控制室集中管理。通过电气闭塞装置远距离操纵闸门和阀门启闭。在有的船闸上，还将指挥船舶航行的信号装置同闸门、阀门的操纵设备联系在一起，以实现过闸程序的自动化。

模块四　船闸的组成及作用

船闸是一种厢形构筑物，又称厢船闸，一般由闸室、闸首和引航道三部分组成，如图 8-1-2 和图 8-1-3 所示。

一、闸室

闸室是停泊船舶（或船队）的厢形室，借助室内灌水或泄水来调整闸室中的水位，使船舶在上、下游水位之间做垂直的升降，从而通过集中的航道水位落差。

图 8-1-2　某船闸组成平面示意

1—人字闸门；2—上闸首；3—闸室；4—闸墙；5—下闸首；6—导航建筑物

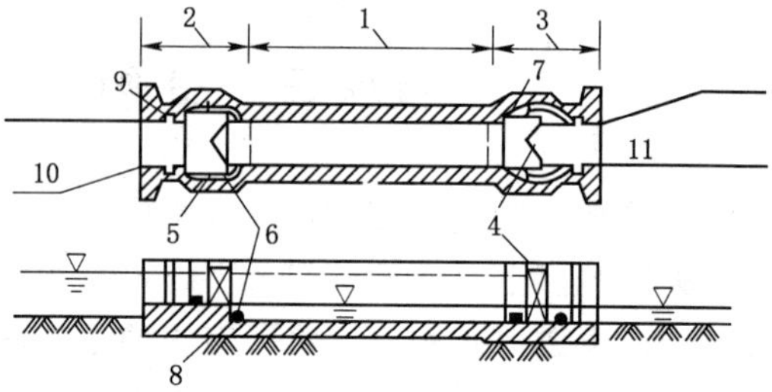

图 8-1-3　船闸组成示意

1—闸室；2—上闸首；3—下闸首；4—闸门；5—阀门；6—输水廊道；7—门龛；8—帷墙；9—检修门槽；10—上游引航道；11—下游引航道

闸室一般是由上、下闸首和两侧边墙所组成的空间，通过船闸的船舶可在此暂时停泊。闸室一般由闸底板及闸墙构成，并以闸首内的闸门与上、下游引航道隔开。闸底板及闸墙的建筑材料，可以用浆砌石、混凝土或钢筋混凝土；闸底板及闸墙的连接形式有整体式结构和分离式结构。

闸室的两端设置闸门，用以与上下游隔开。当船闸充水或放水时，闸室水位就自动升降，船舶在闸室中随闸室水位而升降，由于水位升降较快，要求在闸室中的船舶能稳定和安全地停泊，两侧闸墙上还设有系船柱和系船环等辅助设备。

二、闸首

闸首是指将闸室与上、下游引航道隔开的挡水建筑物，一般由侧墙和底板组成。位于上游的称上闸首，位于下游的称下闸首。在闸首内设有工作闸门、检修闸门、输水系统（输水廊道和输水阀门等）、阀门及启闭机械等设备。船闸的闸门，常用人字闸门。

三、引航道

引航道是指保证过闸船舶安全进出闸室时交错避浪和停靠用的一段航道。与上闸首相连接的称上游引航道，与下闸首相连接的称下游引航道。

在引航道内一般设有导航和靠船建筑物。导航建筑物与闸首相连接，其作用是引导船舶顺利地进出闸室；靠船建筑物与导航建筑相连接，布置于船舶过闸方向的一岸，其作用是供等待过闸船舶停靠使用。

模块五　船 闸 的 类 型

船闸的类型较多，影响船闸形式的主要因素有水头的大小、流量的多少、地形的陡缓、地质的优劣、所需的通过能力、建筑材料的供应情况，以及当地施工技术条件等。

一、按船闸的闸室级数分类

船闸根据沿船闸轴线方向的闸室数目可分为单级船闸、双级船闸和多级船闸（又称单室船闸、双室船闸和多室船闸），以单级船闸使用最广。

（1）单级船闸。沿船闸纵向只建有一级闸室的船闸，如图 8－1－4 所示。这种形式的船闸，船舶通过时，只需要进行一次充泄水即可克服上、下游水位的全部落差，过闸时间短，船舶周转快，通过的能力较大，建筑物以及设备集中，管理较为方便。一般单级船闸的适用水头不超过 15～20m。

图 8－1－4　葛洲坝单级船闸

水头最大的单级船闸是苏联在额尔齐斯河上建造的乌斯季卡缅诺戈尔斯克船闸，单级船闸水头达 42m。

（2）多级船闸。多级船闸是指沿船闸纵向连续建有两级以上闸室的船闸，如图 8－1－5 所示。船舶通过多级船闸时，需进行多次充泄水才能克服上、下游水位的全部落差。当水头较大时，采用多级船闸，过闸的用水量将会增大，充泄水进入闸室和引航道的水流流速较高，对船舶及输水系统的工作条件不利，而且还将使闸室及闸门的结构复杂化。多级船闸一般适用于水头超过 15～20m 的情况。船闸每级水头大小决定于船闸输水系统水力学等条件，以及布置上的要求。级数最多的船闸为俄罗斯的卡马河卡马枢纽中的双线六级船闸。船闸线数取决于客货运量大小及货种多少。

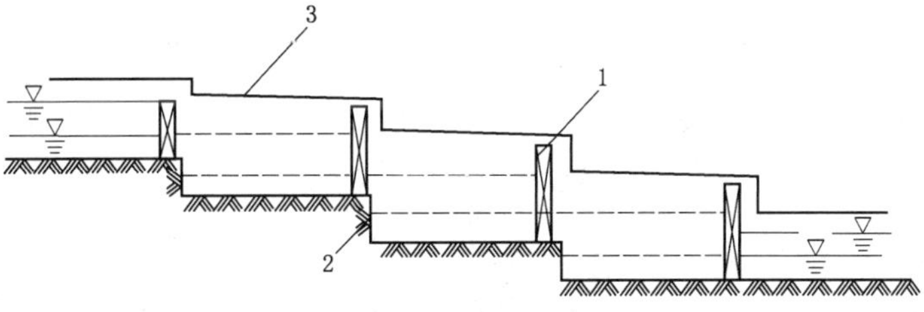

图 8－1－5　多级船闸示意

1—闸门；2—帷墙；3—闸墙顶

三峡双线五级船闸总水头 113m，闸室总长度 1621m。通过时间平均 3.25h。

二．按船闸的线数分类

通常情况下一个枢纽一般只布置一个船闸，即单线船闸。过闸运量较大时，可布置双线船闸或多线船闸，通常待运量增加后再陆续增建。

（1）单线船闸。其特点是在一个枢纽内，只建有一条通航线路的船闸。一般情况下，大多采用这种形式。

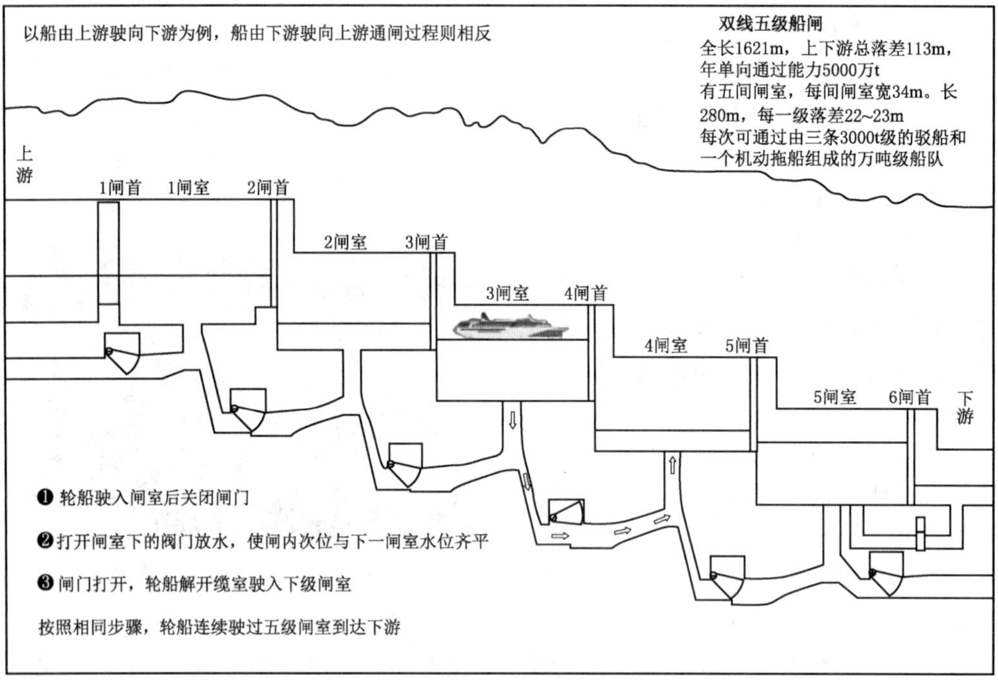

图 8－1－6　三峡双线五级船闸

(2) 多线船闸。是指在一个枢纽内建有两条或两条以上通航线路的船闸。如图 8－1－7 所示为长江葛洲坝水利枢纽所采用的三线船闸；图 8－1－8 所示为长江三峡水利枢纽所采用的两线船闸。船闸线数的确定，主要取决于货运量与船闸的通过能力。当通过枢纽的货运量巨大，采用单线船闸不能满足通过能力要求时，或船闸所处河段的航道对国民经济具有特殊重要意义，不允许因船闸检修而停航时才修建多线船闸。

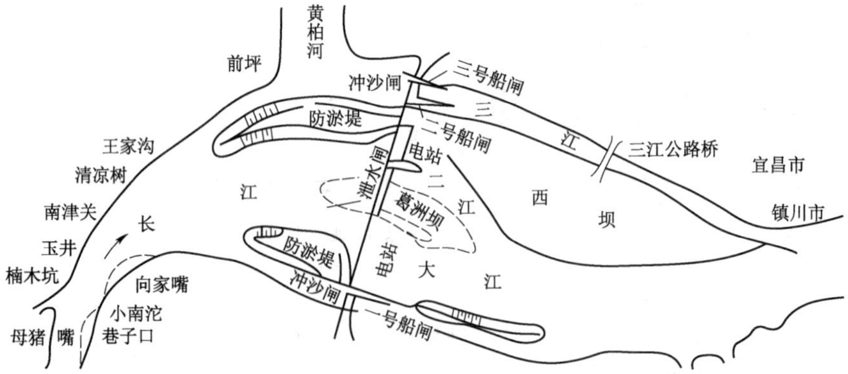

图 8－1－7　三线船闸布置示意

在双线船闸中，可将两个船闸的闸室并列，而在两个闸室之间采用一个公共的隔墙，如图 8－1－9 所示。这时可利用隔墙设置输水廊道，使两个闸室相互连通，一个闸室的泄水可以部分地用于另一个闸室的充水。因此，可以减少工程量和船闸用水量。

三、按闸室的形式分类

（1）广厢船闸。其主要特点是闸首口门的宽度小于闸室的宽度，如图 8-1-10 所示。这种船闸可以缩窄闸门的宽度、简化启闭设施、降低工程造价。但是，船舶进、出闸室需要横向移动，操作运用较为复杂，过闸时间较长。因此，在通过以小型船舶为主的小型船闸上较为常用。

（2）具有中间闸首的船闸。在上、下闸首之间增设一个中间闸首，将一个闸室分为前、后两部分，如图 8-1-11 所示。当所通过的船舶较小时，为了节省过闸用水量和过闸时间，可只用闸室的前半部和后半部；当通过较大的船舶或船只较多时，可将前、后闸室连为一体使用。

图 8-1-8　三峡双线五级船闸

（3）竖井式船闸。在闸室的上游侧设有较高的帷墙，而在下游侧设有胸墙，船舶在胸墙下的净空通过，下游闸门采用平面提升式，如图 8-1-12 所示。这种形式的船闸，用于水头较高、地基良好的情况，可以减小下游闸门的高度。如乌斯季卡缅诺戈尔斯克单级船闸，水头高达 42m，就采用了竖井式船闸。

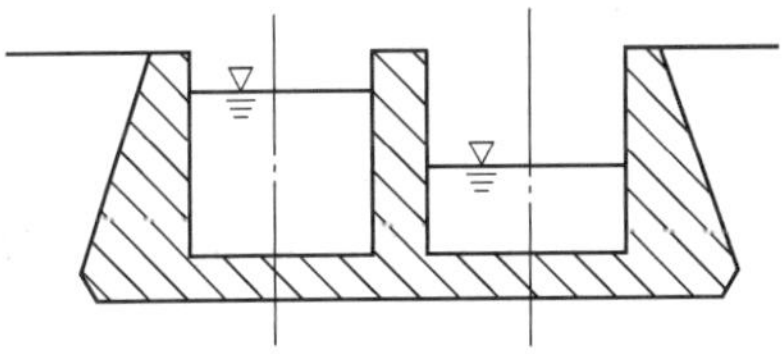

图 8-1-9　并列且互相连通的双线船闸示意

图 8-1-10　广厢船闸平面示意
(a) 对称式；(b) 反对称式

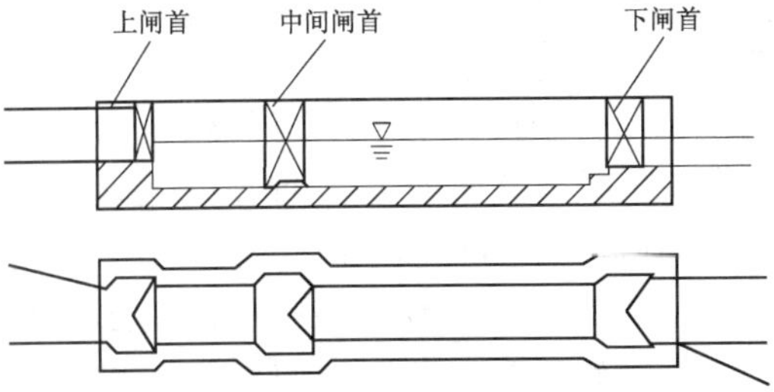

图 8-1-11　具有中间闸首的船闸示意

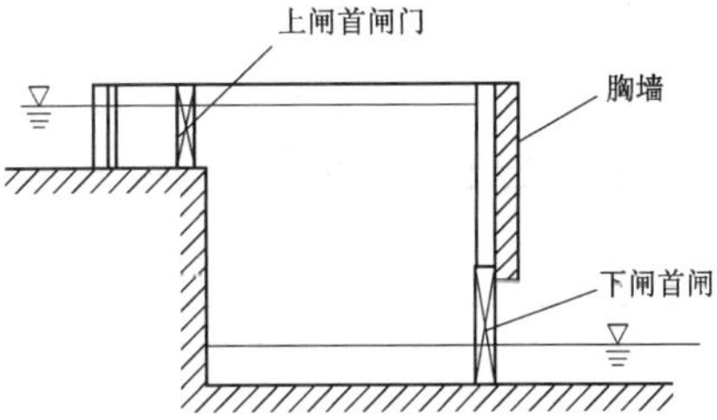

图 8-1-12　竖井式船闸纵剖面示意

四、按地理位置不同分类

船闸按照所处位置可分为内河船闸和海船闸。

（1）内河船闸。指建于内陆的渠化河流及人工运河上的船闸。其特点是，船闸平面尺寸及门上尺寸均较小，上闸首往往设有帷墙，一般只承受单向水头作用。但是，建于两条河流交汇的河口处，或受潮水位（或湖水位）影响的河段上的内河船闸，也承受双向水头的作用，且不设帷墙。建于山区河流上的有些船闸，洪水时期允许淹没，并参与枢纽泄洪。

（2）海船闸。指专门建于封闭式海港港池口门、海运河及入海河口处的船闸。其特点是船闸平面尺寸及槛上水深均较大，承受双向水头作用，无帷墙，闸首没有上、下之分。

除普通船闸外，还有一种省水船闸。省水船闸是在船闸闸室的一侧或两侧建有储水池，暂时储存闸室泄水时泄出的部分水量，待闸室需要灌水时，再将储存的水灌入闸室，以节省过闸用水量。省水船闸一般建造在水源不足的地区，目前建造较少，主要为德国所采用。

模块六　船 闸 的 引 航 道

引航道的作用，是保证船舶安全、平顺地进出船闸，供等待过闸船舶安全停泊，使进出闸船舶能交错避让。在通航过程中，引航道应有足够的水深和一定的平面形状与尺寸。

引航道的平面形状与尺寸，主要取决于船舶过闸繁忙程度、船队进出船闸的行驶方式以及靠船和导航建筑物的形式与位置等。引航道平面形状与布置是否合理，直接影响船舶进出闸的时间，从而影响船闸的通过能力。

一、船闸引航道的平面形状

单线船闸引航道的平面形状，可分为对称式和非对称式两类，如图 8－1－13 所示。

1. 对称式引航道

对称式引航道的轴线与闸室的轴线相重合，如图 8－1－13（a）所示。当双向过闸时，为了进出闸船舶相交错避让，船舶进出闸都必须曲线行驶。因此，进出闸速度较慢，过闸时间较长，对提高船闸通过能力不利。

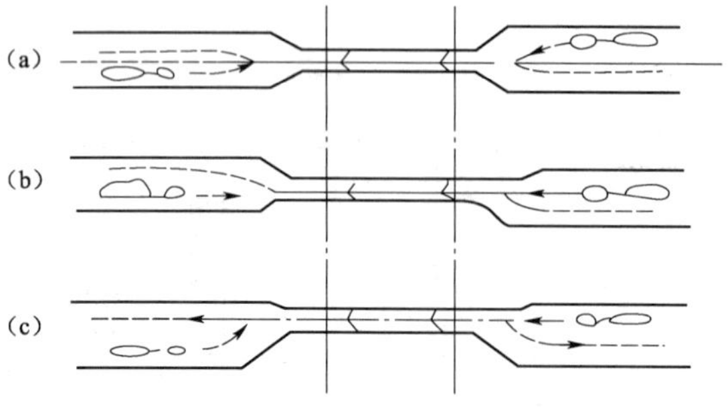

图 8－1－13　航道的平面形状
（a）对称式；（b）、（c）非对称式

2. 非对称式引航道

非对称式引航道的轴线与闸室轴线不相重合，其布置方式通常有两种。如图 8－1－13（b）所示的非对称式引航道，引航道向不同的岸侧扩宽，双向过闸时船舶沿直线进闸，曲线出闸。因为船舶从较宽的引航道驶入较窄的闸室时，驾驶较困难，让船舶直线进闸就能提高船舶进闸速度，从而提高船闸的通过能力。这种形式适用于岸上牵引过闸及有强大制动设备的船闸，否则为防止船舶碰撞闸门，必须限制船舶进闸速度。

如图 8-1-13（c）所示的非对称式引航道，引航道向同一岸侧扩宽，主要货流方向的船舶进出闸都走直线，而次要货流方向的船舶进出闸可走曲线。这种方式适用于岸上牵引过闸，货流方向有很大差别，以及有大量木排过闸的情况，对于受地形或枢纽布置限制的情况，也可采用这种布置形式。

二、引航道中的建筑物

在引航道中，主要的建筑物有防护建筑物、导航建筑物以及靠船建筑物等。

1. 防护建筑物

为了防止风浪和水流对船舶的袭击，保证船舶的安全过闸和停靠，应修建必要的防护建筑物。实际工程中，一般是在引航道范围内进行护底与护岸，护底的常用材料多为干砌块石，护岸一般为浆砌块石。

2. 导航建筑物

导航建筑物的主要作用，是为了保证船舶能从宽度较大的引航道安全、顺利地进入较窄的闸室。导航建筑物一般包括主、辅导航建筑物两种类型。主导航建筑物位于进闸航线一侧，用以引导船舶进闸；辅导航建筑物位于出闸航线一侧，用以引导受侧向风、水流和主导航建筑物弹力作用而偏离航线的船舶，使其循正确方向行驶。

非对称式引航道中，主导航建筑物一般都是和船闸轴线平行的直线形，且与靠船建筑物连接在一起，其辅导航建筑物一般为曲线形。对称式引航道中，主、辅导航建筑物一般为弧形。

3. 靠船建筑物

靠船建筑物的主要作用，是专门供等待过闸的船舶停靠使用。其布置特点是均靠近船舶航线的一侧，即进闸航行方向的右侧。

在非对称式引航道中，靠船建筑物一般与导航建筑物相连接，且为闸室墙的延续，以便单向过闸时，船舶直接停靠于导航建筑物前等待过闸。

模块七 船闸的形式

在水利枢纽中，除坝与船闸外，还有电站、取水建筑物、鱼道、筏道等建筑物。因此，进行枢纽布置时，应合理确定船闸与各建筑物间的相互位置。

一、船闸与坝的布置

根据枢纽处的具体条件，一般有以下两种布置形式：①闸坝并列式，即船闸布置在河床之中或河滩上；②闸坝分离式，即船闸布置在河湾的裁直引河中，如图 8-1-14 所示。

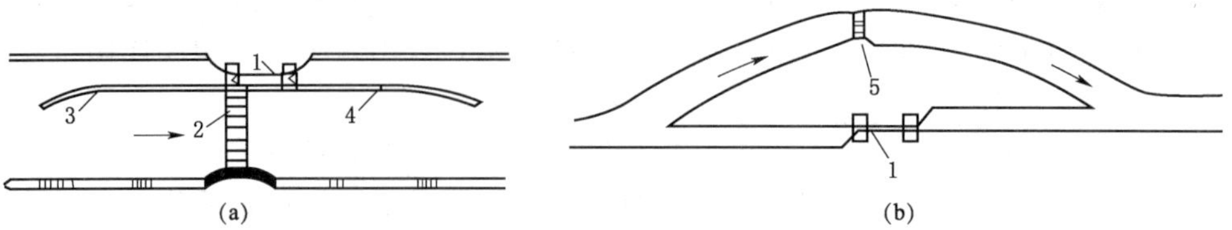

图 8-1-14　船闸布置示意

(a) 闸坝并列式；(b) 闸坝分离式

1—船闸；2—泄水闸；3—上导航墙（堤）；4—下导航墙（堤）；5—节制闸

(1) 闸坝并列式。如图 8-1-14 (a) 所示，船闸布置于河床之中，多用于低水头水利枢纽中。当河床宽度大，足以布置溢流坝和水电站时，宜将船闸设在水深较大、地质条件较好的一岸，当枢纽处于微弯河段时，大多将船闸布置在凹岸。这样，可使船闸及其引航道的挖方减少，而且引航道的进出口通航水深也易于保证。但是，施工时必须修筑围堰，工期较长，而且还需在上下游引航道中靠河一侧修建导堤，把引航道与河流隔开，以保证船舶的安全。

船闸布置在河滩上，通常用于高水头水利枢纽中，河滩（或台地）一般均被淹没，下游开挖引航道与河流相接，上游修筑导堤，以保证引航道不受水库风浪和水流的影响。这样，引航道进、出口远离溢流坝，船舶航行不受大坝溢流的影响，同时，施工期间束窄河床断面的时间短，可利用原河道维持通航。

(2) 闸坝分离式。船闸布置于河湾凸岸的裁直引河中，如图 8-1-14 (b) 所示。其船闸的施工和运行都能减少其他建筑物的干扰，且一般都可干地施工，无须修筑围堰，施工质量也易于得到保证。由于船闸布置在引河中，远离溢流坝，引航道进、出口处流速较小，便于船舶航行。但是，这种布置需挖引河，上下游引航道开挖量大。选用这种方案时，为保证航行方便，引河长度不应小于 4 倍闸室长度，下游引航道的出口应布置在河流凹岸水深较稳定处，同时，引航道的轴线与河道水流方向夹角应尽量减小。

二、船闸与其他建筑物的布置

(1) 船闸、电站分设两岸。当船闸、电站并列于同一河床断面内时，可将它们分别布置在河流的两岸，使电站远离船闸。优点是利于船只进出船闸、避免与电站在施工、管理期的相互干扰，电站下泄的尾水不会影响船舶进出船闸；在电站施工或运转期间，向电站运送、更换设备比较方便，也便于电站变电所布置。但须在两岸布置施工场地，费用较大。

(2) 船闸、电站均设同岸。将电站与船闸布置在河流的同一岸，缺点是相互影响大，应保持距离或采用较长的导流堤。最好将电站布置于靠河一侧，而船闸靠岸一侧，并使两者间隔开一定距离。这样既可在两者之间设置变电所，又可改善引航道水流条件。如河床宽度不足，难于使船闸与电站之间隔开一定距离，也可将电站与船闸布置成一定的交角，使电站尾水远离航道，但工程长度将增加，从而增大工程量和投资。

(3) 船闸、取水建筑物分设两岸。如果水利枢纽中有取水建筑物，也可将船闸与取水建筑物分别布置于河流的两岸，以避免取水建筑物运行时影响船闸引航道的水流条件，而且取水建筑物也不致受到船舶、木筏的撞击而被损坏。

如果必须将船闸与取水建筑物布置于同一河岸时，进水闸最好布置在船闸上游，并尽可能远离船闸，以减小取水建筑物对船闸引航道水流条件的不利影响。

模块八 船闸的结构

船闸由闸首、闸室、输水系统、闸门、阀门、引航道及其他部分以及相应的设备组成。

一、闸首

闸首是将闸室同上下游航道隔开的挡水建筑物，分上闸首和下闸首。闸首上设有工作闸门、检修闸门、输水系统、闸门和阀门的启闭设备等。闸首通常采用整体式钢筋混凝土结构，边墩和底板刚性连接在一起。

闸首结构形式主要取决于地基条件。对于非岩石地基，一般采用两侧边墩与底板为一体的整体式结构，以使闸首有足够的刚度，从而保证闸门的正常工作，同时也满足闸首整体稳定及地基承载力要求。非岩石地基上的闸首边墩，常用重力式及空箱式。对于岩石地基，一般可采用重力式结构。

非岩基上闸首的重力式边墩，多用于地基较好的中小型船闸。这种边墩除了阀门部分做成矩形断面外，其余部分均做成普通重力式挡土墙。若边墩墙顶布置启闭机房，可在墙顶设悬臂板，板下用支柱支在廊道顶板上。

非岩基上闸首的空箱式边墩，是将输水廊道顶面以上的边墩墙做成若干个空箱。其自重较小，多用于软弱的地基。另外，空箱边墩宽度较大，便于墙顶布置启闭机房。设置阀门的空箱可兼作阀门井，并利用箱壁导引阀门升降。工作阀门和上、下游修理阀门槽不能同时设在一个空箱内，因为修理阀门槽在未装上修理阀门时不起挡水作用，水可从上游修理阀门槽经空箱绕过工作阀门，再由下游修理阀门槽流入下游。通常将空箱顶盖板和壁板浇筑在一起，并在顶板上设进人孔，以便进入检修或拆除箱内模板。靠闸门一侧的空箱面板上设有进水孔，以使空箱内、外水位一致，以改善空箱面板的受力条件。

二、闸室

闸室是船闸的重要组成部分，它由两侧的闸墙和闸底组成。闸墙主要承受墙后土压力和水压力。由于闸室内为水位是经常变化的，当室内处于高水位时，可能比墙后地下水位高，而当闸室内为低水位时，又可能比墙后地下水位低。因此，闸室所受水压力的大小和方向是变化的，这是闸墙与一般挡土墙的不同之处。由于闸墙前后有水位差，因此闸墙和底板应满足防渗的要求。

闸室的结构形式与各地的自然、经济和技术条件有关。按闸室的断面形状，可将闸室分为斜坡式和直立式两大类。

1. 斜坡式闸室结构

斜坡式闸室结构是将河流的天然岸坡和底部加以砌石保护而成。为防止浅水时船只搁浅在两岸边坡上，在两侧岸坡脚处一般都建有垂直的栈桥，如图 8－1－15 所示。斜坡式闸室结构简单，施工容易，造价较低。但是，灌水体积大，灌水时间长，过闸耗水量大，由于闸室内水位经常变化，两侧岸坡在动水压力作用下容易坍塌，故需修筑坚固的护坡工程。这种形式主要适用于水头和闸室平面尺寸较小，河流水量较为充沛的小型船闸。

2. 直立式闸室结构

直立式闸室结构如图 8－1－16 所示，一般适用于大、中型船闸中，根据地基的性质，这种结构又分为非岩基上的闸室和岩基上的闸室结构两大类。

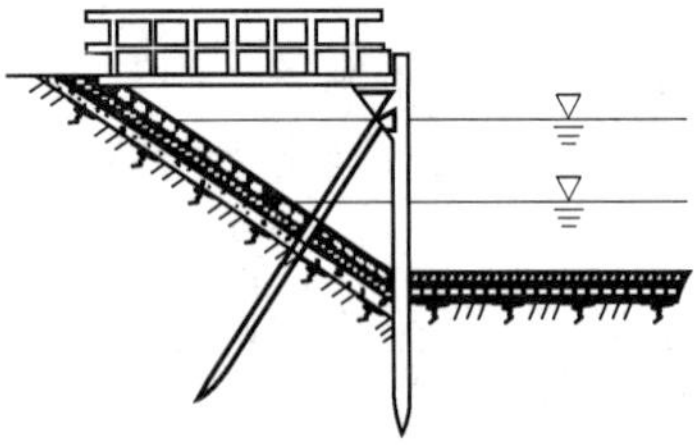

图 8－1－15　斜坡式闸室结构示意

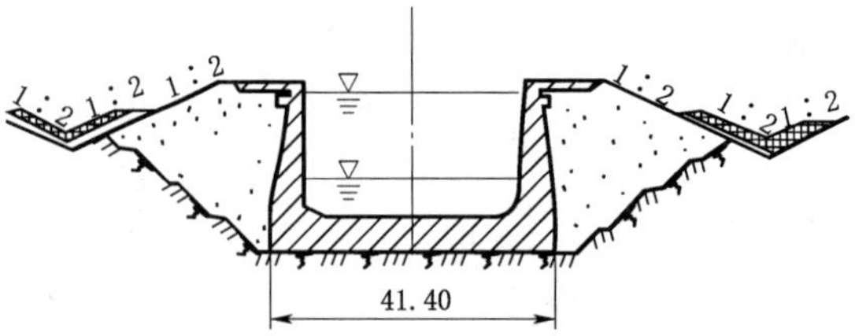

图 8－1－16　直立式闸室结构示意（单位：m）

三、输水系统

输水系统是供闸室灌水和泄水的设施。船闸输水系统的形式较多，概括起来可归纳为两大类，即集中输水系统和分散输水系统。

（1）集中输水系统。也称头部输水系统，是将输水系统的设备集中布置在上、下闸首范围内，灌水时，水经上闸首由闸室的上游端集中流入闸室，泄水时，水从闸室的下游端经下闸首泄入引航道。

（2）分散输水系统。也称长廊道输水系统。闸室灌泄水由输水廊道通过沿着闸室长度分布于闸室底板或闸墙内的出水口进行。输水廊道上设有输水阀门。水头（船闸上下游的最大水位落差）在 15m 以内的船，一般采用集中输水系统；水头较大时多用分散输水系统。

输水系统的灌泄水时间应尽量短，并满足过闸船舶停泊平稳的要求。船闸的灌泄水时间一般为 10～15min。过闸船舶的停泊平稳情况，通常以闸室灌泄水过程中水流对过闸船舶的作用力，即过闸船舶的系船缆绳所受拉力的大小为衡量指标，其容许值一般为船舶排水量（以吨计）的 1/2000～1/600。

四、闸门和阀门

包括工作闸门和输水阀门。工作闸门是设在上、下闸首上的活动挡水设备。在闸首前后水位齐平时启闭，运转较为频繁，要求操作灵活，启闭迅速。常用的门型有人字闸门、平板升降闸门、横拉闸门、扇形闸门（又称三角闸门）等，以人字闸门应用最广。

输水阀门设在输水廊道上，用来控制灌泄水时的流量。它是在水压力作用下开启的，要求结构简单，启闭力小，操纵方便。常用的门型有平板提升阀门、蝴蝶阀门和反向弧形阀门。在现代船闸上多设有防撞装置，以加快船舶的进闸速度，防止船舶碰撞闸门。

五、引航道

引航道是连接船闸和主航道的一段过渡性航道，分上游引航道和下游引航道，其平面形状和宽度、水深要能使船舶安全迅速地进出闸室。引航道进出口处水流流向与流速要能满足船舶安全进入和驶出的要求，并防止泥沙由于回流的作用而淤积在引航道上。对于大型船闸，这两者通常要进行模型试验来研究确定。引航道内一般设有导航建筑物和靠船建筑物。导航建筑物多为不透水的导航墙，紧靠闸首布置，用以保证船舶安全进出闸室。靠船建筑物供等待过闸的船舶停靠用。

六、其他

船闸的其他组成部分包括导航建筑物、靠船建筑物等。其结构形式与地基土壤性质、水位变幅及地形条件有关。常用的形式可分为两大类，即固定式与浮式。

(1) 固定式。这种建筑物的形式很多，如墩式（靠船墩）、重力式、高桩承台式、框架式等。

在我国许多大中型船闸中，常将靠船建筑物做成一个单独的墩台，即所谓靠船墩，如图 8-1-17 所示。靠船墩与实体重力式靠船建筑物相比，其工程量较少、投资较省，因此应用较为广泛。三峡工程船闸在上下游等待区均设有靠船墩，如图 8-1-18 所示。

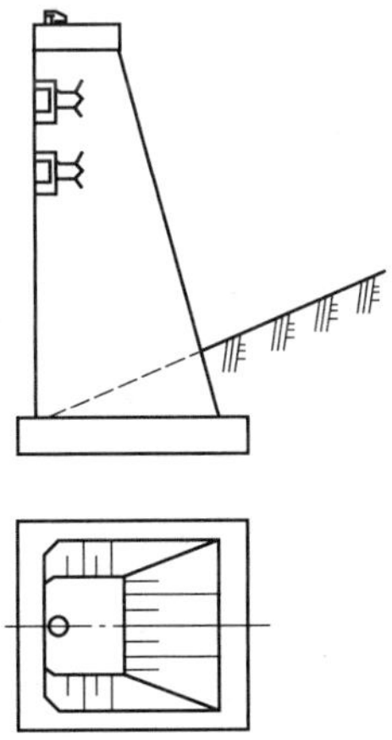

图 8-1-17　靠船墩

图 8-1-18　三峡工程船闸中的靠船墩

重力式结构一般用于地基不能打桩或水深不大等情况，多采用砌石或混凝土建造。这种结构可以就地取材、节省材料、施工管理方便，但对地基条件要求较高。如图8-1-19所示。

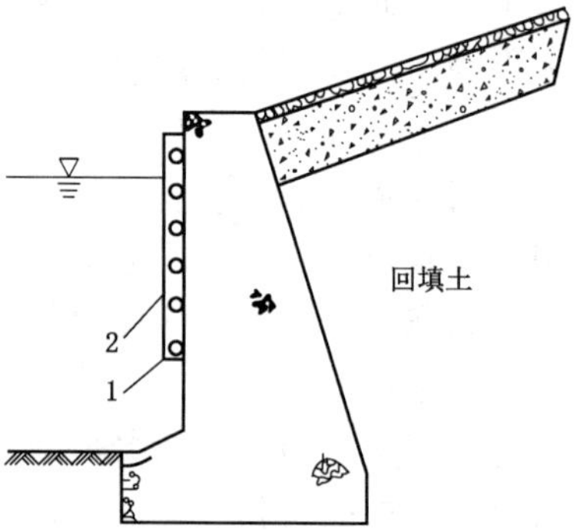

图8-1-19 重力式导航及靠船建筑物
1—水平护木；2—垂直护木

(2) 浮式。这种导航及靠船建筑物，主要用在水深及水位变幅均较大的情况，如船闸的上游引航道内。一般可以做成钢筋混凝土、钢丝网水泥或金属的浮码头，将它们限制在专设的墩柱之间漂浮，并将其所受的荷重传给墩柱。

【学后思考】

1. 船闸按照设计客货运量分为几级？
2. 试阐述船闸的工作原理。
3. 船闸由哪几部分组成？
4. 船闸分别按照闸室级数、船闸线数、闸室形式和地理位置不同如何分类？各自的适用条件是什么？
5. 单线船闸引航道的平面形状有哪几类？
6. 引航道的作用是什么？如何分类？
7. 在船闸引航道中的主要建筑物有哪些？
8. 在水利枢纽中布置船闸，应注意哪些问题？
9. 在引航道中的防护建筑物的作用是什么？
10. 在引航道中的导航建筑物的作用是什么？
11. 在引航道中的靠船建筑物的作用是什么？
12. 按照船闸闸室的断面形式，闸室分为哪两类？

任务二 升 船 机

【课程导航】

问题 1. 阐述升船机的工作原理。

问题 2. 升船机由哪几部分组成?

问题 3. 升船机按照承船厢工作条件、驱动方式、承船厢运行线路等分别分为哪几类?

问题 4. 如何拟定垂直式升船机承船厢的基本尺寸?

问题 5. 如何拟定斜坡式升船机承船厢的基本尺寸?

在航道、河道中修建拦河水利枢纽工程致使水流被截断并形成一定的上、下游水位落差，为了顺利通航，需要修建船闸、升船机等通航建筑物。

升船机（又称“举船机”）是通航建筑物的一种，是指利用机械装置升降船舶以克服航道上集中水位落差的通航建筑物。与船闸相比，升船机更节省水或几乎不耗水，在少水的河流或人工运河上，这是一个重要的优点。在高水头的通航建筑物中，升船机的造价通常低于船闸。

模块一 升船机的历史发展

升船机的建造已经有 200 多年的历史，作为一种升降船舶的机械设施，升船机的原始雏形为黏土滑道上用人工木绞盘作为动力工具，拖运小型船舶过坝的设备。最早的机械化升船机是 1788 年在英国开特里建造的纵向斜面干运升船机，1838 年在英国泰晤士河与赛文河之间建造了平衡重式湿运垂直式升船机，1875 年在英国韦佛-春特-墨西运河安德腾建造了世界上第一座水压式升船机，1899 年德国在多特蒙德-埃姆斯运河上建造了亨利兴堡较大型的浮筒式垂直升船机，浮筒的提升力为 3100t。18—19 世纪的升船机，无论是提升高度还是通过船舶的吨级均较小，提升高度大都在 15m 以下，船舶吨位一般在 100t 以内，个别达到 300t。这一时期不仅出现多种型式的升船机，而且已广泛采用平衡系统，以减小提升功率。

现代化大型升船机出现在 20 世纪。1933 年在德国建造了洛特赛浮筒式垂直升船机，提升高度为 18.7m，过船吨位为 1000t；1934 年在德国建造了尼德芬诺均衡重式垂直升船机，提升高度为 36m，提升总重量为 4290t。升船机发展到一个新阶段，提升的船舶吨位显著增大，提升高度增加，类型不断增多。20 世纪 60 年代以来，随着整个社会工业水平的提高，德国、苏联、比利时、法国均相继建造了一些大型的现代化的升船机；通过的船舶吨位可达1350t以上，提升高度自数十米到近百米，升船机的型式有了进一步发展。例如：1962年竣工的新亨利兴堡升船机提升高度为14.5m，过船吨位为1350t，是世界上最大的浮筒式垂直升船机；1975年竣工投入使用的德国吕内堡均衡重式垂直升船机，提升高度为38m，提升总重量为5720t。

自1949年以来，我国因地制建造了许多升船机，主要分布于浙江、湖南、湖北等12个省，其中多数升船机通过船舶的吨位在50t以下。安徽寿县建成了我国第一座小型斜面升船机；1965年湖北省浠水县浠水白莲河建成了升船机，到20世纪80年代，共建有60余座升船机，这些升船机在当时的历史条件下，对克服水位落差、解决闸坝碍航、繁荣水运起到一定的积极作用，后因铁路、公路网的快速发展，原有的升船机由于通航尺度小，过闸速度慢，与公路、铁路相比已无竞争力，再加上当时的制造工艺及管理水平落后等原因，已建的升船机难以满足使用要求。随着我国工业现代化水平不断提高，在一些大中型高水头水利枢纽中出现了一批技术含量越来越高的现代化升船机，其工程规模越来越大，技术越来越先进，我国升船机的建设取得了举世瞩目的成就。特别是进入21世纪以来，一批垂直升船机的建设和安全运行，标志着我国升船机设计及建造整体上达到了国际先进水平。先后在广西红水河上的岩滩、闽江上的水口、清江上的隔河岩和高坝洲等水利枢纽上建设了一批大中型垂直升船机。三峡升船机是世界上最大的"升船电梯"，2015年12月，三峡升船机成功完成实船过三峡大坝试验，2016年投入试运行。其中由武船集团制造的三峡升船机承船厢可载3000t级船舶，最大爬升吨位高达1.55万t，最大爬升高度113m。而三峡升船机主体工程土建与部分设备安装工程，由葛洲坝集团三峡建设工程有限公司历时6年半建成。

模块二 升船机的适用条件

升船机作为通航建筑物，其形式主要取决于水头的大小、地形、地质条件、运输量、运行管理条件等，应经过技术经济比较后予以确定。

通常情况下，船闸的运行安全可靠，运输量比较大，运输费用低，建造和管理经验都较成熟。但是，船闸的运用耗费水量较多，其工程造价随水头的加高而显著加大。升船机的投资主要取决于提升重量，而提升高度影响较小，耗水量很小，水头较高时兴建升船机可能比建多级船闸有利，但是，其机械设备较为复杂，过船吨位易受到限制。一般斜面升船机比垂直升船机经济，施工、管理、维修也方便，但是，它需要有适宜的地形条件，水头高时运行路线长，运转周期较长，运输能力较低。

各国建设和科研工作经验显示：当水头低于40m时，采用船闸通常比采用升船机更好；当水头在40～70m时，可考虑多级船闸或升船机，应进行技术、经济方案比较确定；当水头超过70m时，一般应选用升船机。在中、小河道上，如船只少，吨位较小，宜采用斜面升船机，可能较为经济。当运输量大、保证要求高，采用单级船闸或升船机难于满足要求时，可以采用双线甚至多线船闸或升船机。

模块三　升船机的工作原理

升船机是克服航道上的集中落差以便于船舶顺利通行的通航建筑物，其工作原理与船闸的工作原理基本相同。不同点在于：升船机是使用机械的方法升降装载船舶的承船厢来克服集中落差；船闸是借助闸室内水位的升降，使停泊在闸室内的船舶完成垂直运动。所以，两者结构及设备均有所不同。首先，在建筑物的躯体结构上，船闸的躯体结构是固定的闸室，而升船机的躯体结构由运动部分（承船厢）和固定部分（承船厢的支承导向结构）组成，如图 8-2-1 所示。

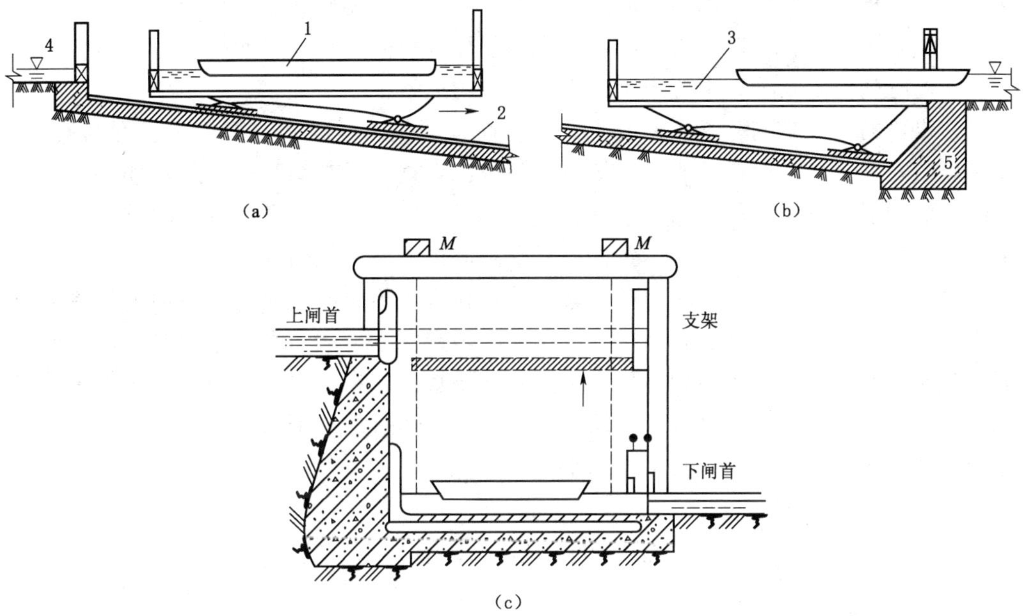

图 8-2-1　升船机示意

(a) 斜面升船机在运行中；(b) 斜面升船机停在下闸首；(c) 垂直升船机示意图

1—船只；2—轨道；3—承船厢；4—上闸首；5—下闸首

升船机的主要工作程序为：当船只上行时，先将承船厢停靠在厢内水位同下游水位齐平的位置上；操纵承船厢与下游闸首之间的拉紧、密封装置，并充灌缝隙水；打开下闸首的工作闸门和承船厢的下游厢门，并使船舶驶入承船厢内；关闭下闸首的工作闸门和承船厢的下游厢门后，泄去这两门之间缝隙内的水体；松开承船厢与下闸首的拉紧和密封装置，在驱动装置作用下，提升承船厢使厢内水位相齐平；上升并停靠与上闸首对接的位置；松开承船厢与上闸首间的拉紧和密封装置，给闸门之间空隙内灌水；开启上闸首的工作闸门和承船厢的上游厢门，船舶即驶进上游引航道。当船只下行时，其主要工作程序则相反，如图 8-2-1 所示。

模块四 升船机的组成及特点

升船机的基本组成，一般有承船厢（或承船架、承船车）、垂直支架或斜坡道、连接建筑物、机械传动机构、事故装置、电气控制系统等几部分。

（1）承船厢（或承船架、承船车）。用于停放船舶。

（2）垂直支架或斜坡道。垂直支架为垂直升船机承船厢的支承和导行设备，而斜坡道则用于斜面升船机的运行。

（3）连接建筑物。又称闸首，设置在上下游引航道与承船厢的连接处，使船舶自承船厢进入引航道或自引航道进入承船厢。一般设有工作闸门和拉紧（将承船厢与闸首锁紧）、密封、充泄水等装置。

（4）机械传动机构。用于驱动承船厢升降和启闭承船厢的驱动装置。

（5）事故装置。当发生事故时，阻止承船厢运动并支承承船厢的装置。

（6）电气控制系统。主要用于操纵升船机的运行。

升船机的闸首是隔开承船厢与上、下游航道的挡水建筑物，衔接承船厢与航道，保证船舶安全、可靠地在承船厢和航道之间进出，这一点与船闸闸首的功能一样。对于升船机的引航道，也与船闸几乎完全相同。所不同的是，在升船机的闸首上没有复杂的输水系统，同时闸首的工作条件，只受上游或下游水位的影响。

升船机的特点：①在运转时耗水量很少，在水量不充沛的河流和运河上，建造升船机较为有利；②升船机的升降速度远比船闸闸室灌入、泄出水的速度要快，故船舶通过升船机所需的时间比船舶通过船闸的时间要短；③在高水头的通航建筑物中升船机的造价一般较低；④机电设备是保证升船机安全运行的一个重要部分，升船机的建造与安装要求有较高的设计与工艺水平。

模块五 升船机的类型

升船机可按照承船厢的工作条件、动力驱动方式、承船厢运行的线路等几种方法分类。

（1）按承船厢的工作条件分类。船舶在升降过程中的支承方式，按照承船厢的工作条件，可将升船机分为干式和湿式两种。干式也称干运，是指将船舶停放在承船厢的承台、承船架或承船车上运送升船机，因不需要浮载水，升船机运动部分总重量较小，可以减小升船机驱动装置的驱动功率，并使升船机闸首、支承导向结构及相应的设备简化，但对船体结构不利，一般只用于船舶吨位不大的情况，由于运输时船舶易于碰损，且多为小型斜面式，目前已较为少用。

湿式又称湿运，是指将承船厢充水，船舶浮载在承船厢内水体上，运送升船机。现代建造的数百吨以上船舶的升船机均为湿运。

（2）按升船机的动力驱动方式分类。升船机动力驱动方式有多种型式，目前国内升船机的驱动方式主要是：电动卷扬机驱动、水力式驱动、齿轮齿条式驱动等。例如，湖北长阳清江隔河岩升船机为电动卷扬机驱动，云南澜沧江景洪水电站升船机为水力式驱动，三峡升船机为齿轮齿条式驱动。

(3) 按承船厢运行的线路分类。按照承船厢运行的线路，将升船机分为垂直升船机和斜面升船机两大类。垂直升船机是利用水力或机械力沿铅直方向升降，使运送船只的承船厢沿垂直方向升降过坝，如图 8-2-1 (c) 所示。斜面升船机的船只过坝时的升降方向（运行线路）则是承船厢沿斜坡道做升降运动，其支承导向结构为倾斜的轨道，如图 8-2-2 所示。下面仅对这两类升船机的特点予以简介。

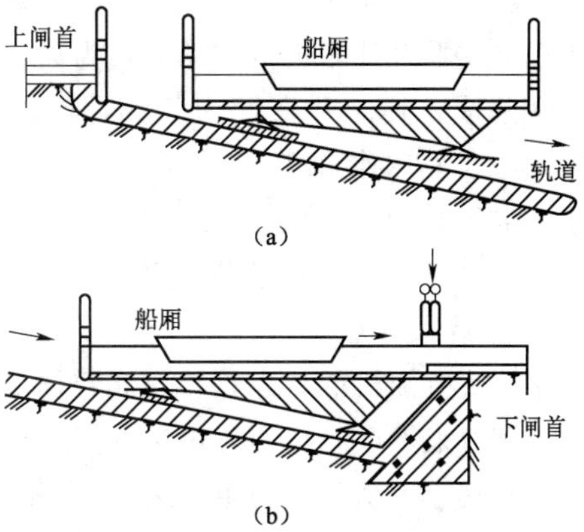

图 8-2-2 斜面升船机示意

(a) 斜面升船机在运行中；(b) 斜面升船机停在下闸首

一、垂直升船机

(一) 垂直升船机分类

垂直升船机按其升降设备特点，可以分为提升式、平衡重式和浮筒式等形式。

1. 提升式升船机

提升式升船机类似于桥式升降机，船只驶进船厢后，由起重机进行提升，经过平移，然后下降过坝。提升式升船机的主要特点是动力较大，一般只用于提升中小船只。如我国丹江口水利枢纽中就应用了垂直升船机，如图 8-2-3 所示，其最大提升高度为 83.5m，最大提升力为 450t，提升速度为 11.2m/min，承船厢可湿运 150t 级驳船或干运 300t 级驳船。

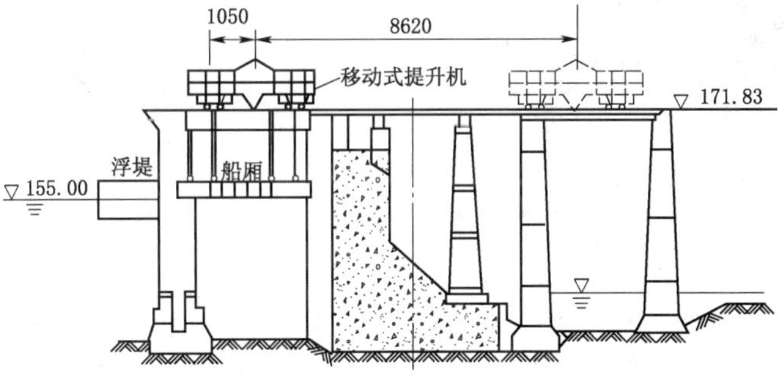

图 8-2-3 丹江口水利枢纽的垂直升船机示意

（高程单位：m；尺寸单位：cm）

2. 平衡重式升船机

平衡重式垂直升船机，是利用平衡重来平衡承船厢的重量，如图 8-2-4 所示。提升动力仅用来克服不平衡重及运动系统的阻力和惯性力，运动原理与电梯相似。其主要优点是：可节省动力，过坝历时短，通航能力大，耗费电量小，运行安全可靠，进出口条件较好。但是，工程技术较复杂，工程量较为集中，耗用钢材也较多。

平衡重式垂直升船机可以大幅度地降低系统的升船功率，维修方便，所以应用广泛。目前世界上最大的平衡重式垂直升船机是德国内河航道易北河支运河上的吕内堡双线平衡重式垂直升船机，驱动方式为齿轮齿轨爬升，驱动功率为 4×160kW，于 1969—1975 年建成，其提升高度为 38m，行驶速度为 0.24m/s，承船厢尺寸为 100m×12m（长×宽），厢内水深 3.5m，可一次通过一条 1350t 级的“欧洲型”标准自航驳船。承船厢加水重总重为 5700t，由 5700t 平衡重完全平衡，平衡重与承船厢由 240 根直径 54mm 的钢丝绳通过设于塔柱顶部的导向滑轮相连。

3. 浮筒式升船机

浮筒式升船机的特点是将金属浮筒浸在充满水的竖井中，如图 8-2-5 所示，利用浮筒的浮力来平衡船厢的总重量，提升动力仅用来克服运动系统的阻力和惯性力。这种升船机的支承平衡系统简单，工作可靠。但是，提升高度受到浮筒所需竖井深度的限制，其提升高度不宜太大，并且一部分设备长期处于竖井的水下，检修较为困难。

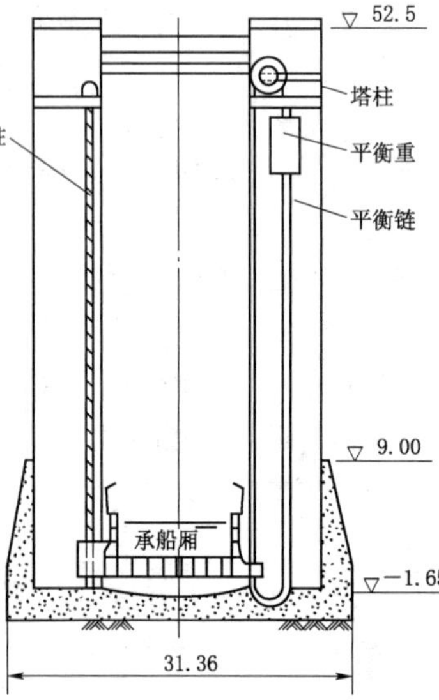

图 8-2-4 平衡重式垂直升船机结构示意（单位：m）

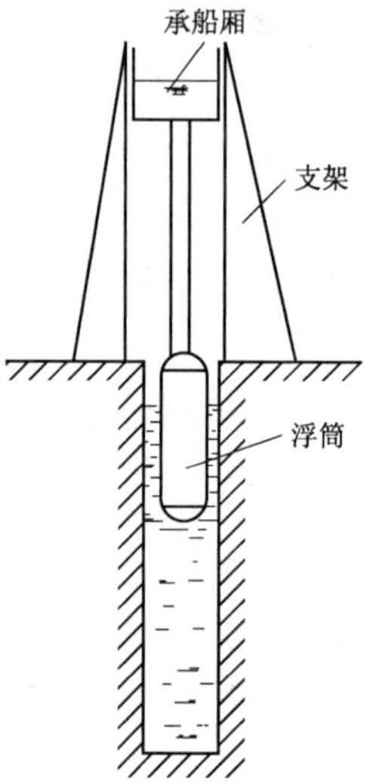

图 8-2-5 浮筒式垂直升船机结构示意

德国亨利兴堡枢纽的双浮筒垂直升船机如图 8-2-6 所示，其驱动方式为双浮筒提升，于 1958—1962 年建成，其提升高度 14.5m，行驶速度 0.15m/s，承船厢尺寸为 90m×12m（长×宽），厢内水深 3.0m，承船厢加水重总重有 5000t，可通过 1350t 的船只，如图 8-2-7 所示。

（二）垂直升船机的构造和尺寸

垂直升船机主要由上闸首、下闸首、承船厢室及承重塔柱组成。

1. 垂直升船机的闸首

升船机的闸首是将升船机的承船厢、支承导向结构等躯体结构与上、下游航道隔开的挡水建筑物。根据运转要求，闸首上一般设有闸门、输水系统、承船厢的充泄水系统、闸首与承船厢的连接设备、交通和管理房屋等。

图 8-2-6　亨利兴堡枢纽的双浮筒垂直升船机全景图

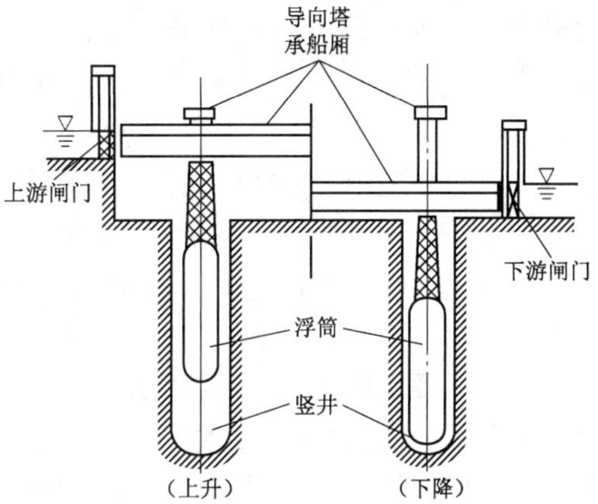

图 8-2-7　双浮筒式垂直升船机结构示意

升船机闸首一般设置两道闸门（工作闸门、检修闸门）。上闸首的检修门通常兼作事故闸门，工作闸门一般与承船厢直接衔接。下闸首检修门设在工作门的下游侧，供工作门检修时使用，当发生洪水时检修门还可阻挡下游洪水，使其不致淹没承船厢室。

闸首上工作闸门的型式很多，一般分为单一的整体式闸门和由过船小门与挡水门组合的组合门两类。工作闸门门型选择与上下游河段的水文条件、闸首与承船厢的连接方式有关。当上、下游水位变幅较小时，多用单一的整体式闸门，常用的门型有提升式平面闸门和卧倒式闸门等；当上、下游水位变幅较大时，若采用单一的整体式闸门，则会加大经常启闭运转门体的尺寸，增加承船厢厢头的高度，因此多采用由过船小门与挡水门组合的组合门，在工作门下部增设叠梁门来调整工作门的高度，以便适应变化后的上游水位，使承船厢能与调整后的工作门及变化后的上游水位实现对接过船。工作门的起吊和叠梁门的增减，一般用设在闸首的桥式启闭机进行操作。

根据承船厢与闸首的相互关系，组合门又可分为两种体系：当承船厢伸进闸首时，工作闸门采用过船小门和挡水门构成的组合门，如图 8-2-8（a）所示；当承船厢不伸进闸首时，工作闸门采用过船小门、挡水门和渡槽构成的组合门，如图 8-2-8（b）所示。挡水闸门可看作一活动闸首，主要起挡水作用。当为前一种形式时，在挡水闸门上部设有由过船小门控制启闭的通航孔口，过船小门是工作闸门中经常运转部分，挡水门仅在水

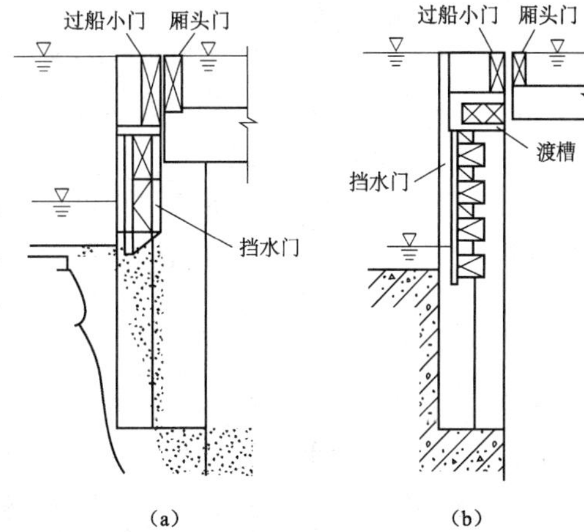

图 8-2-8　闸首工作闸门的布置
(a) 船厢伸进闸首；(b) 船厢不伸进闸首

位变化超过过船小门所能适应的幅度时才调整升降，以保证通航孔口有足够的通航水深。当为后一种形式时，过船小门与渡槽组成过船部分，此时通航孔口设在渡槽上，渡槽也可看作一段特殊形状的挡水门，跨在挡水门上，其迎水面与挡水门具有同一止水轮廓，位于同一平面，其背水面伸至闸首端，以便与承船厢衔接，过船小门即设在这一端。

过船小门通常采用提升式平面闸门或卧倒闸门。过船小门的高度除满足通航水深的要求外，尚应有一定的调节富余高度，此富余高度不宜过小，以免需要经常调整升降挡水门，但又不宜过大，否则将增加运转费用，一般根据上、下游水位情况和运转方面的要求而定，通常在1.5m左右。

承船厢伸进闸首的连接方式，可以简化工作闸门的构造，节省渡槽结构，但将增加工作闸门的跨度，对平衡重沿承船厢长度均匀布置的均衡重式垂直升船机，可能影响承船厢正常运转时的受力条件。因此，承船厢是否伸进闸首，工作闸门采用哪种形式，应视升船机的形式与支架的布置，上、下游的水位情况以及过船小门的形式等条件而定。

组合式工作闸门，通常是在无压下启闭，并采用机械止水，以减小启闭力和保证止水密封。当需要调整升降时，先关闭工作闸门前的辅助闸门，泄空工作闸门前的水体，松开工作闸门的止水，使闸门处于无压的情况，然后开始调整升降。待调整完毕，重新将止水压紧在闸门上，进行充水，开启辅助闸门，升船机又重新开始运转。因此，当工作闸门为组合门时，闸首上的检修闸门可以兼作辅助闸门。

闸首的输水系统用来充、泄工作闸门与检修闸门之间的水体，以便进行工作闸门的检修工作和在无压情况下启闭工作闸门，一般采用自流的输水管道。

为了保证承船厢的正常运转，便于向承船厢补水，一般在上闸首上还设有泵站和充水管道，承船厢室的排水系统包括水泵站、管道及明渠等。

闸门与承船厢的连接设备是指承船厢的拉紧装置、充泄水装置、密封装置等，它们是否设置在闸上以及如何设置均视这些设备的型式及其与闸首的关系确定。

上闸首与引航道之间的连接方式主要决定于地质条件。由于升船机克服的水位差常常很大，因此上闸首顶至升船机室底面的高度也就很大。在软土地基上一般多用渡槽结构把闸首与引航道连接起来；在岩基上可建衬砌墙，闸首就建在衬砌墙上，与衬砌墙连成一体，也可采用渡槽来连接。

当升船机位于水利枢纽时，若升船机轴线经过大坝，且坝底高程与升船机室底的高程基本一致，则可采用上闸首与挡水坝结合的方式，两者共同组成挡水线，将设置上闸首坝段的下游面做成垂直面以实现与承船厢相衔接。若坝底高程与升船机室底高程相差较大，则可用渡槽衔接。

2. 承重塔柱

承重塔柱对称地布置在上、下闸首中轴线的两侧，是连接上、下闸首的水工建筑物。它是升船机的承重设施，升船机的机房、提升设备、承船厢、平衡重等巨大重量均由它承担。塔柱顶部设机房，机房底板将两侧塔柱顶部连成一体，机房内安装升船机的提升设备、平衡设备以及供升船机设备检修用的起重设备等。

承重塔柱底部为嵌于基岩的实体混凝土，中部为钢筋混凝土整体浇筑的空腹柱体，升船机的平衡重悬吊在塔柱的空腹中。

3. 承船厢

承船厢是由上、下闸首（包括工作门）和两侧承重塔柱围成的空间，升船机运行时，承船厢室内做垂直升降运动。承船厢是升船机的重要部分，是升船机的容船设施。它由主纵梁、主横梁、小纵梁及U形面板焊接而成，是凹槽形薄壁钢结构体。承船厢两端各设一扇卧倒门（或弧形门），卧倒门底部与承船厢凹槽底部铰接，卧倒门两侧设有液压启闭装置，承担卧倒门的开启和关闭操作。两端卧倒门关闭时，承船厢便成为四周封闭的水容器。与上、下游闸首对接时，上游侧或下游侧卧倒门开启，船舶便可驶出承船厢。为保证承船厢与上、下游闸首对接时接触紧密不漏水，须在承船厢两端布置对接密封装置，该装置呈U形，将卧倒门围在其中。该对接密封装置包括U形密封框、导向轮、伸缩式U形橡胶止水密封圈、液压油缸、液压装置等。承船厢与上、下游闸首对接时，压力油充入对接侧密封装置的液压油缸，推出U形密封框，使伸缩式U形橡胶止水密封圈与上游闸首（或下游闸首）工作门接触顶紧，沿卧倒门外围封闭了承船厢与上游闸首（或下游闸首）工作门端面之间的间隙，使其不漏水。然后充水装置向被围住的间隙充水，当间隙里的水位与承船厢及上游航道（或下游航道）水位持平时，便可开启承船厢对接侧卧倒门和上游闸首（或下游闸首）工作门上的卧倒门，实现承船厢与上下游航道（或下游航道）的连通，船舶便可出入承船厢。退出对接时，先关闭承船厢对接侧卧倒门及上游闸首（或下游闸首）卧倒门，然后排掉被U形密封围住的承船厢对接侧卧倒门与上游闸首（或下游闸首）工作门上的卧倒门之间的水，在液压装置的作用下，U形密封框缩回，升船机方可升降。

（1）承船厢的基本尺寸。承船厢为升船机中用于装载船舶的运载工具。湿运时，承船厢为一上部开口的槽形厢体，两端设有闸门（厢头门），厢内盛水，船舶浮载于厢内的水体上；干运时，承船厢为一具有弹性支垫的承台。

承船厢的有效尺寸，即厢体的有效长度、有效宽度和有效水深决定于设计船型的尺寸、船舶进出承船厢的方式和速度等。为了减小升船机运动重量，船队一般都重新编解队。在确定设计船型后，承船厢的有效长度根据船长和安全制动所需的距离而定，有效宽度和有效水深等于船舶宽度和船舶吃水深度分别加上一定的富余量。

试验研究表明，在设计船型已定的情况下，船舶进出承船厢时的水面波动程度及航行阻力的大小，均与承船厢的有效尺寸有关。如承船厢的有效尺寸定得过小，不但会增加航行阻力，甚至可能产生水溢厢与船碰底的现象。但承船厢的有效尺寸又直接影响到承船厢的水体重量，而厢内的水重占承船厢总重的65%～75%。因此，为减小升船机运动重量，要求在可能条件下，尽量减小承船厢的有效尺寸。承船厢有效尺寸的确定是一个复杂的问题，根据现有几座升船机的资料，承船厢的有效尺寸与设计船型大致有以下关系：承船厢长 L_k 取设计船长 L_c 的1.02～1.06倍，承船厢宽 b_k 取设计船宽 B_c 的1.05～1.30倍，承船厢高 h_k 取设计船舶吃水深度 T_c 的1.10～1.50倍，承船厢数量 n 取承船厢过水断面面积与船舶中横断面浸水断面面积的比值，一般取1.5～2.0。

承船厢的外轮廓尺寸，在满足有效尺寸的前提下，根据结构的强度和刚度要求以及附加设备的布置要求确定。

承船厢的厢头高度 h_B 决定于厢头门的形式、闸首与承船厢之间的连接设备形式及布置以及上、下游水位变幅的大小和承船厢要求的超高值等。以厢头门为提升式平面闸门，连接设备设在闸首情况，如图 8－2－9（a）所示，此高度可按下式计算确定，即

$$h_B=\Delta h+h^1+h_k+h_s \tag{8-2-1}$$

式中 h_k ——承船厢内的有效水深，m；

Δh ——承船厢的超高值，一般取 0.15～0.25m；

h^1 ——上、下游的水位变幅，m；

h_s ——设置止水框架所需的结构高度，m。

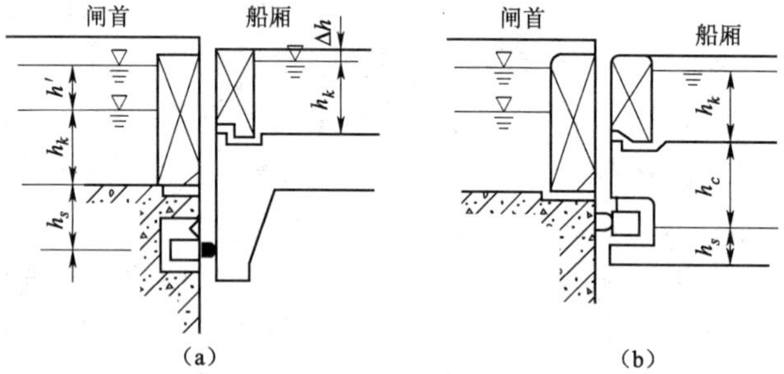

图 8－2－9 闸首工作闸门的布置

（a）连接设备设在闸首；（b）连接设备在承船厢上

当连接设备在承船厢上时，如图 8－2－9（b）所示，则按下式确定，即

$$h_B=\Delta h+h_k+h_c+h_f \tag{8-2-2}$$

式中 h_c ——考虑设置机器间所需的结构高度，初步可取 2.0m，若此值小于 h^1+h_f，则取 h^1+h_f 值，m；

h_f ——考虑构造要求的富余量，为 0.6～1.0m。

若厢头门采用其他门型时，如卧倒闸门等，则应考虑不同门型对结构高度的要求。

承船厢中部的高度，除受超高和正常水深影响外，还取决于板、梁与主横梁的连接方式及其结构高度。此外，尚应满足布置机器间的使用要求。

承船厢的外轮廓宽度，等于承船厢的有效宽度加两侧走道的宽度。走道宽度决定于走道和有关设备，如拽引机械、驱动机械、厢头门的启闭机械等的布置要求，一般为 1.5～4.0m。

承船厢的总长等于承船厢的有效长度加上厢头结构的长度。厢头结构的长度由厢头门与防撞设备的形式以及两者是否结合确定。对提升式平面闸门且两者结合时，厢头结构的长度可取为承船厢的 0.16 倍；当不结合时，厢头长度初步可定为承船厢的 0.25 倍。对于其他门型，应考虑闸门启闭时对可利用的有效长度的影响。

由此可知，承船厢厢头门的形式，不仅影响厢头的高度，同时也影响承船厢的纵向长度。在各种门型中，提升式平面闸门对这些结构尺寸的影响最小，它与闸首缝隙间的泄水量也最少，但要建造高大的提门架来保证满足通航净空的要求。

（2）承船厢的构造。承船厢的总体布置，应考虑支承和平衡设备、驱动及事故装置、纵横向导向设备、承船厢与闸首衔接的拉紧、密封等连接设备的布置要求。根据

上述设备是否布置在承船厢上，承船厢的总体布置可分为三类。

1）驱动及事故装置、承船厢与闸首的连接设备等，均不设在承船厢上。此时承船厢的构造最简单。

2）上述各种类型的设备均设在承船厢上，此时承船厢的构造比较复杂。

3）介于上述两类之间，一部分设备设在闸首，另一部分设备设置在承船厢上。如德国尼德芬诺升船机的承船厢属于这一类型，它的密封、充水和泄水设备设在闸首上，拉紧装置设置在支承排架上，而在承船厢上设置有驱动及事故装置。

承船厢结构多采用桥梁构造体系或船舶构造体系。在进行承船厢结构的具体布置时，应使厢体结构受力明确，保证厢体整体和局部强度与刚度的要求以及设备的布置要求，如图 8－2－10 所示为桥梁构造体系的承船厢结构，按传力顺序，其基本构件一般有铺板、横梁、纵梁、主横梁、主纵梁，作用在承船厢上的荷载，最后均传至主纵梁。上述构件，在一定的垂直面和水平面内，用支承联系起来，以保证厢体的整体刚度。承船厢的铺板一般都用平钢板，纵、横次梁多用型钢，承重结构可用实腹式板梁，也可用桁架。桁架式主横梁的简单形式为三角形，如图 8－2－11（a）所示，当主纵梁间距较大，主横梁较高时，为减小上弦的节点间距以适应纵横梁的布置，改善受压弦杆的工作，则可采用再分式，如图 8－2－11（b）所示。

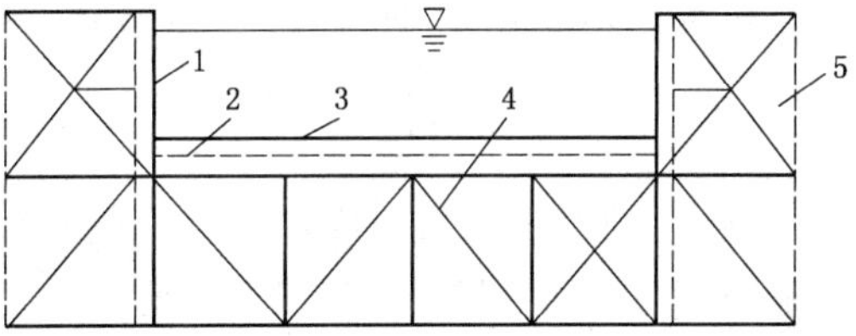

图 8－2－10　承船厢结构示意

1—铺板；2—横梁；3—纵梁；4—主横梁；5—主纵梁

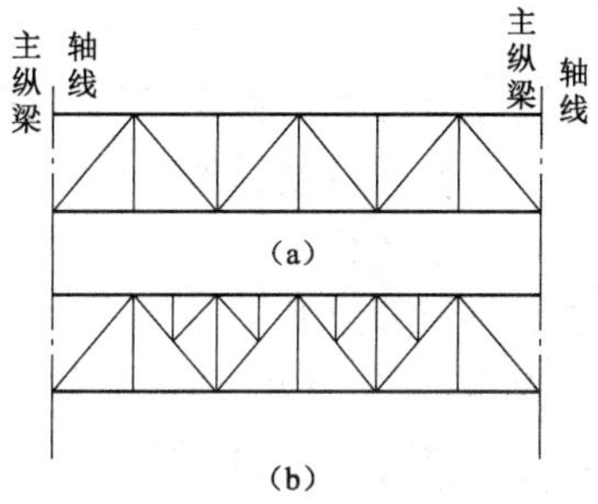

图 8－2－11　主横梁的桁架型式示意

（a）三角形桁架；（b）再分式桁架

三角形桁架也用于主纵梁（如尼德芬诺升船机）。由于均衡重式升船机承船厢主纵梁的上弦杆是固定钢丝绳的吊梁（构造上也可以把吊梁与上弦分开），下弦有时又处于受压状态。为了减小节点长度、改善弦杆以至整个主纵梁的工作条件，也可设计成菱形、再分式，如图 8－2－12 所示。总之，具体用何种形式的主承重结构，应根据升船机的形式，考虑其受力特点，在满足刚度要求和机械布置的前提下，通过技术经济比较确定。

（3）承船厢的计算。作用在承船厢的荷载，除本身的自重力外，还有机械设备的重量、水重、平衡设备的平衡力、事故装置在事故状态下的支承力、水压力、风压力、惯性力、冲击力及温度荷载等。在这些荷载中，有的不随时间和承船厢的工作状态变化，有的则是变化的，因而有不同的计算情况。

通常在设计承船厢时，需要考虑四种计算情况，即正常运转情况、水满厢的事故情况、水漏空的事故情况以及平衡设备破坏的事故情况。

正常运转情况，指承船厢内保持正常水深、承船厢处于静止状态或以等速升降。此时承船厢的自重力、机械设备重力和水重力（或水与船重力）与平衡设备的平衡力之间是平衡的。当然平衡并不是绝对的，事实上，由于承船厢在闸首停靠的误差、上下游水位变动的影响以及船厢内水面波动等，都会破坏这种平衡，但对承船厢结构的影响通常很小，因此一般仅以它作为设计驱动机构的依据。

当承船厢内的水体，由于某种原因增减很大，承船厢全部被水充满，或承船厢内的水全部漏空，严重地破坏了承船厢的正常平衡，使承船厢在超载作用下有猛然下降，或在失重情况下有急剧上升的危险而出现事故状态。此时不平衡力由升船机的事故装置承受，而承船厢则锁定在事故装置上，在设置事故装置处，受到一个事故力（等于不平衡力）的作用。

承船厢的平衡设备被破坏，也会破坏承船厢的正常平衡，呈事故状态，此时的不平衡力也是由事故装置来承受。承船厢的其他构件，一般只按正常运转情况及水满厢的事故情况设计。与事故装置有关的构件，则尚应计算水泄空的事故情况。至于某些特殊工作条件的构件，则应根据相应的荷载情况进行计算。

为了避免温度作用的影响，承船厢的纵横导向设备一般均设计成在温度作用下的承船厢可以自由伸缩。因此，温度荷载可不考虑。

当承船厢在运行中或停靠于闸首时，在纵向力作用下（风力、水压力、栓锁装置的拉力、导向反力等），在结构中将产生一定的纵向应力，但值较小，故可忽略不计，仅作为设计导向及拉紧装置的依据。

关于承船厢启动、停车、事故制动及突然制动等情况的动力作用，除特殊情况外，一般可不计算。

二、斜面升船机

斜面升船机是指在斜坡上铺设升降轨道，将船舶置于特制的承船车内，承船车沿着斜坡道升降过坝，如图 8-2-13 所示。斜面升船机由载运承船厢的承船车、供承船车行驶而铺设的斜坡道、驱动承船车的驱动设施、电气控制系统、闸首等组成。

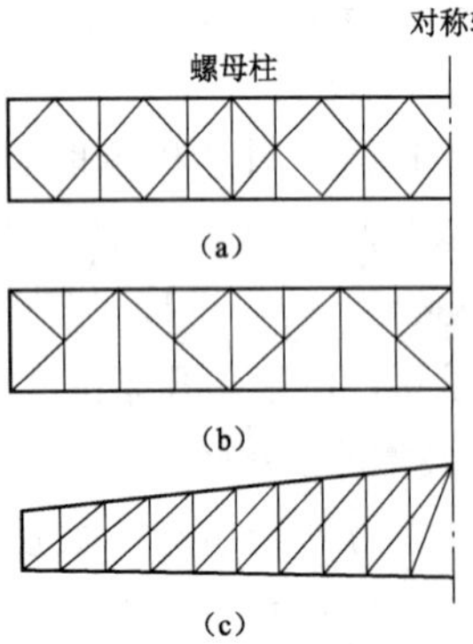

图 8-2-12　主纵梁的桁架形式示意
(a) 菱形桁架；(b) 再分式桁架；
(c) 同向外倾式桁架

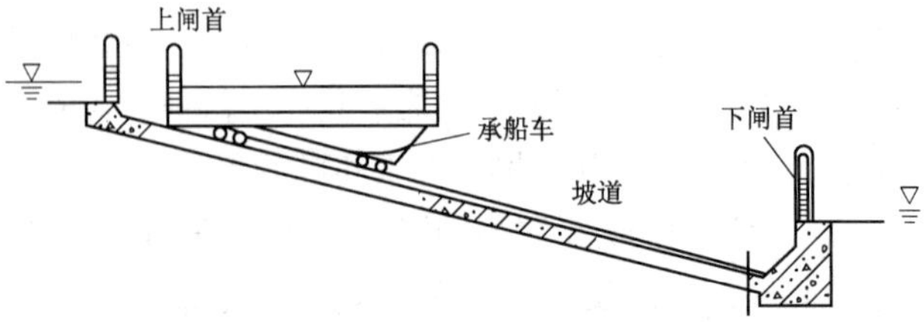

图 8-2-13　一面坡斜面升船机结构示意

堰埭工程是世界上最早的斜面升船机。堰埭的上下游坝坡很缓，以便顺着斜面拖船只过坝。拖拽大船时需在两岸架设绞车，用 22 头牛拉动，在堰埭表面涂抹水草、稀泥作润滑。

（一）斜面升船机的分类

斜面升船机按照驱动方式不同，可以分为牵引式（卷扬机）、自行式（水下电机或液压马达）；按照运送方向与船只行驶方向的关系，可分为纵向行驶和横向行驶两种；按照上下游是否均设置斜坡道可分为一面坡斜面升船机和两面坡斜面升船机；按照跨越坝顶的方式可分为两层车式、高低轮式、转盘式。其中，牵引式纵向行驶的升船机应用最为广泛。

1. 自行式斜面升船机和牵引式斜面升船机

自行式（或称自爬式）斜面升船机是将驱动动力装置设在承船车上；牵引式（又称钢绳卷扬拽引式）斜面升船机是在坡顶设置卷扬机用钢绳拽引承船车升降。为减小牵引动力和驱动功率，斜面升船机多设置沿斜坡道升降的平衡重来均衡承船车的运动重量，此时驱动机构只需克服运动系统。例如，在丹江口水利枢纽中，由于落差大，若采用单一的垂直升船机、斜面升船机或船闸方案，工程量都较大，同时考虑到建造时近期货运量较小，经过比较，选用了垂直升船机与斜面升船机相结合的方式，船厢干湿两用，曾干运过 300t 的驳船和湿运过 150t 的驳船。

2. 纵向行驶斜面升船机和横向行驶斜面升船机

斜面升船机多使用纵向的，只是在水域和陆域的特殊情况下才建造横向斜面升船机。与垂直升船机相比，斜面升船机易于管理和维护，没有高空建筑产生的复杂技术问题和营运问题。主要缺点是在提升高度大的情况下，线路长，影响通过能力；变速行驶，影响厢内停泊的稳定性。

3. 一面坡斜面升船机和两面坡斜面升船机

一面坡斜面升船机指的是只在挡水闸坝的下游设置斜坡道的升船机，如图 8-2-14 所示。它一般用上闸首和下闸首将承船车、斜坡道等主体结构与上游航道、下游航道隔开，承船车沿斜坡道上下行驶。也有只在上游端设置闸首，而在下游端不设闸首，

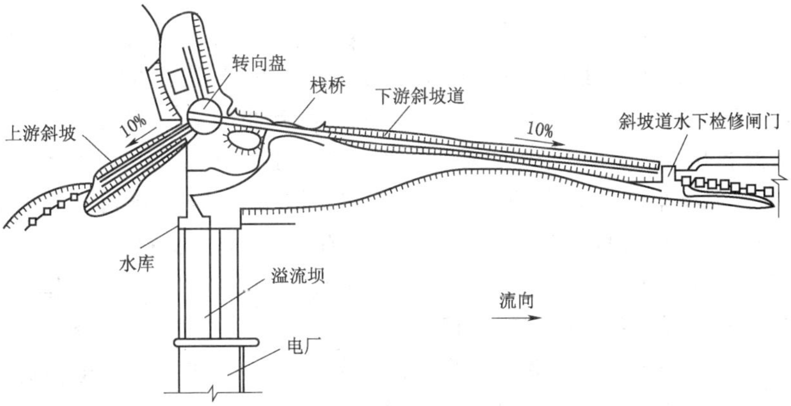

图 8-2-14　克拉斯诺亚尔斯克斜面升船机平面布置示意

承船车沿斜坡道直接驶入下游航道，至承船厢内水面与航道水面齐平时，开启承船厢的厢门，船舶驶进（出）承船厢。

两面坡斜面升船机是指在挡水闸坝上、下游均建有斜坡道的升船机，承船车均直接下水。承船车由上游航道进入上游斜坡道，沿斜坡道驶向坝顶并进入转盘，借助转盘旋转将承船车转向，使其沿下游斜坡道下驶，直接驶入下游航道的水中；或者承船车由下游航道进入下游斜坡道，沿斜坡道驶向坝顶并进入转盘，借助转盘旋转将承船车转向，使其沿上游斜坡道下驶，直接驶入上游航道的水中。转盘的作用是承船车过坝时能使载运的船舶保持水平，调换上、下游不同的斜坡道。上、下游斜坡道可布置在同一条直线上，也可以相互间有一个角度。

根据升降船舶的方向，斜面升船机可分为纵向斜面升船机与横向斜面升船机。纵向斜面升船机在升降过程中，船体纵轴线与斜坡道的方向一致；横向斜面升船机在升降过程中船体纵轴线则与斜坡道方向垂直。纵向斜面升船机的斜坡道宽度可比横向斜面升船机窄，导引较简单，适于建造在地形较平坦的地区，其坡度一般在 1∶10～1∶25。横向斜面升船机的斜坡道长度比纵向斜面升船机短，但斜坡道宽度及轨道数均比纵向式大。纵向斜面升船机在实际工程中应用较多。

目前，世界上运载量最大、提升最高的斜面升船机，是俄罗斯的克拉斯诺亚尔斯克斜面升船机，如图 8-2-14 所示。它克服水位差 101m，最大升程 115m，该升船机为两面坡式，上、下游斜坡道坡度均为 1∶10，上游坡道长度为 306m，下游为 1196m。上、下游斜坡道交会处设有直径 105m、坡度为 1∶10 的转盘。根据地形条件，两斜面坡道布置在夹角 140°的折线上。承船厢尺寸为 90m×18m×2.5m，可通过 1500t 船舶，当厢中水深为 3.3m 时，可供 2000t 船舶通过，承厢加水为 6700t。

由于上、下游水位变幅分别为 13m 和 6.3m，因而采用能直接下水的承船车。承船车利用齿轮沿齿轨滚动的方式进行，4 排齿轨固定在斜坡道上的钢筋混凝土轨道梁上，相应地，在承船车上设置了 4 排 156 个齿轮，由 18 台高压油泵和 156 台 75kW 的电动机驱动，在电动机的转动轴上设有制动器，以便发生事故时制动固定承船车。斜坡轨道的轨道梁上设有滑线，供给加速度为 $0.008m/s^2$，上行速度为 1.0m/s，下行速度为 1.38m/s。船舶通过升船机的时间是 98min。

目前世界上最大的横向斜面升船机为 1967 年建成的法国阿尔兹维累升船机，如图 8-2-15 所示。该升船机为一面斜坡式，上、下闸首之间的斜坡道的长度为 108.45m，坡度为 41%，克服水头差 44.55m。承船厢的有效尺寸为长 40.4m，宽 5.22m，水深 2.52～3.2m，船厢加水总重约 900t，船厢自重 240t，可承运 350t 级船舶。船厢有主承台车 8 组；共有 32 个车轮在 2 条双轨斜坡轨道上运行，轨距为 25.72m。平衡重在承船厢下面运行，平衡重车有 2 台，每台重约 440t，其支承结构与船厢相同，轨距为 10.40m。船厢与平衡重由 24 根直径为 28mm 的钢丝绳相连，钢丝绳的一端通过液压平衡系统与船厢相连，另一端绕过卷扬机构的摩擦卷筒后与平衡重车相连。卷扬机构为两台双摩擦卷筒，直径为 3.3m，由两台直流电动机（100HP）驱动。承船厢运行速度 0.6m/s，加速度为 $0.02m/s^2$，往返一次历时 40min。传动机构高速轴上设有电磁闸瓦制动器，卷筒上装有重锤式空气制动器作为安全制动器。

4. 两层车式、高低轮式和转盘式升船机

斜面升船机按照跨越坝顶的方式有两层车式、高低轮式和转盘式。

(1) 两层车式是指下层的斜架车爬坡，上层的平车过坝顶，如图 8-2-16 所示。

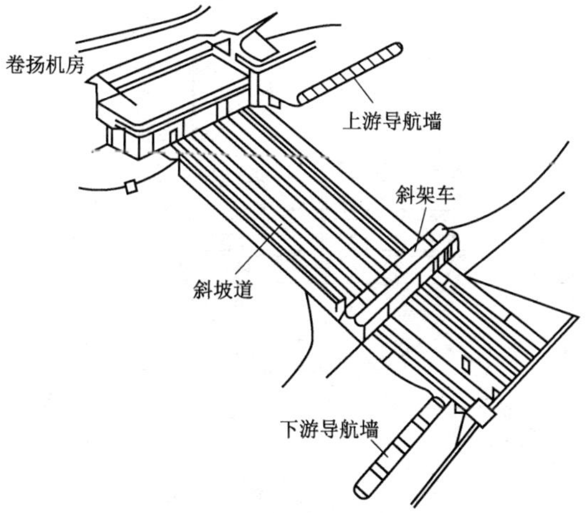

图 8-2-15　法国阿尔兹维累升船机布置示意

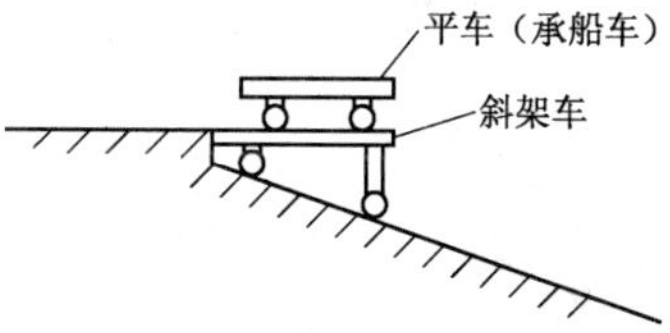

图 8-2-16　两层车式示意

(2) 高低轮式是指高低轮在宽窄轨道间切换过坝顶，适于上下游坡道呈直线布置的情况，如图 8-2-17 所示。

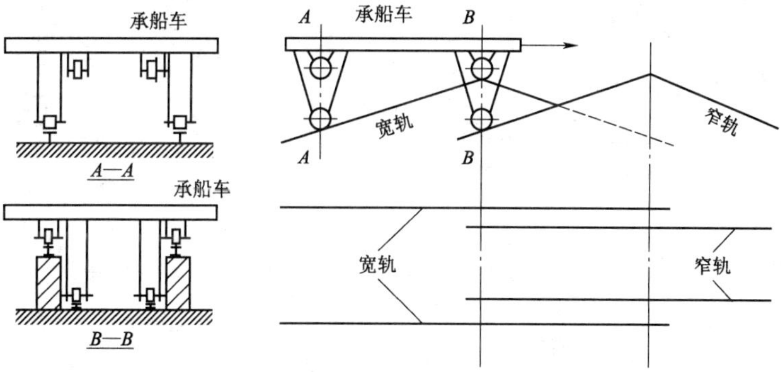

图 8-2-17　高低轮式示意

(3) 转盘式是指在坝顶设置带斜度的转盘，可用于上下游坡道呈折线的情况，如图 8-2-18 所示。

5. 水坡式升船机

水坡式升船机就其运行线路来说，实际上是斜面升船机的一种特殊形式。目前仅在法国蒙特施和枫斯拉诺各建有一座水坡式升船机。水坡式升船机没有承船厢，其斜坡道为斜坡水槽，挡水板可以沿槽移动，挡水板之间的楔形水体相当于承船厢水体。用牵引设备移动挡水板，推动水体上升或下降，从而把船舶从一河段送至另一河段，如图 8-2-19 所示。

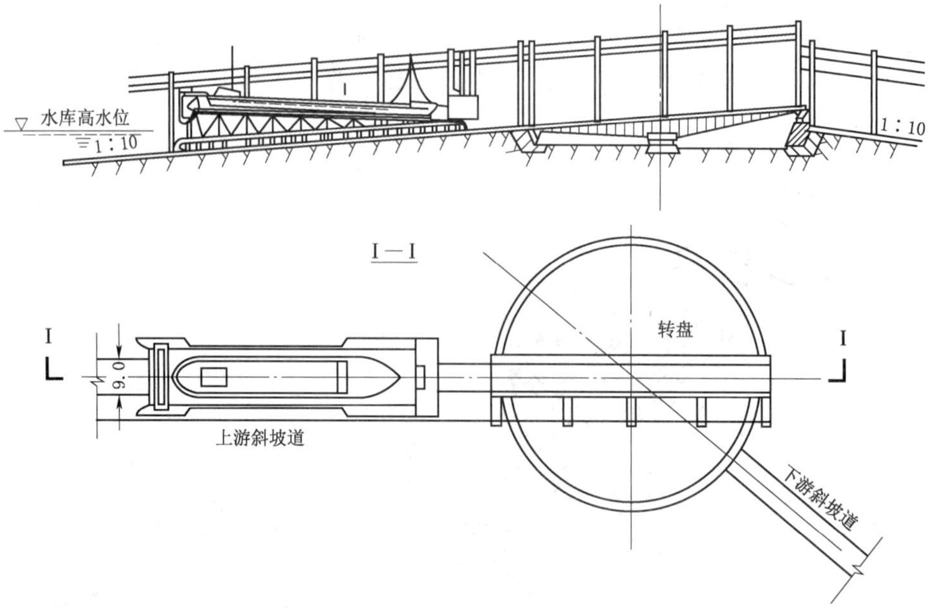

图 8-2-18 转盘式示意

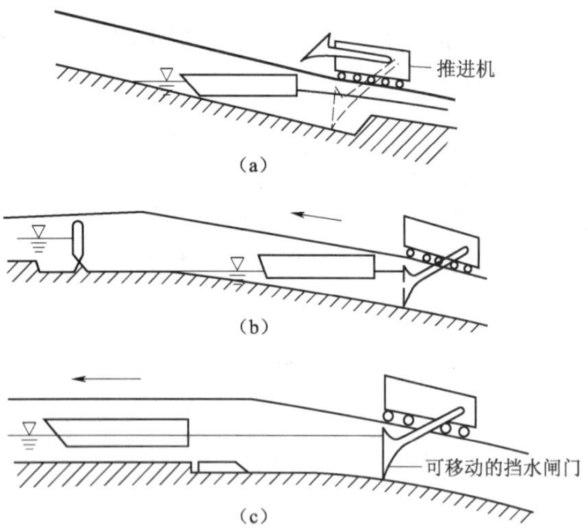

图 8-2-19 水坡式升船机运行示意

1973 年法国在加龙支运河的蒙特施地区建造的水坡升船机，是世界上第一座水坡式升船机。它没有承船厢，而是利用一块活动挡板（宽 6m、高 4.35m）推动一段三角形水体（长 125m、高 3.75m），沿着坡度为 3°的矩形钢筋混凝土水槽向上、下游运行，达到推动楔形水体上升或下降，从而使浮在楔形水体上的船舶做升降运动，克服水头为 13.3m，能通航 38.5m×5.5m×5.5m 的 350t 船舶。活动挡板由设在矩形槽两侧的柴油-电力机车驱动，两台机车有电气同步系统使之运转，坡长 443m，全程约需 6min，活动挡板两侧和底部设有止水设备，以防止矩形槽之间的间隙漏水。

水坡式升船机不需要承船厢，建造费用较省，在运行过程中水面波动较小，运行速度快，但运转费较高，适宜建在水位变幅小，过坝船型以自航驳为主的航道上。我国根据水坡升船机的原理，于 20 世纪 70 年代后期在安徽省的龙湾、江苏省的沭阳建造了水坡式升船机。

（二）斜面升船机的构造和计算

斜面升船机的基本尺度主要是指斜面坡度、承船厢结构及尺寸、闸首尺寸等。

1. 斜面坡度

斜面坡度直接影响工程造价、营运费用及运转条件，在选择时应考虑以下因素：

(1) 考虑承船厢的驱动方式，当为自行方式时，采用较缓的坡度，一般为 1∶10～1∶20；当采用齿轨爬升时可采用较陡的坡度；当依靠行轮与轨道之间摩擦力运行时，应取较缓的坡度；当采用钢绳拽引时，坡度可以较陡，一般为 1∶5～1∶10，其最小坡度要保证靠重力的分力能使承船厢自动下滑。

(2) 对于纵向斜面升船机和横向斜面升船机，采用的坡度也不同，横向斜面升船机的坡度一般在 1∶2～1∶8，其坡度的大小应根据斜坡的稳定性来决定。

(3) 要考虑升船机载运船舶的大小，一般通过船舶的吨位较大时采用坡度较缓，通过船舶的吨位较小时采用的坡度较陡。

(4) 应考虑地形条件，避免过大的挖方与填方。

不难理解，在一定条件下，若选用的坡度较陡，虽然可以减少开挖土方的数量，缩短坡道长度从而减少轨道部分的投资，但将使承船厢及闸首结构的工程量加大，并将增大驱动功率，从而增加运转费用。反之，采用的坡度较缓，虽可减少运转费用，降低承船厢及闸首结构的投资，但又将增加轨道部分的工程量。因此合理的坡度，只有在考虑到上述有关因素，对土建投资和运转费用进行综合比较后才能确定。

2. 承船厢结构

斜面升船机承船厢的构造方式，根据载运船舶的方式和承船厢与斜架车的关系而定。斜面升船机的承船厢一般是一个连续的刚性结构，支承行走设备采用轮系系统，图 8－2－20 所示即为这种形式。这种支承行走机构构造简单，常用 4 台平衡小车的轮系系统。当承船厢尺寸较大时，可采用等距多支点的平衡小车。但由于铺轨不平整、轮系制造和安装的误差、轮轴机构的弹性变形和轨道基础的不均匀沉陷等，均可能导致轮压不定，引起承船厢结构内力的变化、运行阻力不均以及运行过程中产生的振动等问题。在设计大型斜面升船机时，为使支承行走机构能适应轨道的不平整等情

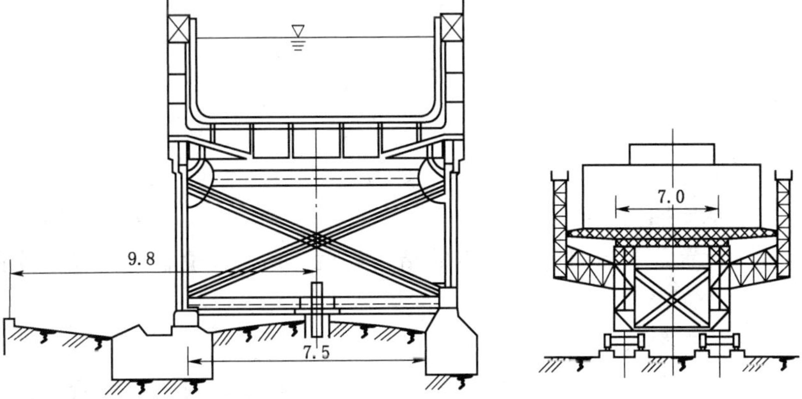

图 8－2－20　承船厢横剖面图（单位：m）
(a) 湿运的船厢结构；(b) 干运的船厢结构

况，并能在运行中将承船厢的荷载和横向摆动力均匀传到每台小车和行走的车轮上，在工程中曾提出把承船厢在纵向分段，每段支承在 4 点上，各段刚性的厢体结构与支承行走机构之间设置缓冲设备，以调整作用在支承行走机构上的荷载。但该方案段与段之间的连接较复杂，湿运时容易漏水。因此目前的承船厢一般还是采用连续刚性结构，而通过设置轮压平衡系统，用以保证各支点荷载及每一个支点内各轮轮压相等。

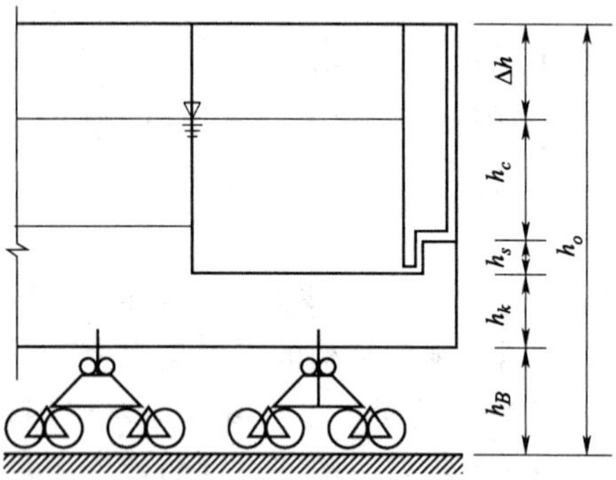

图 8-2-21　厢头结构高度

3. 承船厢尺寸*

承船厢尺寸包括有效尺寸和外轮尺寸。湿运时承船厢的有效尺寸，系指充水空间的有效长度 l_k 、有效宽度 b_k 和有效水深 h_k 等，它们决定于设计船型的尺寸、船舶进出厢的方式和速度以及经济要求等。承船厢的外轮廓尺寸，在满足所要求的有效尺寸的前提下，由承船厢的构造、使用要求、强度和刚度条件等决定。当承船厢与斜坡道台车连接成整体结构时，其上游端的厢头高度主要与水位的变化及其适应方式、承船厢厢头闸门的形式以及承船厢的支承行走机构的形式等有关，（图 8-2-21），可按式（8-2-3）～式（8-2-9）确定，即

$$h_B = h_k + h_s + h_c + h_o + \Delta h \tag{8-2-3}$$

$$\Delta h_1 = v_x \sqrt{\frac{h_k}{g}} \tag{8-2-4}$$

$$\Delta h_m = (2m_c - 1)\,\Delta h_1 \tag{8-2-5}$$

$$\Delta h_c = m_c \Delta h_1 \tag{8-2-6}$$

$$m_c = \frac{2 - \dfrac{x}{\omega_k}}{1 + \sqrt{\left(1 - \dfrac{x}{\omega_k}\right)\left(1 - \dfrac{b_c}{b_k}\right)}} \tag{8-2-7}$$

$$\Delta h_N = \frac{l\alpha\cos\theta}{g + \alpha\sin\theta} \tag{8-2-8}$$

式中　h_k ——承船厢内的有效水深，m；

h_s ——设置线头插门门库所需的结构高度，m，其值视门型及门库的设置方式而定；

h_c ——构造要求的高度，m；

h_o ——支承行走系统要求的结构高度，m，其值取决于支承行走系统在厢头附近的结构要求；

Δh ——承船厢的超高，m，当承船厢起船闸作用，以适应水位变幅时，此超高应根据水位变化情况来定，在一般情况下，Δh 应大于承船厢在制动

过程中可能产生的水面壅高；

Δh_1——当厢中无船时，承船厢突然停止所产生的水面平均壅高值，m；

v_x——承船厢运动的水平分速度，m/s；

g——重力加速度，m/s^2；

Δh_m——当承船厢中有船时，厢头门端的水面最大壅高值，m；

Δh_c——当承船厢中有船时，靠近船首处的水面最大壅高值，m；

b_c——船宽，m；

x——船中横断面浸水断面面积，m^2；

b_k——承船厢的有效宽度，m；

ω_k——承船厢的充水断面面积，m^2；

Δh_N——当承船厢以等加（减）速度停车，并且制动时间不小于半个波动周期时，在承船厢两端的水面最大壅高（降低）值，m；

l——承船厢沿运动方向的水面长度，m；

θ——斜坡道的坡度，(°)；

α——承船厢的等加（减）速度，m/s^2。

承船厢下游端的厢头高度 h_H 除取决于上游端的厢头高度相同的有关因素外，还与船厢沿运动方向的长度 l_1 及坡道的坡度 $\tan\theta$ 有关，可按下式计算，即

$$h_H = h_B + l_1 \tan\theta \tag{8-2-9}$$

如果承船厢与其下的斜架车不连在一起，或者采用干运时，按上述方法也不难定出承船厢和承船车的高度。

关于上下游闸首尺寸、闸首与承船厢衔接处的尺寸，以及承船厢下水时坡度末端的高程等，在已知承船厢尺寸后，可根据闸首布置、构造要求及修造船滑道等有关的类似方法加以确定。

【学后思考】

1. 升船机的工作原理是什么？

2. 升船机由哪几部分组成？

3. 升船机按照承船厢工作条件、驱动方式、承船厢运行线路等分别分为哪几类？

4. 如何拟定垂直式升船机承船厢的基本尺寸？

5. 如何拟定斜坡式升船机承船厢的基本尺寸？

附录　港口航道建筑物常用基本术语（中英文对照）

1. 综合

港口	port；harbo(u)r
港口水工建筑物	harbo(u)r engineering structure
设计船型	design vessel
船舶吨位	tonnage
装卸工艺	cargo-handling technology
门座起重机	portal slewing crane
码头	wharf；quay；pier；dock
码头前方作业地带	apron space
吹拢风	onshore wind
吹开风	offshore wind
设计水位	design water level
整体稳定性	overall stability
沉降	settlement
立波	standing wave；clapotis
远破波	broken wave
近破波	breaking wave
波浪爬高	wave run up swash height

2. 码头型式

顺岸码头	wharf；quay
突堤码头	finger pier；jetty
离岸式码头	offshore terminal
引桥式码头	approach trestle pier
墩式码头	dolphin wharf
开敞式码头	sea berth；open sea terminal
实体式码头	quay wall；solid pier
透空式码头	open type wharf；open jetty
连片式码头	solid deck pier
直立式码头	vertical face wharf；quay wall
斜坡式码头	sloping wharf
浮码头	floating wharf；pontoon wharf

缆车码头	sloping wharf with cable way
重力式码头	gravity quay-wall
板桩码头	sheet-pile quay-wall; sheet pile bulkhead
高桩码头	open pier on piles; standing pile wharf
墩柱式码头	cylinder pile wharf
方块码头	concrete block quay wall
沉箱码头	concrete caisson quay wall
扶壁码头	counter forted quay wall; buttressed wall
格形钢板桩码头	cellular steel sheet pile wharf
板梁式高桩码头	concrete slabs and beams platform on standing piles
桁架式高桩码头	skeleton-frame-type wharf on standing piles
无梁板式高柱码头	wharf of precast reinforced concrete slab without beam on standing piles
空心大板码头	wharf of precast hollow slab

3. 码头构造与构件

基础	foundation
基槽	foundation trench; foundation ditch
基床	foundation bed; bedding
抛石基床	rubble base
码头胸墙	wharf breast wall
卸荷板	relieving slab
减压棱体	relieving rubble backfill
桩基	Pile foundation
摩擦桩	friction pile
支承桩	end-bearing pile
直桩	vertical pile
斜桩	batter pile; spur pile
叉桩	brace piles; raking piles
高桩承台	high-level platform supported on piles
低桩承台	low-level platform supported on piles
前方承台	front piled platform
后方承台	rear piled platform
刚性承台	rigid platform
柔性承台	flexible platform
靠船构件	berthing member
柱帽	pile cap; pile cover
轨道梁	crane girder
面板	deck; slab

帽梁	capping beam
导梁	wale; waling guide beam
拉杆	anchor tie; tie bar
板桩锚碇结构	sheet-pile anchorage; anchoring of sheet wall
系船块体	concrete block for mooring post
护轮槛	kerb; curbing
沉箱块石	caisson
倒滤层（反滤层）	filter layer
伸缩缝	expansion and contraction joint
沉降缝	settlement joint
实体斜坡道	paving sloping way
架空斜坡道	suspended sloping way
格形板桩	cellular sheet pile
活动引桥	movable bridge approach
趸船	pontoon; dummy barge
靠船墩	breasting dolphin
系船墩	mooring dolphin
桩式柔性靠船设施	resilient pile facilities
单点系泊	single buoy mooring system
多点系泊	multi-point-mooring system
4. 码头附属设施	
码头附属设施	subsidiary facilities for wharf
码头管沟	wharf conduit
起重机轨道	crane track; crane way
系船柱	mooring post; bollard
防冲装置	fender system; dock fender
护木	fender log
橡胶护舷	rubber fender
码头爬梯	ladder
系船环	mooring ring
系网环	ring to safety net
阶梯	stair way
靠船桩	fender pile
5. 防波堤与护岸工程	
防波堤	breakwater; mole
防波堤口门	breakwater gap
堤头	breakwater tip; breakwater head
堤根	mole-root; shore-end of breakwater

斜坡式防波堤	sloping breakwater rubble mound breakwater
护面层	armor layer of rubble breakwater
堤心	breakwater core
防波堤胸墙	crown wall
反压台	counter weight till；loading berm
戗台	berm
直立式防波堤	vertical breakwater
开孔沉箱防波堤	perforated caisson breakwater
混合式防波堤	composite breakwater；bottom mounted breakwater
桩式防波堤头	pile breakwater
浮式防波堤	floating breakwater
护岸	revetment
海堤	sea dike
丁坝	groin，spur dike
离岸堤	offshore dike
潜堤	submerged breakwater
锁坝	closure dam
6. 修造船水工建筑物	
修造船水工建筑物	hydraulic structures for shipyard
上墩	docking
下水	launching
船台	berth；ship-building berth；building slip
滑道	slipway；launching way
轨枕道碴基础	ballast and sleeper
轨道梁板基础	slab-and-beam floor
龙骨墩	keel block
船台小车	bogie
干船坞	dry dock；graving dock
灌水船坞	filling-up dock；flooding dock
坞口	dock entrance
坞门	dock gate；caisson
船坞灌水系统	dock-filling system
船坞排水系统	dock-drainage system
浮船坞	floating dock；lift dock
7. 港口水工建筑物施工	
潮差段	tidal zone
浪溅区	splash zone
吹填	hydraulic reclamation；hydraulic fill

水上抛填	dumping and filling on water
陆上抛填	dumping and filling on land
干砌块石	placed rockfill; dry pitching
浆砌块石	mortar rubble masonry mortar pitching
水下清淤	underwater desilting
水下爆破	underwater explosion
围埝	cofferdam
水下灌注混凝土	subaqueous concreting; concreting in water
水下基床夯实	compaction of underwater bedding; underwater foundation-bed tamping
水下基床整平	underwater foundation-bed leveling
土工织物	geotextile; civil engineering fabric
预压加固	surcharge preloading consolidation
强夯加固	dynamic consolidation
深层搅拌法	deep mixing method
方块抛填	block dumping
方块砌筑	block-in-course
沉箱浮游稳定性	stability of floating caisson
锤击沉桩	driving pile
沉桩偏位	piling deviation
沉桩应力	driving stress
夹桩	pile holder; waling
打桩帽	pile driving helmet; driving cap
替打	dolly; cushion block
桩箍	pile collar; pile band
桩靴	pile shoe
接桩	pile splice; pile extension
截桩	pile cut-away
打桩船	floating pile driver; pile driving barge
起重船	floating crane
挖泥船	dredger

参 考 文 献

[1] JTS 167—2018 码头结构设计规范 [S]

[2] JTS 215—2018 码头结构施工规范 [S]

[3] GB 50158—2010 港口工程结构可靠性设计统一标准 [S]

[4] JTS 169—2017 码头附属设施技术规范 [S]

[5] JTS 146—2012 水运工程抗震设计规范 [S]

[6] JTS 165—2013 海港总体设计规范 [S]

[7] JTS 141—2011 水运工程设计通则 [S]

[8] JTS 151—2011 水运工程混凝土结构设计规范 [S]

[9] JTS 166—2020 河港总体设计规范 [S]

[10] JTS 154—2018 防波堤与护岸设计规范 [S]

[11] JTS/T 148—2020 水运工程土工合成材料应用技术规范 [S]

[12] JTS 147—2017 水运工程地基设计规范 [S]

[13] JTS 145—2015 港口与航道水文规范 [S]

[14] HG/T 2866—2016 橡胶护舷 [S]

[15] JTJ 300—2000 港口及航道护岸工程设计与施工规范 [S]

[16] JTJ 307—2001 船闸水工建筑物设计规范 [S]

[17] JTJ 294—98 斜坡码头及浮码头设计与施工规范 [S]

[18] 徐炬平. 港口水工建筑物 [M]. 北京：人民交通出版社，2017.

[19] 韩理安. 港口水工建筑物 [M]. 北京：人民交通出版社，2017.

[20] 鲁子爱. 高桩码头毕业设计范例 [M]. 北京：人民交通出版社，2017.

[21] 陈丹. 港口航道建筑物 [M]. 北京：中国水利水电出版社，2013.

[22] 丁秀英. 水闸设计与施工 [M]. 北京：中国水利水电出版社，2018.

[23] 焦爱萍，陈诚. 水工建筑物 [M]. 北京：中国水利水电出版社，2015.

[24] 郭振宇. 水工建筑物基础 [M]. 北京：中国水利水电出版社，2015.